«Erfareren»

Idealistisk emergens

Gud, vitenskapen og deg – forenet

En idealistisk teori om verden og en fortelling om å våkne til innsikt

Av Tom W. Ottmar

Boken finnes også tilgjengelig på Amazon.com i engelsk utgave med tittelen «The Experiencer».

Design og tegning på omslaget: Tom W. Ottmar
Landskapsbilde på omslaget: Flickr/Kevin Dooley /
https://www.flickr.com/photos/pagedooley/36091010660
Lisens: Attribution 2.0 Generic (CC BY 2.0)

Denne boken er vernet etter Åndsverksloven. Uten uttrykkelig samtykke, er eksemplarfremstilling og annen kopiering ikke tillatt med mindre det er hjemlet i lov (kopiering til privat bruk, sitat o.l.). Utnyttelse i strid med lov eller avtale kan medføre erstatnings- og straffeansvar i henhold til Åndsverksloven.

Hverken utgiveren eller forfatteren anerkjenner noe ansvar for skade eller tap hos enkeltpersoner eller virksomheter som følge av handlinger eller manglende handlinger med bakgrunn i innholdet i denne boken.

ISBN 978-82-692833-9-6

2. utgave, april 2023
Copyright © 2022 Omnitale AS
All rights reserved

Innhold

Innledning 1

DEL 1 – OPPVÅKNINGEN 3

    1. Skaden 4
        1.1. En ulv 18

    2. Et pinnebarn 21
        2.1. Sosialt fri 27
        2.2. Intuisjon 31
        2.3. Intuisjon og analytisk innsikt er ikke det samme 34
        2.4. Et skarpt skille 37
        2.5. Taus kunnskap 39

    3. Elektronikken og kirken 41
        3.1. Elektronikken 45
        3.2. Dystert kaos 49
        3.3. Kirken 51
        3.4. Læreren og biskopen 53

    4. Hva er det å våkne? 58
        4.1. Osho og Teal Swan 60
        4.2. ACIM 66
        4.3. Perspektiv og motstand 68
        4.4. Et eksempel 77
        4.5. Hva er det som trigger en oppvåkning? 80
        4.6. Flere veier 83

    5. Alma 92
        5.1. Det første møtet 93
        5.2. Tvillingsøsteren 101
        5.3. Jahve, varhet og alvor 106
        5.4. Budskap 110
        5.5. Datteren 113
        5.6. Avskjeden 117
        5.7. Hvorfor, hvorfor? 123

    6. Årene etter Alma 128

    7. Jesus på riksvei 4 137

    8. Krisen og fallet 140

    9. Oppdagelsene 143

9.1. Ned i dypet.........148
9.2. Fortielsen.........150
9.3. Hva skjedde med Alma?.........154
9.4. Nok, nok nå.........157
9.5. Bias og hersketeknikker.........163

DEL 2 – MEKANISMEN.........165

10. Teorien forklart i korte trekk.........166
  10.1. Overblikk: Erfareren er en ånd.........169
  10.2. Overblikk: Erfareren opplever.........170
  10.3. Overblikk: Begynnelsen; registrering av ett enkelt «noe».........172
  10.4. Overblikk: Det abstrakte Mønsteret.........173
  10.5. Overblikk: Emergens, hovedprinsippet.........174
  10.6. Overblikk: Opplevelse som tar tid.........176
  10.7. Overblikk: Qualia, manifestering.........178
  10.8. Overblikk: Bevegelse.........179
  10.9. Overblikk: Kompleksitetsdynamikk og normalisering.........181
  10.10. Overblikk: Dissosiasjon.........183
  10.11. Overblikk: Samspillet og det kollektive.........185

11. Alt er ett.........190
  11.1. Startpunktet.........191
  11.2. Vi vet ikke hva vi er.........192
  11.3. Finnes det noe mer?.........193
  11.4. Alternativer til reduksjonismen.........194
  11.5. Holisme og emergens.........195
  11.6. Idealistisk emergens.........196
  11.7. Et globalt perspektiv.........197

12. Metoden.........198
  12.1. Induksjon.........199
  12.2. Solipsisme?.........200
  12.3. Samspillet og mekanismen.........201
  12.4. Kompleksitet og dynamikk.........202
  12.5. Emergens.........203
  12.6. Energi, evnen til endring.........205
  12.7. Nullpunktenergien.........206
  12.8. En reversert, mental verden.........207
  12.9. En mental mekanisme.........209

13. Det erfarende.........211
  13.1. Erfareren.........213
  13.2. Varhet og vilje.........214

13.3. Forestillinger 219
14. Perfekt hukommelse...223
15. Skapelsen og emergens...226
 15.1. Det tredimensjonale rommet...228
 15.2. Tid og avstand..230
 15.3. Erfaringssirkelen..231
 15.4. Endring er lik bevissthet?..232
 15.5. Drivstoffet..233
 15.6. Bevegelse...234
 15.7. Nødvendighet...236
 15.8. Memorert, konstant lyshastighet..237
 15.9. Mønsteret og ansamlinger..240
 15.10. Partikler...241
 15.11. Masse = bevegelsesenergi...241
 15.12. Den sterke kjernekraften...243
 15.13. Fotoner og masse..244
 15.14. Gyroeffekten..245
 15.15. Akselerasjon og gravitasjon 246
 15.16. Ekvivalensprinsippet..249
 15.17. Krumning og bølger...250
 15.18. Korrekt?...252
 15.19. Utenfor tid og rom...253
 15.20. Felt, kraftfelt, mønsteret..254
 15.21. Opplevelsen av å være i feltet...256
 15.22. Emergent mening...257
16. Det tidlige universet...261
 16.1. Inflasjonsfasen...266
 16.2. Planck-epoken..268
 16.3. Den store foreningsepoken..269
 16.4. Elektromagnetisme..270
 16.5. Elektrisk ladning..273
 16.6. Universet betrakter seg selv..276
 16.7. Lyset slås på..277
 16.8. Hva er det elektromagnetiske feltet?......................................278
 16.9. Schrödingers tilfeldigheter..281
 16.10. Felt og interferens...282
 16.11. Sjanseløs i dyrehagen..284
 16.12. Noen refleksjoner om størrelser..286
 16.13. Mørk materie...288
 16.14. Entropi, tid og informasjon..289

16.15. IIT - Integrert informasjonsteori 293
17. Ut av tåken 295
18. Kompleksitetsmekanismene 296
 18.1. De magiske lovene 299
 18.2. De materielle kompleksitetslovene 300
 18.3. Trelegemeproblemet 302
 18.4. Sommerfugleffekten og fødselen til kaosteorien 304
 18.5. De konkrete kompleksitetslovene 306
 18.6. Gyldige for alle fenomener 307
 18.7. Jentene og julen 308
 18.8. Reverserte, primære lover 312
19. En ny reformasjon 315
 19.1. Viktig på flere måter 318
20. Ånd, qualia og form 327
 20.1. Qualia, qualia, qualia 330
 20.2. Å være eller ikke være 335
 20.3. Farvel til paradoksene 335
 20.4. Verdens ende og multivers 337
 20.5. Eksistensen deg 338
21. Dissosiasjonen og deg 340
 21.1. Hva det er å dissosiere 341
 21.2. Ikke bare sykdom 343
 21.3. Stranden 344
 21.4. Et barn blir født 346
 21.5. Erfareren og deg 350
 21.6. Fokus 351
 21.7. Tenking 352
 21.8. Maskering og attraktorer 353
 21.9. Barnet oppdager kroppen og verden 357
 21.10. Barnet oppdager seg selv 359
 21.11. Descartes og tankene hans 364
 21.12. Rollene våre 367
 21.13. Normalisering, kokt frosk, tepper og åpenhet 375
 21.14. Arvesynden 377
 21.15. Hjertet og hjernen 378
 21.16. Alt er som før, bare omvendt 382
 21.17. Dissosiasjon i et nøtteskall 385
 21.18. Dissosiasjon er å gå fullstendig inn i noe 388
 21.19. Døden, slutten på dissosiasjonen 391

22. Samspillet og det kollektive 395
    22.1. Gjennom lysmuren 396
    22.2. Brikkene i puslespillet samles 401
    22.3. Egoet og ditt egentlige jeg 404
    22.4. Intuisjon, meditasjon og blandingsopplevelsen 409
    22.5. Tankerommet og dynamikken 412
    22.6. Årsak og virkning 416
    22.7. Dynamikk er viktig! 421
    22.8. Det rakner 424
    22.9. Determinisme og fri vilje 427
    22.10. Hvordan bør man leve? 432
    22.11. Meditasjon og bønn 435
    22.12. Etter stormen 438
    22.13. Don't worry, be happy, ok? 442
    22.14. Sporene langs stien 443

1. Stikkordregister 446

Innledning

Denne boken består av to deler.
Den første er nødvendig for å kunne forstå den andre.

1. Historien om min personlige, spirituelle oppvåkning og hvilke innsikter den førte med seg.
2. En vitenskapelig teori om verden, basert på innsiktene. Alt er med; «Life, the Universe and everything».

Den andre delen er det spesielle, nye, bemerkelsesverdige.

Der presenteres rett og slett en teori om hva verden *er* og hvordan den *fungerer*. Teorien introduserer en uvanlig, men intuitiv og enkel betraktningsmåte som er ytterst fremmed og vil møte kraftig motstand hos de aller fleste.

Jeg mener den er korrekt.

Du må gjerne mobilisere all din skepsis. Gå løs på teksten med sikker formening om at det du leser er noe oppblåst tøv. Jeg ber deg hente frem all din kunnskap og alt det du tror fullt og helt på – og møte stoffet med så sterke motforestillinger du bare klarer.

Kanskje har du tatt en lang utdanning og besitter inngående kunnskap innen områder som boken berører. Jeg kan høre at du er skeptisk, for selv er jeg en journalist og generalist uten nevneverdig formell kompetanse innen vitenskapelige emner.

Jeg utfordrer deg, med andre ord. Les, og jeg er sikker på at jeg skal klare å rokke ved det du hittil har tenkt om verden.

Dersom du allerede er åpen for andre forklaringer enn de vi lærer på universitetene, så har du foran deg en godtepose.

Uansett hva din posisjon måtte være, skal du nå få forslag til konkrete løsninger på hittil uløste, vitenskapelige spørsmål.

Du skal få se at det finnes noen grunnleggende prinsipper og mekanismer som forener alt som eksisterer: alt materielt, alle abstrakte fenomener og ikke minst også personlig erfaring og bevissthet, i dette universet og alle andre universer – om de eksisterer eller ikke.

Boken presenterer kort sagt en teori om *alt*, intet mindre.

Det du har foran deg er dermed svært, svært spesielt. Av den grunn må jeg først redegjøre for hvordan teorien er blitt til. Uten en slik forklaring vil du ikke tro meg.

Derfor kommer først en hoveddel som skildrer min psykologi, subjektivt betraktet, og dessuten viktige hendelser som har styrt meg frem mot disse innsiktene.

Jeg har *ikke* noe behov for å eksponere meg selv, tvert imot. Min rolle er egentlig uvesentlig, men samtidig er det altså «min» teori, på papiret.

Selvsagt er teorien ikke min, den bare *er*, slik verden bare *er*.

Jeg er kun en komplisert fyr som mener han har forstått og prøver å forklare hvordan det fungerer. Livet plasserte meg i denne rollen, jeg ba aldri om den. Du vil forstå dette etter å ha lest den første hoveddelen, som altså er en forutsetning for å forstå «tyngden» i det som formidles i den andre.

Og la meg si det først som sist: Trolig vil du finne at deler av boken er nærmest uleselige. Svært få er i stand til å ta inn det hele. Jeg forklarer dette nærmere i starten av kapittel «16. Det tidlige universet».

Men ikke la dette stoppe deg! Skum raskt igjennom de vanskelige delene, for det finnes vesentlige innsikter hele veien, og kanskje særlig mot slutten av boken.

God lesning, du er invitert med på en vill reise!

Oslo, mai 2022

Tom Ottmar
✉ tom@ottmar.no

DEL 1 – OPPVÅKNINGEN

1. Skaden

Denne boken har et ekstremt ambisiøst mål: å forstå hva verden og mennesker ER og hvordan hele «systemet» virker. Hvordan kan man finne ut av noe slikt?

For å oppdage nye ting – om seg selv, verden eller hva som helst – må man endre perspektivet, se fra en ny vinkel, en ny posisjon.

Det er enkelt dersom man står i et rom og titter på en ting. Da er det bare å gå rundt tingen og se den fra alle kanter, ta prøver og undersøke den vitenskaplig med alle midler. Man kan også zoome ut og prøve å forstå tingen ut ifra omgivelsene og helheten.

Men hvordan skal man gå frem hvis objektet man skal undersøke er deg selv? Din egen eksistens? Hvordan skal man kunne finne ut hvem og hva du selv er ved å betrakte deg selv fra inni deg selv? Og verden ... hvordan kan man forstå hva den er *som helhet*, når vi er inni også den?

Einstein sa at fisken trolig er den siste til å oppdage havet.

Vi må på en eller annen måte klare å se oss selv (fisken) og universet vi lever i (havet) «utenfra», fra et sted som er noe annet enn deg og meg og universet.

Dessuten har vi en annen utfordring: Hvordan skal vi tørre å stille spørsmål om vår egen og verdens eksistens og sanne natur? Hvem våger noe slikt når du personlig, din opplevelse av deg selv, er del av denne naturen? Er det ikke da farlig? Risikerer vi ikke å rote til livet vårt og i verste fall miste oss selv?

Er ikke tilværelsen strevsom nok, om vi ikke i tillegg skal begynne å tvile på selve fundamentet vi står på? Hvorfor gjøre noe slikt i det hele tatt?

De fleste vil ikke nærme seg slike spørsmål. Ikke på ordentlig. Frykten stopper oss. Frykten for å bli «gal». Frykten for å miste de rundt oss når de ser at vi ikke lenger er som før. De færreste normale mennesker vil utsette seg selv eller andre for noe slikt frivillig.

Så er det noen av oss som må, er nødt, regelrett tvinges inn i dette landskapet. Omstendighetene i livet har plassert oss på utsiden av både oss selv og verden.

Vi har ofte traumer, for små eller for store evner, eller en annen form for annerledeshet som gjør at vi ikke tror på hverken oss selv eller omgivelsene våre – fordi vi ikke lykkes i å være som flertallet.

De «normale» går i flokk, vi går alene. Vi observerer. Vi ser noe annet enn det folk flest ser.

Jeg er et slikt menneske som ikke hører hjemme i flokken. Perspektivet mitt er annerledes og har vært det hele livet. Det har blitt til en teori – om hva mennesker og verden er og hvordan det hele fungerer. Intet mindre.

Det høres vilt usannsynlig og hovmodig ut, ikke sant? Les boken og døm siden.

Dette første kapitlet forteller om hvordan jeg ble som jeg er, om barndomstraumet som er årsaken til innsiktene og hvordan det arter seg. Når du forstår dette, kan du gradvis også forstå de filosofiske og vitenskapelige tingene som kommer senere – fordi du kjenner perspektivet hvorfra innsiktene kommer.

Du skal få lese litt om meg, men det handler egentlig om deg. Gjennom å fortelle om min spesielle posisjon, vil du kanskje også oppdage din egen; at du er den du er av en grunn. At du tenker slik du gjør om verden og universet og samfunnet – av en grunn.

Du kan hevde at alt du vet og alt du gjør er godt begrunnet i rasjonale, fakta, fornuft, vitenskapelig kunnskap osv. Du sier at virkeligheten din er «sann», du ser ting slik de faktisk er, sier du. Alle andre ser det jo også slik, sier du.

Du er en fisk i et akvarium.

Poenget med denne boken er å åpne perspektivet ditt så mye at du «finner deg selv» og oppdager den egentlige sammenhengen mellom deg og universet. Den er motsatt av det du tror. Bokstavelig talt.

For en reise du nå skal ut på!

Men vi må begynne et sted, og for at du skal forstå dette perspektivet mitt, altså måten jeg betrakter verden og mennesker på, må jeg først forklare det, naturlig nok. Deretter skal du få vite hva jeg har sett – fra min posisjon på utsiden av menneskene og den verden du tror på, men ikke jeg.

Alle reiser starter med et første steg. La oss ta det, nå!

I alle mine seksti år har jeg hatt problemer med relasjoner til andre mennesker. Jeg både trekker folk til meg og skyver dem fra meg, samtidig.

Det har vært og er svært krevende.

Denne selvmotsigende dynamikken kjenner jeg ut og inn, jeg har bare ikke skjønt hvorfor det er slik.

Etter mange år dukket det opp en forklaring som fikk brikkene til å falle på plass. Det skjedde 22. november 2021, altså for bare noen måneder siden når dette skrives.

Min yngste datter sendte meg et videoklipp som åpnet øynene mine.

Jeg lærte at jeg har en psykisk skade.

Innsiktene i denne boken kommer fra denne skaden, som inntraff før jeg selv var blitt bevisst, altså i tiden frem til jeg var ca. tre år gammel.

Jeg ble ikke helt som andre mennesker på grunn av det som skjedde den gangen, men det var det ingen som forstod, meg selv inklusive.

I løpet av høsten 2021 ble jeg gradvis oppmerksom på at jeg i barndommen hadde to «tilknytningsbrudd», eller «attachment disruptions», som det heter i psykologien.

Hun som skulle bli min mamma, hadde såvidt ikke gode nok karakterer til å komme inn på medisinstudiet i Oslo, så hun valgte å reise til Kiel nord i Tyskland for å studere der, bare 21 år gammel. Vi er helt på slutten av 1950-tallet.

På studiet traff hun min far. De giftet seg, bestemte seg for å avslutte medisinen og reise til Oslo for å etablere en familie der. Man må huske at Andre verdenskrig var bare femten år unna og forholdene i Tyskland var vanskelige. Etter kort tid var jeg på vei.

Vanskelig ble det også i Oslo.

De to nybakte foreldrene passet overhodet ikke sammen.

Min mor innså raskt at hun kom til å bli alene med meg og trengte en mulighet til å livnære seg selv og barnet. Følgelig reiste hun til Nesna i Nordland i begynnelsen av oktober 1961 for å ta en toårig lærerutdanning. Det var det nærmeste stedet hvor det var tilgjengelig studieplass så sent på høsten.

Da jeg var tre måneder gammel, reiste altså min mor ifra meg.

I mellomtiden ble jeg plassert hos min mormor, som var enke, på Bislett i Oslo. Min far var også i nærheten i starten, travelt opptatt med jobb og med å bygge et lite hus til familien på Nesodden. Han bodde på en hybel for seg selv.

1. Skaden

Min primære relasjon de tre første månedene var altså med min mamma, som for barn flest. Men mindre enn tre måneder etter at jeg ble født i juni 1961, ble hun «tatt fra meg» da hun reiste nordover.

Dette var et relasjonsbrudd.

Etter to år kom min mamma tilbake, ferdigutdannet som lærer. Hun fikk sin første jobb i Askim, en times kjøring fra Oslo. Dermed skjer det andre relasjonsbruddet.

Denne gangen forsvant min mormor. Som toåring mistet jeg min primære omsorgsperson enda en gang.

Det kan sammenlignes med å bli adoptert bort to ganger på rad, allerede før barnet har oppdaget seg selv.

Attpåtil hadde vi ingen slekt eller venner i Askim. Min mor måtte jobbe, det fantes ikke tilbud om barnehage, så jeg ble overlatt hele dagen til en ung mor som bodde over gangen og selv hadde et lite barn.

De som skulle passe på meg i mitt unge liv, kom og gikk kontinuerlig.

Man kan si at situasjonen igjen ble normal da jeg var tilbake hos min mamma etter to år. Dette er historien familien har fortalt seg selv i ettertid; det var en turbulent periode i starten, men den ble normalisert.

Skulle ikke det være greit?

Nei.

Denne vekslingen mellom omsorgspersoner resulterte i en skade. Det barnet lærte, ubevisst, var at mamma kan forsvinne. Lærdommen ble forsterket da også mormor forsvant på samme måten. At min mamma ikke kunne stoles på, ble ytterligere forsterket ved at hun var fraværende halve dagen og jeg ble overlevert til en ny ukjent.

Og det var ingen andre der for meg.

Jeg var liten. Jeg hadde ikke evne til å forstå hva som foregikk. Jeg lærte ting om menneskene rundt meg på en direkte måte. Viktige mennesker bare forsvant. Jeg kunne ikke stole på noen av dem.

Jeg måtte klare meg på egenhånd, og dette lærte jeg før jeg lærte om «meg».

På toppen av dette kommer at det jo ble skilsmisse og min far reiste tilbake til Tyskland. I den grad han var en omsorgsperson for meg i starten, forsvant han også.

Da jeg ble tre år, flyttet min mor og jeg til Lyngseidet i Nord-Troms, et sted med sju hundre innbyggere hvor vi heller ikke hadde noen familie. Alt var igjen nytt.

Denne gangen ble jeg, utrygg som jeg må ha vært, sendt i «lekepark», altså et uteområde med en gammel lagerbygning hvor vi kunne gjenvinne varmen og få i oss mat. Der var et tjuetalls unger overlatt til en enslig kvinne som hadde sitt svare strev med å påse at ungene ikke gikk i bekken eller myra nedenfor.

En dag oppdaget man at det også var kloakk i bekken slik at en del av oss ble syke og ungene måtte holdes unna området.

Jeg husker jeg tenkte at dette var ikke noe problem for meg, for jeg var jo aldri sammen med flokken som utforsket området. Jeg forstod allerede – som treåring – at jeg var en einstøing, på utsiden av fellesskapet.

En annen dag kom det tre-fire helikoptre fra forsvaret på sin årlige tur for å skyte ned overhenget av snø fra det ekstremt rasfarlige Pollfjellet ikke langt unna. De landet utenfor barnehagen og alle løp ut for å se.

Jeg, derimot, satt vettskremt i fanget til tanten.

Blikket hennes ser jeg fortsatt for meg. Hun var en voksen, klok dame og hun holdt fast rundt meg mens hun studerte med undring denne ungen som utvilsomt hadde et problem. Det er undringen hennes jeg husker.

Det jeg lærte i disse tidlige årene, var at folk og omgivelser bare forsvinner og ikke er til å stole på, selv ikke, eller i særdeleshet de nærmeste.

Jeg måtte forklare forsvinningene ut ifra meg selv, for noe annet var jeg ikke bevisst. Det jeg lærte, dannet fundamentet i min personlighet. Folk og omgivelser kan man ikke stole på.

1. Skaden

Jeg har bare meg.

Det ble internalisert, automatisert.

Jeg reagerer på en, for meg smertefull, måte på alle interaksjoner med mennesker, ufrivillig, automatisk og uten å ane hvorfor. Det er frustrerende, for å si det mildt.

Så hva skjer videre med et barn som er slik?

Jo, barnet klarer seg tilsynelatende bra på egenhånd.

Det utvikler sine egne strategier for trygghet. Men det kan ikke hvile i armene til de voksne. Det tør ikke binde seg emosjonelt, for dersom den voksne forsvinner, gjør det for vondt.

Så følelsene undertrykkes.

I stedet økes årvåkenheten tilsvarende. Når ingen andre garanterer for sikkerhet, må barnet selv ta inn verden og finne ut av den. Barnet må selv være på vakt. Alt observeres og studeres. Blikk, hørsel, anelser, stemninger, farer.

Alt fanges opp og analyseres.

Parallelt med økt varhet – hypersensitivitet, utvikles det altså også en overdreven evne til å analysere og se sammenhenger – for å sikre seg selv, siden ingen andre gjør det.

Jeg har opplevd å være alene i verden trygghetsmessig og jeg har kompensert ved å utvikle både sterk vaktsomhet, dyp intuisjon – og betydelige analytiske ferdigheter.

Jeg har kompensert for manglende emosjonell trygghet og har skapt min egen ved å ta inn hele verden på en intens, alltid våken måte.

Også det intuitive ble sterkt utviklet, for det ytre måtte holdes samlet med det indre og jeg tillot ikke å bruke følelsene som rettesnor, slik de fleste gjør for å finne ut om noe er «riktig for meg».

Akkurat denne kombinasjonen av hendelser er det ganske få i Norge som har opplevd. Det finnes massevis av folk som har tilknytningsskader, men nesten alltid på andre måter.

Mitt tilfelle er i realiteten sjeldent.

Det som ligner mest, som sagt, er adopsjon. Jeg har på en måte blitt adoptert bort to ganger og i tillegg skiftet bomiljø en rekke ganger, for vi flyttet også til Oslo i to år da jeg var seks-sju og deretter til Korgen i ett, og så tilbake til Lyngseidet – alt før jeg var blitt ni år.

Slik var de første årene mine.

Det er mye å si om dette, men det viktige nå for meg, er at skaden blir anerkjent og forstått. Det tok meg seksti år å forstå selv at denne uheldige starten på livet har dominert mitt utsyn mot verden fullstendig helt frem til nå.

Min yngste datter sendte meg altså i november 2021 et videoklipp med en psykolog i Seattle som analyserer en samtale mellom et kommende ektepar. De har problemer.

Mannen fremstår som en notorisk løgner på en underlig banal måte, for de fleste av løgnene hans er åpenbare for alle. Han klarer ikke la være å lyve. Han reagerer på automatikk ut ifra en indre forestilling, en ubevisst skade.

Psykologen antar at mannen er adoptert. Skaden mener han må skyldes attachment disruption, altså at han kompenserer ubevisst for manglende trygghet.

Så mannen velger å lyve. Det er hans strategi. Spesielt lur er han ikke, men han kan ikke la være, for det var slik han «sikret seg» da han var liten.

Psykologen i Seattle, Dr. Kirk Honda, traff spikeren. Han bruker sterke ord om hendelsen i barndommen til mannen, kaller den altså for «massive attachment disruption» og viser hvilken automatikk dette skaper i et barn.

Jeg har ikke for vane å lyve, men jeg kjenner meg igjen, i hele meg. Han har rett.

Diagnosen er klar: Kompleks posttraumatisk stresslidelse, CPTSD.

---

1. Skaden

Her er videoklippet: «Married at First Sight #27 - Therapist Reacts»[1]. Det sentrale strekket starter rundt 10'40", men det er lurt å se fra begynnelsen av.

Dette er et lite utdrag av det psykologen sier:

> Når du er ti år gammel og får en tilknytningsskade, er det trist, det gjør vondt og kan vare lenge. Men når du får en tilknytningsskade i en alder av ett eller to år, forandrer dette deg nevrologisk – fordi du lærer på en svært reell måte at mennesker kan man ikke stole på.
>
> Uansett hvor mye du prøver å overbevise deg selv om at folk er trygge, tror ikke kroppen din at det er sant. Innerst inne, i dypet av personligheten din mangler du tillit til menneskene rundt deg. De kan forlate deg, skade deg eller ser på deg som verdiløs, for det er en annen ting barn konkludere med på tragisk vis; at du ikke har noen verdi og ikke er verdig å bli elsket.
>
> En annen ting som skjer, er at barnet trekker seg bort fra andre, selv om det bak forsvarsverket har et stort behov for nær kontakt. Når du trekker deg unna folk kontinuerlig fra du er ett til du er atten, utvikler du ikke en følelse for andre i hjertet ditt. Du sliter med å forstå andre mennesker og du klarer ikke å føle for dem.
>
> Dersom du er blank i forhold til andre mennesker, kan du likevel bli et helt fint barn, men du er ikke i virkelig samspill med andre. Det er faktisk ingenting i manualene for psykiske lidelser som beskriver dette. Når du lærer at du må trekke deg unna, og dette innprentes nevrologisk i deg før du blir selvbevisst, så er du ikke selv klart over det, men du har ikke empati for andre. Du et fullt i stand til å ha empati, men du trekker deg unna fordi folk er utrygge.

Dette var altså første gangen jeg fikk en forklaring på noe jeg alltid har visst, at jeg er skjevt og ekstremt utviklet – med store negative konsekvenser, og også med mye indre smerte.

---

[1] https://youtu.be/CDlxdOayD-4

Dette er altså min skade, slik alle andre jeg kjenner har sine skader.

Jeg har trodd at jeg selv var ansvarlig for alle min tanker og all min adferd, nå er jeg plutselig blitt «forklarbar» og det oppleves som en lettelse, en innlemmelse i det menneskelige.

Hva har konsekvensene vært inntil nå?

La meg få gi noen eksempler.

Jeg er alltid utenfor.

Når man undertrykker følelsene, lever man ikke helt. Jeg kan nesten ikke huske at jeg noen gang har turt å slippe meg løs, være uforbeholdent glad, ekte sorgfull, gå opp i kjærligheten.

Jeg tør ikke slippe kontrollen, for jeg vet at ingen holder meg, aldri. Jeg stoler ikke på noen, for ingen er til å stole på.

Akkurat dette har jeg fått bekreftet gang på gang, for jeg observerer og analyserer andre mennesker mer intenst enn de fleste, for å sikre meg. Da ser man raskt at vi alle først og fremst ivaretar egne interesser.

Alle vet at alle er slik – egentlig. Forskjellen er at jeg ser denne «sannheten» i folk hele tiden. Jo gladere og mer imøtekommende folk er, desto mer blinker varsellampene.

Ingenting i den ytre verdenen kan nå endre det jeg lærte som spedbarn. Jeg ble en vaktsom, intelligent, ufølsom fyr som ikke har tillit til noen, men som samtidig higer etter en kjærlighet og trygghet som aldri er blitt bekreftet.

Det er sørgelig, egentlig.

Skaden fra barndommen har selvsagt påvirket alle mine relasjoner, i vennskap, ekteskap, foreldreskap og arbeidsliv.

Jeg har aldri tilhørt noen grupper. Jo, kanskje litt, for en stund, i det ytre. Men ikke på ordentlig. Jeg har ingen kompiser, pleier ikke vennskapsbånd.

I stedet går jeg fritt mellom grupper av mennesker og ulike miljøer.

Jeg har mye å bidra med, jeg er mer observant enn de fleste og kan gi lange analyser og forklaringer på det meste. Jeg er «nyttig». Jeg bidrar med innsikt og planer. Plan B, C, D ... Alltid er det en sikringsmekanisme i beredskap.

Jeg holder det jeg lover, fordi jeg vet at jeg kan levere. Jeg har alltid ivaretatt all trygghet i eget liv, så å bidra for andre faller lett. Vel, nå overdriver jeg en smule, men det er for å klargjøre.

Med slike egenskaper får jeg innpass og tillit. Jeg får oppgaver.

Fordi jeg var kvikk og lærevillig, ble jeg selvsagt valgt av læreren til å spille hovedrollen i det første bittelille teaterstykket i klassen på barneskolen. Det var smertefullt. Jeg var på utstilling og hadde ingen evne til å håndtere blikkene som falt på meg.

Jeg ble valgt som uavhengig politisk representant for gymnaset mitt til årsmøtet i NGS, Norges Gymnasiastsamband. Igjen var det fordi jeg ble betraktet som skarp, smart, logisk, ikke ute etter å fremme noen bestemt gruppes interesser.

Det var egentlig uhørt. Man pleier ikke å velge folk bare på «flinkhet», det handlet tross alt om politikk og interesser.

Dette var to små, tilfeldige eksempler.

Jeg har initiert alt mulig.

Jeg har bidratt sentralt overalt hvor det kreves nytenking eller når situasjonen er kompleks.

Jeg er en evig gründer med mange «suksesser», relativt sett. Jeg er sentral i starten. I den kreative fasen. Når noe fremdeles er ukjent, utrygt, for akkurat det kan jeg.

Så rakner det.

Så kommer relasjonene, samarbeidet, utviklingen videre. På jobben, i prosjektet, med de potensielle vennene. Jeg trekker meg. Jeg stoler ikke på at det vil vare. Jeg vet ingenting om trygge relasjoner. Har aldri lært om følelser fordi det har vært farlig.

Jeg har et handicap når det gjelder alt mellommenneskelig.

Jeg trekker meg unna. Jeg betrakter det hele utenfra, observerer og analyserer det menneskelige, men deltar ikke. Jeg er to steder samtidig. Effektivt, tydelig, konstruktivt til stede – men samtidig; unnvikende, betraktende, ufølsom, analyserende på avstand.

Jeg er den folk ser foran seg, men samtidig i en metaposisjon, utenfor.

Ingenting skremmer folk mer.

Mennesker som er noe annet enn det de utgir seg for, er som Dr. Jekyll og Mr. Hyde. Klovnens maske og det skumle bakenfor. Mat for skrekk.

Folk er utrolig følsomme for annerledeshet. Selvfølgelig, for det er slik vi avverger farer og inngår allianser. Vi kjenner på oss når noe ikke stemmer. Det er en intuitiv reaksjon og den forblir som regel ukommentert. Når noe kjennes utrygt, går man ikke imot det, man trekker seg unna.

Slik opplever jeg det med andre mennesker; først intens kreativitet, oppdagelser, utvikling, nytte, håp om en god relasjon – og så en gryende usikkerhet, manglende bånd, distanse.

Til slutt trekker jeg meg helt ut.

Herregud så mange ting jeg har avsluttet i livet mitt!

Mennesker og miljøer jeg har mistet. Fordi jeg ikke kan. Fordi jeg rives i fillebiter av behovet for nærhet, entusiasme, å gå helt inn i noe – og dette evige, automatiske behovet for å sikre meg mot å bli forlatt, igjen.

Så trekker jeg meg unna, isolerer meg. Profetien min går i oppfyllelse. Jeg blir faktisk etterlatt alene, forlatt igjen – ved eget grep.

På en måte forlater jeg meg selv, motarbeider meg selv, går imot mine egne behov, ødelegger mine egne muligheter, fordi jeg har en relasjonsskade som er umulig å reparere.

Psykologien er nokså klar; skader som dette er livsvarige og i praksis umulig å helbrede, for situasjonen er for kompleks, innvevd i alt, forsterket igjen og igjen.

1. Skaden

Jeg går inn i meg selv.

Jeg tilbringer nesten all tid der.

Jeg har sittet i årevis alene på hjemmekontor, syklet i flere timer hver dag - alene, ti tusen kilometer hvert år de siste tolv årene.

Jeg foretrekker å gjøre alt alene, fra å lage middag, handle, skrive rapporter, programmere, feriere .. til å gå på fest. Det er enklest slik. Jeg kan observere og analysere fritt uten å måtte baske med andres ubegripelige behov; «normaliteten». Jeg har gitt den mitt eget navn.

Ensom?

Ja og nei.

Jeg kjenner på et ubeskrivelig, unevnelig, ordløst, formløst savn etter ubetinget kjærlighet. Jeg vet at uansett hva jeg gjør, kan jeg ikke stole på den, selv om den skulle stå rett foran meg. Det gjør vondt.

Ensom? Nei, for det finnes knapt noe menneske som er mer selvgående enn meg. Jeg var alltid alene. Jeg har utviklet mine strategier og de fyller meg fullstendig. Jeg er ikke redd for dypet i mitt indre. Tvert imot, jeg har vært i dypet hvert minutt i livet og der finner jeg den trygghet som holder meg gående.

Ensom? Nei, for jeg er også en mester i nysgjerrighet. Ikke fordi jeg er barnslig, men fordi alt jeg tar inn blir gjennomanalysert for å beholde kontrollen, tryggheten.

Ensom? Nei, fordi ensomhet er en følelse og følelser slipper jeg ikke til.

Men, det var denne kjærligheten. Behovet for samhørighet. Desperasjonen i å være en fremmed blant menneskene. Det trumfer alt, lar seg ikke fortrenge eller analysere bort.

Smerten er der og den er utålelig i lengden.

I april 2018 klarte jeg ikke mer.

Jeg maktet ikke lenger å gå rundt som to personer i en.

Jeg stoppet opp, brøt sammen, var ute av stand til å gjøre noe som helst. Jeg druknet i en sorg, en melankoli. Alt ytre ble uvesentlig, usant, nytteløst.

Jeg kunne ikke lenger holde problemet mitt unna, samtidig som jeg forstod svært lite av hva det handlet om. Mitt egentlige jeg, sjelen min bak det skadete selvet, tok over. Egoet, fasaden, gav opp, resignerte.

Så skjedde det noe underlig.

Eller egentlig ikke, for det er velkjent at når man forlater egoet, rollen man prøver å holde fast ved, kommer det bakenfor frem.

Veien til innsikt, oppvåkning, går gjennom smerten – gjennom å transcendere smerten, pleier man gjerne å si. Dukke ned i den, vil være mine ord. Gå inn i den, kjenne på den, bade i den, slippe taket og falle.

Jeg falt, for jeg hadde ingen alternativer.

Jeg gjenoppdaget for alvor intuisjonen min.

Jeg oppdaget et høyere bevissthetsnivå.

Jeg oppdaget meg selv, på en ny måte – for jeg var ekspert på meg selv allerede, mer enn de fleste. Men hittil var jeg også blind i forsøket på å holde et dysfunksjonelt ego gående.

Kortversjonen er at jeg begynte å «vite» mer enn noen gang.

Jeg har alltid «visst» noe om det bakenfor og ovenfor, fordi jeg alltid var så årvåken, av nødvendighet.

Resultatet av at jeg falt sammen i 2018 ble en skilsmisse, etter tretti års ekteskap. Jeg har forlatt det meste av det jeg drev med tidligere. Jeg dukket i stedet ned i filosofien, psykologien og vitenskapen, intuisjonen, religionene, innsiktene fra mennesker i tidligere tider og andre steder, fenomener i randsonen av det «rasjonelle».

Jeg har alltid tatt inn disse tingene.

Jeg har søkt og jeg har funnet. Innsikten som har tatt bolig i meg, er oppsiktsvekkende, det må det være lov til å si.

Jo, det er min innsikt, min oppvåkning, min skade. Men ingenting av dette er privat, for jeg er et menneske som alle andre. Det er de samme mekanismene som gjelder for oss alle. Sann kunnskap er sann for alle.

Hører jeg at du er skeptisk? Tenker du at dette er noe innbilt tøv?

Hvor er fakta, dokumentasjonen, vitenskapen?

Ta det rolig.

Også jeg er en tviler, en skeptiker, en analytiker, en rasjonalist som krever logiske slutninger, sunn fornuft, etterprøvbare eksperimenter, strenge tolkninger osv.

Det ene utelukker ikke det andre.

Såpass har jeg oppdaget underveis, at vitenskapen ikke har svar på alt.

Det finnes huller i kunnskapen vår, for eksempel om livets og universets opprinnelse.

Det finnes også enorme gap vi står spørrende overfor, for eksempel utfordringen med å forklare alt abstrakt og subjektivt – altså slikt som er knyttet først og fremst til bevisstheten og tenkingen vår.

1.1. En ulv

Det var overblikket, noen sentrale ting i forhistorien min i komprimert form. Men det finnes flere elementer og hendelser i mitt liv som er avgjørende i denne fortellingen.

Poenget er likevel ikke å snakke om meg, meg, meg.

Egentlig ville jeg ha sluppet dette fokuset på min person, men som du kanskje skjønner, er det umulig å vurdere de neste kapitlene uten å forstå hvor innsiktene kommer fra.

Er jeg riv ruskende gal?

Kan man feste noen som helst lit til noe som kommer fra en person som er så totalt ute av synk med andre mennesker og forsåvidt også store deler av samfunnet, vitenskapen, kirken, kulturen, media – det meste?

Jeg er en ekstrem outsider, en ulv i fåreklær, attpåtil en ensom ulv blant ulver.

Det er ikke ofte slike som meg viser kortene.

«Vanlige» mennesker, sauer, for å beholde metaforen, er redde, går i flokk, oppfører seg likt og blir vettskremte ved enhver potensiell trussel.

Jeg er i en posisjon hvor jeg ikke er redd, fordi jeg alltid måtte sikre meg selv. Jeg vet hvordan frykt håndteres.

Jeg er også en ensom ulv, fordi jeg ble påført kompleks PTSD som spedbarn.

Jeg mangler evnen til å inngå «normale» relasjoner, men jeg kjenner ingen annen virkelighet. Jeg ble i praksis født slik. Jeg må faktisk holde meg på avstand også fra «mine egne», altså de som har tilsvarende skader og også er ulver, heller ikke de fleste av dem forstår mitt perspektiv.

I hele mitt liv har jeg møtt bare ett eneste menneske som jeg mener ser det samme som meg, grunnleggende sett er som meg, men selv det kan jeg ikke vite med sikkerhet, for hun er trolig like skadet og enda mer sky og avvisende enn meg selv.

Hun spiller en viktig rolle som drivkraft i denne historien, som du skal få se. Jeg kaller henne Alma, for å beskytte hennes egentlige identitet.

Ulver trengs.

«Norsk natur uten ulv er ikke interessant», sa en fyr på NRK nylig, i forbindelse med at det nærmest kontinuerlig planlegges skyting av ulv i dette landet.

Han mener at ulven, helt på toppen av næringskjeden, setter vilkårene for alt lavere i kjeden. Dette kommer tydelig frem i denne videoen som viser hva som skjedde da man reintroduserte ulven i et landskap hvor den var utryddet: How Wolves Change Rivers - YouTube[2]

Verden trenger også enslige ulver, vi er viktigere enn folk forstår.

---

2   https://youtu.be/ysa5OBhXz-Q

Sa ulven selv.

Okey?

Da går vi videre.

2. Et pinnebarn

> I dette kapitlet forteller jeg litt mer om mitt skeive, avvikende syn på meg selv og livet rundt meg. Jeg forklarer hvordan «avviket» forsterkes og fester seg gjennom barneårene.
>
> Men allerede nå skal vi også igang med å snakke om det store, det bakenfor, det egentlige, sanne, hele, ene som vi er en bitteliten del av.
>
> Hvordan kan vi vite noe som helst om det vi ikke vet noe om? Hvordan skal fisken kunne oppdage vannet? Ett svar er intuisjon, som jeg forklarer i kapitlet.

Ensomhet kommer ikke fra å ikke ha folk rundt seg, men fra å ikke kunne kommunisere til andre det som er viktig for en selv – eller fra å betrakte verden på en måte som for andre er utålelig.

Carl Gustav Jung

Jeg var nok et «pinnebarn».

Tannlegen min satte dette stempelet på meg. Hun er et sosialt kraftsenter som bruker halve tiden til å bore i folk, ikke i tennene, men i tankene deres.

Hun er rundt femti og har flere barn, gutter. Gjennom oppvesten deres har hun vært høyst til stede i alle miljøene hvor de ferdes; på skolen, fotballen ... det fikk henne til å oppdage pinnebarna.

De som ikke søkte mot gjengene av mobbende og flørtende unger. De som ikke ble med på fotball, dans eller andre aktiviteter. De som satte seg ned, hvor som helst, og lekte med hva som helst - pinner, om det skulle være eneste mulighet.

Det høres litt trist ut, gjør det ikke?

For meg var det ikke det. For meg har det alltid vært et fristed å kunne dukke ned i noe, gruble, oppdage. Jeg slapp unna de umulige relasjonene til andre mennesker og jeg skapte meg min egen, fantastiske verden.

Det ble bifalt av de rundt meg. Det ble forsterket, av en helt bestemt grunn.

Morfaren, min, Christen Finbak, døde i 1954, sju år før min fødsel. Han kom fra en gammel gård i en dal midt i Nordland, men klarte å bli professor i teoretisk kjemi.

Det var en klassereise.

Talentet hans ble oppdaget tidlig og han ble sendt til Trondheim for å gå på gymnas, finansiert av en onkel. Senere tok han doktorgraden på en avhandling om «Rotasjon av molekyler i krystallgitre».

Det var store greier. En doktorgrad hang høyt i de dager.

Fokuset for hans vitenskapelige arbeid var altså krystaller, som var mye studert på den tiden, 1930-tallet. Den ennå unge kvantemekanikken hadde postulert en rekke teorier om hvordan atomer og molekyler er bygd opp og fungerer.

I Oslo fulgte man intenst med på hva som skjedde på universitetene i København, Tyskland og USA. De fulgte med på Bohr, Heisenberg, Schrödinger, Einstein og mange andre. Trolig hadde de vitenskapelig kontakt med flere av dem, uten at jeg har undersøkt dette.

For å studere krystaller, var metoden å skyte elektroner mot stoffet man vil studere og se på lysspekteret som blir dannet i kollisjonene.

Et krystall er en stabil struktur av molekyler. Molekylene igjen er dannet ved at atomer kobles til hverandre gjennom såkalte valensbindinger. Dette betyr at de ytterste elektronene i et atom deles med et annet atom, de har det felles, det tilhører begge. Også molekylene bindes til hverandre med valensbindinger.

Slik lød teorien på den tiden, og mye av den er gyldig fortsatt.

Bestefaren min var også en usedvanlig nevenyttig og kreativ mann, han lagde blant annet de vakreste ting i utskåret tre. Så på universitetet fikk han ansvaret for å utvikle et apparat for elektrondiffraksjon, «Oslo-apparatet» (Oslo-gogni), en kanon for å skyte ut elektroner og studere resultatet.

Det ble opprettet en forskergruppe under ledelse av Odd Hassel, som i 1969 fikk Nobelprisen i kjemi for funnene som kom ut av dette arbeidet.

Professor Hassel og min bestefar reiste til Caltech i Pasadena, Los Angeles, i 1939 for å besøke Linus Pauling, som var en av verdens fremste autoriteter på området valensbindinger – og også en av få som er blitt tildelt to Nobel-priser – i kjemi og dessuten fredsprisen for sitt arbeid mot atomvåpen.

På den lange turen som gikk først med skip til New York, videre gjennom Panama-kanalen og så opp til California, skrev han jevnlig brev til min mormor, hun jeg bodde hos de to første leveårene mine. Brevene stråler.

Jeg skal ikke prøve å beskrive det vitenskapelige arbeidet ytterligere, men heller låne ord fra en senere professor ved kjemisk institutt i Oslo, Kari Kveseth, som skriver:

> The story is rather unique. It is about how a small university at Europe's periphery in the late 1930s was able to establish a world-leading research group.

Hvorfor nevner jeg alt dette?

Jo, fordi dette var fortellingen som definerte familien og ånden jeg vokste opp i. Min bestemor var en typisk husmor, kom fra en familie på Værøy i Lofoten som drev med tørrfisk, men vanket blant professorer og forskere.

Jeg husker at vi besøkte nobelprisvinneren Hassel privat.

Den tredje professoren i Hassels gruppe, Otto Bastiansen, ble rektor ved universitetet i Oslo tidlig på 1970-tallet. Da jeg var guttunge, besøkte vi ham også. Han tok meg med i bilen sin og kjørte ut til flyplassen på Fornebu for å titte på de store maskinene som kom brølende i lav høyde inn over bilveien ved enden av rullebanen.

2. Et pinnebarn

Var Bastiansen også et pinnebarn? Han forstod i det minste straks hva jeg kunne tenkes å være interessert i.

Jeg møtte aldri min morfar, kjemiprofessoren. Jeg visste ikke som barn hva rotasjon av molekyler i krystaller innebar. Først nylig forstod jeg at det han jobbet med, i realiteten var kvantemekanikk.

Det vesentlige for meg var at nerding var lov.

De voksne skottet bort på meg og tenkte nok at, ja ja - her kommer det en til av samme typen.

Det var lov å være grublende, nedgravd i noe sært, analytisk. Det ble oppmuntret i familien og på skolen.

Hva mer?

Hvordan er livet til et skadet barn som meg?

Ta femti personer og still dem foran et kamera. Bakerst, ut mot kanten eller i et hjørne, vil du finne en eller to personer, men ikke ved siden av hverandre, som står og ser intenst mot fotografen, med litt større avstand til alle rundt seg enn det de fleste andre har.

Jo, de smiler kanskje når bildet tas, men det er ikke et hjertelig smil. De er ikke i det, det ligger utenpå ansiktet.

Straks bildet er tatt, blir de enten stående igjen i bakgrunnen mens alle andre trekker utover og begynner å småsnakke, kommer med forløsende kommentarer, slår gjerne en vits som får alle til å le. Det dannes små grupper.

Eller så går de frem og rundt til fotografens posisjon. Ser hvordan scenen tar seg ut fra denne vinkelen, som for å beregne hvordan bildet kan ha blitt.

Sist jeg var i en slik situasjon, da min far fylte 80 år og ble feiret på et vertshus et stykke utenfor Lübeck nord i Tyskland, gjorde jeg nettopp slik som beskrevet.

Men jeg gjorde en ting til.

Jeg hadde med mitt eget bittelille videokamera.

Både før og etter at bildet ble tatt, gikk jeg fritt rundt og filmet gjestene som strevde med å innta sine posisjoner, slik Fellini, i filmen Satyricon, lar kameraet gli langsomt rundt blant deltakerne i et romersk etegilde, mens buken på helstekte griser og okser hogges opp og det velter ut fettglinsende pølser og gjestene dynkes i rødvin innvendig og utvendig.

De titter spørrende, likegyldig undrende opp i kameraet, en maskin brakt inn i situasjonen fra en tid to tusen år inn i fremtiden. De ser som nysgjerrige, kanskje litt usikre dyr inn i linsen og forstår ikke at de blir filmet og analysert.

De har ingen begreper om hva som foregår.

Jeg er fotografen som står bak fotografen. Jeg er den som ser de som tror de ser.

Slik fungerer min årvåkenhet, mitt behov for kontroll.

Det er en eller to av oss blant hundre, maksimum.

Vi sliter med å forklare oss til andre. Vi har noen evner som andre ikke forstår. De kommer fra disse erfaringene med intense studier av alt smått og stort og rart.

Det er ingenting mystisk med dette, men vi har tilgang til en stor og dyp verden.

Hva består innsikten i? Dette dypet?

For å besvare, må du forstå hva vi driver med mens vi «nerder», mens vi flytter på pinner og klosser. Omdirigerer vann. Bygger med sand. Studerer maur. Mennesker på en fotoseanse. Sosiale situasjoner. Sluker tjue bind med verdenshistorie. Koser oss med Frank Zappas gitarsoloer. Studerer på nettet hvilke ulike utgaver som finnes av en bestemt flymodell.

Vi studerer hva det skulle være. Alt er av interesse.

Fellesnevneren er mønstergjenkjenning.

Vi leter etter mønstre i alt. Vi finner dem overalt. Vi gjør det for å forstå, lære, men grunnleggende sett for å sikre oss. Når det lykkes, gir det stor tilfredsstillelse.

Når vi ser at prinsipper fra ett felt også er relevante for et annet, blir tilfredsstillelsen enda større. Vi observerer, tester, analyserer og kobler sammen.

Alltid.

Du vil trolig bli slått av undring når vi klinker til med våre «sannheter». Kanskje blir du skremt.

Du vil kunne oppfatte meg som farlig og i hvert fall som ekstremt arrogant og elitistisk. Det er ikke til å unngå når jeg skiller meg ut og du føler deg utrygg, fordi du ikke forstår hvor jeg henter det fra.

Jeg forstod tidlig at jeg ikke var helt som andre. De var interessert i jenter/gutter, fotball, mobbing, maktkamp, nasking. De målte seg opp mot hverandre. Lette etter flokken sin. Fant posisjonen i flokken. Kjempet for den. Prøvde å øke egen status, gjøre seg populær, attraktiv, beundret.

Slik er vi mennesker.

Vi definerer oss gjennom andre. Alt handler om relasjoner. Vi søker anerkjennelse. Uten den er vi svake, usikre på vår egen kjerne og verdi. Slik er vi når vi ser utover, måler oss mot de som er rundt oss.

Vi som er orientert innover, har et fluktsted. Vi observerer samspillet mennesker imellom. Vi ser at alle bærer masker. Vi ser at de kjemper for seg og sitt. Også når vi er vennlige, kjærlige, elskelige – så ligger det ofte egoistiske motiver bak.

Vi ser det umiddelbart, vi ser at det bygger seg opp. Vi observerer at folk velger fakter og ord, retter blikk og oppmerksomhet mot det som gavner dem selv. Livet er en kontinuerlig kamp, ofte med et smil. Ikledd sportsklær eller brudekjole. En konkurranse i å være kul, tøff, smart, vakker, rik, uberørt, beundret, sexy.

Alle driver med dette. Vi vet, som har blikket rettet innover, for vi oppdaget det i ung alder og kunne ikke senere glemme denne kunnskapen.

Det er slitsomt.

Det er slitsomt å se så mye. Å ikke kunne fortrenge. Det er desillusjonerende.

Men det gir også stor glede, for vi betrakter folk når de ikke vet at de blir betraktet og da er de noen ganger søte, forvirret, nakne.

Flertallet av mennesker gjennomfører ikke en indre, bevisst, dybdeanalyse for hvert møte, hver samtale, hvert blikk. De har brukt livet på å lære seg spillet. Overflatespillet. Normalitetsspillet. Samspillet.

De trives med det. De trives med andre mennesker, koser seg i samtaler, kjenner responsen fra andre og føler seg nær. De oppfører seg som sauer, og det er helt alright.

2.1. Sosialt fri

Også vi pinnebarn trenger nærhet.

I praksis ser det slik ut: En sånn som meg blir invitert inn i en samtale eller går på eget initiativ bort til andre. Andre tør ofte ikke nærme seg oss. Jeg lytter litt, kanskje et halvt minutt, til jeg har oversikt over temaet.

Så åpner jeg for en liten vårflom av assosiasjoner, blander inn noen spesifikke faktaopplysninger, gjør en liten språklig vri for å pense inn på en sammenheng, og konkluderer så raskt som mulig.

Folk klarer bare å henge med et lite øyeblikk, før jeg lander en tilsynelatende åpenbar «sannhet» som de fleste oppfatter som interessant, kuriøs, forløsende, konkurrerende.

Det er en sannhet, eller forsåvidt hva som helst, f.eks. en vits eller avsporing, som knapt noen er i stand til å følge opp.

Det tar meg femten sekunder å bli stemplet som en weirdo, gjerne på livstid, i min samtalepartners øyne.

Som barn prøvde jeg å gjøre som de andre. Jenter, fotball, svømming, volleyball, ungdomsklubb, friminutt. Epleslang, store uteleker med masse unger i sene høstkvelder.

Gode minner.

Jeg gjorde alt dette.

Jeg fikk lov til å være med. Ingen drømte om å stenge meg ute, for jeg hadde noen krefter, om enn ubegripelige, som var utenfor andres kontroll. De forstod at jeg var «smart» og utilnærmelig. Dessuten var jeg en yndling blant lærerne på skolen. Jeg var på en måte på de voksnes nivå allerede som barn, intellektuelt. Ofte forbi også.

Sosialt var jeg derimot totalt underutviklet, først og fremst fordi jeg ikke kunne binde meg til noen på grunn av skaden, men etterhvert også på grunn av mangel på utfordring fordi de fleste lot meg i fred.

Denne underlige skapningen, pinnebarnet, nerden, weirdoen, den introverte – har nemlig noen fordeler.

Denne personen går fritt.

Denne personen har også evnen til å trenge igjennom hva det skal være, på flere måter.

Jeg kan bruke mot folk det jeg har lært om sosialt spill. Manipulere.

Men det er uinteressant. Det er ikke mitt spill, hverken den ene eller andre veien. Jeg fungerer ikke slik.

Jeg er ingen soldat. Men jeg kan styre slaget, strategien, sikre kvaliteten, øke effektiviteten. Forutse. Det er jo det jeg automatisk driver med hele tiden.

Jeg manipulerer aldri. Det er skittent spill, for enkelt når man har så sterke våpen.

I stedet lar jeg folk få sette feller og gå i dem selv. Slik som Sokrates på torget i Aten utfordret byens borgere til å svare på filosofiske spørsmål og dermed selv oppdage svaret – eller egen manglende innsikt.

Jeg kan også ta styringen når det trengs. Når situasjonen er spesiell.

Fordi jeg er nøytral, ikke tilhører noen flokk, ikke er definert entydig – kan jeg ta hvilken som helst solorolle og stå frem med troverdighet.

Om noen skulle spørre om grunnlaget for autoriteten jeg plutselig viser, har jeg svar i rikelig monn. Logiske, fornuftige svar – og motspørsmål om nødvendig.

Pinnebarnet har kunnskaper og bryr seg ikke om hva andre måtte mene. Dette bortreiste, oppslukte, innadvendte barnet tar plutselig styringen. De andre tør ikke. De våger ikke tre ut av gruppen.

Hvis noen andre skulle ville overta på en mer menneskelig, inkluderende og trolig også mer kompetent måte, trekker jeg meg straks tilbake. Autoritet er like uinteressant som normalitet. Kun verktøy.

Den sosialt «mistilpassede» personen har også en annen fordel.

Som nevnt, ble jeg ikke utestengt noe sted. Jeg tilhørte ingen steder og alle steder.

Jeg var jo bare én person. Ingen trussel. Jeg er fortsatt ingen soldat, jeg fungerer ikke slik. Da får man ikke fiender, eller rettere sagt, fienden vet ikke hvordan de skal ta opp kampen med en som ikke kjemper imot. Du kan sikkert gjette at jeg er militærnekter.

Jeg tok ikke opp konkurransen med noen. Jeg fikk bli med.

I tillegg oppsøkte jeg miljøer i randsonen. Homofile, pønkere, radikale, rusmisbrukere. De andre som heller ikke har funnet seg til rette.

Jeg er en av dem. Denne digre gruppen av mistilpassede, ofte nokså ødelagte mennesker – er min flokk. Jeg slapp inn. De kjente meg igjen. Outsideren.

Jeg skal ikke gå i detalj, men det ligger en rikdom i dette.

Jeg har kunnet samle impulser, erfaring, lærdom, kunnskap og klokskap fra mange kilder. Jeg har fått en liten dose kjærlighet og tilhørighet uten egentlig å ha fått det. De som har lite, deler det de har, for de vet hva det er verdt.

Fordi jeg ikke er en «normal» type, ikke tilhører et bestemt sosialt miljø, men har sett inn i mange – innbiller jeg meg at jeg har et bredere og dypere utsyn enn «de normale».

Når mennesker rundt meg har fordommer og sikre meninger, blir jeg bare stille.

Jeg er Lillelord.

Han var en guttunge fra beste vestkant i Oslo for hundre år siden som krysset sosiale grenser i en sterkt klassedelt by ved å gå inn og ut av miljøer hvor han ikke hørte til. Mye av det Lillelord gjorde i Johan Borgens fantastiske bøker, har også jeg gjort.

Min relasjon til mennesker og miljøer generelt har dermed også gitt meg innpass hos kvinner.

Jeg oppfører meg til dels slik kvinner gjerne gjør. Lyttende, passiv, observerende. Jeg har vokst opp med en mor og bestemor, ingen far eller bestefar. Jeg har to døtre, ingen sønner. Men jeg kan ikke bli et fullverdig medlem av kvinnefellesskapet. Jeg er mann.

Så er jeg likevel ingen typisk man, ikke farlig mann, ikke (bare) dum mann, ikke på lag med menn. Jeg er på lag med kvinner, ligner dem mest. Og jeg drar ikke andre menn med meg.

Men jeg er mann. Et seksuelt objekt i kvinners øyne. Samtidig er jeg så rar at jeg fremstår som en håpløs amatør i flørting, slik jeg er en amatør i alle sosiale situasjoner, bortsett fra én.

Lytt nå.

Pinnebarnets sinn er en mønstergjenkjenningsmaskin.

Noen av oss opplever – noen ganger fysisk – at hodet suger til seg data i enorme mengder og kverner kontinuerlig slik at nesten all kapasitet til enhver tid er okkupert inni der, i tankene. Også vår egen hjernes funksjon er gjenstand for våre undersøkelser.

Vi ser innover. Vi har et aktivt, operativt forhold til intuisjon. Vi lytter til oss selv.

Jeg har gradvis oppdaget at jeg er i en merkelig tilstand av det andre vil kalle meditasjon.

Nå begynner det å bli mye her. La oss få litt orden på det.

Jeg snakker altså om to ting. Det ene er at mange av oss er overutviklede analytikere. Så er det noen av oss som også tilsynelatende har en annen velutviklet egenskap i større grad enn andre.

2.2. Intuisjon

Hvordan skal jeg få forklart dybden i dette ordet? La oss låne en formulering fra Henri Bergson, fransk filosof, tildelt Nobelprisen i litteratur i 1927:

> *Heldigvis er noen født med et åndelig forsvarsverk som før eller senere får dem til å avvise det illusoriske verdensbildet som er blitt innprentet i dem fra fødselen gjennom sosialisering. De aner at noe ikke stemmer og begynner å lete etter svar. Indre kunnskap og usedvanlige ytre opplevelser viser dem sider av virkeligheten som er usynlig for andre, og slik begynner deres vei til oppvåkning. Hvert steg på reisen tas ved å følge hjertet i stedet for flokken og ved å søke kunnskap fremfor sløret av uvitenhet.*

Hvis du slår opp ordet «intuisjon» på Wikipedia[3], finner du at det listes opp en lang rekke fenomener, blant annet:

- **Automatskrift** – ordene «kommer til deg»
- **Astral projeksjon** – evne til å se kroppen utenfra
- **Déjà vu** – man føler at man har opplevd en situasjon tidligere
- **Ekstrasensorisk persepsjon (ESP)** – tankeoverføring, se ting på avstand m.m.
- **Epifani, innskytelse** – glimt av forståelse
- **Flow** – å gå i ett med en aktivitet slik at man glemmer seg selv
- **Forsyn, prekognisjon** – man aner eller er sikker på at noe kommer til å skje
- **Instinkt** – medfødt evne til å gjøre bestemte ting automatisk
- **Kall** – man føler at man har en oppgave

---

3   https://en.wikipedia.org/wiki/Intuition

- **Klarsyn** – man ser noe som ikke har fysisk opphav
- **Klarhørsel** – man hører noe som ikke har fysisk opphav
- **Klarfølelse** – motta informasjon gjennom følelser på eller inni kroppen
- **Klarsansing** – evnen til å sanse ånder eller energi som ikke er fysisk rundt deg
- **Klarviten** – man vet at noe er riktig uten å kunne forklare hvorfor
- **Klarlukt** – man lukter noe som ikke fysisk er der
- **Klarsmak** – man smaker noe som ikke fysisk er der
- **Kunstnerisk inspirasjon** – trenger ingen forklaring
- **Levende minner** – man husker stemningen og rike detaljer i episoder som engang var
- **Mediumskap** – evne til å kommunisere med det hinsidige
- **Mirakel** – en følelse av «sannhet» eller en hendelse som løser noe tilsynelatende uløselig
- **Psykometri** – evnen til å få informasjon om en person via berøring
- **Psykokinese** – evnen til å påvirke objekter med tanken
- **Pyrokinese** – evnen til å påvirke flammer med tanken
- **Rapport** – synkroniserte opplevelser og adferd i grupper
- **Retrokognisjon** – evnen til å oppleve tidligere hendelser
- **Sjette sans** – en samlebetegnelse på alle slags uforklarlige erfaringer
- **Sunn fornuft** – «alle» er enige om en sannhet som ikke behøver å være gjennomtenkt
- **Synkronisitet** – tilsynelatende tilfeldige hendelser som virker å være forbundet med hverandre
- **Underbevissthet** – sinnets ubevisste prosessering av informasjon før resultatet blir bevisst
- **Åpenbaring** – et syn eller en innsikt som ikke virker å tilhører den verden vi kjenner. Ofte livsendrende.

Hvilke av disse fenomenene har du et forhold til?

Selv har jeg erfart automatskrift (stadig vekk), déjà vu (noen titalls ganger), epifani (ukentlig), klarviten (daglig), levende minner (mange, mange ganger), ekstrasensorisk persepsjon (et par ganger), mediumskap (et par ganger), mirakler (flere titalls ganger), forsyn/prekognisjon (stadig), synkronisitet (hyppig), rapport (synkroniserte opplevelser og adferd i grupper – hele tiden), åpenbaring (noen få ganger).

I tillegg må jeg nevne noe som ikke står på listen, en følelse av at ting henger sammen over lang tid. Jeg ser tilbake på hendelser og forstår i ettertid hvordan de er forbundet. Jeg ser at det ene ledet til det andre og at det var en mening, et formål, et mål under utvikling lenge før jeg ble klar over det.

Jeg ser hvordan hindre ble til gjennombrudd. Hvordan mennesker dukket opp på avgjørende tidspunkter og plantet frø som kanskje ikke blomstret før etter mange år. Jeg ser tilbake og ser hvilke muligheter – løsninger – som presenterte seg, men som jeg ikke grep.

Jo lenger jeg lever, desto klarere står det. Det er lagt en vei. Det var viktige, nødvendige valg som skulle tas. Om jeg misset dem, valgte feil, så kom de samme valgene tilbake i en annen form, kanskje lang tid senere, via en omvei.

Jeg har denne følelsen av at «det som skjer det skjer», i en litt annen betydning enn da Doris Day sang «Que Sera Sera[4]» i en Hitchcock-film i 1956. Den sangen har jeg hatt på hjernen siden jeg først hørte den som barn. Den bærer noe sant i seg.

En annen sang som festet seg i en ung gutts sinn, var «Children of coincidence[5]» sunget av Dory Previn. Den kom i 1976 og jeg var 15 år gammel. Sangen handler om alle «tilfeldighetene» som bestemmer livene våre. Under overflaten er budskapet et annet ... kan det være at disse tilfeldighetene ikke er tilfeldige?

---

4   https://open.spotify.com/track/4Ylqc711Eq763XbTAOABu3
5   https://open.spotify.com/track/68ysxhXpKzQ9y01lvAgpbC

Det finnes vel knapt et menneske som ikke påberoper seg sunn fornuft, hevder å ha en sjette sans, er klar over egen underbevissthet eller har opplevd déjà vu?

Jeg antar at de fleste har erfart mye av det andre på listen også. Så er spørsmålet - hvordan forstår vi det?

2.3. Intuisjon og analytisk innsikt er ikke det samme

Etter min mening er analytisk innsikt og intuisjon to høyst ulike ting. Analytisk innsikt kommer fra prosessering av data. Informasjonen ligger i dataene. De må bare behandles.

Intuisjon er noe annet. Om du er spirituelt orientert, kan vi si at analytisk innsikt tilhører ego, mens intuisjon er en vesensforskjellig type kunnskap som har et annet opphav.

La oss prøve med noen eksempler:

Dersom mange nok meteorologiske målestasjoner i nærheten av hverandre rapporterer regn, vind og lavt lufttrykk - kan vi tolke oss til at et kraftig lavtrykk beveger seg inn over landet. Vi kan forutsi at regnet vil treffe en annen del av landet i morgen. Meteorologer er ikke magikere, de ser mønstre i data.

I tidligere tider kunne gamle menn og kvinner spå været på gikta, se på dyrenes adferd, lytte til skogen, studere skyene, skyggene i fjellet, fargen på havet, solnedgangen - og så pipe frem mellom manglende tenner at i morgen blir det strålende vær, men dårlig fiske!

Heller ikke dette er mirakuløst, selv om mange lot seg imponere. Også disse gamle baserte seg på data; samlet inn og erfart på kroppen gjennom et langt liv. De mest observante, mest analytiske og også de med best «intuisjon» fikk/tok jobben med å tolke og spå.

Neste steg kan være å overlate værvarslingen til en astrolog. Kanskje, men trolig ikke, finner du en astrolog som er villig til å prøve, men det ville være useriøst.

Astrologi er ikke vitenskap i den forstand. Astrologien studerer planetenes bevegelser og prøver å se forbindelser til både menneskers psyke og hendelser på Jorden.

Dette har pågått i mange tusen år. Erfaringsmaterialet er enormt. Det er blitt studert av de fremste lærde, de mest analytiske, de med størst evner av alle slag. Resultatet er et komplekst, men koherent system av innsikt. Psykologisk innsikt. Innsikt om kreftene og skiftningene i naturen.

Det er høyst sannsynlig at de samme mønstrene vi observerer hos planetene også kan gjenfinnes i alt annet «naturlig». Så kan man diskutere om forbindelsen mellom planeten og menneskets psyke er så direkte at vi kan trekke konklusjoner. Noen mener ja, andre nei. I en verden hvor alt er mentalt, som jeg foreslår i denne boken, er svaret et klart og nødvendig ja.

Selv mener jeg at astrologiens arketyper, krefter og vekselvirkninger forteller mye. Jeg skal helt til slutt i boken begrunne dette vitenskapelig[6], for jeg kan høre at du er skeptisk, trolig ekstremt skeptisk. Fortsett med det.

Astrologi kan uansett ikke brukes til å spå været neste tirsdag. Det er ikke slik det fungerer. Astrologi krever noe mer. En god astrolog besitter noe mer enn en tabell med planetposisjoner og en lærebok i stjernetegn, hus og aspekter.

En god astrolog må forstå systemet inngående, men er som regel dessuten i besittelse av sterk intuisjon. En god astrolog må kunne lese mennesker, forstå psykologiske prosesser, se forbi det åpenbare, være villig og i stand til å forfølge vanskelige spor.

En ting er altså data og mønstergjenkjenning.

Noe annet er intuisjon – ekte, rå, brutal, vakker, vår, sann og voldsom intuisjon.

Når man opplever plutselige innsikter, sannviten, mirakler, forsyn osv. – forstår man at dette er noe annet. Om man skulle erfare en åpenbaring, vil man vite det sikkert.

6   Se 22.6. Årsak og virkning

2.3. Intuisjon og analytisk innsikt er ikke det samme

Det er så annerledes, så tydelig, så klart og sterkt at det ikke kan bortforklares.

Man vet.

Jeg vet.

Jeg har alltid visst. Jeg visste det allerede da jeg satt alene i haugen med sand i barnehagen.

Intuitiv kunnskap har en del egenskaper som skiller den fra annen kunnskap.

- **Rask**: Den dukker opp svært raskt, ofte i et kort glimt.
- **Ikke kontrollerbar**: Den dukker opp spontant, som regel uten egen forutgående innsats og kan ikke kontrolleres.
- **Krever ro**: Intuitiv kunnskap kommer gjerne når vi ikke er opptatt med analytisk problemløsning.
- **Utenfor logikk**: Den er alogisk, hvilket betyr at den ikke nødvendigvis motsier alminnelig logikk, men heller ikke følger den.
- **Taus**: Kunnskapen intuisjonen gir er taus, mer om hva det betyr litt senere i kapitlet[7].
- **Helhetlig**: Intuitiv kunnskap er holistisk, dvs. at den befatter seg med helheten i en situasjon og ikke detaljer eller enkeltheter.
- **Sikker visshet**: Kunnskapen oppleves som udiskutabelt sann, selv om det ikke foreligger bevis.
- **Brukes aktivt**: Undersøkelser viser at intuisjon særlig spiller en rolle når det skal tas beslutninger og når man søker en kreativ løsning på et problem.
- **Utbredt**: De aller fleste, trolig alle, har opplevd å «motta» kunnskap intuitivt.

Analytisk innsikt – det man kan kalle tradisjonell kunnskap, har diametralt motsatte egenskaper:

---

7   Se 2.5. Taus kunnskap

- **Treg**: Vi må «tenke igjennom» saken, ta for oss ulike elementer, veie for og imot m.m.
- **Kontrollerbar**: Vi kan bestemme oss for når vi vil begynne å tenke og selv styre hva vi velger å ta med i prosessen.
- **Krever ikke ro**: Tradisjonell kunnskap er tilgjengelig når som helst, uten noen krav til situasjon etc.
- **Logisk**: Tradisjonell kunnskap fremkommer ofte gjennom analyser og tolkninger basert på hypoteser, testing osv.
- **Lappverk**: I tradisjonell tenking forekommer et lappverk av momenter som holdes opp mot hverandre for å finne sammenhenger. Det er en fragmentert prosess med stor kompleksitet, dels bevisst, dels underbevisst.
- **Usikker konklusjon**: Resultatene som kommer fra tradisjonell tenking, oppleves som regel ikke som absolutte. Dersom det kommer nye momenter eller noe endres, kan også konklusjonen måtte endres.

2.4. Et skarpt skille

Ofte tenker vi at kunnskap er én ting. Vi forestiller oss at hjernen tar imot inntrykk utenfra, kverner opplysningene, sammenholder dem med tidligere kunnskap, foretar analyser av hva som sannsynligvis vil skje videre – og leverer resultatet tilbake til den våkne (eller sovende) bevisstheten.

Jeg skal senere postulere en annen forklaring.

Bevissthet er alt som eksisterer. Hjernen er selv en forestilling. Prosesseringen som hjernen foretar er en forestilling. Verden utenfor hjernen er en forestilling. Tankene som kommer ut av dette er også en del av din individuelle forestilling; om deg selv, hjernen, kroppen og verden.

Dette er det jeg kaller analytisk innsikt. «Vanlig» kunnskap.

Den har et kjennetegn, den er rettet utover.

Den handler om hvordan du skal reagere på ting som tilsynelatende kommer imot deg, som befinner seg utenfor det punktet hvor du opplever at bevisstheten din befinner seg, altså midt inni hodet, sånn cirka.

Analytisk innsikt kommer fra Ego.

Ego er ordet som brukes i spirituelle kretser for å beskrive nettopp dette fenomenet, denne tilstanden. I spirituell og religiøs tenking er det gammelt nytt. Ego er din forestilling om deg selv og en verden utenfor. Derfor bruker jeg i fortsettelsen Ego med stor E, for vi snakker om deg, den som er navnet ditt, hovedrollen din.

Det finnes noe mer.

Jeg skal foregripe litt det som kommer senere i boken.

Vårt private Ego er en «bølgetopp» av bevissthet på et «hav» av universell bevissthet.

Den universelle bevisstheten er i oss alle, «under» eller «bak» eller «i tillegg til» (det finnes ikke ord for dette) våre private forestillinger. Den er identisk med vår egen bevissthet, bare innholdet er forskjellig.

Det er en våken tilstand av å oppleve, erfare.

Dette er den eneste bevisstheten som eksisterer og også det eneste som eksisterer overhodet.

Denne universelle, ene bevisstheten som du er en integrert del av, besitter også kunnskap. Dette er også et ego, men det er et universelt ego – egoet til ... hva det nå måtte være som dette egoet oppstår fra. Den våkne, aktive, oppmerksomme, evige tilstanden. Kjærligheten, energien, kilden, Gud ...

Erfareren.

Jeg har gitt dette eneste, evige, mitt eget navn, Erfareren.

Så hva er intuisjon?

Intuisjon er, etter min mening, universell kunnskap som befinner seg i den universelle bevisstheten som er til stede «en etasje over» (som sagt, det finnes ikke ord) ditt private Ego.

Denne kunnskapen er «hel». Den finnes ikke i mange varianter. Den er én.

Denne universelle kunnskapen har nettopp de egenskapene som vi har ramset opp. Den er umiddelbar, kan ikke styres av vårt private Ego, krever ro gjennom at vi har fokuset vårt rettet mot den indre i stedet for den ytre verdenen, den er fremmed for logikk (fordi det eksisterer ingen alternative tolkninger), og ikke minst er den «taus».

2.5. Taus kunnskap

Hva betyr taus? Jo, kunnskapen lar seg ikke formidle videre til andre.

Du kan ikke forklare nøyaktig hva du gjør når du sykler. Du kan fortelle hvordan sykkelen skal betjenes, hvordan gyroeffekten fungerer når hjulene spinner, hvordan du må hjelpe til litt med kroppen for å holde balansen i starten. Men du får ikke forklart opplevelsen av å sykle.

Qualiet sykle.

Det finnes mange ord for dette: erfaringskompetanse, know how, implisitt kunnskap. Jeg velger å benytte ordet qualia, som er et sentralt begrep i denne alternative forståelsen av verden.

Mer om qualia kommer senere, men her er det vesentligste:

Vi opplever det sure i en sur sitron; kvaliteten sur, men det er umulig å formidle denne opplevelsen videre til andre. Surhet er taus kunnskap, opplevelsen, erfaringen – som er ordløs.

Intuisjon er altså det samme, taus kunnskap, en kvalitet, qualia.

Nå skjedde det noe interessant. Fikk du med deg det?

Qualia er opplevelsen av kunnskap vi har fra den universelle bevisstheten. Men qualia er også opplevelsen av taus kunnskap vi erfarer når vi sykler, altså driver med som enkeltpersoner.

Begrepet qualia forener det private Egoet og den universelle bevisstheten.

Er dermed alt qualia? Også tankene våre? Også bevisstheten vår, opplevelsen av å være et levende menneske?

Nå begynner det å bli filosofisk her.

Målet mitt videre er å forene det subjektive, abstrakte og materielle i en og samme teori.

Vi er såvidt igang.

3. Elektronikken og kirken

> I dette kapitlet introduserer jeg hovedkonflikten mellom vitenskap og religion; de to temaene i livet mitt som har vært drivkraften til å oppdage ting; den tilsynelatende konflikten mellom ånd og materie, mystikk og rasjonale, Gud og fysikk.
>
> Jeg har nær kontakt med begge disse sidene av tilværelsen.
>
> Jeg «vet» noe om fysikk og jeg «vet» noe om det bakenfor. Jeg vet disse tingene fordi jeg alltid betrakter fra en uvanlig posisjon utenfor flokken. Jeg ser sammenhenger andre ofte ikke ser.
>
> Når man er alene om å vite noe, må man selv gå til bunns i ting. Andre har lite å bidra med. Når en slik guttunge fordyper seg i elektronikk på den ene siden og møter kirkens dogmer på den andre – og i tillegg ser mønstre begge steder som andre ikke forstår, oppstår den en spenning med krefter i seg.

Jeg skal ikke fortelle hele livshistorien min, ta det med ro. Likevel må jeg ta med et par historier som er vesentlige for fortsettelsen.

Min oppvekst fant altså sted i Nord-Norge, på Lyngseidet – en liten bygd med ca. 700 mennesker et par timers kjøring nordøst for Tromsø. Vi snakker om et tettsted som ligger 600 kilometer nord for Polarsirkelen og kun 430 kilometer fra verdens nordligste by, Hammerfest.

Min mor tok med meg dit.

Lyngseidet fortjener en egen bok. Det er et svært vakkert sted, plassert på et smalt eide mellom to fjorder, midt inni Lyngsalpene hvor fjellene går fra sjøen og rett opp til nesten to tusen meters høyde.

Vi hadde hund, en surrete cocker, og jeg gikk nesten daglig med ham oppover disse liene mot Gajajenka (Den vakre sletta) og Goalsevarre (Kavringtinden, 1289 meter høy).

Det er samisk område.

På Gajajenka traff jeg innimellom både villrein og tamrein – og mengder med sau som hunden vår dessverre elsket å forstyrre.

Befolkningen levde tradisjonelt av fisk og poteter, kålrot, gulrot og reker. Fiskerbønder. Om høsten bugnet det av tyttebær, blåbær og multer.

Jeg tilhørte «søringene» som utgjorde halvparten av skolens lærere og halve kommuneadministrasjonen.

De var godt utdannet fra hovedstaden eller deromkring, og ble lokket nordover med skattelette og tilskudd fra staten. Slik måtte det gjøres for å trekke kvalifisert arbeidskraft til et sted hvor solen er fraværende flere måneder midt på vinteren og det er milevis til nærmeste kino.

Hver annen måned kom riktig nok bygdekinoen innom.

Se for deg at det sitter tjue nordlendinger i gymsalen og myser skeptisk mot rockemusikalen Jesus Christ Superstar. Jeg husker den opprørte stemningen da det var tid for bytte av filmrull. Jeg husker hvor jeg satt, menneskene rundt meg, maskinisten. Det er, nesten, som et fotografi inni meg.

Søringene ble godt tatt i mot av stedets to handelsfamilier som savnet den lille eimen av sivilisasjon de brakte med seg. Den ene familien drev fergene over fjordene, den andre eide butikker og land.

I tillegg til samene, bøndene, søringene og handelsfamiliene, fantes ytterligere en gruppe på Lyngseidet som satte sitt tydelige preg på det lille samfunnet: læstadianerne.

Dette er en pietistisk, luthersk vekkelsesbevegelse som ble startet i de samiske områdene på midten av 1800-tallet. Utgangspunktet var å stoppe det ødeleggende alkoholmisbruket blant samer, ikke ulikt situasjonen for de innfødte i Nord-Amerika da europeerne kom med sin whiskey.

De fikk satt en stopper for drikkingen. Og dessuten dansing, kortspill, grove vitser (som landsdelen er kjent for) og alt annet som måtte være gøy. Læstadianerne kan sammenlignes med amishene i Pennsylvania, USA, men de gav ikke avkall på alle nymotens ting, bare de fleste.

42   3. Elektronikken og kirken

Når det gjaldt kampen mot alt syndig, derimot, må trolig amishene se seg slått.

I tillegg var statskirken til stede med presten Flokkmann, som var vel bevandret i samisk kultur og levnet, men som altså skulle forkynne den statlige versjonen av Guds ord.

Norge hadde inntil nylig statskirke. Det betød at også skolen var infiltrert av jødenes Messias, i mitt tilfelle representert ved klasseforstander Eriksen som var en troende mann, tidligere sjømann i utenriksfart.

I tredje klasse ble Eriksen min lærer. Han var en mann av orden og moral og ville at hver dag skulle begynne med at alle reiste seg og en av ungene resiterte Fadervår fra hukommelsen. Det gikk etter tur og startet ved den første pulten ved inngangsdøren.

Jeg satt på den siste raden, langs vinduet, nummer tre fra kateteret. Tenk at jeg husker dette så nøyaktig.

Så der stod jeg. Med Oslo-dialekt blant fremmede, ti år gammel med kompleks PTSD, og skulle lese Guds ord. Stakkars Eriksen.

Jeg kunne mitt Fadervår, men jeg ville ikke.

Jeg trodde ikke et sekund på ordene.

De fremstod for meg som en skjennepreken uten forutgående synd. En moralsk pekefinger rettet mot meg av noen som ville indoktrinere meg til et to tusen år gammelt regelverk som både var irrelevant, men også tuftet på et livssyn med synd, skam og fornedrelse av alt menneskelig.

Stikk motsatt av humanisme.

Stikk motsatt av det vitenskapen kunne fortelle om verden.

Stikk imot den radikale vinden som feide over verden, Lyngseidet inkludert.

På dette bittelille stedet i Nord-Troms fantes det på 1970-tallet lokallag for NKP, SF og AKP-ml. Lederne var alle lærere. Min mor var en kort stund leder for sosialistene i Sosialistisk Folkeparti.

3. Elektronikken og kirken

Gud? Kirken? Læstadianernes ekstreme regler?

Ikke meg, nei. Jeg nektet å lese noe som helst høyt. Jeg trodde ikke på det. Jeg var imot moralismen og underkastelsen. Jeg hadde for lengst forstått at kirken er et samlingssted for sauer og ikke for enslige ulver.

Jeg følte meg misbrukt som menneske, fortsatt ti år gammel, ved å bøye meg for slik bruk av makt.

Gjett hva, Eriksen ble rød i ansiktet, svett, oppkavet og så seg rundt etter verdens største spanskrør som han gladelig hadde brukt om det ikke hadde fått ham avskjediget.

Det var en perfekt storm.

En trassig guttunge som stilte seg opp mot Gud og læreren. Jeg burde ha blitt sendt på gangen og fått med melding hjem. Jeg husker faktisk ikke om jeg slapp. Trolig.

Det var ikke trass.

Det var rasjonale, et begrunnet opprør. En kamp om verdier og retten til å være den jeg er.

Det var også noe mer.

Jeg forstod det nok ikke da, men ser det tydelig nå i ettertid.

Jeg visste at å fremstille Jesus og Gud og alt det metafysiske på denne regelbundne, strenge, skyldbelagte måten – var feil.

Jeg visste noe annet.

Jeg hadde det i meg.

Intuitiv kunnskap, absolutt og udiskutabel. Større enn ord. Større enn verden. Noe ganske annet enn det trange universet som klasserommet knuget.

Jeg forstod det ikke der og da, men jeg ble vår dybden i problemet da Jesus Christ Superstar kort tid senere sprengte seg vei gjennom sensur og tv-debatter.

Kinohistorien om JC var sannere enn både den pietistiske og statlige fremstillingen av religion jeg hadde møtt så langt. Rockemusikalen gir en hverdagslig, politisk, realistisk fremstilling av hendelsene i Galilea.

Kritikerne mente at det religiøse var fraværende i filmen. Jesus ble fremstilt som en langhåret, kul og vakker hippie som dessuten sang bra. Det var damer, naken hud, utskeielser, hissige konflikter.

Jeg skal garantere at ingen læstadianer så den.

Men hos meg ringte det noen bjeller. Jeg så en guru som ble støtt ut av samfunnet, mistrodd av sine disipler, drept av sine egne. Jeg så en person i opposisjon som gikk igjennom en nødvendig prosess med uendelig dybde og betydning.

Etter min mening er denne filmen sannere og sterkere enn noen annen fremstilling av Jesus og kristendommen, kirkens versjon i særdeleshet. Organisasjonen kirken. Den menneskeskapte kirken.

Riv Guds hus og sett prestene fri!

Jeg fikk tak i dobbeltalbumet med musikken og det ble spilt til rillene i vinylen nærmest var høvlet vekk. Men neida, langt ifra! Jeg ble ikke omvendt eller vekket eller noe som helst. Jeg kom fra en slekt hvor vitenskapen, rasjonalen rådet.

Jeg ble likevel dypt fascinert og tillot «noe» å slå seg ned i meg.

3.1. Elektronikken

Mest var jeg opptatt av noe ganske annet. På elleveårsdagen min fikk jeg et elektronikkbyggesett.

Jeg lagde sirener og styringsmekanismer, forsterkere, radiomottakere og -sendere. Jeg eksperimenterte med logiske og hybride kretser. Jeg strakk lange antenner bort til naboens hus og enda lenger for å kunne ta inn radiosendinger fra det store utland på kort- og mellombølgen.

En inngiftet ingeniør-onkel i Trondheim gav meg en pappeske full av komponenter, blant annet transistorer av det slaget som var de aller første som ble lagd, f.eks. germanium-transistoren OC74 fra tidlig på 1960-tallet. Da var transistoren bare et drøyt tiår gammel som oppfinnelse.

I sommerferiene i Oslo trålte jeg byen etter alt jeg kunne få tak i.

Tolvåringen oppsøker engroslagrene og klarer å snakke seg forbi resepsjonsdamen og inn til de gamle herrene på lageret med grå frakker, som i undring fyller poser med transistorer, dioder, motstander, kondensatorer, spoler, transformatorer og alle slags integrerte kretser, sensor-halvledere, potensiometre, brytere, innbyggingskasser osv.

Ha meg tilgitt oppramsingen, jeg elsker disse nerdeordene.

Tolvåringen går til «Kristiansen Sport og Elektro» på Lyngseidet og får dem til å ta inn et par kilo jernklorid så gutten kan få etset ut ledningsbanene på kretskort som han har kopiert fra den danske boken «Anvendt Elektronik» eller tidsskriftene «Hobby elektronikk», «Popular Electronics» osv., overført med UV-lys til et kretskort sprayet med et stoff som tåler etsing.

Deretter boret han hull med en miniatyrdrill, spesielt lagd for syltynne bor, for å kunne lodde på komponentene. Som regel virket det til slutt.

Tolvåringen går med avisen i Oslo i sommerferien og tjener penger til en Tandberg 3400X[8] spolebåndopptaker for å kunne kjøre ulovlige radiosendinger via selvbygd FM-sender. Rekkevidde ca. 2 kilometer.

Lensmannen bodde bittelitt utenfor dekningsområdet, tror jeg. Han fulgte sikkert ikke med på ukurante FM-frekvenser uansett.

Tolvåringen bruker julegavepengene til å kjøpe det som anses som verdens første videospillkonsoll, Magnavox Odyssey[9]. Det kunne såvidt fremføre en enkel versjon av «tennis» via UHF på TVen. Den voluminøse plastdingsen kostet en formue, ble produsert i USA, eksportert til Tromsø og kjøpt av landsdelens største og minste nerd.

Jeg var fascinert av lydbølger, elektromagnetisme, energi.

8   http://nrhf.no/Tandberg/TR%20Tape/TB-3400X.html
9   https://en.wikipedia.org/wiki/Magnavox_Odyssey

Det foregikk ting inni de elektroniske komponentene som for meg var mer virkelig og viktig enn konkurransen i skolegården. Viktigere enn lærer Eriksen og prest Flokkmann.

Elektronikk er kvantefysikk.

Det handler om elektroner, elektromagnetisme, noen ganger lys. Det handler om bølger og partikler. Frekvenser. Hvordan alt i realiteten bare er ... bølger, enten vi snakker om lyd, lys, vann, elektroner eller kosmos.

Vi lærer om dette på skolen, men ikke i sjette og syvende klasse på grunnskolen. Og ikke på en så konkret og eksperimentell måte. Ikke over så lang tid.

Jeg må ha holdt på i tre-fire år. Intenst.

Midt oppi dette, en dag jeg gikk gjennom «myra» (den med kloakkutslippet), skjedde det noe.

Myra var et svært fuktig sumpområde på noen hundre meter i alle retninger, som var den raskeste snarveien for ungene på vei fra «sentrum» opp til skolen. Det var lagt ut planker som vi hoppet og balanserte mellom.

Jeg husker at det var snø i omgivelsene, jeg befant meg i myra med nesen mot skolen. Akkurat det øyeblikket var jeg alene.

Et glimt av intuitiv kunnskap slo ned i meg.

Du vet, plutselig skjønner man noe, på et dypere og mer subtilt plan enn det som er mulig å formidle med ord. En epifani.

Jeg skal likevel prøve.

Alt er bølger.

Alt er potensiale, slik spenning er potensiale.

Alt vekselvirker, det vil si at absolutt alt påvirker absolutt alt.

Vi mennesker, som alt annet dødt og levende i hele universet, utgjør et maskineri av nødvendighet.

3.1. Elektronikken 47

Ingenting er viljestyrt, ikke egentlig.

Samtidig skaper vi vår egen virkelighet, våre egne syner. Disse bølgene, potensialene, blir omdannet, oppfattet, tolket, forstått av oss tobente apekatter - som noe materielt, fysisk, eksisterende.

Partikler.

Det var det jeg «så», forstod i mitt indre.

Jeg «opplevde» at det hele, i form av partikler, bølger, energi, «kom sammen».

Det var ganske vagt og flyktig, men det var «sant».

Jeg husker at det var en opplevelse av hva fysikk er.

Javel, tenkte jeg.

Det var ikke noe sjokkerende i dette. Elektronikken hadde vist meg det forlengst, uten at jeg hadde overført kunnskapen til verden som hele.

Nå forstod jeg sammenhengen mellom elektronikk og alt annet.

Og hvilken nytteverdi hadde dette for en prepubertal, veslevoksen gutt med enorme sosiale problemer?

Jeg brukte min nye forståelse i et forsøk på å løse det som dengang, som nå, var mitt største problem. Det var en logisk ting å gjøre. Og mitt største problem var å forstå andre mennesker. Guttene som alltid konkurrerte. Jentene som alltid konkurrerte.

Jeg observerte mine venner, lærerne, de voksne og alle andre.

Jeg forstod ingenting.

Det jeg ikke forstod, var ikke spillet, kampen, utprøvingen av styrke og attraksjon. Dette forstod jeg utmerket godt. Det var primitivt, uinteressant.

Det jeg ikke kunne forstå, var hvorfor ikke alle andre også kunne forstå dette som jeg nå hadde sett. Det var jo så åpenbart.

Hvorfor gadd de?

Hvorfor satte de seg ikke heller ned med meg og prøvde å komme litt dypere? Hvorfor var de ikke nysgjerrige?

Det var min gåte.

Mitt forhold til mennesker, alle andre mennesker, endret seg i dette øyeblikket.

Jeg merket det ikke da, men pinnebarnet hadde vokst. Flyttet opp en etasje. Utvidet sandkassen til nå å omfatte hele universet.

Alt i universet var blitt pinnebarnets studieobjekt. Alt i universet kunne forklares ut ifra ... dynamikk. Det var det beste ordet jeg hadde.

Senere lærte jeg om kaosteori, komplekse dynamiske systemer.

Alt flyter.

Alt er potensialer som utløses.

Også konkurransen i skolegården. Også menneskets mest private tanker, vårt psykologiske Ego, det vi snakker med og fra.

3.2. Dystert kaos

Jeg lærte også noe annet på denne tiden, da jeg var 11-12 år gammel.

I 1972 kom det en rapport fra Massachusetts Institute of Technology (MIT) i USA som heter The Limits to Growth[10].

Det var en analyse av mulighetene for økonomisk vekst i fremtiden.

Rapporten tok for seg befolkningsvekst, industrialisering, forurensning, matproduksjon, krigsfare og tilgang til ressurser. Den viste at dersom vi fortsetter som før, vil verden «gå dukken» rundt 2050-2070.

Rapporten var meget presis og konkret i sine spådommer. Den skremte mange og gjør det fortsatt – 32 millioner mennesker har kjøpt boken.

---

10 https://en.wikipedia.org/wiki/The_Limits_to_Growth

Tallmaterialet og metodene er blitt grundig gjennomgått senere, og er blitt bekreftet gjennom dagens observasjoner.

Det vi opplever i vår samtid, er i samsvar med det mest dystre scenariet i rapporten.

Jeg lærte to ting av å bli kjent med dette vitenskapelig arbeidet i så ung alder.

Det ene var at slik går det når flokkmentaliteten får råde. For meg var dette noe jeg allerede visste fra egne observasjoner. Jeg levde i denne kunnskapen.

Det andre var at rapporten presenterte en helt ny måte å tenke på, den handlet om kompleks dynamikk, som jo var en ny og presis måte å studere de samme flokkene på.

Jeg sperret opp øynene.

For å komme til sine konklusjoner, hadde økonomene bak «The Limits to Growth» tatt i bruk det ypperste av dataverktøy og algoritmer, de som allerede var oppfunnet ved MIT for å studere andre komplekse systemer, nemlig været.

De så på utløsende faktorer (sommerfugleffekten), feedbacksløyfer (eksponensiell forsterkning), attraktorer (normalisering, feie problemer under teppet) osv.

Hos meg gikk dette rett inn, både som dystopi og en metode for å avdekke dype sannheter og mekanismer.

Slik fungerer samspillet i verden, fikk jeg bekreftet da. I store deler av verden for øvrig har man ennå ikke forstått alvoret, og ofte heller ikke hvordan disse tingene fungerer. Det store flertallet av befolkningen er sauer som går i flokk, lukker øynene og håper det beste.

Dessuten lærte jeg noe annet i disse dagene da det analytiske i meg våknet for alvor. Jeg koblet straks sammen MIT-rapporten og «synet» mitt i myra av hva fysikk er og hvordan alt spiller sammen.

De to tingene viste det samme – hvordan dynamikken i verden egentlig fungerer. Dette var noe ganske annet enn Newtons klassiske, ofte lineære, mekanikk og endimensjonale årsakssammenhenger.

Fra 1972 var dette for meg udiskutabel kunnskap som jeg har fått bekreftet igjen og igjen i alle sammenhenger. Kompleksitetsdynamikk spiller en stor rolle i teorien som presenteres i del to av boken du nå leser.

Det kommer mer senere[11], nå vet du hvor det kommer fra.

3.3. Kirken

Så var det tid for konfirmasjon.

Jeg ville ikke denne gangen heller.

Jeg kunne ikke overgi alt jeg visste til en to tusen år gammel regelbok, en mysteriefortelling, et ubegripelig sammensurium av ånd og syndig materie ... og Den hellige ånd?

I kirken på Lyngseidet, som i Eriksens klasserom, var det regelboken, de ti budene, som stod sentralt.

Jeg hadde sett Jesus Christ Superstar.

Jeg hadde tenkt igjennom tingene.

Jeg sa det høyt og tydelig.

Jeg ville ikke konfirmeres.

Det holdt i noen uker.

Lærerne sørfra, min mors kolleger på skolen, støttet meg. De heiet litt på meg, kan jeg huske. Særlig fru Vonen, et vakkert, vevert, energisk, lysende menneske, skilt og aleneboende, som lot meg reparere Bang og Olufsen-platespilleren hennes som hun spilte Jim Reeves på.

---

11 Se 18. Kompleksitetsmekanismene

I love you because you understand, dear.
Every single thing I try to do.[12]

Vi forstod hverandre.

Hun ble kreftsyk, så jeg hjalp henne av og til, med å hente et halvt, frosset reinsdyr (av den minste sorten) som jeg bakserte hjem til henne på sparken min.

En annen gang var det en liten kartong med rødvinsflasker som var spesialbestilt på Vinmonopolet i Tromsø og måtte hentes så diskret som mulig på bakrommet til Samvirkelaget. Også den på sparken.

Her snakker vi vinter.

Jeg ville ikke konfirmeres, men det nyttet ikke.

En ettermiddag kom moren til min beste venn Roger og ringte på døren. Hun gjorde aldri det ellers.

Min mor og jeg stod der og hørte at hun fortalte om bygdens bekymring.

Selv var hun sendt hit fordi hun var en innfødt og den nærmeste av de lokale til å ta ansvar. Jeg ville bli den første og eneste som noen gang hadde nektet å la seg konfirmere.

Det gikk bare ikke.

Å, det må ha vært en prosess.

Sogneprest Flokkmann må ha gått igjennom listene med årets fjortenåringer på skolen og sammenlignet den med sin egen liste over påmeldte konfirmanter.

Navnet mitt lyste med sitt fravær.

Selv kom han ikke. Moren til Roger kom.

---

12 https://open.spotify.com/track/771mxqxRBBAWTzBUcTJP3A

Vi snakker om sosial kontroll blant vår tids innvandrere. Det er ikke noe nytt.

Jeg ble tvangskonfirmert.

På selve dagen satt vi der. Det var en stiv, formell, dødskjedelig og falsk seanse.

Hovedattraksjonen var at Flokkmann skulle forhøre en av sine disipler så menigheten med egne ører kunne høre at den unge hjorden (sauer) hadde lært det de skulle. Luthers forklaringer til de ti bud. Pietistenes presisering av alvoret i Guds formaninger om jordisk rettlevnet.

Hvem valgte han seg ut som offer?

Så der står jeg da. I hvit kappe, irritert og hevnsugen, uthengt for bygd og vennekrets. Uthengt for folk som jeg ikke engang tilhørte, fordi jeg ikke var født på stedet og fordi jeg fløt oppå alt og alle sosialt.

Men jeg var den sterkeste, tenkte jeg.

Flokkmann ville kue meg, gi meg til Guds dom med et seierssmil.

Flokkmann var en vennlig mann, men tilgi ham, for han visste ikke hva han gjorde.

Jeg ble konfirmert.

Og utmeldt med stor ståhei ikke så lenge etter.

3.4. Læreren og biskopen

Etter ungdomsskolen og konfirmasjonen i Nord-Norge, flyttet min mor og jeg til Asker, ca. to mil vest for Oslo. Jeg begynte på reallinjen på gymnaset. Vi hadde kristendomsundervisning. Tvungen.

Man kunne slippe om man meldte seg ut av statskirken, men så langt var jeg ikke kommet. Jeg var jo praktisk talt nykonfirmert.

Så der satt jeg og hørte på en temmelig helfrelst kristendomslærer av den lite fleksible sorten. Den dagen snakket han, uvisst hvorfor, om massesuggesjon.

I stedet for å snakke om forledelse innen kirken og kristne sekter, valgte han å fokusere på hippie-bevegelsen og nazistenes mønstringer før og under Den andre verdenskrig.

De var av det samme, mente læreren. Begge kulturene fordreide hodene til sine følgere og ledet til uhyrlige ting. Krig, dop, sex, rock & roll. Han glemte å nevne kjærlighet.

Kunne jeg gjøre noe annet enn å rekke opp hånden?

Han hadde trykket på den store, røde knappen min.

Jeg kunne noe om saueflokker.

Jeg sa ifra, tydelig, at dette var uhørt, uakseptabelt.

Man kunne ikke, fra en posisjon av autoritet, hevde at hippiebevegelsen og Hitler var like farlige.

Kristendomslæreren gav seg ikke.

Ikke jeg heller.

Det tok under fem minutter, så var jeg ute på gangen, på vei opp til rektor.

Jeg var ikke blitt sendt til rektor, jeg gikk til rektor på eget initiativ for å klage.

Rektor, en høyst vennlig og klok mann, dro på skuldrene og kunne eller ville ikke blande seg inn.

Kort tid senere stod jeg i klasserommet og forklarte saken for mine medelever, uten lærere tilstede. Jeg fortalte at jeg hadde meldt meg ut av statskirken og oppfordret alle som var enig med meg, til å gjøre det samme.

Såvidt jeg husker, meldte litt over halvparten seg ut – omtrent fjorten stykker. Det krevdes bare at man sendte inn et skjema til kirken.

Så gikk det et par uker før biskopen kom. Biskopen for Oslo og noen av kommunene rundt.

Landets fremste biskop.

Han hadde med seg et lite følge av fem-seks personer. Rektor. En journalist og fotograf fra lokalpressen. Læreren var der ikke. Biskopen ville forsone oss alle og få oss tilbake på den rette vei.

Jeg aner ikke om de andre i klassen bukket under for presset, men min relasjon til kirken var avsluttet. Skilsmissen var et faktum. Min opposisjon til dogmatisk kristendom var kunngjort med navn og bilde for hele samfunnet – igjen.

Så la meg prøve å avrunde denne historien om mitt forhold til kirken. Det stoppet nemlig ikke med dette.

Et drøyt tiår senere blir jeg kjæreste med datteren til en Japan-misjonær. Vi blir gravide og misjonær-svigerfaren tar meg straks inn til avhør og formaning.

Vi gifter oss, i kirken. Utmeldt, men gift i kirken.

Vi får to barn. Familien skal ha dem begge døpt, i kirken.

Det ender med at jeg sitter der på en av kirkebenkene, som den eneste i hele slekten, mens resten blir med opp til døpefonten for å ta del i den sakrale hendelsen.

Det gis ingen alternativer. Er man kjetter, så er man kjetter. Utstøtt.

Men barna mine slipper ikke unna.

Jeg merker at jeg blir sint inni meg når jeg skriver dette, for det oppleves som et overgrep. Hver eneste gang, og kirken gav blaffen. De skulle ha sitt.

Nok om kirken nå.

Jeg gikk altså på gymnaset.

Jeg blandet meg med de lokale anarkistene, sosialistene og kommunistene. De som eksperimenterte med alkohol og hasj. Det var også volleyball, husokkupasjon (for å få et ungdomshus) og vi satte opp musikalen Hair på skoleteatret (én-null til hippiebevegelsen).

Jeg spilte i band, vi fikk låne et bomberom på skolen til å øve. Det ble svært få konserter, men på en av dem stod vi på samme scene og spilte rett før A-ha tok over som hovedattraksjon. De het Bridges på det tidspunktet.

Noen ganger synes også jeg det er gøy å skryte. Egentlig var og er jeg en svært middelmådig gitarist.

Så begynte jeg på universitetet i Oslo, på statsvitenskap.

Min mor ville ha meg inn i tekniske studier, men jeg så at nerder som meg selv stort sett er svært snevre som mennesker. Jeg ville se ting bredere. Det var logisk å studere større systemer. Samfunnet, statsvitenskap.

Det ble for kjedelig.

Jeg kunne rett og slett for mye teknikk.

Jeg var god på lyd, lys, radio, sceneteknikk, elektronikk.

Jeg snakket med dingser. Hvis noe var feil med et apparat, kunne jeg ta på det, kommunisere med det og kjenne meg frem til problemet.

Slik har jeg det fortsatt.

Gi meg et apparat, og det vil enten begynne å virke dersom det er defekt, eller det vil bryte sammen fordi mitt nærvær får potensielle tekniske svakheter til å manifestere seg. Slik opplever jeg det.

La oss komme oss videre, for vi skal langt.

Ved siden av studiene jobbet jeg med lys og lyd på Chateau Neuf, studentenes kulturhus, hvor det hver helg var pakket med konserter og andre arrangementer. Uriah Heep, The Clash, Weather Report, The Cure, New Order, Ultravox, Simple Minds, Elvis Costello, Eurythmics, The Pretenders, R.E.M., Billy Joel, BB King, The Bangles, Nina Hagen. Alle var der.

Monopolet på å drive kringkasting i Norge ble opphevet og det dukket opp lokale radiostasjoner.

I 1982 meldte jeg meg til tjeneste for å starte «verdens første kvinneradio», RadiOrakel. Bygde studio. Lærte opp teknikere.

Jeg var mann, men jeg gled inn blant disse ca. femti radikale, tøffe jentene.

Det var en fantastisk tid. Jeg nevner dette i forbifarten nå, fordi det blir et tema litt senere i fortellingen.

I 1981, tjue år gammel, hoppet jeg av studiene og teaterjobbingen og begynte på en toårig utdanning til produksjonstekniker for radio og tv hos NRK.

I 1983 var jeg ferdig, tapte loddtrekningen om de kuleste jobbene, og begynte i «Daglig drift», enheten som tok hånd om den daglige radioproduksjonen.

Det var ingen utfordring. Kjedelig, rett ut sagt.

Dessuten var jeg fortsatt en enslig ulv, i fåreklær, med kompleks PTSD og mer inni meg enn utenpå - med både sterke analytiske evner og sterk intuisjon i kombinasjon.

Skadet.

Vi er kommet frem til 1985, det året da hun kom.

3.4. Læreren og biskopen

4. Hva er det å våkne?

> Nå skal du få en pause fra meg og min historie. I dette kapitlet handler det i stedet om hvordan man *generelt* kan «komme til innsikt». Da snakker jeg ikke om slikt man kan lære på skolen. Jeg snakker om hvordan fisker flest kan oppdage seg selv og havet. Du er fisken.
>
> Kapitlet handler om å «våkne til seg selv». Forstå seg selv fra ståstedet til det samme selvet.
>
> Du er nemlig ikke det du tror. Ditt egentlige *du* er observatøren bakenfor, den som tror at du er det du tror på. Så forbasket vanskelig er det.
>
> I dette kapitlet forklarer jeg de grunnleggende tingene i en spirituell oppvåkning. Det er ikke snakk om en fluffy opplevelse, men et skifte av perspektiv, et nytt blikk, en oppdagelse som berører og endrer alt i livet ditt.

Den overordnede fortellingen i denne første delen av boken handler om en oppvåkning.

Du har fått høre om skaden, traumet som ble påført i før-bevisst alder og hvordan dette festet og forsterket seg i barne- og ungdomsårene.

Nå skal du få høre om den neste faktoren i min oppvåkning; møtet med den personen som sådde frøet i meg.

Jeg tror nemlig disse tre elementene er typiske, kanskje nødvendige, for en spirituell oppvåkning:

1. En skade som bringer deg ut på siden av «normaliteten»
2. En impuls til å begynne å oppdage deg selv
3. Et sammenbrudd hvor du tvinges til å gå inn i din egen smerte

Nå skal jeg snart fortelle om det andre punktet, impulsen.

Men hører jeg igjen at du har et spørsmål som står ubesvart?

Hva er egentlig en «spirituell oppvåkning»?

Hva er det som skjer med mennesker som hevder å ha opplevd noe slikt?

Og, ikke minst, hvordan skal alle andre finne frem til denne underlige tilstanden – om de så ønsker?

Det er ikke mange som er kvalifisert til å besvare dette spørsmålet fullt ut.

Det finnes mange som forteller om egne erfaringer, om hvordan det skaper ro, toleranse, medfølelse, samhørighet, glede osv. Det rapporteres også om ensomhet, fremmedhet, tap av slekt og venner, depresjon.

De fremstår gjerne som guruer eller sannhetsvitner eller noe slikt, og de deler gladelig sine erfaringer og gir råd og forordninger.

Jeg nevner ingen navn.

Erfaringene er sikkert ekte nok og rådene kan være gode. Men ofte er det hele litt ullent.

Du vil finne inkonsistenser, halvkvedede viser, unnvikelser, unnlatelser og regelrett feil påstander om hva verden er, hva du er og hvordan det hele fungerer.

Nesten all vekt legges på den personlige opplevelsen. Lykkes du ikke i å oppnå en slik berusende eller forsonende erfaring, må du følge ritualene mer rigid, delta i fellesskapet oftere, kanskje også betale for remedier, goder, anledninger.

Det er en industri.

Jeg sier dette med et snev av kritikk fordi det også finnes unntak, noen ekte guruer med ekte, komplette innsikter som favner alt. De trår ikke feil, forvirrer ikke, for sannhet kan aldri feile.

Sannhet er sann alltid, overalt, til og med utenfor tid og rom.

Vi kommer konkret tilbake til akkurat det.

Jeg sier dette fordi jeg hører at det «de ekte guruene» sier er sant. De sier det samme som også jeg vet. Det vi snakker om her, er det aller dypeste, aller høyeste og det hele i «eksistensen».

Det har eksistert slike mennesker til alle tider, i alle generasjoner, men de er ytterst få.

Jesus var en opplyst. Buddha var opplyst.

4.1. Osho og Teal Swan

I vår samtid kjenner jeg bare til to mennesker som har hele bildet; Osho og Teal Swan. Det finnes åpenbart flere, men jeg har ikke oppdaget dem, og de andre jeg har oppdaget er ikke «komplette».

Igjen, jeg nevner ingen navn.

Osho var en indisk zen-master som drev et lærested i India, men også en periode på 1980-tallet i Oregon, USA.

Der gikk det heller dårlig.

Han kom i konflikt med den lokale befolkningen, hvorav mange var konservative kristne. Han gav til slutt opp og returnerte til India, hvor han drev videre og døde med sine tilhengere rundt seg i 1990. Det finnes en fantastisk Netflix-serie om hele denne historien, om du er interessert.

Svært mange av Oshos opptredener er filmet og ligger fritt tilgjengelig på YouTube. Han har også utgitt et stort antall gode bøker.

Den andre personen jeg vil nevne, er altså Teal Swan, som er født i 1984 i Santa Fe, New Mexico, USA.

Hun vokste opp i Utah, i et samfunn med mange mormonere. Hun kom, som meg, i konflikt med den kristne kirken. Hun var hypersensitiv og hadde «evner». Hun hevder å ha blitt utnyttet seksuelt av en venn av familien da hun var liten og sier hun ble utsatt for forsøk på demonutdrivelse av en gruppe mennesker som mente hun var besatt.

Teal har beskrevet inngående sine traumer, sin annerledeshet, hvordan hun måtte konfrontere alt det vanskelige og at dette ledet til hennes oppvåkning.

Det er de samme hovedelementene som går igjen og som også jeg har opplevd, bortsett fra at overgrepene mot Teal, som dessuten er en vakker, artikulert, selvsikker, empatisk og sympatisk person - var langt tøffere enn noe jeg kan vise til, i hvert fall i det ytre.

Les gjerne mer om henne på Wikipedia[13] og på hennes egen hjemmeside[14].

Teal fremstår i dag som en sterk kritiker av alt som er sykt i samfunnet og hun vier mye av tiden til å hjelpe folk med deres emosjonelle og sosiale problemer. Hun er konkret og direkte.

Oshos historie vet jeg for lite om, men også han var visstnok sterkt i opposisjon til dogmatisk religion, altså primært hinduismen i India, men også de andre store religionene.

Også han var en rebell. Også han hadde en avvikende barndom, idet han de første åtte årene av sitt liv ble sendt for å bo hos bestemoren. Han har sagt at hun lærte ham frihet og at dette var avgjørende i hans liv.

Mer om Osho på Wikipedia[15].

Oshos og Teal er konsistente «vitere».

De kan ta et hvilket som helst spørsmål og lede det frem til et gyldig, udiskutabelt, sant svar. De gjør det om igjen og om igjen, i alle formater, med alle tenkelige hensikter, overfor alle mennesker.

---

13 https://en.wikipedia.org/wiki/Teal_Swan
14 https://tealswan.com/
15 https://en.wikipedia.org/wiki/Rajneesh

4.1. Osho og Teal Swan

Alltid kommer svarene fra en kilde som er dem selv, men også befinner seg et helt annet sted, er av en annen karakter enn det hjernene våre driver med i det daglige. Det er ingen motsigelser i dette, som vi gradvis skal se.

Denne Kilden, med stor K, er en og den samme. Alle de andre guruene som ikke har kommet helt frem ennå, henter også sin innsikt fra den samme Kilden. Vi gjør det faktisk alle sammen, hele tiden.

Vi forstår bare ikke hva som foregår.

Er du nysgjerrig på å se og høre de to jeg nevner spesielt?

Jeg har funnet frem to videoklipp.

Det første viser Osho mens han blir intervjuet av en amerikansk reporter, som konfronterer ham med at han er glad i å skaffe seg fiender. I løpet av de ti minuttene viser Osho sin evne til å bringe et nytt perspektiv inn i samtalen uten å gå i forsvar.

Han avslører en innsikt i hvordan det å ha fiender faktisk som regel er positivt, fordi det gir ham anledning til å kommunisere med dem, påvirke dem, endre deres syn på verden og seg selv.

Også Jesus oppsøkte sine fiender.

Bak denne enkle innsikten ligger dessuten en dyp forståelse av hvordan dynamikken i verden fungerer, som du skal få se når vi kommer til kapitlet om mekanismen. Når jeg ser og hører Osho her, vet jeg at han vet.

Midtveis sier han også noen ord om hva det egentlig betyr å «våkne», hvordan han ønsker at vi alle skal se helheten. Videoen heter «Life Is A Very Mysterious Phenomenon[16]».

Det andre klippet viser Teal Swan som taler til et publikum i Chicago i 2018[17].

---

16 https://youtu.be/2_x55URARJY
17 https://fb.watch/c7MEoNZUsW/

Jeg har tatt meg bryet med å transkribere det hun sier, fordi jeg synes dette klippet viser mye av det Teal står for, hva hun gjør og først og fremst vet.

Hun gir faktisk en komplett beskrivelse av universets sammensetning og funksjon med enkle, forståelige ord rettet mot vanlige folk. Det er godt gjort.

> Det er en grunn til, at jeg i min karriere, fokuserer mest på praktiske ting som forholdet mellom mennesker – og hvordan man håndterer følelser. I dag kunne jeg gitt dere, informasjon, om dimensjonene og spillet i universet, og vi kunne hatt en samtale om dette. Men det ville ikke gjort noe, ingenting, for situasjon din akkurat nå og i det daglige.
>
> Det som betyr noe, er om du er i stand til å ha en relasjon, for livet ditt er bokstavelig talt relasjoner. Jeg vil at du skal tenke på det, hva er livet ditt? Enten det er jobben, hjemmelivet eller hva som helst – det er alt sammen relasjoner. Kan du se det?
>
> Selv om du vil ha en samtale om universet, er det snakk om ditt *forhold* til universet. Så hvis du vil våkne, består jobben i å finne ut av relasjoner. Og det er en vilt humpete reise.
>
> Vil du vite hvorfor?
>
> Fordi ingen har svaret.
>
> Nifst, ikke sant?
>
> Skal jeg trekke det enda litt lenger?
>
> Ok, jeg kommer til å skremme vettet av dette i dag.
>
> Jeg skal ta det hele veien.
>
> Vi liker å tro at det å våkne spirituelt handler om å avdekke sannheter som befinner seg i en åndelig skapning av noe slag som vet alt. Slik er det ikke.

Dersom Kilden eller Gud, den kollektive bevisstheten eller universet som helhet – eller hva du velger å kalle det – hvis denne enheten viste alt, ville det ikke finnes noe slikt som liv.

Hver eneste levende skapning er i realiteten en forlengelse av Gud, et slags dypdykk slik at Gud kan oppleve seg selv. Det du opplever her på Jorden er en kollektiv bevissthet som er i utvikling og våkner til selvinnsikt. Faktisk er Gud selv i en prosess med å bli opplyst.

Det som skapte forestillingen om universet, var idéen om et «jeg». Dette er en form for viltvoksende kreft. Før dette jeg-konseptet oppstod, fantes ingenting annet enn kollektiv bevissthet. Det kunne ikke eksistere noe ego før idéen om et jeg. Det Kilden driver med, er altså å spørre «hva er jeg»?

Jeg vil at du skal forestille deg dette første øyeblikket som om en bombe eksploderer. I dette sekundet skjer en kolossal fragmentering. Selve konseptet «jeg» forutsetter implisitt at det finnes noe «annet». Det er som et lyn som får den evige enheten til å revne.

Nå, plutselig, finnes det to ting. Og denne forestillingen bokstavelig talt ... bang, eksploderer – som en kreftsvulst.

Forstår dere?

Vi er altså i en prosess med kontinuerlig fragmentering og separasjon. Men bevisstheten hvor dette foregår, Kilden, vet dette – at den i realiteten har kreft.

Separasjon er smerte, så Kilde-bevisstheten har en lengsel etter å komme tilbake til en grunntilstand som faktisk er hinsides også begrepet enhet, helhet – fordi idéen om å være én er i virkeligheten Egoet til selve Kilden.

Å, jeg elsker dette!

Men dette betyr at dersom alt er Kildens bevissthet, eller Guds bevissthet om du vil, så er hver eneste levende skapning en del av

Gud slik at alt sammen er vår bedritne relasjon til oss selv. Kilden vet dette.

Alt handler om relasjoner, for dersom det finnes ett eneste aspekt ved meg selv som jeg ikke liker, så er dette i virkeligheten en elendig relasjon til meg selv.

Interessant, hva?

Følgene er alvorlige, og ofte ukomfortable, men det kan komme noe positivt ut av det. Dersom vi forstår at hver eneste lille bit av universet er en fraktal, altså en miniatyr-utgave av det som skjer overordnet i og med universet, kan vi faktisk klare å komme tilbake til en tilstand av enhet. Det skjer når vi innser at det vi opplever som en negativ relasjon med noe utenfor oss, i virkeligheten er en relasjon jeg har til meg selv som er negativ.

Dermed handler det ikke lenger om relasjonen til den eksterne personen.

Er du forvirret?

Var det ikke så tydelig for deg som jeg sier at det er for meg?

Selvsagt er det slik, jeg kaster dette på deg som et forvarsel om det som kommer. Du er ikke klar.

Kanskje blir du ikke klar i hele levetiden din, men kanskje vil du nå lese denne boken fra perm til perm og så begynner det å demre?

I klippet sier hun noe som jeg senere skal drøfte inngående, fordi det er et ekstremt viktig poeng, nemlig at:

> *... idéen om å være én er i virkeligheten Egoet til selve Kilden.*

Som sagt, bare glem å forstå utsagnet akkurat nå. Forklaringen[18] kommer mot slutten av boken.

---

18   Se 21.17. Dissosiasjon i et nøtteskall

4.1. Osho og Teal Swan

Teal peker mot det aller, aller dypeste. Hun har fullstendig rett og dette er sikker, sann, udiskutabel, intuitiv kunnskap. Også Osho har utbrodert dette ene poenget i tjukke bøker.

Så kjenner jeg faktisk ikke til noen flere «komplette guruer» i vår samtid. De aller fleste som står frem er ekte, men bare disse to, mener jeg, har det fulle bildet.

4.2. ACIM

Unntaket er at det også finnes en bok som formidler disse innsiktene. Den er ulik alle andre bøker, bortsett fra de store religiøse skriftene fra et par tusen år tilbake.

Denne boken er vår tids «bibel», men den skiller seg fra Bibelen ved at den ikke er dogmatisk og aldri skal kunne danne grunnlag for organisert religion. Rettighetene forvaltes av en stiftelse som skal påse at dette ikke skjer.

Boken heter «A Course in Miracles» (ACIM). Dersom den er ukjent for deg, anbefaler jeg at du prøver å lese den. Det vil ta minst et år. Boken er lagt opp slik, med daglige leksjoner.

Du finner den, gratis, her: A Course In Miracles[19].

ACIM er ført i pennen av Helen Schucman (født 1909, død 1981), ble utgitt i 1975 og er på ca. 1330 tettskrevne sider.

Schucman var professor i medisinsk psykologi ved Columbia-universitetet i New York fra 1958 og til hun gikk av med pensjon i 1976. Hun drev med både klinisk virksomhet og forskning.

I følge Schucman selv, er boken et indre diktat fra Kristus, altså et automatskrift.

Selv var hun halvt jødisk ved fødsel. Familien hadde en hushjelp som var baptist og som angivelig påvirket henne i kristen retning som barn.

---

19 https://acim.org/acim/en/

Schucman besøkte Lourde i Frankrike som 12-åring og hevder at hun hadde en spirituell opplevelse der.

Senere i livet så hun på seg selv som ateist – ikke-troende.

ACIM benytter kristen terminologi.

Det snakkes om Gud, Guds rike, Kristus og Den Hellige Ånd. Boken er likevel ikke kristen. Dette sier Schucman selv og det er åpenbart for enhver leser. For ikke-kristne kan det være forstyrrende i starten, men denne hindringen fordunster raskt.

I min forståelse kan «Kristus» oversettes med Den universelle bevisstheten. «Guds Rike» er tolkningen som skjer i Den universelle bevisstheten. «Den Hellige Ånd» er rett og slett intuisjon, den direkte kontakten med det bakenforliggende, som vi snakket om tidligere[20].

Boken gir først og fremst en skildring av psykologiske mekanismer, løsrevet fra dogmatisk religion men forenet med det essensielt religiøse. Samtidig viser den hvordan kjernebudskapet i alle religioner er det samme og hvordan de kan forenes gjennom nettopp å betrakte verden på korrekt vis; som noe utelukkende mentalt, spirituelt.

Jeg har aldri lest noe så dypt.

Noe så sant.

ACIM befinner seg i en annen liga enn nesten all annen litteratur.

Unntaket er religiøse skrifter som jo handler om det samme, men ofte er forurenset av uklarheter og menneskeskapte regler – vanetenking aggregert gjennom århundrer.

Boken er tunglest. Den fremstår som kryptisk for de aller fleste.

Wikipedia sier at den er blitt omtalt som «New Age psykobabbel» og «en satanistisk forførelse».

---

20 Se 2.2. Intuisjon

I mine øyne er ACIM en intellektuell bragd, i den grad at det er umulig å tenke seg at en enkelt person, psykologiprofessor eller ikke, skal kunne ha skrevet den. Les selv og bedøm påstanden.

For meg gav A Course in Miracles mening. Mer enn det. Jeg fant alt jeg har tenkt i denne boken. Bekreftelse på bekreftelse. Den ene logiske, rasjonelle, vitenskapelig holdbare, psykologisk gyldige forklaringen etter den andre.

Dessuten tar den steget til neste etasje og forklarer universet, all fysikk, alt biologisk liv ... ALT ... i en samlet fremstilling som ikke står tilbake for noe vi tidligere har fått utlevert fra religionene.

Ok. Det er store ord. Jeg mener det.

Men ACIM krever sin leser.

For å forstå, må du kunne ta inn teksten intuitivt, men samtidig se logikken som formidles. Et stort antall mennesker fører en løpende diskusjon på nettet om hvordan boken skal forstås. Det er utgitt en mengde litteratur rundt selve hovedverket.

4.3. Perspektiv og motstand

Tilbake til spørsmålet jeg stilte:

Hva er egentlig en «spirituell oppvåkning»?

Osho sier i det nevnte klippet, fritt gjengitt: Hva du enn driver med i livet ditt, om du ler eller gråter, prøv å betrakte deg selv utenfra, fra et «høyere bevissthetsnivå».

Hva mener han?

Det er ikke snakk om å gå inn i eller mane frem en annen, ukjent, «høyere» form for bevissthet.

Bevissthet er og blir bevissthet og du har og er bevissthet, det er det samme.

Du har det du trenger. Du vet hvordan det oppleves å være i live.

Det som skal til, er å skifte perspektiv, se på deg selv fra en avstand, fra en posisjon «utenfor deg selv».

Dette kalles metakognisjon, å tenke om tenkingen, å være bevisst sin egen bevissthet.

Hvordan er det mulig?

En annen opplyst person i samtiden vår heter John Butler og er en økologisk bonde i England, en gammel, vennlig mann. Han forklarer hvordan vi mennesker ekspanderer gjennom hele livet; hvordan innsiktene våre blir dypere og perspektivet større. Gradvis ser og forstår vi mer.

Du kan se videoen her, om du har lyst: If more to life than meets the eye (unintentional ASMR)[21].

Du kjenner det igjen i deg selv, hvordan du utviklet deg fra barn til ungdom til voksen til gammel. Kanskje er du ikke der ennå, men det er aldri for tidlig eller sent å bli oppmerksom på sin egen vekst, sier Butler.

Og hva sier at du skal stoppe å utvikle deg?

Hva skal hindre deg i gå enda dypere, se enda større på ting, lære mer, forstå mer?

Du er fri til å heve blikket fra din egen navle, stilne tankene om dine traumer og lidelser, legge vekk roller, ambisjoner og planer, gå bort fra flokken så du kan rette oppmerksomheten din mot det som er viktigere enn noe annet, som faktisk også er alt du har; deg selv.

Slik vokser du, ved å fjerne alt som holder deg fast i «det normaliserte», alt det du ikke er bevisst som holder deg knyttet til stedet ditt, flokken din, tingene dine, «viktigheten» din og forestillingen du tviholder på om hvem og hva du selv er. Egoet.

Slipp alt dette, lukk munnen, stopp tankene om fortid og fremtid og bare vær tilstede.

Her og nå.

---

21 https://youtu.be/fnH3GT8XS4M

4.3. Perspektiv og motstand

Se, lytt, lukt, smak og ta på ting. Føl, kjenn, vær.

Bare vær uten å gjøre det til noe, uten å fikse, bruke fortiden som skjold eller planlegge noe som helst for fremtiden.

Du må ingenting.

> *Jeg husker jeg leste om en Zen-mester som ble spurt om han, I sin høye alder, fremdeles praktiserte Zen. Han svarte at det gjør han, og da han ble spurt om hvordan, svarte han «Når jeg er sulten, spiser jeg. Når jeg er søvnig, sover jeg.» Spørsmålstilleren kommenterte at det ikke høres vanskelig ut, gjør ikke alle det samme? Mesteren svarte at forskjellen er at han ikke lar seg distrahere når han gjør disse tingene. Forskjellen ligger ikke i hva du gjør, men det du ikke gjør.*
>
> Ukjent kilde

Bli vår, vaktsom, observerende, følsom, enda mer følsom, åpen.

Du må øve, kanskje i årevis.

Så, i et beskjedent øyeblikk, aner du at det er noe der, noe annet enn det du kjenner.

Det er en intuitiv opplevelse, med den samme kvaliteten som alle de andre intuitive opplevelsene jeg ramset opp tidligere.

Slik er den subjektive opplevelsen av å ekspandere og bryte igjennom.

Det vil arte seg ulikt for den enkelte. Noen føler, andre vet.

Spekteret av intuitive opplevelser er bredt og uten skarpe skiller.

Selv er jeg altså primært en «klarviter», fordi skaden min fra barndommen gjorde at jeg lukket for følelsene, men åpnet i ekstrem grad for det kognitive og intuitive. Du vil oppleve en annen miks basert på ditt liv.

For å kunne vokse, må du fjerne det som holder deg på plass.

To tredeler av livet bruker du på å konstruere deg selv, øke din anseelse i gruppen, skaffe ting og status, forsvare deg og ditt - og først og fremst selvbildet ditt, troen på deg selv.

Legg ned forsvaret.

Gi opp å beskytte deg mot smerten fra gamle traumer og tapt håp.

Bare la det være.

Vær den du er.

Forlat det du ikke er, ikke vil, ikke føler er rett for deg.

Eller hvis du er av den mer temperamentsfulle typen; si drit og dra (eller noe betydelig saftigere på nordnorsk) til alt som står i veien, kast det vekk med kraft, slik Jesus veltet benker og raserte markedsplassen noen hadde anlagt midt i templet i Jerusalem. Den lignelsen fra Bibelen betyr nettopp dette, tenker jeg.

Å våkne spirituelt, bli opplyst, er ikke noe annet enn å tillate at perspektivet ditt fortsetter å vokse, at innsikten din blir stadig dypere og sannere.

Den mentale, emosjonelle og spirituelle veksten din har pågått fra første øyeblikk, akkurat som kroppen din er i vekst og endring.

Utover i livet begynner du å oppdage sammenhenger. Du begynner å se tegn, kjenne igjen ting i kultur, fortellinger og dagligliv som indikerer at også andre er på sporet av dette mystiske, større.

Du må være åpen og nysgjerrig. Du må være som et barn. Det står også i Bibelen.

Jeg kjenner ikke andre religiøse skrifter godt nok, men jeg er sikker på at det står det samme også i dem, bare i en annen form.

Så, en vakker dag, trolig når du prøver minst, ikke tenker på noe som helst, ikke strever med noe; kan det plutselig skje at du opplever noe nytt, en annen kvalitet enn du har erfart tidligere.

4.3. Perspektiv og motstand

Det kjennes som om du vet noe med sikkerhet. Du opplever en kjærlighet du ikke visste eksisterte. Klarhet, fred, letthet, enkelhet, glede, sitring, lyst, stillhet, skjønnhet.

Det varer kanskje i noen sekunder.

På en eller annen måte er gjerne lys også involvert, så begrepet «opplyst» spiller hen på to ting: fysisk, synlig lys – og en person som har fått opplysninger, kunnskap.

Hvordan fysisk lys kommer inn her, har faktisk sin forklaring. Du opplever et øyeblikk å se inn i det bakenfor, det kollektive domenet hvor all kunnskap befinner seg på en gang, som vi skal komme tilbake til mange ganger.

Alt lys på en gang, for eksempel, oppleves som intenst hvitt, det vet vi. Alle lyder på en gang blir hvit støy, det vet vi også. Alle følelser, sanseinntrykk, tanker og minner på en gang blir ... en opplevelse av total ekstase, absolute bliss, forteller Osho og andre guruer som hevder å ha «vært der» mens de ennå var blant oss andre.

Etter en slik opplevelse er det vanskelig å ikke tro.

Denne kollektive virkeligheten er det vi kaller Himmelen, Nirvana, Paradis, Brahman, Tao osv., og som jeg kaller Kilden, Mønsteret, det hinsidige, det bakenfor, det på andre siden etc.

Dette «bakenfor» rommer all kunnskap, alt som noen gang er og vil bli tenkt, og alt som hittil er opplevd og gjennom det er blitt til kunnskap.

I «Himmelen» vet man alt og det oppleves intenst hvitt, overdøvende, konfliktløst og fantastisk å være i denne posisjonen, altså når man erfarer hele universet fra dette perspektivet. Alt er tilgjengelig umiddelbart i abstrakt form.

Men selve opplevelsen av hele denne enorme, mentale konstruksjonen som noe mer enn en abstraksjon – den tar tid, for tid var en av de aller, aller første tolkningene og opplevelsene. Tid inngår dermed i alle påfølgende, høyere emergente tolkninger og opplevelser, akkurat slik rommet og lyshastigheten gjør det.

Jeg foregriper ting som kommer, bare ta det inn.

Opplevelsen av å være i kunnskapen er så fundamentalt annerledes enn de dagligdagse og har en slik autoritet og «helhet» over seg at den ikke kan glemmes.

Men denne opplevelsen er, etter min erfaring, ikke tilstede i deg konstant, den kommer og går i nokså korte glimt, bryter liksom igjennom av og til - når du slipper den til.

Du har fått tilgang til den.

Å våkne, bli opplyst, motta sann kunnskap - er som å se lysglimt igjennom det tette løvverket i en skog.

Gå mot lyset, så kommer du til slutt ut i en glenne hvor alt er åpent og klart, men da er du enten død eller du er selv blitt en guru som mestrer meditasjon til fulle.

Det er svært langt dit, men samtidig oppsiktsvekkende kort.

Dette er noe jeg forstår må være slik, dels fordi det finnes folk som forteller om sine opplevelser, dels fordi kunnskapen i meg sier at slik er det.

Selv har jeg opplevd «total bliss» bare i korte øyeblikk.

Hva er disse glimtene?

Jeg kaller dem «sporene langs stien», du finner dem i kunsten, naturen, mennesker, alt. Det er snakk om en måte å betrakte på; du må kunne skille mellom Ego og sannhet.

Når du først får grepet på det, skjer det stadig oftere, du ser stadig mer.

Det er som å sykle. Når du først har knekt koden med å holde balansen, faller det naturlig.

For å komme igang med «veien tilbake», som det ofte kalles, må du ville det, ville vokse videre.

Du må tørre det, se på traumene dine.

Du må stange mot veggen som hindrer deg i å fortsette veksten, vanene dine, alt det materielle og sosiale du tror så fast og sikkert på, tankene som går i vante spor, det som gjør vondt i deg, det du frykter.

Du skal igjennom, eller snarere inn i, eller enda mer korrekt; du skal integrere det som gjør vondt.

Du skal trosse frykten og se på smerten, forstå den, eie den, til slutt elske den.

Da vil du oppdage at det er ikke din skyld.

Du ble påført skade av andre eller av omstendighetene.

Du opplevde noe vanskelig eller vondt, trolig i barndommen, som du ikke forstod, ikke kunne forklare.

Selv om barndommen din var «perfekt», er du påført «skader», men du tenker da ikke slik og ser det ikke.

Den eneste forklaringen du kunne komme på, var at det må ha vært du selv som var årsaken. Det vonde som hendte var din skyld, tror du. Den eksistensielle smerten du kjenner på er din egen kreasjon, tror du.

Du kjenner på skam. På frykt for at andre skal forstå det og avsløre deg.

Du gjør deg selv liten og redd.

Men når du endelig, etter mange år, tør eller tvinges til å tenke og kjenne på det vonde, riktig føle og granske deg selv, se deg selv utenfra, så vil du forstå - nå som du er voksen og vet mer - at det som hendte, var noe som andre påførte deg.

Når du forstår noe, vil du ikke lenger bruke energi på det, ikke lenger fokusere på det.

Det som før var et traume, er nå forstått - og blir «normalisert», noe som du vet med selvfølgelighet og tar for gitt, noe ufarlig.

Det som nå skjer, er at du begynner å oppdage den egentlige personen som finnes bak der, bak det sårede. Den personen som bare vil være glad og fri.

Oj, dette var voldsomt.

Er det så konkret og samtidig så vanskelig?

Hva hvis du ikke opplever å ha noen store traumer og egentlig er fornøyd med det meste slik som det er?

Hvordan skal du da bli «opplyst»?

Det er et godt spørsmål, for de aller, aller fleste av oss er ikke klare for dette i det livet vi nå lever.

Det kommer flere liv, for å foregripe litt, men ikke la det utsagnet forstyrre deg akkurat nå.

Mange av oss evner ikke å se seg selv utenfra i særlig grad. De er det de er, i en rolle uten dypere selvrefleksjon. All kraft brukes til å håndtere den ytre verdenen.

En første forutsetning er altså en betydelig evne til metakognisjon, som allerede nevnt.

Metakognisjon kan også forstås ved å ta en tur inn i kinosalen.

Du sitter der med ditt popkorn og titter opp på lerretet.

Du ser fremover i salen, men bildene kommer fra filmprojektoren bak deg.

Det du opplever, er et spill av lys og skygge, men selve filmen befinner seg et annet sted.

I vårt idealistiske verdensbilde er det ditt autentiske jeg som sender ut bildene. Du ser dem og begynner å oppleve mye mer enn det bildene rent teknisk viser. Du tolker dem, legger til din egen forståelse, du lever deg inn i dem.

I vårt idealistiske verdensbilde er du selv både projektoren, publikummeren og lerretet - samtidig. Å bli opplyst er å forstå dette.

Å bli virkelig opplyst, å transcendere, betyr å se hele denne situasjonen, med projektor, sal, lerret, Egoet ditt og alt, fra en posisjon utenfor alt sammen.

Du er kinomaskinisten som setter på den ene filmen etter den andre.

«Det store bildet» er ikke lett å oppdage sånn uten videre. De fleste av oss er publikummere, ikke maskinister. Egentlig er vi alle maskinister.

En annen forutsetning ser ut til å være at du må oppleve noe som tvinger deg til å trenge igjennom. Dersom du har det for behagelig, vil ingenting skje. Dersom du mener du takler livet, vil ingenting skje.

Når det er på det mørkeste, derimot, er du aller mest følsom for lyset.

Lidelsen er porten.

Veien går gjennom smerten, nåløyet.

Bibelen blander en kamel inn i denne historien.

Nå, to tusen år senere, tror jeg vi skal glemme kamelen. Den ble slept med i fortellingen for at folk dengang skulle forstå hvor vanskelig det er å bli opplyst.

I dag driver vi stort sett ikke med kameler, men uansett er og blir det vanskelig å komme igjennom nåløyer, men det er faktisk mulig, for mange har gjort det – i overført betydning.

Du har også disse evnene og også du kan komme til sann, høyere innsikt og våkne spirituelt, men trolig er du for redd, har for mye å forsvare, for mye du skal fikse, for mye du holder kjært som du ikke vil miste.

Du kjemper imot, for det gjør altfor vondt.

«Freedom is just another word for nothing left to lose», synger Janis Joplin.

Jeg tror faktisk hun var opplyst.

Bob Marley, Jim Morrison og mange andre musikere også.

Innen bluesen finnes de opplyste i stort antall, innen kunsten generelt.

Hør på tekstene deres.

Folk som «ser» og «vet» har tilgang til en kilde.

Er det ikke fantastisk!?

> *Jeg elsker tre ting, sier jeg så.*
>
> *Jeg elsker en kjærlighetsdrøm jeg hadde engang, jeg elsker deg og jeg elsker denne plett jord.*
>
> *Og hva elsker du mest?*
>
> *Drømmen.*

Knut Hamsun i «Pan»

4.4. Et eksempel

Det å bli opplyst betyr å komme til nye erkjennelser, altså forstå mer.

Jeg har funnet frem et eksempel fra det store internettet, hvor du ved å rote litt rundt, vil oppdage mange mennesker som står midt oppi det akkurat nå.

Dr. Nicole LePera er utdannet innen klinisk psykologi ved Cornell University og The Philadelphia School of Psychoanalysis.

Hun forteller at som privatpraktiserende terapeut, var hun ofte frustrert over begrensningene innen tradisjonell psykoterapi. Hun ville mer, både for klientenes og egen del.

Dr. Nicole, som hun ofte kalles, prøver å integrere mental, fysisk og spirituell helse i en helhetlig behandling. Ofte er hun opptatt av at pasienten skal oppdage og bryte fri fra barndomstraumer som hindrer dem i å være den de egentlig er.

Du finner Dr. Nicole på Facebook og Instagram under navnet «The Holistic Psychologist», hvor hun for en stund siden publiserte følgende innlegg[22]:

> *For mange år siden opplevde jeg «sjelens mørke natt».*

---

22 https://www.facebook.com/656473371142935/posts/3522848927838684/

Jeg klarte ikke å komme meg ut av sengen. Jeg var elendig i arbeidet mitt. Jeg innså at alt jeg hadde blitt lært, ikke var det jeg trodde på lenger.

Dette var en av de vanskeligste periodene i livet mitt.

På den tiden underviste jeg en klasse på masternivå ved universitetet om psykiske lidelser. Jeg husker at jeg spurte direktøren om jeg kunne snakke mer om helhetlig helbredelse, om hvordan man tar hensyn til sår i barndommen, syke systemer, hvordan man kan regulere eget nervesystem o.l.

Direktøren var kjent med Instagram-profilen min (den gang hadde den ca 10 000 følgere) og hun elsket arbeidet. Men det lot seg ikke lære bort. Jeg respekterte den avgjørelsen fullt ut.

Så i stedet sa jeg nei til å fortsette med undervisningen min. Jeg sluttet å gjøre det jeg ikke trodde på, selv om det føltes veldig skummelt.

Det jeg tror, er at flere nå for tiden er i ferd med å våkne opp. Jeg tror at et av de største savnene innen psykisk helse er at man utelater menneskesjelen. Mennesker trenger mening, hensikt, ærefrykt, glede, undring og lek. De trenger å føle seg som en del av noe større enn seg selv.

Mennesker er ikke maskiner laget for å arbeide, drive med selvoppofrelse, jage ekstern validering. Selvfølgelig resulterer slikt i skyhøye forekomster av depresjon og angst. Vi lever alle livene våre i forsøk på å tilpasse oss et dysregulert, dysfunksjonelt samfunn.

Så mange mennesker ønsker å fjerne stigmatiseringen av psykiske lidelser. Jeg håper også vi begynner å spørre: hvorfor er vi alle så følelsesmessig uvel? Hvilke mønstre fikk oss hit? Hva kan vi gjøre for å helbrede oss selv? Hvordan skaper vi sunn familiedynamikk for å oppdra trygge, åpne, motstandsdyktige barn.

Ingen andre kan gjøre dette for oss, bortsett fra oss.

Når du begynner å gjøre arbeidet, begynner du å se hvor dypt indoktrinert og formet du er. Du tar det vakre valget om å faktisk se deg selv. Du begynner å se ditt indre barn og tappert møte fortiden din – noe de fleste bruker et helt liv på å unngå.

Veien er ikke enkel. Du vil bli misforstått. Og du vil endre verden slik vi kjenner den. Ting endrer seg bare når vi gjør det. Ting endrer seg bare når vi stopper å gjenleve sykluser, når vi forstår kraften i valgene vi tar.

I det samme Facebook-innlegget presenterer Dr. Nicole også noen slides som presist og talende forklarer hva det er snakk om.

Tegn på at du gjennomgår en oppvåkning:

- Du er blitt mer følsom for andre menneskers energier, er mindre villig til å drive med smalltalk og trenger mer alenetid.

- Du slutter å tro på myten om at kjærlighet er et romantisk eventyr, og begynner å se kjærlighet som en mulighet for vekst og utvikling, pluss en vei til å begynne å stole på deg selv.

- Du begynner å se hvordan traumer har gått i arv fra generasjon til generasjon i slekten din. Du bestemmer deg for å bli den personen som gjør noe med det.

- Du innser at sosiale normer ofte er dysfunksjonelle og velger å ikke lenger delta eller innordne deg dem.

- Du begynner å forstå at du er blitt indoktrinert til å tenke, føle og agere på bestemte måter. Du opplever at du fortrenger dine sanne tanker og ekte følelser, og at responsen som andre forventer, ikke nødvendigvis er hensiktsmessig for deg.

- Når du ser tilbake på livet ditt, ser du at du tidligere var ubevisst, for det meste på autopilot, mens du gjorde som best du kunne ut ifra bevissthetsnivået ditt den gang

- Du forstår at du er klar og villig til å følge din egen, unike vei. Mange rundt deg vil ikke forstå, men det er helt greit.

En spirituell oppvåkning er vanligvis ikke behagelig. Ofte føles det som forvirring, frustrasjon, sinne, sorg, anger – eller man er bare satt ut. Dette kan være ukonfortabelt og utfordrende fordi det er en tid med intens personlig vekst. Men uansett hvor vanskelig det oppleves, er du ikke I ferd med å bli gal. Du utvikler deg, du våkner.

Fra Community of the awake[23] på Facebook

4.5. Hva er det som trigger en oppvåkning?

Som nevnt, er en forutsetning for spirituell oppvåkning å skifte perspektiv og se på seg selv fra en avstand, fra en posisjon «utenfor deg selv».

Du må oppdage ditt autentiske selv bak rollen din.

Dette kan skje ved at du begynner å se mønstre i deg selv og etter hvert forstår at selvbildet ditt ble skapt av foreldrene dine, øvrig familie, oppvekst og miljø.

Listen til dr. Nicole inneholder flere slike punkter.

Du kan også bli utsatt for personlige, traumatiske hendelser som tvinger deg ut av tryggheten din og får deg til å se med skepsis og årvåkenhet på alt og alle rundt deg.

Oppvåkning er dermed i hovedsak resultatet av ting som har skjedd med deg privat, og ingen andre.

Men vi utsettes også for kollektive, traumatiske hendelser.

I skrivende stund pågår en fryktelig krig i Ukraina. Vi har vært igjennom en pandemi og vi står midt oppi en langvarig krise som handler om klima, miljø, artsmangfold, ressursmangel, overbefolkning osv.

Vi opplever i tillegg en sosial krise i forholdet mellom mennesker og hvordan vi organiserer samfunnet vårt. Materialismen har tatt fullstendig overhånd. Konkurransen om ressurser, status og posisjoner er knallhard.

---

23 https://www.facebook.com/228367004173969/posts/1677746115902710/

Unge mennesker står overfor krav som i sum skaper et enormt press.

Er det rart mange av oss ikke klarer å henge med?

Er det rart om vi begynner å se hvor sykt det hele er?

Hippiene så det. Øko-forkjemperne så og ser det. Det har vokst frem en internasjonal occupy- og rebellion-bevegelse som protesterer mot urettferdige strukturer og klassedeling av alle slag.

Det foregår opprør overalt i alle former, men foreløpig nokså beskjedent, tross alt.

Det kommer til å bli mye, mye mer intenst.

Jeg har sagt at traumer er en hovedvei til spirituell oppvåkning.

I en verden full av traumatiske kriser, er det derfor rimelig å forvente at befolkningen som helhet gradvis våkner.

Opprør og protest er det sunneste vi har i samfunnet. Store grupper ser ut over seg selv. De ser hvordan de ble oppdratt, indoktrinert, lokket og presset til å innordne seg.

Vi blir foret med fortellinger om suksess og muligheter i et samfunn som vi alle kan se er på vei utfor stupet i full fart.

Midt i dette eksistensielle stresset skal vi skaffe oss minst en mastergrad, en godt betalt jobb, partner, hus, bil, hytte, båt og bikkje. Vi skal på eksotiske feriereiser, følge motene, vise oss frem.

Alt dette er tomt. Livløst. Kommersielt. Sykt.

Det er drevet av frykt og begjær – etter status, trygghet, goder. Og så videre.

Du kjenner til det, vi alle gjør det.

Det er slik det «skal være».

Stadig flere av oss makter ikke lenger kjøret.

Enda flere stiller kritiske spørsmål.

4.5. Hva er det som trigger en oppvåkning?

De som fortsatt tror på systemet, merker at presset begynner å bli umulig å håndtere.

Vi står mitt oppi et gigantisk skisma som har vært under utvikling lenge, og som har nådd et kritisk punkt. Det er ikke i ferd med å komme til et kritisk punkt, det har allerede skjedd og det skjer nå!

Våkn opp!

En slik oppvåkning er god som noen.

En spirituell oppvåkning rommer det hele. Du kan ikke begynne å se anderledes på deg selv, uten å samtidig se annerledes på verden og oppdage alt det syke rundt deg.

En spirituell oppvåkning er dermed uhyre krevende sosialt.

Du oppdager at du tenker og ser annerledes på ting enn de fleste rundt deg. Det kan være ektefelle, foreldre, barn, øvrig familie, gamle venner og kolleger som plutselig befinner seg på ulike steder, ser ulikt.

Da kan det bli temmelig høy temperatur. Eller lav, avhengig av om du er vant til å være høylydt eller selvutslettende, eller hvordan du nå fremstår når du har fått nok.

Sannsynligheten er stor for at du vil oppleve deg selv som utstøtt og du må rekonstruere livet ditt med nytt innhold. Det er krevende og mange makter det ikke, men velger å isolere seg, gå til grunne i rus eller rett og slett avslutte livet sitt.

Kanskje alt på en gang.

> *Yes, we've been trodding on the winepress much too long*
> *Rebel, rebel!*

> *Babylon system is the vampire, yea! (vampire)*
> *Suckin' the children day by day, yeah!*
> *Me say de Babylon system is the vampire, falling empire,*
> *Suckin' the blood of the sufferers, yeah!*
> *Building church and university, wooh, yeah!*
> *Deceiving the people continually, yeah!*

Me say them graduatin' thieves and murderers
Look out now they suckin' the blood of the sufferers (sufferers)
Yea! (sufferers)

Tell the children the truth
Tell the children the truth
Tell the children the truth right now!

Bob Marley: «Babylon System»

4.6. Flere veier

En vei til å våkne er altså gjennom å se større på alt, se fra et perspektiv «utenfra» som også inkluderer deg selv, og på den måten oppdage hva du er en del av og hva du egentlig er.

I Bhagavat Gita (Herrens sang), som er en av de sentrale tekstene i hinduismen, gis det tre veier[24] til å bli spirituelt opplyst. På 1400-tallet ble det føyd til en fjerde:

1. Karma Yoga, handlingens vei (the Path of Action)
2. Bhakti Yoga, hengivelsens vei (the Path of Devotion)
3. Jnana Yoga, kunnskapens vei (the Path of Knowledge)
4. Raja Yoga, meditasjonens vei (the Path of Meditation)

I sum kalles disse gjerne for «de fire veiene til realisering» (Four paths to realization). Det handler altså om hvordan man kan komme til innsikt, kommer til å vite, forstå eller erfare noe høyere, noe guddommelig.

Jeg er ingen ekspert på hinduismen og disse fire veiene er tema for endeløse diskusjoner og mange tolkninger opp gjennom historien. I stedet vil jeg gi deg min egen, intuitive forståelse, ikke for å belyse Bhagavat Gita, men fordi denne firedelingen i mine øyne gir mening og fordi jeg er nødt til å utvide det jeg allerede har sagt i dette kapitlet.

Det finnes altså ikke bare en vei til å bli opplyst. Det finnes like mange veier som det finnes levende skapninger, for vi er alle på vei mot å «kjenne

---

24 https://en.wikipedia.org/wiki/Three_Yogas

oss selv», som Jesus vel sa - «transcendere oss selv», ville man sagt i Østen.

Det handler altså om å forstå seg selv i forhold til det hele.

For å komme dit, må vi legge bort Egoet vårt, se forbi forestillingen om at jeg, jeg, jeg, jeg, jeg ... er, gjør, tror, tenker ... ut ifra bare meg selv.

Du skal komme til den innsikt at den du tror du er, ikke er den du tror du er. Du skal oppdage deg selv som noe annet enn «deg selv».

Jeg formulerer det nettopp slik for å få frem det sirkulære, catch 22, høna og egget, det tilsynelatende paradokset i å skulle kunne vite noe om seg selv fra perspektivet til det samme selvet.

Det kan, rent prinsipielt, løses på bare en måte: ved å tre ut av sirkelen, fjerne dette problematiske selvet fullstendig, forstå at paradokser ikke kan eksistere, for alt er egentlig ett.

For å erfare dette ene, hele, egentlige, må alt det tilsynelatende oppsplittede, separerte, individuelle forlates.

Sagt litt enklere: Du må glemme deg selv, om så bare for et lite øyeblikk. Da vil du se, forstå, erfare at det eksisterer noe annet og uendelig mye større. Et lite glimt er nok for å bringe deg inn på en helt ny kurs, for når du først vet noe, har erfart noe, kan det ikke glemmes.

Så de fire veiene, da? Hvordan kan de forklares på en enkel måte?

Her har du min versjon, for «dummies like myself»:

1. **Handlingens vei**: Du vier deg til gode gjerninger og omsorg for andre. Gjennom det fjerner du fokuset på deg selv og oppdager at vi alle har samme håp, lengsler, behov, tanker osv. Du oppdager at vi er det samme, i essens, og at denne essensen er det som forener, ikke skiller oss. Du oppdager «det store bakenfor».

2. **Hengivelsens vei**: Du underkaster deg og gir deg hen til noe større og mektigere enn deg selv. Dette kan arte seg som gudedyrkelse, bønn, seremonier, tekstlesing, religiøse studier osv. Du fokuserer på det guddommelige og ikke på deg selv. Dogmatiske religioner (basert på læresetninger) driver med dette.

3. **Kunnskapens vei**: Du opplever på egenhånd, gjennom traumer, din egen psykologi, intuisjon, åpenhet, fravær av frykt eller evne til å gå inn i frykten, ditt avvikende utsyn på verden - at ting er annerledes enn de fleste tror. Hele denne boken du nå leser, er én slik historie. Hvordan man kommer til kunnskap på egenhånd vil være høyst individuelt.

4. **Meditasjonens vei**: Du kan legge vekk Egoet ditt gjennom dyp meditasjon. Men jeg vil si det på en litt annen måte: Du kan oppdage ditt autentiske selv gjennom å utvide varheten din, fullstendig. Da oppdager du det våkne punktet i deg som er deg, den som forestiller seg Egoet ditt, hovedrollen du spiller, den du tror du er, men som kun er en selvlagd konstruksjon. Nøkkelen er å oppdage nået, og at alle din tanker om fortid og fremtid er bare spinn. Bare nået eksisterer, og om du gir fullstendig slipp på alt annet og går totalt inn i det - så opplever du det.

Osho har en åtte minutter lang video hvor han på overbevisende vis både forklarer og demonstrerer fullstendig tilstedeværelse i nået, total varhet, full meditasjon - i våken tilstand, foran kamera og en stor forsamling: You Have Thousands of Opportunities Every Day to Have Wonderful Experiences[25].

Det er så enkelt, sier Osho. Du må ikke tro på Gud, ikke tilbe en Messias, du behøver ingen hellig bok, ingen ritualer, ingen menighet, ingenting. Du skal bare stoppe fullstendig opp og simpelthen være.

Varhet. Denne varheten ble jeg kjent med i 1985. Det var en gjenkjennelse, en tilbakekomst. Du skal få høre om det i det neste kapitlet, som handler om Alma.

Osho sier at vi skal ta inn verden uten å tolke eller prøve å forstå den.

Ikke gjøre den til kunnskap.

Han forfekter altså det motsatte av alt jeg har sagt hittil, som jo er at du nettopp skal komme til kunnskap; større kunnskap, større perspektiv.

---

25 https://youtu.be/gN858XvAo4s

Osho viser oss en helt annen vei, som jeg vet er den rette for mennesker som ikke er så analytisk anlagt som meg selv, som ikke er skadet på min måte. Jeg har sett det, på deres respons, at dette er riktig for dem.

Ikke tenk, ikke forstå, ikke gi navn til noe, ikke let etter sammenhenger, ikke let etter noe større bilde, noe høyere eller dypere eller annerledes. Resigner fullstendig inn i deg selv, det du er her og nå, og bare vær.

Bare vår, ville jeg sagt, det er det samme.

Ikke tenk at fuglene synger, hør på sangen, ikke tenk på sangen, hør på lydene, ikke tenk at det er lyder, bare hør! Ta det inn i deg selv. Se, lukt, smak, kjenn alt på samme måten, uten forklarende fortid eller forventninger om fremtiden. Ikke si at noe er pent eller stygt, slik eller sånn. Bare ta imot.

Du må ingenting.

Det er så banalt, så enkelt, så umiddelbart, så fullstendig ukomplisert, blottet for alle idéer og mekanismer.

Verden bare er.

Det er et faktum, det eneste.

Osho viser i videoen hvordan han selv stopper opp og går inn i det. Hver dag har du tusenvis av anledninger til å være fullstendig vår, sier Osho. Prøv det, oppfordrer han, selv om du befinner deg midt på en markedsplass.

Gjør dette til din levemåte, din eksistens. Vær til stede her og nå, alltid. Opplev direkte. Med øvelse får du det til og vil etter hvert befinne deg i en tilværelse blottet for lidelse. I stedet vil du finne lykke, letthet, kjærlighet.

«Don't worry, be happy», for å si det med Bobby McFerrin.

«Don't worry 'bout a thing, cause every little thing gonna be all right», for igjen å låne ord fra Bob Marley, nå fra sangen «Three Little Birds».

Osho går lenger enn som så.

Du vil oppleve en eksplosjon, sier han. Det er en av de mest vidunderlige opplevelsene du kan ha, selv om du befinner deg midt i verdens mas. Også verdens mas antar en egen skjønnhet, for deg.

Oshos varhet er hans primære vei til innsikt, ser det ut som. Min er en annen, men jeg kjenner også denne varheten. Jeg har opplevd den fullstendig ved fire-fem anledninger og kan bekrefte at det er noe helt spesielt.

Det var et øyeblikk for to år siden på plassen foran rådhuset i Oslo, hvor jeg på mine sykkelturer ofte stopper, setter meg på en benk og titter på folk. Denne dagen var det som å være på et teater. Jeg så folk haste hit og dit, alle i hver sin rolle, alle i et samspill, tydelig opptatt av å være noe, gjøre noe, skulle noe, reagere på andre mennesker.

Jeg befant meg med ett på utsiden.

Jeg var noe annet enn alt dette.

Jeg så mine medmennesker som personaer i rolle. Forretningsmannen slik han ville blitt karikert i et teaterstykke for barn. Sinte tante Sofie, den blide bakeren, politimesteren som vil alle godt, den filosoferende meteorologen i tårnet, mødre og fedre, ungdommer – alle opptatt av rollen sin.

Menneskene ble til fargerike rollefigurer som var hundre prosent i sin egen innbilning. Jeg tok dem inn akkurat slik de fremsto, og måtte le høyt! De var så selvhøytidelige og prøvde så hardt, eller de bare var noe helt for seg selv, uten å forstå hvor karikerte de var.

Når de møtte blikket mitt, forstod jeg at de følte seg avslørt. De ble sett, kledd nakne, observert i sitt rollespill. Noen ble usikre, andre slo opp et stort smil og solte seg i mitt skarpe, ikke-dømmende blikk. Mange prøvde å gjøre seg usynlige, men de fleste merket ingenting. De bare var i selve dette livet sitt, tydeligvis uten refleksjon.

Men barna skilte seg ut. De så meg på samme måten som jeg så dem. Vi så hverandre uten roller. Dette har jeg opplevd mange, mange ganger med barn. Sikkert du også. Det er fantastisk.

Det hele var en forestilling som jeg plutselig var i stand til å ikke tolke, ikke legge mine egne ting på toppen av. Det var rett og slett kjempegøy!

Dette er også teatrets magi. Skuespillerne viser oss roller og all dårskapen og forvirringen de lever i. De portretterer og karikerer livet i all sin elendighet og innbilte storhet.

I salen sitter publikum og forstår gradvis at det handler om dem selv, ikke noen andre. De betrakter seg selv fra en posisjon av stillstand og ro. Et godt teaterstykke gir innsikt, aha-opplevelser, katarsis, renselse, helbredelse.

Vi ser det absurde i våre egne forestillinger. I teatret kaller man det attpåtil for nettopp en forestilling.

Så stivnet teatret, kom inn i former, ble opptatt av det visuelle og stilistiske, det språklige og rytmiske. Som med alt annet, ble det tvunget inn i former, sjangre, stilretninger, regler.

Dette er imot teatrets vesen. Derfor gjesper vi når vi synker ned i plysjen på Nationaltheatret, landets hovedscene som er det mest stivnede teatret vi har.

Derfor dukker det stadig opp improvisasjonsteatre, nysirkus, eksperimentelt teater, klovneri. Alt sammen er forsøk på å fjerne det stivnede, gjenoppfriske relevansen, skape det magiske øyeblikket hvor vi ser oss selv utenfra og plutselig forstår at kanskje er vi ikke bare publikummere som ser en forestilling, men det vi ser er livet vårt som «passerer revy», mens vi, jeg, du, er noe annet enn alt dette.

Vi er seeren.

Osho sier at du ikke skal redusere opplevelsen til kunnskap, ikke være flink.

Kunnskap er som støv foran øynene dine som hindrer deg i å se det som egentlig er. Virkeligheten er alltid tilgjengelig, men du er ikke tilgjengelig for den. Dette er kjernen i Zen, sier Osho, han er selv en Zen-master.

Å ikke redusere opplevelsen til kunnskap?

Hele denne boken er jo formidling av dyp, intuitiv kunnskap, ervervet gjennom et liv med mange spesielle oppdagelser, bearbeidet analytisk og presentert som en teori, et system – av nettopp kunnskap.

Hvordan kan begge disse måtene å være tilstede på i verden lede til spirituell innsikt?

Svaret er enkelt.

De to måtene er det samme.

Abstrakt kunnskap ervervet intuitivt og opplevd som tanke – og opplevelsen av den samme kunnskapen som noe materialisert i verden rundt og inni deg – er to måter å oppleve den på som begge er like gyldige, fordi begge er opplevelser av kunnskapen i det kollektive.

Det som ikke er gyldig, er å forvrenge kunnskapen som er den «virkelige» verden, la dine egne, private tolkninger, tanker og forestillinger få legge seg oppå i stedet for det som faktisk er. Egoet ditt får dominere alt du tenker og gjør, og Egoet ditt er «blindt».

Dette er det som menes når man i spirituelle kretser sier at vi «drømmer».

Vi kunne like godt sagt at vi lager privat surr i hodene våre, som regel forårsaket av en eller annen form for frykt. Når surret stilner, ser vi det som egentlig er, vi «våkner».

Tåkete?

Jeg bruker her ord og snakker om ting som vi ennå ikke har tatt for oss grundig nok. Jeg skal komme tilbake til dette i fortsettelsen og kanskje særlig i det siste kapitlet.

Bare les videre, du kommer i mål til slutt, selv om du her og der tror du faller av. Jeg lirker forståelsen inn, manipulerer deg uten at du merker det (bøøø!) – men noen ganger merker du det likevel.

Det du akkurat nå opplevde, min lille forklaring i de foregående linjene, var et lite stykke meta, altså informasjon om informasjonen, ord om ordene, en betraktning av betrakteren. En ut-av-deg-selv-opplevelse. En observasjon fra en metaposisjon, fra en høyere posisjon. Altså nøyaktig det samme som jeg opplevde på Rådhusplassen for to år siden.

Hvor var vi?

4.6. Flere veier

«Kunnskapens vei» sier at du skal søke kunnskap om hvordan alt henger sammen.

«Meditasjonens vei» sier at du skal oppleve virkeligheten direkte gjennom egen erfaring ved å stilne alle tanker om hvordan det hele henger sammen.

De to veiene er tilsynelatende motstridende.

Begge veiene gir tilgang til taus kunnskap som ikke kan formidles med ord, men må oppleves.

Det er to vidt forskjellige opplevelser, men samtidig er de like.

Å komme til kunnskap oppleves som å ha et digert leksikon tilgjengelig til en hver tid. Leksikonet gir presis, intuitiv, forståelse av all bevegelse, all dynamikk, alle relasjoner som overhodet eksisterer til all tid. Du bare vet hvordan det virker og ser nødvendigheten i alt som skjer.

Dette lar seg også forklare til andre, for alle har tilgang til denne kunnskapen og kjenner den. De lar den bare forbli ute av fokus hele livet igjennom. Derfor vil du møte nysgjerrighet, men også utrolig mye motstand og frykt, når du henter ut sannheter fra denne umiddelbare kilden.

Å komme til det virkelige gjennom varhet og meditasjon oppleves som noe totalt koselig, stille, trygt, vennlig, beskyttende, varmt, kjærlig, fargerikt, levende, fredfullt, enkelt, autentisk, altomfattende, udiskutabelt, ekte. Det er som å komme hjem til noe du alltid har kjent, det du kom fra. Det er en ren følelse, blottet for mental innblanding.

Begge veiene åpner en tilgang til «det bakenfor deg selv» og begge deler er subjektive, tause opplevelser som ikke lar seg fullt ut formidle til andre.

Kunnskap og ikke-kunnskap er det samme.

I mine øyne er det en sensasjonell observasjon.

Når det først har skjedd at du har våknet, besitter du en erfaring som aldri kan tas fra deg igjen. Men den kan på nytt komme i bakgrunnen og glemmes i det daglige, for det livet vi lever, skygger effektivt for det dypere og bakenfor.

Derfor snakkes det ofte om å «huske», at vi må minne oss selv på alt det vi egentlig vet. Dette gjelder ikke bare for de som har hatt opplevelsen av å våkne på en eller annen måte. For det vi oppdager gjennom en oppvåkning, er noe vi også visste før vi ble født.

Nå kunne jeg snakket om reinkarnasjon, men det er for tidlig. Vi mangler brikker i puslespillet.

Akkurat nå vil jeg i stedet peke på ytterligere et videoklipp, denne gangen med en ung kvinne som heter Anna Brown. Hun kaller seg selv «Just a lass who likes to sometimes chat about this beautiful simplicity».

Klippet er på ca. 20 minutter og viser en person som i hovedsak har «brutt igjennom» ved å åpne fullstendig opp for varheten sin.

Lytt til hva hun sier, men se også hvordan hun er tilstede. Det er fascinerende og talende: Don't Worry Just BE[26].

---

26 https://youtu.be/2Mazg-izk30

5. Alma

> For å oppdage deg selv, må du knekke en kode. Du må finne kjernen din, den du egentlig er, i motsetning til den du innbiller deg at du er, den du prøver å være – som regel uten å lykkes helt, for det er ikke ekte,
>
> Da jeg var 24 år, traff jeg en kvinne som bekreftet det jeg selv for lengst hadde oppdaget, men på det tidspunktet ikke helt forstod hva jeg skulle gjøre med. Hun traff meg «hjemme», hun pekte på punktet i meg som er meg – og det forandret alt.
>
> Dette er en subtil, dyp, trist, sår og vakker kjærlighetshistorie (om jeg skal si det selv). Les den med hjertet.

Så, la oss nå gå tilbake til fortellingen om hun som fikk meg til å våkne, eller i det minste satte meg på rett spor.

Jeg har allerede gitt deg noen hint om hvorfor hennes bidrag var så viktig – for meg. Det handler om å være årvåken, tilstede i sitt eget liv, se verden og seg selv fra et større, sannere perspektiv.

Årvåkenhet og perspektiv er noe jeg kan ut og inn.

Mer enn det, det er noe jeg er, for denne måten å være tilstede på i verden ble hardkodet inn i meg som småbarn. Jeg vet ikke om noe annet.

Årvåkenhet og perspektiv.

Ulven som streifer, langt unna saueflokken og også borte fra sin egen ulveflokk.

Den enslige ulven, det ene av en million dyr i skogen – er årvåken og har perspektiv. Det er dens spesialitet, av nødvendighet.

Årvåkenhet.

Vi har et annet ord på norsk, og det var altså en bestemt person, Alma, som gjorde meg oppmerksom på det. Ordet er varhet, og det peker mot essensen i selve tilværelsen. Det spiller en hovedrolle når vi snart skal bevege oss over i filosofien[27] og derfra til vitenskapen.

Fortellingen som kommer, involverer en kvinne som lever blant oss og som jeg en gang stod nær, men i dag har en komplisert relasjon til, eller snarere ikke-relasjon. Denne personen er i en spesiell livssituasjon og det finnes også nære slektninger som er berørt.

Det er mye smerte.

Selvsagt er det mye smerte.

5.1. Det første møtet

Jeg kaller henne Alma og jeg traff henne 27. august 1985. Det var en tirsdag.

La meg først si at dette som nå kommer, kan være en fiktiv historie. Ingen faktiske opplysninger er nødvendigvis korrekte. Jeg sier dette for å «obfuskere», altså forvirre og skjule, men egentlig beskytte dem det gjelder.

Hun var tjueåtte, jeg var tjuefire.

Vi befant oss i den store kantinen på Universitetet i Oslo. Jeg spiste og leste avisen. Denne dagen hadde jeg registrert meg for å studere psykologi grunnfag.

Det var en ren og skjær «tilfeldighet».

Tilfeldigheter finnes ikke, men det er vi ikke i posisjon til å drøfte ennå.

Hun kom gående mot langbordet jeg satt ved.

Hvordan er det mulig at det eneste mennesket jeg i hele mitt liv har funnet som jeg opplever er som meg selv, kom gående tilfeldig bort til meg på Frederikke, som kantinen heter?

---

27 Se 13.2. Varhet og vilje

«Snakker dere om sjakk?» spurte hun.

Ved bordet mitt satt også en guttegjeng.

De må ha diskutert den pågående VM-kampen mellom Anatoly Karpov og hans pur unge utfordrer Garry Kasparov.

Den var en thriller.

Hun må ha fanget opp samtalen.

I mangel av svar fra de andre så hun videre bortover rekken. Mellom disse guttene og meg var det to ledige stoler, men hun trodde åpenbart at jeg var sammen med dem.

Så tok hun beslutningen. Valget. Hun smilte.

«Kan jeg sette meg hos deg?», spurte hun.

«Ja, vær så god», svarte jeg.

Hun satte seg ned.

«Jeg har ikke rukket å lese noe», kan jeg ha sagt.

Hun hadde diplomatisk spurt om det stod noe interessant i avisen.

Hun skulle ikke spise, hadde ikke med seg noe mat.

Hun ville noe.

Den videre samtalen klarer jeg ikke å huske.

Ordene, som bærere i en samtale, var ikke vesentlige.

Hvilket meningsinnhold de kan ha formidlet, var uten betydning.

Hun brukte noen ord. Jeg brukte noen ord.

Meningen befant seg et annet sted.

Det var hun som drev det. Jeg bare støtte imot. Mine ord kan ha fått hennes til å kveppe et øyeblikk. Hennes ord stilnet mine.

Bortsett fra avisen og tomatsuppen og bittelitt sjakkprat var det ingen innledende fraser.

Jeg husker at ulven i meg de første sekundene mobiliserte skjoldet av alminnelig høflighet og en anelse distanse. Vaktsomhet.

Hun var lik en katt som adopterer et nytt hjem.

En morgen står den utenfor døren din og vil ha mat. Man gir den et navn. Man gir den kos. Den gir kos tilbake. Det gjentar seg, den gir mer enn den får.

Den inntar sitt nye domene med største selvfølgelighet, men også med en vedvarende aktsomhet, som om den ser noe ikke vi ser, som om den vet at det kan umulig vare.

Jeg skulle på kveldsvakt i NRK Radio den dagen.

Jeg var relativt nyutdannet programingeniør. Jobben bestod i å avvikle direktesendinger og hjelpe journalistene med å redigere programmene og innslagene deres.

NRK lå et drøyt kvarter unna til fots. Vi gikk så sakte vi kunne forbi den øde bygningen til Kjemisk institutt. Bestefaren min, han med krystallene og kvantemekanikken, jobbet her på 1930- og 40-tallet.

Under krigen fikk de ansatte tildelt små jordlapper på plenen utenfor. Der dyrket de mest tobakk som de solgte for å skaffe nødvendige varer til familien. Da ville han stått der og spadd i bedet.

Jeg kan umulig ha tenkt på det denne dagen.

Vi kom ut på den store gressvollen som vider seg generøst ut i et storslått panorama over byen.

«Det er åpent her», kan jeg ha sagt.

«Ja», svarte hun kanskje, litt foran meg.

På den måten kunne jeg se henne.

Den svake vuggingen som kom fra en kraftløs svikt i hoftene. En uvane, ville mange tenkt. Kroppen hennes snakket med stegene. Kraften mot hofteleddet ble fordelt mykt utover og inviterte hele henne med i bevegelsen.

«Hun går helt og fullstendig», tenkte jeg.

«Det er slik vi er skapt for å gå», tenkte jeg.

Jeg går alltid litt bak.

Jeg stiller meg innerst i hjørner. Jeg står gjerne bakerst i køen, for å kunne observere. Eller jeg stiller meg aller fremst, for å ikke se, når det trengs.

Det trengs sjelden.

Det siste jeg ville akkurat nå, var å ikke se henne. Jeg ville følge henne, selv om det var hun som fulgte meg. Vi fulgte hverandre.

Vi kom oss nokså usett inn på pauserommet i andre etasje i radiohuset.

De siste ukene var jeg satt til rutinearbeid. Kjøre sporten, dra spaken opp for hallomannen i hovedkontrollrommet en gang i halvtimen. Folkemusikk.

Denne kvelden var planen tom, bortsett fra en jobb helt til slutt. Vi måtte bli der til nærmere midnatt.

Hva husker man fra et øyeblikk for mer enn tretti år siden?

Det var Alma og meg i det indre pauserommet og et par kvinnelige kolleger som satt og kjadret i det ytre.

Jeg så på henne. Hun så på meg.

Hun var allerede en dame, jeg var langt fra å bli den herremannen jeg kanskje omsider er blitt.

Det halvlange, lyse håret hennes dekket halvveis over et vakkert, symmetrisk ansikt. Ikke magert, ikke fyldig, akkurat passe. Litt firkantet, litt rundt. Nesten ikke sminke, om noen. Vennlig, behagelig.

Hun var lys i huden også. Det var noe glassaktig, skjørt over henne, eller snarere mykt.

Dersom jeg hadde tatt på henne, er jeg sikker på at det ville vært som å berøre denne puten, den hun hvilte på når hun gikk.

Jeg hadde ennå ikke tatt på henne, men satt og betraktet den litt firkantete kroppen.

Litt kinesisk.

Klærne, de sorte buksene, kåpen, som hadde et rett, enkelt snitt, forsterket inntrykket av noe spartansk og balansert. Stil, bevares, stil.

Fargene hennes var sort og grått. En avdempet, nesten sorgfull palett.

Derfor tiltrakk ansiktet hennes seg all oppmerksomheten. Under luggen så jeg to varme, vakre, blå øyne. De hadde et lurt glimt. Lekende, litt utfordrende, men først og fremst var de vid åpne, ikke i fysisk forstand, men i at de trakk inn alt som befant seg i rommet, meg inkludert.

Hun var intenst tilstede, uten anstrengelse eller nervøsitet.

Hun holdt hodet litt på skrått og brukte vinkelen til å justere intensiteten. Slik en spurv titter på deg.

Hun sendte ut en strøm av signaler. De var ment å skulle trekke meg mot henne, det var tydelig, men de var også undersøkende, granskende. Hun var like vaktsom som meg selv, men i en helt annen balanse.

Denne vaktsomheten, nærværet.

Jeg husker forundringen min over at hun satt der.

Hun hadde gjort et dristig valg.

Hun hadde fanget opp noen ord om sjakk, kommet til bordet mitt mens jeg spiste middag og leste. Hun må ha, sett, vurdert og bestemt seg og så gikk hun frem og sa, uten ord, at deg vil jeg være sammen med.

5.1. Det første møtet

På pauserommet i NRK hadde hun satt seg litt på skrå overfor meg. Vi gjorde alt vi kunne for å ikke gi oss til kjenne. Vi lekte gjemsel og stilleleken.

Vi hadde truffet hverandre for en time siden og allerede lekte vi sammen.

Vi fniste, usikkert, nervøst, for min del.

«Hva er dette?», må jeg ha tenkt.

«Hva var det vi delte og forstod så likt?», spør jeg fortsatt den dag i dag.

En av de godt voksne damene i rommet ved siden av oppdaget oss og stakk nesen rundt hjørnet. Hun så overrasket fra den ene til den andre et lite sekund, før hun skjønte.

Så brettet hun ut ansiktet i et moderlig, anerkjennende smil, som hun straks innså var altfor stort og nysgjerrig. Munnen snurpet seg hurtig sammen og smilet gled over i et megetsigende blikk. Hun pilte tilbake. Det ble straks stille mellom damene i naborommet, så skyndte de seg ut.

Vi rørte ikke hverandre.

Jeg husker ingen ord.

Etter en litt for lang stund, tok jeg kontakt med vakten og spurte om Harald Are Lund kunne tenke seg å starte litt tidligere.

Det neste jeg husker er at vi befinner oss i K15, NRKs fineste radiostudio på den tiden, etter min mening.

Alma hadde satt seg beskjedent til på en stol like ved døren. Den store håndvesken stod ved siden av på gulvet og hun tok av seg den korte kåpen og la den oppå. Kroppen hennes satt lett. Skjelettet og det øvrige. Så myk. Vennlig. Betraktende.

Hun var tydelig nysgjerrig på den uvante og pikante situasjonen, men samtidig gjorde hun lite ut av det.

Da Harald Are Lund kom inn, hilste han med et nikk på henne.

«Har du tatt med deg kjæresten din?»

Jeg klarte ikke å si noe fornuftig. Alma kom meg til unnsetning.

«Vi ble kjent med hverandre i dag.»

Nå juger jeg, for hun sa aldri det, hun sa trolig ingenting.

Harald Are Lund himlet med øynene, men ikke som damen på pauserommet. Han tvinnet på den store, sorte snurrebarten sin og så tenksom ut.

«Tar du med deg jenta di hit på første date?», kunne jeg se at han tenkte.

«Hva slags idé er nå det?»

Kort stillhet.

Han senset at det var noe her som han ikke skulle kommentere.

Jeg mener jeg kunne se at han egentlig syntes det var litt tøft. Litt rock and roll.

Så forsvant han inn i studio, vred ned dimmeren og tente et stearinlys, hvilket var strengt ulovlig.

Harald Are Lund kan sikkert navnet på alle gitarene til alle artistene på vestkysten av USA gjennom tidene. Han kan fortelle nøyaktig hvem som spilte når og hvor og med hvem og hva de gjorde backstage etterpå, sammen med ham.

Programmene hans er lange. Det står noen stikkord på blokken og så er arbeidsmetoden à la assosiasjonene strømme fritt. Utfordringen hans er å få dem til å følge en slags fastlagt bane fra frontallappen, via et kognitivt senter om så måtte finnes, og videre til stemmebåndet og ut gjennom munnen.

Veien fra mikrofonen, gjennom den digre miksepulten, forsåvidt via meg, og inn på lydbåndet - lå klar.

Jeg var klar.

Alma var klar.

5.1. Det første møtet

Harald Are Lunds tunge var lei, av å få utydelige instruksjoner.

Den lagde krøll.

Harald Are Lund fyrte av et nytt batteri med usammenhengende impulser, økte blodtrykket på en kul måte, tok noen kunstpauser med ilagte ventelyder og hørte med stor undring hvordan de nevrokjemiske signalene som hadde overlevd reisen, manifesterte seg som lyd, fremmed fra sitt opphav.

Han insisterte på å få fullføre setningene sine.

Setningene ville ikke.

Ny tagning.

For hvert forsøk ble jeg stadig kvikkere til å snurre rundt på stolen, gi spolebåndet en kraftig sveiv for å hjelpe det tilbake, finne startposisjonen, gå på interkommen med et «Klar til opptak?» og tvinge den stakkars, kule, lille mannen til å gjøre et nytt forsøk på å ytre noe han knapt hadde tenkt ferdig, langt mindre var forberedt på å formulere.

Det gikk latterlig lang tid. Vi tok sytten tagninger på det meste. Minst. Nå juger jeg trolig igjen.

Da vi nærmet oss slutten, kom Alma med en setning jeg husker, fremdeles, som det var i går.

«Uansett hva du gjør etter at du slutter her, skal du vite at jeg har sett deg i din perfekte rolle», sa hun.

Nå tuller jeg litt med rekkefølgen på ting. Denne episoden i K15 skjedde ikke før på vårparten mer enn et halvt år senere. Det har ingen betydning.

Jeg må altså ha fortalt henne at jeg skulle slutte i NRK. Den setningen, som hun sikkert sa på en mye mer ledig måte, som bare hun kan, fortalte igjen at hun hadde studert meg inngående.

Så sa hun altså noe slikt, noe som var helt sant. Nakent sant.

Ja, jeg var perfekt da, fordi hun så det og sa det.

Hun så meg, ikke sitt eget forvridde bilde av meg, slik absolutt alle andre ville gjort, fordi de er inni frykten sin, i forfengeligheten, usikkerheten, strategien, selvbildet sitt.

Hennes selvbilde stod ikke i veien for det hun så.

Hun var åpen som ingen andre jeg noen gang har truffet, annet enn meg selv.

Hun så sant.

Hun var våken.

Hun er også en ensom ulv, burde jeg ha tenkt da. Men dette var trettiseks år før jeg selv forstod hvem jeg selv egentlig er.

Vi kjørte sammen i den nedslitte, røde Ladaen hjem til leiligheten min på Kampen.

5.2. Tvillingsøsteren

Den neste dagen var det morgenvakt i radioen.

Alma ble med meg i den usle bilen min. Jeg var sent ute, så vi tok avskjed på parkeringsplassen og jeg så henne gå oppover til universitetet på Blindern og videre mot studentbyen på Sogn.

Der bodde hun, hadde hun fortalt, på et rom i et lite kollektiv hvor fem-seks studenter delte kjøkken, bad og stue.

Da jeg kom hjem på ettermiddagen, må hun ha ventet på meg, kanskje har hun gått rundt i gatene på Kampen. Hun kan ha sett meg komme, men mest sannsynlig har hun gått runde etter runde forbi og så oppdaget at døren til balkongen ble åpnet for litt lufting da jeg låste opp og gikk inn sånn i femtiden.

Det tok bare få minutter før det ringte på døren og der stod hun. Rett opp og ned, avventende og med et smil om munnen. Det samme litt rødmende smilet.

«Får jeg komme inn?», spurte hun.

Stemmen var knirkete egentlig, av den typen som trolig ikke egner seg så godt i kor. Det var en antydning til nasal klang og hun dro litt syngende på enkelte ord.

«Når hun blir gammel, blir stemmen enten skingrende, eller så slutter hun å bruke den», tenkte jeg.

Under dette snakket hun med magen, midtpartiet som allerede hadde presentert seg som godt beskyttet mot ytre støt og som uten opphold søkte balanse.

Stemmen hennes virket underdimensjonert.

Hun hadde utvilsomt mye å formidle, men det var øynene og munnen og kroppen hennes som gjorde jobben.

Akkurat nå vugget den litt fra side til side og hodet hennes bøyde seg beskjedent litt ned, mens blikket tittet cockeraktig opp på meg. Håndvesken i den ene hånden, som i går. Kåpen på, som i går. Håret falt fritt. Lyst, en anelse mot kommunegrått, men med litt fall. Fortsatt halvlangt.

Hun så ut som en gammel kone i et eventyr. Eller Rødhette, tenkte ulven. En blanding. Hun er vakker, tenkte jeg.

«Kom inn, har du ventet på meg?»

Jeg fikk trolig ikke noe svar.

Hun tok et prøvende steg over dørterskelen, som om den utgjorde en grense. Hun tok av de mørke skolettene, men hang ikke fra seg yttertøyet på kleshengeren jeg rakte henne, men gikk raskt videre inn stuen. Hun så seg rundt, for å forstå hvor hun hadde vært i natt.

Dette bildet har jeg også inni hodet mitt fremdeles, hun hadde faktisk fremdeles kåpen på, der hun stod.

Jeg hadde en toroms leilighet i en fem etasjer høy teglsteinsblokk fra 1930-tallet, lik de man finner i stort antall over hele byen. Det var en lang, smal entré, et lite bad rett frem, stuen til venstre og kjøkken og soverom til høyre.

Leiligheten lå i andre etasje og hadde en lang balkong ut mot gaten, som sant å si var ganske mørk, for det lå tilsvarende blokker tvers ovenfor.

Den var nøyaktig det jeg behøvde.

Jeg hadde malt veggene hvite og lagt noen sjakkmønstrede plastfliser fra IKEA på gulvet i gangen. Alle hadde slike på den tiden.

Veggene var spartansk dekorert med teaterplakater i store rammer, også de i plast og fra IKEA. Antigone, Dario Fo, Kvinnfolk med Lilith Frisk & Vilt, en blomstrete plakat som jeg ikke lenger husker hva var. Marilyn Monroe. Det ikoniske fotografiet av James Dean på vei hjem fra fest i regn på Times Square i New York med en sigarettsneip i munnviken.

Langs den ene veggen stod en treseters sofa i oransje stoff, sterkt preget av syttitallets tvilsomme estetikk og med fullstendig nedslitte armlener. Det fantes to stoler, et bord og en lav, hvit kassebenk hvor det stod et stereoanlegg og et Grundig fjernsynsapparat som hadde vakkel og derfor et bilde som stadig flimret irriterende.

På langveggen stod to høyttalere på hver sin hjemmesnekrede tresokkel. De var kjøpt på Oslo Hi-Fi Senter ti år tidligere for konfirmasjonspengene og låt fantastisk. Epicure 10, dersom du lurer.

Det mest slående var likevel en diger, gulvstående spolebåndopptaker, en profesjonell Telefunken M10, ervervet fra Norsk Teknisk Museum for fem hundre kroner. NRK hadde donert museet et så stort antall av disse utrangerte maskinene, at flere ble solgt videre.

RadiOrakel, kvinneradioen jeg var involvert i, hadde fått fire-fem stykker, pluss en til meg selv. Det var en spesialmaskin for å klippe radioprogrammer. Verdens beste til formålet.

Alma må ha tenkt sitt.

Hun så malplassert ut, men gikk en runde og berørte noen av tingene, før hun satte seg ned i den myke sofaen, litt mot den enden som vendte inn i rommet, men ikke så langt.

Jeg fulgte etter og satte meg ned ved siden av henne.

Hun befant seg innenfor intimsonen min.

Jeg er som prinsessen på erten.

Dersom noen kommer tettere innpå enn tjue madrasser, føler jeg meg utilpass. Jeg er et traumatisert enebarn, en ulv i beredskap for flukt.

Man koser ikke med ulver.

Alma neglisjerte det. Problemet tilhørte ikke hennes verden.

«Jeg har en enegget tvilling», sa hun uoppfordret, som et svar på det usikre ansiktsuttrykket hun så.

«Hun heter Maria.»

Alle navnene i fortellingen min om «Alma» er pseudonymer.

Jeg betraktet henne lenge.

Behovet for madrasser og ederdunsdyner var fordunstet.

Fortalte hun noe mer?

Sikkert, men jeg ble så satt ut av tanken om en Alma nummer to at jeg ikke husker noe.

Eneggede tvillinger er som regel prikk like. Jeg spurte sikkert ikke om noe som helst, i ren fascinasjon.

Hun viste meg aldri noe bilde av henne. Hun sa ingenting om hva Maria gjorde eller hvordan hun var, men hun fortalte ofte at hun hadde truffet henne eller skulle til henne. Maria bare var der, som et faktum.

Hva tenkte jeg om Maria?

Hun må jo ha lignet mye på Alma. Den samme figuren, høyden, håret, ansiktformen, stemmen. Munnen. Men øynene? Kan hun virkelig ha hatt Almas ertende og varme glimt? Måten å ta inn verden på?

Er det tenkelig at to mennesker, selv om de er biologisk eneggede tvillinger, kan fremstå og oppfattes som så like at man ikke vet hvem man skal elske?

Spørsmålene leder rett mot det umulige. Hvordan ser man de to sjelene i kropper, mimikk og reaksjonsmåter som er identiske? Selvsagt ser man dem som ulike.

Men hvordan?

Jeg har truffet eneggede tvillinger før og er også blitt litt kjent med dem, så jeg vet at like skall skjuler høyst ulike personligheter. Selvfølgelig er det slik. Hvis ikke, kunne vi ikke snakke om annet enn kropper og biologi.

Selvfølgelig?

Selv om eneggede tvillinger startet som identiske, er de blitt formet ulikt hvert sekund deretter. De har møtt forskjellige mennesker, gjort egne erfaringer og observasjoner som har satt i gang tankerekker langs avvikende veier i den samme skogen.

Også da de var ubevisste babyer og småbarn, har de tolket verden individuelt. Som meg og deg og alle andre trengte de å forstå verden, de trengte trygghet.

Selv om de mye av tiden sikkert opptrådte i tospann, har de tolket ulikt. Små nyanseforskjeller i oppfattelsen av verden og menneskene rundt dem ble til litt ulike, automatiske strategier og formet dem til to distinkt forskjellige psykologier senere i livet.

De var identiske da de ble unnfanget, men bare sekunder senere var de på hver sin unike livsreise, med individuelle traumer, gleder og erfaringer.

Jeg så likevel for meg at de to tilsammen dannet et hele. Alma var på en måte bare halvparten av noe som var større. Når Alma var den følsomme, årvåkne og lekne, så må Maria ha vært den mer jordnære, faste og strenge, tenkte jeg.

Dersom jeg hadde truffet Maria, ville jeg visst så utrolig mye mer om Alma. De to var skapt fra den samme malen. Ved å bli kjent med Maria ville det vært mulig å si helt presist hva som var Almas egne selv. Det hun hadde som ikke Maria hadde.

Jeg traff aldri Maria.

Hvorfor ble jeg aldri introdusert for henne? Det har jeg lurt på senere.

Alma gav en forståelse av at det ikke var nødvendig å treffe henne. Det var ikke på det planet hun ville være sammen med meg. Hun foreslo ikke å introdusere meg for noen, ikke familien og ikke venner.

Egentlig er jeg usikker på om hun i det hele tatt hadde omgang med venner, venninner.

Hun hadde Maria.

Jeg har hørt at eneggede tvillinger gjerne har et symbiotisk forhold hvor de nærer seg på hverandre og spiller sammen på et plan dypere enn vi andre kan forstå.

Det høres nesten litt nifst ut.

Begynner vi å ane at Alma ikke er en sau?

Ikke engang et flokkdyr?

Hvilke traumer hadde gjort henne slik?

Jeg tenkte ikke sånn da, men nå som jeg forstår meg selv bedre, ser jeg at Alma hadde de samme symptomene på lignende skader som meg selv.

5.3. Jahve, varhet og alvor

Alma satt nå i sofaen og smøg seg inntil meg på en måte som igjen var egnet til å vekke intimsoneskrekk, hadde det ikke vært for at hun ikke enset mine tanker om madrasser og erter. De gikk tvers igjennom henne.

Hun hadde ligget i sin mors mage sammen med et annet menneske. Å sitte slik, tett inntil meg, var det mest naturlige av alt. Nå la hun hodet mot skulderen min. Jeg pjusket henne usikkert i håret. Øreflippene, kanskje. De utrolig myke øreflippene.

«Hva har du gjort i dag?» spurte jeg.

«Jeg har vært på teologisk fakultet på universitetet!»

«Å.»

Akkurat det hadde jeg ikke ventet.

Kirken ...

«Det var en professor der i dag som snakket om jødenes navn på Gud», forklarte hun.

«Jahve?»

«Visste du at det riktige på norsk er å skrive JHVH?», fortsatte Alma.

«JHVH? Nei, det har jeg ikke hørt før.»

«Ordet skal ikke og kan ikke uttales, mener jødene. Det er bare en pust.»

Hun fylte lungene med luft, inviterte generøst magen med på eksperimentet og slapp løs en hvesing.

Jeg måtte smile.

Det ble visst ikke helt slik hun hadde tenkt, for hun prøvde på nytt og på nytt.

«Jeg prøver å si JHVH uten å lage lyd», sa hun entusiastisk.

Hun hadde det gøy.

Så gjorde hun det mye stillere.

Hvesingen dempet seg og etter et lite halvminutt hadde hun nesten grepet på det.

«Man skal ikke si Guds navn og den som ser Guds ansikt kan ikke leve», fortsatte hun.

Hun så litt usikkert på meg, for å sjekke om jeg kanskje visste bedre og ville arrestere henne.

Det var ingen fare.

Så skiftet hun tema.

Jeg tror ikke Alma egentlig noen gang har vært veldig religiøs av seg. Ikke kirke-religiøs. Det er sannelig ikke sikkert at hun gikk så lenge på teologi heller, jeg vet ikke.

I hvert fall er det vanskelig å se for seg at hun har sittet i en stor sal sammen med svette prestespirer og skrevet en eksamensoppgave om JHVH, med eller uten vokaler og hvesing.

«JHVH er ren varhet», sa hun.

«Hva sa du at det er», sa du?

«Varhet.»

«Jeg tror på varhet.»

«Varhet?»

«Ja, varhet.»

Hun var alvorlig nå.

Den lette fnisingen som hadde forstyrret formidlingen av Guds unevnelige navn, var drevet vekk.

Hun var stille og hun så på meg.

«Varhet er et ord som ikke mange forstår. Det er gammelt», sa hun.

«Ja, det er ikke mange som bruker det i dag», svarte jeg.

Hun sa «varhet» ... langsomt og sørgmodig mens kroppen hennes ség tyngre inn mot min.

«Det er et godt ord», sa jeg.

«Ja», sa hun.

Dette ene ordet var frøet.

Frøet i min oppvåkning.

108   5.3. Jahve, varhet og alvor

Jeg var blomsterpotten, full av rik, fuktig jord. Klar, men mørk og urealisert, sovende.

Hun plantet frøet og jeg ble aldri den samme igjen.

Det skulle ta tid, frø blir ikke til blomst over natten.

Nesten tretti år tok det.

Vår er et gammelt, norrønt ord som betyr årvåken, bevisst, på vakt, følsom for de minste endringer.

En ulv er vår.

Varhet er aktiv væren, en kreativ, sansende tilstand.

Du er, på en måte, ren varhet.

Jeg er ren varhet, og jeg har oppdaget det.

Hun hadde satt navn på det sentrale i min eksistens. Den hypersensitive og intuitive vaktsomheten i meg som beskytter meg fra farer. Men også på alle andres eksistens, for ingen av oss er noe annet enn nettopp dette, varhet uten innhold.

Hun viste meg kjernen i alt.

Men jeg var på det tidspunktet blind.

Jeg visste ikke at jeg var alvorlig skadet.

Min varhet ble synlig for meg tidlig i livet fordi jeg måtte skru den på maks styrke.

Men jeg visste det ikke, for meg fremstod det som normalt.

Hva hadde gjort Alma vår?

Gikk det på automatikk, som hos meg?

Var hun selv klar over sin egen annerledeshet og sin fantastiske evne til å se?

Er hun det i dag?

Jeg konstruerer dialogen fra en sløvet hukommelse, men slik var det.

Alma stod foran meg og sa at også hun kjenner denne sykeste, men samtidig friskeste formen for tilstedeværelse. Også hun en ulv, et streifdyr på utsiden av menneskesamfunnet.

Slik ser jeg på det i ettertid.

Senere har jeg også lært at varhet utgjør stammen i ordet «alvor», som betyr «all-vår», å være vår alt. Den universelle varheten, det totale alvor, sannheten, det reelle, egentlige, virkelige, det eneste som eksisterer.

Jeg forstod der og da at dette var alvor, intuisjonen min fortalte meg det.

Ordet «varhet» stammer fra en tid lenge før den kristne kirken kom med sin nokså tåkete terminologi og symbolbruk. Ordet varhet er religionsnøytralt og beskriver en tilstand som kan studeres vitenskapelig, såvel som esoterisk og subjektivt.

Almas ord traff helt presist dette vanskelige i meg, det som hadde gjort meg til en motstander av alt dogmatisk kirkelig. Det jeg allerede visste – men på en direkte, absolutt måte, uten noe analytisk resonnement.

5.4. Budskap

Dagen etter var hun hos meg fortsatt.

Jeg hadde en del sære grammofonplater som ville imponert selv de mest sortkledde på den tiden. Boasteins «Jeg har min egen luke», «Elefantene Er Kommet» med Det elektriske kjøkken fra Trondheim, «Ich habe keine angst» med Helge Gaarder og Guri Dahl.

Det imponerte ikke henne.

Derimot satte hun på Smokie, mens jeg prøvde å bortforklare at platen i det hele tatt befant seg i hyllen.

Hun danset.

Hun ble glad, virkelig ordentlig, svingende glad.

Hun klarte å invitere meg ut på stuegulvet og der stod jeg og vugget ved siden av henne, slik jeg trodde dans blant de kule skulle være i 1986. Hun ga blaffen i hvordan de kule danset, og danset i stedet slik et barn ville danset. Et pikebarn. Ikke voldsomt, ikke for mye.

Uten skall.

Da «Living Next Door to Alice» nærmet seg slutten, sakket hun bevegelsene og så tankefull ut.

«Det er noe med den låten», sa hun.

Hun hadde åpenbart lyttet til teksten og hørt hvordan vokalisten i Smokie øser ut sin sorg og lengsel etter Alice, hans hemmelige kjærlighet i tjuefire år som ble hentet av en limousin og forsvant.

Hun stoppet helt opp nå og så ganske alvorlig ut.

«Det er noe mer med den låten», gjentok hun.

«Jeg vet ikke hva det er, men det er et budskap der. Jeg skjønner godt at folk liker Smokie. Det er mer enn bare musikken», sa hun.

«Herregud. Ja, ja, ja!»

Jeg sa det ikke høyt, jeg tenkte det.

Hun gjorde nøyaktig som jeg alltid har gjort og alltid gjør. Hun fant spor langs stien, budskap, meldinger, sammenhenger. Hun analysere alt med hele seg, søkte etter den sanne meningen.

Hun lyttet til musikken på den måten.

Nå som skaden min er forstått, tenker jeg at dette ytterligere bekrefter også hennes skade, at også hun ble skutt ut som ubevisst barn, bort fra det trygge, og ut i verdensrommet for å klare seg selv.

Jeg har aldri truffet noe menneske som tar inn musikk, og alt annet forsåvidt, på denne måten. Ikke så dypt, så fullstendig. Bare Alma.

Jeg så spørrende på henne, uten å skjønne hvilke hemmeligheter «Living next door to Alice» skulle kunne tenkes å skjule. Hun var sikker i sin sak

5.4. Budskap

nå, men kunne ikke forklare hva det var hun var sikker på. Hun hadde sluttet å danse og var grav alvorlig.

Så kastet hun det vekk, et smil gjenerobret ansiktet og hun fokuserte, først ut i rommet, så på meg. Hun kom tilbake etter å ha vært borte et lite øyeblikk. Vi gikk tilbake til sofaen. Jeg undret meg over hva det var hun oppfattet. Vi satt i sofaen og jeg fortsatte å undre meg.

En annen kjempehit på den tiden var «Nikita» med Elton John.

Nikita er et russisk mannsnavn. Elton John synger til en mann han elsker på den andre siden av jernteppet, men videoen viser en kvinne. Snedig.

Det var hun som sa at det var sangen vår. Det var andre gangen vi danset til den. Vi klinte til den. Jeg holdt rundt henne da hun sa det. Det var i kjelleren på et eller annet utested. Det var lite folk, jeg tror vi hadde danset oss rundt et hjørne og var for oss selv.

Det pussige er at begge de to sangene handler om det samme: To mennesker som lever i hver sin virkelighet og aldri kan møtes.

Dette er små hendelser.

Jeg husker dem fordi jeg så at hun observerer og tolker som meg selv. Resultatet er hennes eget, men metoden deler vi. Vi er kontinuerlig på utkikk etter mønstre.

«Det er slitsomt.»

Hun sa ofte det, at noe var slitsomt.

For mye å analysere?

Neppe.

Noe annet gjorde det vanskelig, og jeg aner at det kan ha vært når hun ikke følte seg sett, ikke forstått.

Jeg blir selv sliten noen ganger, ikke av å være i kontinuerlig prosessering, men fordi jeg ikke klarer å formidle til andre det jeg ser og vet.

«De andre» har ikke apparat til å forstå.

Jeg kjemper for å bli forstått, men det er nytteløst. Kompleksiteten i det jeg vet er for stor. Det er ekstremt frustrerende og øker avstanden til menneskene.

Hun må også ha det slik.

5.5. Datteren

Vi gikk en tur den ettermiddagen. Selv om det nærmet seg oktober, lå temperaturen godt over null grader. Det var overskyet og stille. Vi passerte noen busker som var fulle av våryre kjøttmeis og spurver uten begrep om årstider.

Jeg roter sikkert med tid og sted, dikter litt, men dette er jo ingen dokumentarbok. Det er en subjektiv skildring.

Alt er subjektivt.

Bakken oppover mot kirken var fortsatt dekket av litt rim fra morgenen, men med store, bare områder innimellom som vi prøvde å følge best mulig. Det ble en slags lek, dette også.

Vi nådde Kampenparken og satte oss ned på en benk på den åpne grusplassen nedenfor det store bassenget, som i tidligere tider hadde fungert som reservoar og sørget for trykk i vannkranene.

Det var et fint sted å sitte, med ryggen mot fjellet og utsyn over hele byen mot vest, hvor solen noen ganger kan gå ned i et blodrødt flammehav.

Utsnittet foran oss var omtrent det samme som i Munchs «Skrik». I dag var byen grå. Jeg har alltid tenkt at dette er den riktige vinkelen å betrakte Oslo fra.

Hun satt tett inntil meg. Det var kjølig, kanskje mest fordi det var kjølig.

Nei, ikke mest derfor.

Hun var stille. Jeg var stille.

En svak uro kunne merkes i de små bevegelsene hennes. Hun tenkte tydeligvis på noe og ville begynne å snakke. Hun ombestemte seg, knyttet skjerfet litt strammere rundt halsen og klemte meg samtidig i hånden. Hun tok nesten umerkelig sats, men sank sammen igjen.

Etter et langt minutt kom det uten forvarsel.

«Jeg har et barn.»

Jeg visste ikke hvordan jeg skulle få sagt det», sa hun.

«Hun heter Helene og blir snart to år», skyndte hun seg å legge til.

Hun snakket fortere enn hun pleide, som om hun ville hindre at jeg rakk å tenke over det hun hadde sagt.

«Hun er adoptert bort.»

Fuglene i buskene hadde stilnet.

Bare lyden av 20-bussen kunne høres som en fjern brumming i Kjølberggata langt under oss.

Alma var stille.

Hun gråt ikke.

Jeg våget meg til å titte på henne.

Hun satt rolig og så tilbake på meg.

Ansiktet røpet ingen følelser.

Øynene som så ofte hadde et glimt som vitnet om dobbel bunn, var nå fullstendig nøytrale.

Munnen var ikke hard, ikke forvridd i noen retning. Den også hadde fått beskjed om å ikke engasjere seg.

Det så ut som om Alma hvilte.

Hun var på en måte visket ut.

«Har du en datter som du har adoptert bort? »

«Et bittelite barn?»

Jeg våget ikke å høres opprømt ut.

Når jeg kjente etter, var jeg ikke opprømt. Overrasket, ja, men ikke brakt ut av fatning.

Det føk en strøm av tanker gjennom hodet. Hvem hadde adoptert henne? Hvor var barnet nå? Når så hun henne sist? Hvem var faren og hvor var han? Hvorfor hadde ikke han barnet når Alma ikke hadde det hos seg?

Jeg forkastet spørsmålene ett etter ett.

De var for vanskelige å stille. Jeg ville ikke gjøre henne vondt.

«Hvorfor?» tenkte jeg.

«Hvorfor adopterte du bort ditt eget barn?»

«Hvordan kunne du gjøre noe slikt?

Spørsmålene i hodet vokste seg mer alvorlige og de forble uformidlet.

Jo, jeg var likevel opprørt.

Det begynte å gå opp for meg hvilket enormt tap dette må ha vært for Alma.

Det var heller ikke så lenge siden. Kanskje et drøyt år?

Hvordan kunne hun på noen som helst måte ha kommet over tapet av Helene?

Hennes egen datter?

Hvordan kunne hun ta så lett på det? Tok hun lett på det?

«Jeg kunne ikke ta hånd om henne», sa hun omsider.

Nei, hun sa faktisk ikke akkurat det. Hun forklarte ingenting, men hun formidlet det likefullt. Vi kommuniserte slik, det behøvdes ikke alltid ord.

Hun så på meg da hun ikke sa det. Ansiktet hadde ikke forandret seg. Det var kanskje en antydning i blikket, en vurdering av mitt ansikt, men ingenting mer. Dersom hun hadde tanker, var de ikke synlige.

5.5. Datteren

Hun tok frem et bilde fra vesken. Det var et nokså stort fotografi og viste ei jente som kom ivrig stabbende mot fotografen. Man kunne se hodet og litt av overkroppen, så det var umulig å si sikkert at jenta gikk for egen maskin, men det virket slik. Man kunne tenke seg at hun var ganske nøyaktig ett år og nettopp hadde begynt å gå.

Bildet ble tatt like før hun bumset fremover for å bli tatt imot. Jeg tenkte at det må ha vært Alma som satt på gulvet og knipset i det datteren kom vaggende ustøtt mot henne.

Det var litt uskarpt. Frisyren var som på ettåringer flest, pjuskete, uten form, fordi det ikke fantes hår nok. Øynene var store og oppspilte. De så rett i kamera. Hun var litt lubben i ansiktet, hadde fortsatt noe av babyfettet. Om det ikke var sort hvitt, så var det nærmest fargeløst.

«Du kan beholde det», sa hun.

«Skal jeg få det?» spurte jeg.

«Ja, du skal få det.»

«Da vil jeg ta godt vare på det så jeg alltid har det, akkurat som du», sa jeg.

Jeg har dette bildet fortsatt.

Alma fortalte aldri hvem som hadde adoptert Helene eller hvor hun befant seg. Jeg spurte heller ikke. Vi snakket ikke mer om henne. Ikke om hvordan hun var. Ikke om hvordan avskjeden hadde vært. Ikke om noe som kunne rive opp såret.

Vi må ha snakket, men nei, dialogen kan ha foregått inni våre respektive hoder.

Jeg fikk vite at Alma hadde besøkt Helene etter adopsjonen.

Hvem var faren?

Alma fortalte lite om ham også.

Henry het han og bodde i et annet land. Han opplevde å miste et barn, å aldri få møte et barn som var hans eget og som han visste var der. Det er tøft.

Historien om Helene som ble adoptert bort, minner selvsagt om min egen.

Kunne jeg blitt adoptert bort?

Var det et alternativ som ble vurdert?

Jeg tviler på det, fordi min bestemor, «Mor» som alle kalte henne, var der.

Hva hvis heller ikke hun kunne tatt hånd om meg? Kunne jeg da blitt adoptert bort?

Jeg har spurt mammaen min. Hun kan selvsagt ikke svare sikkert om noe som er hypotetisk, men trolig ville hun droppet å reise fra meg for å få sin lærerutdanning.

Man hadde funnet en løsning innen familien.

Hva med Almas familie?

Og faren til barnet?

Ingen grep tydeligvis inn.

Hvorfor?

5.6. Avskjeden

Siste gang jeg traff Alma, var på Theatercaféen. Dette er byens nest flotteste restaurant – og kafe, en wienercafé med stive kelnere og en klassisk meny som forandrer seg svært sjelden.

Det var på Theatercaféen Alma og jeg møttes for siste gang, midt på dagen.

Var det du som tok initiativet?

Jeg tror kanskje det.

Jeg hadde med meg to taxfree-innkjøp fra en reise til Korsika i sommerferien for å besøke min far og hans nye samboer, Rudhild. De hadde leid et lite hus.

Alma var ikke med. Jeg hadde ikke invitert henne.

I brev fra den tiden skriver jeg til min far at jeg har truffet henne og at hun har gjort et uutslettelig inntrykk på meg. Jeg skriver også at hun ikke er noe «kone-emne».

Da jeg kom ned til Korsika, prøvde jeg å beskrive Alma for Rudhild. Det gikk dårlig.

Jeg fortalte videre om barnet og adopsjonen.

Rudhild er katolikk og kunne ikke akseptere Almas valg.

Kunne jeg vennligst forklare?

Det kunne jeg ikke.

Det er mye ord ikke kan forklare.

Hjertet mitt kunne, men det kan ikke snakke.

Jeg hevdet i min unge alder overfor Rudhild at jeg forstod hvorfor adopsjonen var nødvendig.

Jeg hadde ingen idé om hva den ville bety for Helene, barnet. Men jeg forstod med hele meg at Alma ikke ville kunne fungere normalt som mor.

Jeg var slik selv.

Likevel.

Jo, Rudhild, nettopp henne.

Hun er det mennesket som har preget livet mitt aller mest. Som jeg har lært aller mest av. Som jeg er aller mest glad i, dypest og sannest.

Med meg fra Korsika hadde jeg en flaske Chanel No. 5 og et silketørkle med noe rødt og sort i, kjøpt på flyplassen i Paris eller Marseilles. Riktig damete og litt flørtende.

Ja, det var flørt.

Det var slutt, det hadde du fortalt allerede for en god stund siden og jeg hadde ikke spurt. Du hadde kommet til meg og sagt at nå kunne du ikke treffe meg mer. Du hadde begynt å møte en sjakkmester som du så regelmessig i klubben hvor du spilte,

Hva kunne jeg si?

Det hadde for din del allerede skjedd.

Skulle jeg protestere?

Du skulle likevel ha disse to gavene som et tegn på hvordan jeg så deg. Det var over, men var på en måte likevel ikke over. På en pussig måte var det et stevnemøte, en begynnelse. To voksne produkter fra en ung, usikker mann til en litt mer voksen, men levende dame. Den vakreste som jeg ville gjøre enda bittelitt vakrere.

Det var underlig.

Etter et forglemmelig måltid stod vi utenfor inngangen til caféen. Du var tett på meg. Du var lav. Du var nølende, spørrende. Du så opp på meg nedenfra, innpakket i kåpen din, det var september og litt kjølig, ikke regn.

Jeg visste ikke hva jeg skulle gjøre.

Vi berørte hverandre. Vi holdt hender og delte en klem. Men ikke mer.

Det tok tid. Det var ufullendt. Det hang i luften. Det var ingen ord.

Du gikk.

Oppover de siste meterne av Stortingsgaten i retning Slottsparken, på fortauet til venstre. Jeg stod igjen, gikk ikke, men stod igjen og så etter deg.

Jeg husker at det var et svært trist øyeblikk.

Jeg husker at jeg lurte på hvorfor du gikk. Hvor du skulle.

Langsomt, lett, flytende.

Den samme gangen som jeg så den aller første dagen.

Du så deg ikke tilbake.

5.6. Avskjeden

Det var aller, aller siste gang jeg så deg og det var ufattelig trist.

Det sitter på netthinnen, også dette bildet.

Da og nå og i alle årene imellom har det vært uendelig sørgelig.

Nøyaktig denne sorgen, fra denne dagen og disse minuttene. Den følelsen jeg hadde da jeg stod og så etter deg. Den har ikke forandret seg det aller minste. Jeg kan kalle den frem når som helst, som nå når jeg skriver – akkurat nå når jeg skriver – nå.

Jeg sørger fortsatt og det gjør like vondt.

For du er som meg.

Du er den eneste jeg har møtt i livet mitt som jeg føler meg i slekt med.

Det finnes ingen andre.

Vi har den samme skaden og vi er begge overlevende.

Det er fullstendig ubegripelig.

For deg er det sikkert ubegripelig at det kan være slik for meg.

Det er ubegripelig for meg at det kan være slik for deg.

Jeg forstår det ikke.

Du kan umulig forstå det du heller.

Du avviser det.

Jeg har ikke turt å hente det frem.

Jeg har hentet det frem og det er ubegripelig sørgelig.

Jeg er glad jeg hentet det frem.

Kan du komme tilbake?

Kan jeg få tilbake det punktet i tiden, tiden som ikke finnes men er en illusjon, kan jeg få det punktet tilbake og gjøre noe annet med det?

Se deg sannere.

Løpe etter deg.

Kan jeg bøye romtiden til en kule og gå en runde til?

Alt sammen en gang til?

På nøyaktig samme måten en gang til?

Bare ikke dette aller siste fullstendig aldeles ubegripelige punktet som gikk så grusomt feil?

Da ville alt sett annerledes ut.

Når jeg holder dette punktet opp foran meg nå, er det akkurat like vanskelig å bestemme om det skal være eller ikke være. Det er like tilfeldig.

Det er like mye styrt av deg og din bestemmelse som jeg ikke har noen som helst mulighet til å påvirke.

Hvis jeg prøver å påvirke din beslutning, blir det ikke lenger noen beslutning. Da er beslutningen tatt. Det eksisterer ikke lenger noen posisjon hvor alt er mulig, den har brutt sammen. Da faller punktet ned og blir til den sorgen som var og er.

Igjen.

Da skjer det samme igjen. Da må det igjen gå lang tid og alt må gå en full runde til og kanskje er vi da støv og møtes etter at støvet har falt, et annet sted hvor det ikke finnes støv.

Jeg vil kjenne deg igjen også da, men jeg kan ikke lenger ta deg med tilbake til Theatercaféen.

Det er dumt, for å si det mildt.

Jeg må ha spurt hvorfor.

Det eneste jeg husker er navnet på han stormesteren.

Sa hun rett ut at hun også var sammen med ham?

Sjalu? Jeg velger å ikke svare.

Klar til å holde henne igjen?

Nei, det var for mye annet som tok tid.

Jeg var selv for skadet og ute av stand til å pleie en relasjon. Det var for sent, men var ikke egentlig for sent.

Men jeg var ikke vår nok.

Jeg forstod ikke da at hun var kjærligheten i mitt liv.

Jeg forstod ikke hvor sjeldne vi to er.

Jeg har sett inn i et menneske som er helt spesielt. Hun er den eneste som har truffet meg på det aller mest sårbare, den eneste jeg har kjent igjen.

Søndag 7. september 1986 klokken 17 var hun borte.

I november 1986, noen måneder senere, har jeg notert i min Syvende sans at på bursdagen hennes må jeg kjøpe blomster.

I desember 1986 har jeg notert «Besøke Alma?».

I 1992, seks år etter avskjeden, ringte hun.

«Vil du ta en kaffe for gammelt vennskaps skyld?» spurte hun?

I mellomtiden var jeg blitt gift og hadde fått ei jente som nå var to år gammel.

Jeg vred meg i sofaen, senket stemmen i telefonrøret og forklarte at det passet utrolig dårlig, i håp om at barnets mor ikke overhørte samtalen fra kjøkkenet i etasjen over.

«Det må bli senere, en annen gang, ikke nå», sa jeg en anelse hektisk.

Nei, jeg sa ikke det. I stedet sa jeg dette:

«Om en uke skal jeg bli pappa for andre gang!»

«Det passer dårlig, Alma, jeg beklager, jeg kan ikke!»

Jeg sa denne dagen i 1992, mellom linjene, at alt håp om noe mer mellom oss var ute.

Jeg klarte ikke å fortelle henne hvor viktig hun var og er for meg.

Hva annet kunne jeg gjøre?

5.7. Hvorfor, hvorfor?

Hvorfor gikk Alma?

Hva var det i det hele tatt med Alma?

Disse spørsmålene har plaget meg uavbrutt siden den gang.

Jeg har lagd meg en rekke hypoteser; om at hun ikke så noe i meg, ikke trengte meg, at jeg ikke var tydelig nok i å kommunisere hvor viktig hun var for meg, at jeg ikke tok nok vare på henne og så videre.

Men nå, etter at jeg har oppdaget min egen skade, begynner jeg å se klarere.

Hun må ha en tilsvarende skade, det fremstår - for meg - som åpenbart.

Vi har begge i oss denne ubevisste, automatiske impulsen til å ikke stole på andre og alltid sørge for egen sikkerhet gjennom intens varhet, intuisjon og analyse.

Vi fortrenger følelsene våre og andre opplever oss som ufølsomme, noen ganger brutale. Vi har begge et sinne i oss over å ikke bli forstått.

Vi trekker oss vekk for å beskytte oss selv.

Vi forlater den normale verdenen og går inn i vår egen, ulvens rike. Den som ser.

Hverken Alma eller jeg evnet å pleie en relasjon over lengre tid. Vi hadde begge impulsen i oss til å flykte.

Vi dumper andre før de dumper oss.

Alma var slik som meg.

Skadete, enslige ulver lever ikke i flokk, heller ikke i parforhold. Å ta vare på barn på vanlig måte er utenfor vår kapasitet, i særdeleshet når barnets far ikke lenger er der, som tilfellet var for Alma.

Men tro ikke dermed at det er lett å gi fra seg sitt eget barn.

Ikke misforstå.

Tenk igjennom det for deg selv.

Du får et barn, men innser at du ikke evner å ta vare på det fordi du har forstått din egen skade. Denne skaden er påført deg - trolig av din egen familie. Slik var det for meg og slik må det ha vært for henne.

Gir du da barnet ditt til den utvidete familien så de kan påføre skade på nytt?

Slik ser jeg bakteppet for at Alma gav fra seg sin datter.

Det må ha vært en smerte ingen av oss kan begripe.

Alma er det sterkeste mennesket jeg kjenner.

Du skal få høre senere hvordan det gikk. Det må jeg fortelle i den sammenhengen hvor det hører hjemme. Jeg kan ikke foregripe det akkurat nå.

Vi er i årene 1985-86.

Alma viste meg varheten - årvåkenheten, evnen til å ta inn verden på en bestemt måte og se det sanne i mennesker og situasjoner, se forbi, bakenfor, ovenfra, se fra et perspektiv utenfor «normaliteten».

Dette er ingenting annet enn det samme som å være opplyst.

Se forbi seg selv, og dermed også se seg selv. Det er samme ting.

Hun lærte meg også at det går an å være i en slik tilstand uten å innordne seg, uten å kompromisse med samfunn og sosiale krav. Det går an å flyte rundt i verden som en fri, levende skapning uten å fornedre seg selv, uten å være et redd flokkdyr.

Alma er også det modigste mennesket jeg kjenner.

Hun praktiserte kardemommeloven.

Hun var en rebell som ikke ville innpasse seg, fordi hun ikke kunne, slik jeg heller ikke kan. Hun valgte å leve autentisk som seg selv, fremfor å bøye seg for et samfunn som alle kan se er sykt, mer nå enn dengang.

Alma er dermed også det friskeste mennesket jeg kjenner.

Samtidig kommer alt dette fra skade. Hun og jeg klarte ikke å bli som andre, vi var så ødelagt at det var umulig. Vi hadde ikke kunnet innordne oss om vi så hadde villet.

Selv prøvde jeg å innordne meg, men feilet til slutt.

I november 2021 oppdaget jeg min egen skade.

Har Alma oppdaget sin?

Har hun reflektert over at da hun og tvillingsøsteren ble født, hadde de allerede en storebror som bare var såvidt ett år gammel?

Pappaen tilbrakte dagene på jobben og mammaen var alene med tre barn på henholdsvis null og ett.

Hvordan var egentlig omsorgssituasjonen for Alma og Maria den gang?

Intellektualiserer hun i det hele tatt omkring disse tingene?

Jeg aner virkelig ikke, så da skal jeg heller ikke spekulere.

Jeg skulle bare så gjerne visst hvordan det var da og har vært siden for henne, for vi har på en eller annen måte levd i det samme, i parallelle liv med noen kilometers avstand, men likevel adskilt av lysår.

Alma gikk og livet gikk videre.

Men det var langt fra slutten på vår «relasjon».

Først skal det gå noen tiår. Jeg skal resignere, gi slipp, falle, forlate alt uvesentlig.

5.7. Hvorfor, hvorfor?

Dette er fortsatt en historie om en spirituell oppvåkning, fortalt for at du skal se hvordan det kan arte seg i praksis.

Jeg prøver å vise deg hvor vondt det gjør og hvor fint det er, på samme tid.

Alma var frøet og veiviseren – men også min største smerte, motstanden jeg trengte for å våkne.

Motstanden bestod i at hun gikk, den gang i 1986, og det var vondt nok.

Men trettito år senere skulle det skje mer. Jeg klarte ikke lenger å leve blant de «normale».

Alma kom meg ikke i møte da jeg falt og måtte gi slipp på mitt gamle, ikke-autentiske ulv-i-fåreklær-liv.

Jeg vet ikke, men må tro at hun hverken ville eller kunne ha kontakt med meg, som jeg skal fortelle om litt senere.

Dermed måtte jeg konfrontere meg selv, finne meg selv. Det gode og det vonde hun bidro med var begge deler nødvendig.

En spirituell oppvåkning har etter min mening, som sagt, tre elementer

1. En skade som bringer deg ut på siden av «normaliteten». Den viser deg at verden er mer enn det alle forteller deg.
2. En impuls til å begynne å oppdage deg selv. Du må lokkes, bli vist og gjenkjenne det du allerede «vet». Alma var min impuls.
3. Et sammenbrudd hvor du tvinges til å gå inn i din egen smerte. Alma igjen – nå som motstand, smerte, avvisning.

Fordi hun ikke «hjalp», måtte jeg hjelpe meg selv.

Det var brutalt, men det funket, for det finnes ingen alternativer til å være seg selv.

I will not have you without the darkness that hides within you.
I will not let you have me without the madness that makes me.
If our demons cannot dance,
neither can we...

Nikita Gill

It was me on that road
But you couldn't see me
Too many lights out, but nowhere near here
It was me on that road
Still you couldn't see me

Röyksopp: «What else is there.»

6. Årene etter Alma

> Effekten Alma hadde på meg var og er ubeskrivelig. Da hun gikk, gikk jeg ned i dypet. Dette lille kapitlet forklarer hvordan jeg ble mørk og mystisk, stilnet varheten min til full styrke, trimmet radaren for mønstergjenkjenning i flere dimensjoner og brettet ut antennene for å bunntråle alt intuitivt.
>
> Kapitlet viser hvordan perspektivet mitt, altså avstanden min til folk og fe, ble bare større og større. Og de dypere innsiktene begynner å komme.
>
> Deretter 30 år inni en metallboks, slik at alt i dypet av meg kunne boble og syde i fred, mens jeg prøvde, uten særlig hell, å oppføre meg som en normal ego-sau/fisk på utsiden.

Don't push me cause I'm close to the edge.

Grandmaster Flash: «The Message»

Det begynner å bli langt, dette her. Egentlig skulle jeg bare skissere hendelsene som ledet frem til det faglige i denne boken, altså den neste hoveddelen om det vitenskapelige, abstrakte og subjektive.

Poenget var å vise hvordan innsikten har vokst frem. Boken er resultatet av det man kaller en spirituell oppvåkning, så da måtte jeg forklare hvordan akkurat det foregikk, for meg.

Dette har jeg beskrevet nokså utfyllende så du ikke skal sitte igjen som et spørsmålstegn og i et forsøk på å fremkalle stemningen rundt det. Men som du kanskje aner, er historien om Alma krevende å rippe opp i. Bare det å fortelle om Alma i anonymisert form, gjør vondt for de som står henne nærmest og også for mennesker i mine omgivelser.

Ja, det er tøft, for oppvåkning forandrer folk. Forandrer det ytre og bringer frem det indre.

Jeg vet at det spirituelle er noe som mange er opptatt av, men at de samtidig kjenner på en frykt, og ikke minst at mange er forvirret fordi den spirituelle «bransjen» er så kaotisk.

Så ender jeg opp med å tegne et portrett av kvinnen som var min muse, lærer, elskerinne og sjelevenn. Jeg kunne ikke utelate Alma fra historien, da ville du ikke forstått noe som helst.

Husk én ting. Alt jeg skriver her, er min fortelling. Alma skildres slik jeg opplevde henne. Alma var viktig for meg.

Om du ikke forstår denne viktigheten, er bare naturlig.

Alma ser trolig svært annerledes ut i Almas eget sinn - og i andres. Det kan være at jeg gir et aldeles forskrudd inntrykk av henne. Årsaken er ganske enkelt at vi to ikke har hatt en fornuftig samtale på over tretti år.

Du skal snart få slutten på historien om Alma og oppvåkningen.

Men først et summarisk intermezzo; de tretti årene med stillstand.

De to første årene var mørke og retningsløse.

Jeg traff hun som skulle bli min kone. Det var mye frem og tilbake, men jeg ble styrt dit, resignert.

Noe skjedde.

Hodet mitt lukket seg.

En stund etter Alma, men før min kommende kone, begynte hodet mitt å «kapsle» seg inn.

Jeg kunne kjenne at et fysisk, metallisk lokk gled inn over hjernemassen. Langsomt. Det kom fra bakhodet og gled fremover.

Fjorten dager tok det, så var jeg stengt inne fra det kosmiske. Fra det jeg tok inn. Fra intuisjonen min.

Jeg befant meg inni et mentalt hvelv.

I perioden forut for dette hadde jeg streifet rundt, ofte i mørket om kveldene, ofte til konserter, fester.

Det var mye alkohol. Mange mennesker og mye energi. Jeg var likevel alene, som jeg alltid har vært det. Jeg gikk inn overalt, som jeg alltid har gjort det.

En lørdag kveld dumpet jeg inn på en fest med bare ukjente folk. De var pønkere, blitzere, svartkledde unge mennesker fra det «alternative» Oslo.

Jeg ble sittende på gulvet sammen med en sliten, rufsete pønker-fyr som åpenbart ikke var i sitt beste humør. Jeg husker ikke hva vi snakket om eller hvordan samtalen utviklet seg. Men jeg husker at han etter en stund brøt sammen i gråt.

Ordene mine traff ham så intenst at han raknet. Store gutten satt midt i denne gjengen av sortkledde typer med piercing, tunge boots og kjettinger – og gråt som et barn.

Slik var jeg.

Jeg husker også Wim Wenders film «Der Himmel über Berlin». På norsk heter den «Lidenskapens vinger» og på engelsk er tittelen «Wings of Desire».

Den kom på kino i Norge i 1987, ett år etter Alma, og har siden vært «min» film.

Den formidler nettopp denne verdenen jeg erfarer så tydelig. Dette store, virkelige rommet hvor vi styres. Nødvendigheten. Interaksjonen. Det subtile.

Vi værer det. Vi værer sjelene som vi selv også er.

Filmen viser vår verden slik vi ser den, og dessuten neste etasje.

Den handler om at Berlin, etter krigen og deretter den kalde krigen, er en by full av engler, altså døde (som ikke er mulig) sjeler som våker over og beskytter byen. Vi følger flere av dem som går rundt som skikkelser i svart-hvit, midt blant folk flest som er gjengitt i farger.

En av englene, spilt av Bruno Ganz, som også senere spilte Hitler på mesterlig vis i filmen «Der Untergang», forelsker seg i en kvinnelig trapesartist, spilt av Solveig Dommartin, på et sirkus. Han observerer henne fra sin posisjon som usynlig engel.

Hun aner nærværet. De dras mot hverandre.

Filmen slutter med at begge – drevet av nødvendighet, kall, intuisjon, oppsøker et utested hvor Nick Cave and the Bad Seeds holder konsert.

Hun går langsomt gjennom lokalet som er fullt av folk og intens musikk. Hun går inn i naborommet fordi hun føler at det er dit hun skal, og der sitter han ved bardisken, engelen som har valgt å ta steget ned til menneske for å treffe henne, for å fullføre oppgaven, fullbyrde kjærligheten, den nødvendige historien.

Han sier ingenting.

Hun går bort til ham ved bardisken.

Så fremfører hun denne fantastiske, lille monologen.

Scenen er etter min mening den vakreste i hele filmhistorien. Teksten er skrevet av Peter Handke, som er en usedvanlig forfatter.

Han er i kontakt med sannhet.

Han er et av Karl Ove Knausgårds store forbilder og Knausgård er også Handkes forlegger i Norge.

Handke fikk nobelprisen i litteratur i 2019 og ble i 2014 tildelt Ibsenprisen her i Oslo, men ble møtt med store politiske protester, fordi han har ytret at i krigen i tidligere Jugoslavia må man kunne forstå og tilgi alle, også Milosevic, krigsherren som ble tiltalt for folkemord.

Handke er en forsvarer av det egentlige i mennesket, ikke gjerningene, ikke det vi ble styrt til å gjøre av alt som skadet oss. Handke peker på mekanismene.

Min kone jobbet med Ibsenprisen. Hun jobbet også litt senere med en norsk krigsfilm hvor Bruno Ganz hadde en hovedrolle.

Tilfeldigheter. Jeg følte likevel at jeg var nær Handke og hans bidrag i denne filmen fra Berlin.

Monologen til kvinnen i Wim Wenders magiske film, Marion, kan du se her[28]. Og her er en full analyse[29] av den nevnte scenen, det er ikke bare jeg som er fullstendig bergtatt.

Selvsagt skal jeg gjengi dialogen også i tekst:

Det må en gang bli alvor.

Jeg var ofte alene, men jeg levde aldri alene. Når jeg var sammen med noen, var jeg ofte glad. Men på samme tid virket alt så tilfeldig. Disse menneskene var mine foreldre, men det kunne like gjerne ha vært noen andre.

Hvorfor var denne brunøyde gutten min bror, og ikke den grønnøyde gutten på den motsatte plattformen?

Drosjesjåførens datter var min venn. Men jeg kunne like gjerne lagt armen min rundt halsen på en hest.

Jeg var sammen med en mann i kjærlighet, men kunne like gjerne ha forlatt ham og fulgt med en fremmed jeg møtte på gaten.

Se på meg, eller ikke. Gi meg din hånd, eller ikke. Nei, ikke gi meg hånden og se bort.

Jeg tror det er nymåne i kveld. Ingen natt er mer fredfull. Ingen blodsutgytelser i hele byen.

Jeg har aldri forstilt meg overfor noen, men likevel har jeg aldri åpnet øynene mine og tenkt: Nå er det alvor. Endelig blir det alvor.

Så, jeg er blitt eldre. Var jeg den eneste som ikke var seriøs? Er det tiden vi lever i som ikke er seriøs?

---

28 https://youtu.be/8lXeTSW0lW4
29 https://laughmotel.wordpress.com/2019/03/24/gravity-and-grace-wings-of-desire/

Jeg var aldri ensom når jeg var alene, heller ikke sammen med andre. Men jeg skulle ønske jeg endelig kunne være alene. Ensomhet betyr at jeg endelig er hel. I dag kan jeg si at endelig er jeg alene. Jeg må gjøre slutt på tilfeldighetene. Beslutningens nymåne. Jeg vet ikke om det finnes skjebne, men det finnes valg. Velg!

Vi er nå tiden. Ikke bare hele byen, men hele verden tar del i vår beslutning. Vi to er nå mer enn bare oss to. Vi legemliggjør noe. Vi representerer folket nå. Og hele dette stedet er fullt av de som drømmer den samme drømmen. Vi bestemmer utfallet for oss alle. Jeg er klar, nå er det din tur.

Du holder spillet i din hånd. Nå eller aldri. Du trenger meg. Du kommer til å trenge meg. Det finnes ingen større historie enn vår, den om mann og kvinne. Det vil bli en historie om kjemper ... uoverskuelig ... overførbar ... en historie om nye stamfedre.

Se. Mine øyne.

De rommer et bilde av nødvendighet, av fremtiden til alle her på stedet. Sist natt drømte jeg om en fremmed ... om min mann. Bare med ham vil jeg kunne være ensom, åpne opp, være fullstendig åpen, helt og fullt, for ham. Ønske ham velkommen inn i meg. Omslutte ham med en labyrint av delt lykke.

Jeg vet, det er deg.

I mine øyne, og i hele meg, er dette en skildring av virkeligheten, den egentlige, abstrakte, mentale verdenen jeg opplever å befinne meg i.

Teksten beskriver psykologien til en enslig, en ulvinne, uinteressert i den normale verdenen og menneskene i den, men som kjenner på styrelse, nødvendighet og dragning – forkledd som tilfeldigheter.

Den beskriver det alvoret jeg tidligere har nevnt, som betyr «allvar», vår for alt.

Jeg trodde ikke det skulle være mulig å forklare hvordan dette oppleves før den filmen kom. Den bekreftet at alt jeg vet er sant og ekte. Alma, Marion og jeg er i slekt.

Vi er mange, det forstod jeg da.

Det at dette opplevde metallokket kom sigende inn over hjernen min, reddet meg – på et vis – fra å gå videre inn i dette landskapet. Tiden var ikke inne.

Jeg ble litt mer «normal» i andres øyne. Jeg sluttet å se så intenst, fordi jeg nå plutselig, mot alle odds og min egen forventning, hadde fått meg min egen familie. Min egen «trygge» ramme.

Min egen flokk.

Men det drepte samtidig en viktig side av meg.

Det intuitive, autentiske, fikk beskjed om å ta seg en pause.

Jeg skrev et lite notat på et papirark til meg selv den gangen hvor jeg sier at nå er innkapslingen et faktum. Den var nødvendig for at jeg skal kunne komme meg igjennom den neste fasen som familiefar.

«Det vil ta tjue år før lokket forsvinner, men jeg kommer tilbake», skrev jeg.

Det tok tretti.

Så gikk jeg videre i livet.

Jeg giftet meg med en misjonærdatter som hadde vokst opp delvis på internatskole i Japan (kirken igjen ...). Vi fikk to døtre som i skrivende stund er rundt de tretti.

Jeg tok et grunnfag i psykologi, ikke for å bli psykolog, men for å finne ut hva den «seriøse» vitenskapen sier om oss mennesker. Hva «er» vi?

Hvorfor har jeg hele tiden denne uroen?

Hvorfor finnes det åpenbart et enormt domene i livet som vi ikke finner ut av? Dette området mellom religiøsitet, mental lidelse, dragning, nødvendighet og en nærmest spøkelsesaktig kvantefysikk hvor alt vi tror vi vet går i oppløsning?

Hvor er svarene?

De lot seg ikke finne i psykologien.

Deretter tok jeg en journalistutdanning.

Jeg jobbet en stund i et populærvitenskapelig tidsskrift og skrev om alt fra ufoer til superledere, romsonder og mørk materie.

Jeg endte tilbake i informasjonsavdelingen i NRK, tett på ledelsen.

Da internett kom på starten av 1990-tallet var jeg perfekt posisjonert.

En kollega og jeg fikk overbevist toppsjefen i NRK om at fenomenet var av strategisk betydning. Kringkasting kunne komme til å endre seg. Vi hadde rett og slo vel egentlig inn åpne dører.

Resultatet ble dannelsen av NRK Interaktiv, altså nrk.no[30].

I prosessen ble min kollega og jeg uenige om fremdriften. Jeg var, fortsatt, ute av stand til å samarbeide og jeg hadde en mye «større» analyse av veien videre enn de fleste rundt meg.

Dermed ba jeg i stedet om lov til å etablere NRKs intranett og dessuten lagde jeg på privaten et nettsted som var ment som research-verktøy for alle bedriftens journalister, ABC Startsiden.

Den viste seg å fungere for landets øvrige journalister også, og for lærere på høyere trinn, bibliotekarer, forskere og folk flest.

Startsiden.no[31] tok av.

Tilbudene haglet og tjenesten ble solgt for en god sum, som har gitt meg den friheten jeg har trengt for å holde meg flytende.

---

30 https://nrk.no/
31 https://startsiden.no/

Deretter handlet alt om nettet. Jeg lærte meg å programmere og lagde den ene tjenesten etter den andre. Jeg var inn og ut av NRK og Aftenposten, landets største seriøse avis.

La oss ikke bruke mer tid på dette.

Etter en stund endte jeg på permanent hjemmekontor.

Jeg er ingen lagspiller, det kan ikke endres, uansett hvor mange «muligheter» man kaster etter meg.

Jeg var frustrert.

Jeg hadde et sinne i meg, men ante ikke hvorfor.

Hele dagen og også mye av helgene, tilbrakte jeg timesvis på kontoret i det store huset vi hadde kjøpt for noen av pengene. Der kunne hodet jobbe uforstyrret. Der var jeg effektiv. Der slapp jeg unna alt det daglige, selvfølgelige, uinteressante, umulige.

Jeg begynte også å sykle. Jeg har alltid syklet.

I Nord-Norge var jeg guttungen som stod med Apache-sykkelen min, fullt rigget med alskens elektriske greier, ved fergeleiet for å trekke inn verden, observere folk og bevegelser.

Alene. Best alene.

De siste ti-tolv årene har jeg syklet minst førti kilometer fem dager i uken, året rundt. I stekende sol med leid sykkel på greske ferieøyer. I ti kuldegrader og snø med piggdekk og elektriske varmeelementer i skoene overalt i det fantastiske området i og rundt Oslo.

Minst ti tusen kilometer i året. Jeg er på min fjerde runde rundt ekvator nå.

Det er blitt mange timer med alenetid.

Observasjon og kontemplasjon.

Syklingen er min meditasjon.

7. Jesus på riksvei 4

> Tretti år etter Alma blir jeg tatt tak i av noe høyere. Jeg hadde en opplevelse som igjen dreide på perspektivet mitt. Og dette nye kom på toppen av det gamle; det eksisterende dypet i meg hvor pinnebarnet fortsatt satt og rørte og rørte rundt i gryten med innsikter.

En dag i desember 2015 suste jeg på sykkel nedover riksvei 4 fra Gjelleråsen mot Oslo sentrum.

De siste ukene hadde jeg hørt på Bibelen som lydbok mens jeg syklet. Når man bare bruker åpne hodetelefoner, går det greit å sykle og høre på lydbok. En stund fikk jeg hørt mer enn tretti bøker i året på denne måten.

Bibelen er nitti prosent vold. Det er nittifire timer med oppramsing av slekt som følger slekt, dårlig lest. Det er en uendelighet av kriger og slakting av folkegrupper som jødene mente burde se til å pelle seg vekk og gi plass for de utvalgte.

Akkurat som nå.

Jeg tvang meg igjennom det hele for å se om jeg kunne finne det religiøse innimellom drapene. Jeg var fortsatt på leting etter meg selv.

I dette blodige eventyret dukker så Jesus opp.

Jeg suste nedover RV4 og nærmet meg slutten på evangeliene i Det Nye Testamentet.

Ordene fløt forbi, som folk, bikkjer og biler gjorde det.

Jeg stoppet et øyeblikk.

Jeg stod stille på veien som var forbeholdt syklister.

Jesus svevde rundt inni hodet mitt. Jeg var i denne kontemplative tilstanden som fart og monotoni kan gi, meditasjonen.

I ettertid har jeg ingen erindring om hvor i teksten jeg var.

Jeg husker ikke hva konkret som ble sagt.

Jeg husker bare hvordan det kjentes.

Et intenst hvit lys var rundt meg overalt. Varme. En absolutt kjærlighet. Absolutt glede. Absolutt lyst. Frihet fra all smerte. Absolutt vennlighet og ro.

Jeg opplevde Jesu vilje. En total godhet.

Han vil at vi skal være det vi egentlig er, autentiske.

Alt er egentlig perfekt.

Jeg fryser litt på ryggen når jeg nå leser mine egne ord, for akkurat disse skrev jeg ned før fallet mitt, før oppvåkningen for alvor skjøt fart, før jeg ante hva som skulle komme.

Vi skal være den vi er. Alt er perfekt, nødvendig slik det er.

Hvor lenge varte det?

Ti sekunder? Tretti? Et helt minutt?

Spørsmålet er ikke relevant.

Hendelsen hadde ingenting med tid å gjøre.

Det nye var opplevelsen, qualiet.

Dette var en klassisk «åpenbaring», en solid dose åndelig innsikt levert slik som åpenbaringer pleier å bli levert; plutselig og uten forvarsel, med stor styrke og klarhet, og med en etterlatt følelse av at noe forandret seg i akkurat det øyeblikket.

Jeg syklet videre.

«Jeg er ikke kristen», tenkte jeg for meg selv.

Dette var ikke egentlig noe nytt heller, men en usedvanlig klar bekreftelse av noe jeg alltid har visst. Nå visste jeg det enda mer.

På en måte var dette synet det samme som jeg hadde på Lyngseidet som guttunge, bare på en annen måte.

Absolutt viten.

Jeg mottok noe den dagen.

Den neste fasen begynte den dagen.

8. Krisen og fallet

> Jeg er blitt 55 år og er kjempe-intuitiv, følsom, åpen, levende – på en rar, deprimert måte. Jeg får løsninger i hodet. Det lykkes ikke å realisere dem. Så rakner jeg.

Tre måneder senere, den 20. mars 2016 skjedde det igjen noe.

Det var palmesøndag, starten på påsken.

Jeg våknet i vårsolen som stod inn av vinduet, med en løsning i hodet. En intuitiv innsikt, klarhet, absolutt visshet om at idéen var gyldig.

Jeg grep et papirark fra nattbordet og tegnet ned en enkel skisse med tre sirkler og noen streker imellom dem. I tillegg tegnet jeg inn et fjerde element og ytterligere noen streker.

Hva det var?

Det var løsningen på et stort problem innen det som var bransjen min, mediebransjen.

Prinsippskissen viste hvordan økonomien i samspillet mellom organer, brukere og annonsører kan løses på en annen måte enn den tradisjonelle. Metoden gir gevinster for all de tre aktørene, ut ifra hver sine egeninteresser.

Vinn-vinn-vinn.

Løsningen var generisk og kunne brukes i alle tenkelige situasjoner, også utenfor mediebransjen. Det økonomiske potensialet var enormt. Prinsippet var enkelt. Det ville være relativt ukomplisert å realisere løsningen rent teknisk.

Oppfinnelsen min ville rett og slett hogge over den gordiske knuten som har plaget bransjen helt siden internett kom på 1990-tallet, nemlig hvordan nettsteder skal kunne tjene penger på innholdet sitt, samtidig som brukerne ikke må betale i betalingsmurer og annonsørene får direkte kontakt med potensielle kunder uten å drepe dem med annonser.

Det var stort. Det ville fungere.

Jeg tok umiddelbart kontakt med en nestor i norsk reklamebransje. Han tente på idéen og gav den navnet Beecent. Jeg tok kontakt med en slektning av meg med relevant kompetanse. Han fikk med seg en betrodd venn og ressursperson. Jeg involverte min kones konsulentselskap.

Vi begynte på jobben med å realisere idéen.

Regnearkene viste potensielle inntekter på milliarder av kroner.

Hele denne historien må fortelles en annen gang, men kortversjonen er at prosjektet havnet i grøfta på spektakulært vis. Det havarerte i grådighet blant de involverte og motstand fra en bransje som sitter fast i det gamle og med sjefer som følte seg truet av det nye.

Jeg brukte alle mine krefter på dette i to år før jeg måtte innse at det ikke ville gå.

Hadde jeg vært tjue år yngre, ville jeg snudd meg rundt og angrepet saken fra en annen vinkel, sneket inn den nye løsningen via en uventet kanal, angrepet markedet fra en overraskende posisjon.

Våren 2018, to år etter at idéen dukket opp og bare uker etter at jeg hadde gitt den opp for godt, var jeg i tenkeboksen.

Det var igjen påske og familien hadde vært på besøk hos min gamle far og hans samboer i Tyskland. De andre tok flyet tilbake, jeg kjørte bilen opp igjennom Danmark og Sverige mot Oslo.

Det skjedde noe på den kjøreturen. Igjen.

Den var lang, ti-tolv timer. Jeg suste av gårde på den nokså øde veien oppover mot norskegrensen. Det var kveld, mørkt og omkring null grader. Tankene surret rundt prosjektet, men også rundt meg selv og mine åpenbart manglende evner til å realisere det. Mine manglende ferdigheter i å bygge allianser og få folk til å fungere sammen med meg.

Den samme gamle historien.

Det enslige, smarte, pinnebarnet – og alle de andre, normale, sosiale, enkle.

Et velkjent tema.

Jeg satt i bilen og grublet over meg selv og fremtiden.

Inn i disse tankene kom også noe annet.

Noen uker før turen ned til Tyskland begynte Alma å dukke opp i drømmene mine.

Det hadde hun gjort også tidligere, men ikke ofte og ikke så sterkt.

Denne gangen kom hun igjen og igjen, fire, fem netter på rad.

Hun bare var der.

Hun gjorde ingenting, henvendte seg ikke til meg, hadde ingenting fore.

Men hun viste seg.

Det var en sorg der. Hun var svak og fjern, men tydelig.

Jeg hadde resignert og var åpen for det neste.

Jeg lyttet innover.

Det sa ikke pang.

Det skjedde ikke umiddelbart, men noe i meg vendte.

Jeg hadde ingen forestilling om at det skjedde, men det skjedde.

Dette var ytterligere et vendepunkt.

9. Oppdagelsene

> Jeg går i fosterstilling. Gråter. Tåler ikke lyder, nyheter, folk. Ser andre ting. Det blir snart høst.
>
> Jeg er en sommerfugl, men er nå blitt en puppe på ny. For å bli en enda finere sommerfugl?
>
> Dette kapitlet, etter min mening, viser deg psykisk skade i flere former. Almas skade som jeg kjenner meg igjen i uten å vite hvorfor. Omgivelsene våre. Vi er nok mange som er skadet, på mange vis.
>
> Igjen handler det om perspektiv. Denne reisen ned i melankoli, sorg og savn var en gjenoppliving av hjertet. Mitt ikke-fungerende hjerte. Slikt bringer inn ny kunnskap.
>
> Samtidig fikk jeg en voldsom kraft til å gå videre, innover, nedover, oppover, utover – rett og slett ta et steg opp, utvide perspektivet ytterligere.
>
> Fra dette perspektivet er resten av boken skrevet.

Vi er i april 2018. I dagene etter hjemkomsten fra Tyskland ble jeg grepet av melankoli.

Med ett var milliardprosjektet uinteressant. Det forsvant ut av tankene mine med et slag.

Jeg ble dirigert i en ny retning. Hele meg. Viljeløst. Utenfor min kontroll. Klar beskjed fra universet. Det hadde ligget latent i meg siden 1980-tallet. Det lå i meg fra fødselen av.

Det opplevde, metalliske lokket som den gang sperret hodet mitt inne i normalitet, var nå gått i oppløsning, hadde diffundert uten at jeg hadde merket det.

Jeg trodde alt var som før. Jeg tviholdt, uten å se det selv, på normaliteten av gammel vane.

Det er nettopp det «normalitet» er, at man tror alt er som det skal være. Dersom noe skjer som ikke passer helt inn, presser man det inn, eller neglisjerer det, eller bagatelliserer det.

Inn skal det, uansett.

Spis det livet byr deg!

Slik lever de fleste av oss, fra øyeblikk til øyeblikk. Vi mestrer. Vi benytter et spekter av mestringsteknikker.

Dersom det ikke nytter, er neste stadium å forsvare og fortrenge. Vi besitter alle et sett med raffinerte og nyttige forsvarsmekanismer, de som Freud beskrev første gang omkring 1894.

Om ingenting nytter, men virkeligheten står insisterende foran oss og krever at du ser den i hvitøyet, er siste utvei å flykte, kjempe imot eller gå i frys.

Da har du fortsatt ikke forholdt deg til realitetene i problemet du står overfor.

Du har ikke forstått hva som skjer og du har heller ikke klart å integrere det i normaliteten.

Da blir du syk.

Resultatet er et traume som altfor ofte resulterer i PTSD – posttraumatisk stresslidelse. Dersom du i fremtiden møter en situasjon som ligner, kan du bli trigget og oppleve traumet på nytt.

I mitt tilfelle ble jeg mest paralysert.

Jeg klarte ikke lenger å forholde meg til verden som før. Rollen min som «meg» fungerte ikke.

Jeg visste jo hele mitt liv at jeg nesten alltid er i rolle. Det oppdaget jeg som barn.

Da oppdaget jeg også min indre betrakter, mitt egentlige jeg som er den som spiller rollen, altså uten å tro på den. Men jeg hadde prøvd å leve livet slik det blir forventet.

Nå var det blitt umulig å lure seg selv lenger.

Fra en dag til en annen gav jeg opp. Jeg ble hypersensitiv, orket ikke et sekund med trivialiteter, ingenting overfladisk. I stedet dukket jeg ned i sorg og lengsel.

Dette skrev jeg til meg selv i disse dagene, jeg festet det til papiret mens det stod på:

Jeg har en åndelig side som ikke får sitt.

Jeg har en varhet som er sløvet.

Jeg har en vei å gå som jeg ikke har gått, men som jeg alltid har visst om.

Jeg har alltid visst at en dag vil jeg komme til å nærme meg denne kjernen.

Jeg har en hjerne som har jobbet på mange nivåer tiår i strekk og nå begynner å levere sammenhenger.

Det er en drivkraft, en nødvendighet. Jeg ligner det med en elv. Jeg kan høre den, ane den. Jeg må tilbake dit. Dykke ned i den, til bunnen, og faktisk enda mer: «Remove the water at the bottom of the ocean», for å sitere litt fra Talking Heads.

Det er nokså tilfeldige tekstlinjer, jeg oppdaget i forgårs at David Byrne setter ord på nøyaktig det jeg opplever. Han er samme ulla.

Denne forandringen har gjort meg sky. Jeg tåler ikke noe som forstyrrer. Jeg må ha ro til å ta inn det vage, tid til å sette sammen og bevege det skjøre.

Omtrent slik er det.

Det er mennesker fra mange, mange år tilbake som fyller tankene mine, fordi de en gang viste meg noe – noe som de har mer av enn jeg selv.

Det er en sorg fordi det som var, er tapt og en sorg fordi det ikke kan komme tilbake, man kanskje likevel kan.

Portugiserne har et ord for akkurat det siste: «Saudade[32]», som betegner «lengsel etter et sted, en tid eller person som man frykter skal være tapt for alltid».

Det uttales saodadsje.

Det oppleves som en sult etter kjærlighet, kan jeg fortelle.

Det er fantastisk å oppdage at mennesker i hundrevis av år har hatt så sterke og hyppige opplevelser av en så kompleks og subtil erfaring, at de har gitt det et eget ord.

Det finnes dokumentert allerede på 1200-tallet. I Brasil har saudade attpåtil fått sin egen dag, 30. januar.

Saudade anses som et grunnelement i den portugisiske folkesjelen og en sentral bestanddel i deres sentimentale musikkform, fadoen.

Lengsel. Tomrom. Sentimentalitet. Frykt for evig tap. Sorg. Glede over å føle sterkt.

Wikipedia forklare ordet nærmere:

Saudade ble en gang beskrevet som «kjærligheten som blir igjen» etter at noen er borte. Saudade er minnene om følelser, opplevelser, steder eller hendelser som en gang brakte spenning, lyst, velvære – som nå trigger sansene på nytt og får en til å leve igjen.

Det kan beskrives som en tomhet, som om noen (f.eks. barn, foreldre, søsken, besteforeldre, venner, kjærledyr) eller noe (f.eks.

---

32   https://en.wikipedia.org/wiki/Saudade

steder, ting man pleide å gjøre i barndommen, eller andre aktiviteter i fortiden) – skulle vært der i et bestemt øyeblikk, men mangler, og personen kjenner på dette fraværet.

Det frembringer triste og glade minner om hverandre, tristhet over savnet og glede over å engang å ha opplevd følelsen.

Ja, nettopp.

Ordet knyttes visstnok aller mest til Galicia, regionen helt nord og vest i Spania, hjørnet nord for Portugal, hvor de også har et enda sterkere ord, morriña, som er saudade i så kraftig form at det kan drepe et menneske.

Ordet er avledet av det latinske ordet for død, morte. Morriña bærer også i seg at det man lengter etter kan tenkes å komme tilbake. At muligheten finnes, gjør lengselen enda tyngre å bære.

Jeg lider av saudade. Jeg leker fryktløst med morriña.

Saudade «... makes one live again», skriver Wikipedia i sitatet ovenfor.

Saudade er det portugisiske ordet for å føle fullt, være fullt til stede i livet, leve fullt.

Sorgen og gleden eksisterer sammen i dette punktet.

Smerten er beviset på at jeg lever.

Jeg forstod at jeg var tilbake på den egentlige veien.

Jeg visste fra før at det en dag ville skje og jeg var klar. Jeg ville det og jeg var på et bunnpunkt. Jeg ville inn i smerten, for jeg innså at jeg ikke var levende, ikke egentlig.

Jeg våget aldri være meg selv.

Derfor skjedde det.

Det jeg nå lengtet så intenst etter, var det Alma hadde vist meg.

Jeg sendte henne først en tekstmelding på mobilen.

9. Oppdagelsene

Alma, har det gått 32 år? Ville du takke ja til en kopp kaffe, for gammelt vennskaps skyld?

Jeg brukte den samme formuleringen som hun benyttet da hun ringte meg i 1992.

Hun svarte noen timer senere:

Hei. Ja tiden flyr! Holder til på en hytte på fjellet for tiden og skal være her på ubestemt tid. Dessuten har jeg sluttet helt å gå på utesteder. Jeg ønsker deg et godt liv videre ...

9.1. Ned i dypet

Var det alt?

Det var ikke nok, ikke tilfredsstillende på noe vis.

Jeg sendte henne et langt brev.

Først forklarte jeg i kortform omtrent det samme som jeg har forklart over – at jeg er kommet til et vendepunkt, at jeg har falt ned i et hull i livet mitt og at det jeg fant nede i det hullet, var henne og at hun alltid har vært der.

Etter litt frem og tilbake svarer hun bryskt at hun ikke vil ha kontakt med ikke-ydmyke, pushy, over-analyserende, og ikke minst gifte menn. Det hun ikke visste, var at ekteskapet mitt var på full fart mot oppløsning.

Hun sier at jeg ikke lenger er slik jeg var den gangen for lenge siden. Hun skylder meg ingenting, sier hun. Og hun forteller at hun faktisk sliter med å holde flere på avstand, ikke bare meg.

«Bli levende igjen», er rådet hun gir, før hun forteller at videre brev og meldinger vil bli kastet og slettet.

Hun vil være i fred og hun er sint. Hun slår og fekter.

Hvor ble det av Alma og varheten hennes?

Hvorfor er jeg plutselig blitt en person som hun ikke engang vil snakke med?

Strateg kan man ikke kalle henne.

Om hun virkelig ville ha meg ut av livet sitt, var det ikke noe godt valg å be meg ryke og reise.

Det gjorde for det første svært vondt.

Hun, som jeg i flere tiår har ansett som en sjelefrende, en alliert i vårt skrudde syn på verden, mitt livs tapte kjærlighet - hun er nå rasende på meg.

Det traff meg i magen.

For det andre var jeg full av spørsmål, og en genuint overanalytisk og dypt intuitiv fyr i fritt fall går ikke bare bort fra ting som fremstår som ubegripelige.

Jeg gyver på.

Jeg skal ha svar, det var nødvendig for å få fred, for å komme videre.

Jeg gikk løs på det store arbeidet; å finne ut av meg selv, av verden og av mysteriet Alma.

Jeg reagerte og følte så sterkt fordi jeg identifiserer meg med henne. Det som skjedde henne, kunne like gjerne skjedd meg. Jeg projiserte mitt eget på henne, studerte meg selv gjennom å gruble over henne og se sammenhenger.

Man oppdager ikke seg selv ved å være bare i seg selv. Man må betrakte seg selv utenfra eller projisere sitt eget ut på andre slik at man kan se hva man driver med. ACIM er klar på dette punktet: du kan ikke gjøre det alene.

For henne må det ha vært nokså absurd at jeg ble så opptatt av hennes skjebne. Jeg har grått mer over hennes situasjon enn over min egen, som jeg ikke tillater meg å kjenne på.

Jeg opplevde det som meningsløst at hun ikke ville ha kontakt.

Jeg begynte altså mine undersøkelser av hva som kunne ha skjedd med Alma. Jeg kunne ha skrevet en egen bok om prosessen og hva jeg fant og har tenkt. Men det jeg oppdaget er tøffe saker og det er privat. Du skal straks få vite litt.

9.2. Fortielsen

Hvorfor skriver jeg i det hele tatt om hva jeg fant ut vedrørende Alma?

Hvorfor graver jeg slik i egen og andres smerte?

Jeg har allerede forklart at jeg må redegjøre for veien frem til innsikten som kommer i neste del av boken. Det er hovedformålet.

Samtidig er jeg et menneske som alle andre, men som har opplevd noe spesielt i livet mitt og er blitt utsatt for noen prøvelser.

«So what?», tenker du kanskje.

«Get over it!», kan jeg høre at du sier.

«Everybody hurts», synger REM i bakgrunnen.

«Vi har alle vårt å stri med, så hva er så spesielt med deg og din historie?», sier du.

Nettopp.

Jeg ser at dette kanskje ikke er så spesielt som jeg trodde.

Det er i seg selv en betydelig oppdagelse.

Jeg ser at dette jeg skriver om, barndomstraumer som manifesterer seg som kompleks PTSD, skjult PTSD – ubevisst PTSD – ikke er uvanlig i det hele tatt.

Tvert imot!

I min egen familie er det skader overalt.

I omgivelsene mine er det synlige skader hos mange.

I disse fire årene med dypdykk, har jeg tiltrukket meg mennesker, én og én, aldri i grupper, som nesten uten unntak har lignende historier og problemer.

For de fleste er hendelsene som påførte dem skader kjent og forstått. Det kan være mange runder med flytting. Alkoholiserte foreldre. Vold, fattigdom, neglisjering, manglende mentale ressurser, manglende nettverk osv.

Barn kan skades på utallige måter.

Skadene er altså forstått, de er bare ikke bearbeidet, ikke tilstrekkelig. Det smertefulle ble aldri sett i hvitøyet. Aldri konfrontert. Aldri grått ut. Aldri sørget over, aldri trøstet bort.

De som påførte dem skaden, kjenner selv på skyld.

Som regel er de selv skadet.

Problemer av denne typen feies under teppet, bagatelliseres, maskeres bak vellykkede fasader, normaliseres, eller projiseres på noe annet.

Mye av materialismen og konkurransen vi ser i samfunnet, mener jeg er forsøk på å kompensere for skader. Jo mer det flashes velstand og suksess, desto mer ser jeg skaden blinke som et neonlys i bakgrunnen.

De som har skaden, kjenner på skyld, fordi de har tolket den som at det er de selv som ikke er gode nok, ikke fikk det til, ikke er elskbare, ikke fortjener nærhet, kjærlighet, inkludering, aksept.

De som ikke kjenner årsaken til egen skade fordi den inntraff i før-bevisst alder, har det enda verre.

De står hjelpeløse i å forstå hvor det kommer fra, men også de sitter med en skam over å ikke være gode nok og med kanskje enda større behov for kjærlighet, for disse menneskene er så skadet at de ikke klarer å hverken gi eller ta imot kjærlighet – uten at de aner hvorfor.

Da tenker man på seg selv som et slags monster.

Det skaper et fordreid selvbilde, manglede følelse av egenverd, et ukontrollert sinne, overdreven vaktsomhet for andres reaksjon, hvilket ofte kan forveksles med empati. Noen ganger kan man føle at man ikke vet hvem man egentlig er.

Man henger rett og slett ikke sammen, på en eller annen måte, fordi det er et puslespill som ikke går opp. Det finnes brikker som ikke er synlige, men som samtidig lager rot. Andre brikker nektet vi selv å se og ta opp.

Resultatet er et menneske med hull, konflikter, feil brikker på feil sted osv.

Et ødelagt menneske.

Jeg tror altså at hovedårsaken til alle disse lidelsene ofte er at det skjedde ting med oss i barndommen.

Vi trodde det skulle være slik, for vi ble fortalt av våre redde, skamfulle, skadede foreldre – og resten av vår redde, skamfulle, skadede slekt, at det skulle være slik.

De skjulte det smertefulle i håp om at hvis ikke barnet fikk vite noe, vil det ikke oppdage det.

Kan jeg få legge til at samfunnet vårt, som helhet, fungerer på samme måten?

Vi har lagd oss et samfunn som forsterker psykiske skader.

Hvorfor?

Fordi de som styrer det selv er skadet.

Osho sier, ved hver anledning, at politikere er de mest skadete av alle, det er derfor de er politikere. Problemet er at de projiserer det ut på samfunnet i stedet for å gå inn i seg selv og bearbeide årsaken til elendigheten der den har sitt opphav.

Politikere kan derfor være farlige, på alle tenkelige måter.

All denne frykten og fortrengningen, generasjon etter generasjon.

Derfor vil jeg nå vise deg, bittelitt og anonymisert, hva jeg oppdaget om Alma og hva jeg tenker om dette konkrete tilfellet.

Det er altså den andre grunnen til at Alma går som et spøkelse gjennom boken.

Det er også en tredje.

Alma maktet aldri å møte meg på en åpen måte da jeg tok kontakt etter trettito år. Jeg klarte heller ikke å komme henne i møte på en måte som hun kunne ha tillit til.

Vi er begge for ødelagt.

Derfor endte det for min del med at jeg ble avvist, igjen. Det skjedde mens jeg var lengst nede i fallet mitt. Det skapte en voldsom smerte, åpnet sårene.

Dersom jeg hadde blitt møtt med aksept og en vilje til å lytte, ville aldri denne boken blitt skrevet. Nå ble jeg i stedet tvunget, rått og brutalt, til å konfrontere meg selv, finne ut av meg selv og dra meg selv opp etter håret.

Det har jeg klart, men jeg unner ingen denne opplevelsen.

Samtidig unner jeg alle den opplevelsen, for det er dette som skal til!

Dette er kamelen som står der og titter skeptisk på nåløyet og tenker at igjennom den trange sprekken bare vil jeg ikke, tenker kamelen.

Så blir den dyttet, tvunget, skviset inn i åpningen – av omstendighetene, av smerten fra flammene som nærmer seg på den siden hvor den nå står.

Så den presser seg igjennom nåløyet, nesten dør, før den ... våkner. Ser. Og forstår – at ingenting er farlig, ikke egentlig. Alt dette var ... unødvendig.

Det var alt sammen bare frykt.

Det som kom igjennom nåløyet, var den bittelille, autentiske, våkne varheten som opplevde å være en kamel. Varheten har ingen problemer med nåløyer, for det er ingenting den trenger å drasse med seg. Frykten ble igjen på den jordiske siden.

Denne lignelsen fra Bibelen kan godt være et bilde på det å dø, og viser at, ja, du kan ingenting ta med deg, alt må legges igjen, men din subjektive opplevelse som sådan er der fortsatt.

Frykten i det jordiske livet fikk utfolde seg fritt fordi ingen hindret den, ingen konfronterte den. Det skadete mennesket våget ikke å studere sin egen skade, men gikk i stedet inn i flokken for å finne beskyttelse der.

Hver gang jeg ser en flokk, blir jeg betenkt.

Pete Walker er en terapeut med over tretti års virke bak seg i San Francisco-området. Han har selv kompleks PTSD og har klart å komme langt i å forstå mekanismen og konsekvensene for den enkelte.

I 2013 kom han med en bok som lovprises av både terapeuter og pasienter: «Complex PTSD: From surviving to thriving[33]».

Jeg anbefaler denne.

I boken hevder han at dersom barndomstraumer blir korrekt forstått og behandlet, vil vi kunne fjerne halvparten, kanskje enda flere, av de psykiatriske diagnosene som er i bruk i dag. De er alle bare konsekvenser av CPTSD. Det er den som skal behandles.

Derfor forteller jeg nå litt til om Alma.

Håpet mitt er at disse tankene kanskje skal kunne gi litt støtte og forsoning for henne og hennes familie. Samtidig forstår jeg at de kan se fullstendig annerledes på ting, så jeg ber om unnskyldning for at jeg tråkker inn på denne måten, men å håndtere eksistensiell smerte krever en viss bestemthet.

Og åpenhet.

Jeg skriver selvsagt også dette for at min egen familie skal lese og forstå litt mer. Og alle andre, også du, min kjære leser, for du har din historie.

9.3. Hva skjedde med Alma?

Kortversjonen er at i Almas nærmeste familie har det vært schizofreni, flere selvmord og flere adopsjoner.

---

[33] https://www.amazon.com/Complex-PTSD-Surviving-RECOVERING-CHILDHOOD/dp/1492871842/

Maria, Almas eneggede tvillingsøster, døde 40 år gammel. Hun hadde et barn som også ble adoptert bort, akkurat som Alma adopterte bort sitt.

Marias barn har vært ute i offentligheten og gitt uttrykk for sin sorg og smerte, og har fått stor sympati og anerkjennelse for å våge å være åpen og sårbar.

Faren til Almas datter Helene døde 50 år gammel uten å ha truffet datteren. Helene, som jeg har et barndomsbilde av i albumet mitt fra 1985, er den jeg kjenner størst medynk for, uten dermed å rangere hendelsene på noe vis. Jeg har hatt henne i tankene i alt jeg skriver.

Etter søsterens bortgang har Alma tydeligvis isolert seg.

Hun har ingen kontakt med familien, men holder seg stort sett inne, alene, i leiligheten sin. I perioder reiser hun til en hytte på fjellet og er alene i naturen der.

Dette er det jeg har fått høre og vet. Slik ser jeg det for meg.

Jeg vet mye annet også som jeg ikke kan fortelle.

Detaljene er ikke viktige, det er mer av det samme, og det er en stor grad av alvor i dem.

I mine øyne ser det ut som om alle Almas relasjoner har gått i stykker.

Er jeg overrasket?

Er det ikke nøyaktig det samme som har skjedd og skjer med meg selv?

Er ikke dette en helt naturlig konsekvens av det å våkne spirituelt; at man ikke lenger tåler folk som er blinde? Det gjør rett og slett for vondt å gå rundt og forstille seg, det nytter ikke lenger.

Alma tror jeg er blind.

Hva tror jeg om henne?

Jo, hun er i varheten, det tror jeg.

Det er min tanke om henne. Kanskje lurer jeg meg selv til å tenke positivt, kanskje har hun klart seg mye bedre enn jeg tror.

Hun tok steget bort fra alt det syke, lot det fare, for det var alt sammen bare resultatet av frykt og nedarvet smerte. Hun våknet og så. Hun var der allerede da jeg traff henne i 1985.

Slik tenker jeg.

Hun visste alltid om noe annet, som meg.

Vi flyter, fordi vi ser og vet.

Hun på sin måte, jeg på min.

> Släpp det där mörkret
> Snälla släpp det där mörkret
> Det finns inget att se där
> Det finns inget för nån
> Bara släpp det där mörkret
>
> Bara säg vad du tänker
> Bara säg vad du känner
> Det är din tur
> Det måste vara din tur
> Alla har sagt nu
>
> Bara lämna allt på vägen
> Eller häng det över mig
> Ta ett tåg om det känns
> Meningsfullt för dig
>
>
> Ta tåget varsomhelst
> Men släpp det där mörkret
> Jag blir osäker nu
> Är det jag eller du
> Som släpar runt det där mörkret
>
> Lars Winnerbäck: «Släpp det där mörkret»

9.4. Nok, nok nå

Så hvor er Alma i dag? Hva driver hun med og hvordan har hun det?

Hun holder seg innendørs i en trygdeleilighet på Oslo øst. Noen måneder i året tilbringer hun alene i en familiehytte på fjellet. Hun avviser all kontakt.

Jeg velger å se bort fra alt det vanskelige.

Det er uansett forbi.

Hver dag er et ubeskrevet blad.

For å bli hel, må alle aspekter ved deg integreres. Du må elske alle sider av deg selv, særlig barnet i deg – det barnet som ble utsatt for traume og som lider og er utrygt på grunn av dette, selv i voksen alder.

Dette indre barnet er redd og tør ikke kjenne på følelser.

Løsningen er, banalt nok, å bli dette barnet igjen – men nå som voksen. Forstå seg selv, trøste seg selv, elske seg selv.

Å være som et barn betyr å legge bort forsvarsmekanismene, de analytiske bortforklaringene og alt det forvirrede du gjør for å beskytte deg mot det som gjør vondt.

For meg, med min skade, er dette behovet åpenbart.

Løsningen er å våge å leve, bli levende igjen, bli som et barn.

For Alma er det annerledes, slik jeg opplever det.

Hun var slik allerede da jeg traff henne.

Hun lever slik jeg nå lærer meg å leve.

Og hvordan skal jeg beskrive dette konkret?

Jeg må låne litt fra de som kan det, og har igjen hentet frem et videoklipp med Teal Swan[34], hvor hun forklarer viktigheten av å bli som et barn igjen:

---

34 https://youtu.be/u6A1CsXissw

1. **Vær blant barn**
   Sett deg på en benk og se på barn som leker på en lekeplass. Bruk tid, opplev sammen med dem, mediter gjerne mens du sitter der. Dersom det faller naturlig, kan du snakke med dem, leke med dem. Husk at du skal gå inn i deres verden, ikke omvendt. Målet ditt er å se verden slik de gjør, leke slik de gjør. La dem styre.

2. **Vær i øyeblikket, helt og fullt**
   Ta inn lyder, lukter, smaker, følelsene du har, undringen over hvordan noe ser ut. Rett oppmerksomheten mot det som faktisk skjer og er, ingenting annet.

3. **Lek og føl!**
   Vi har alle et naturtalent, en instinktiv drivkraft og glede over å leke. Som voksne neglisjerer vi disse impulsene, men de er der. Også voksne har behov for å leke.

   Husk at formålet med lek er å ha det gøy, føle seg bra, ikke å oppnå noe. Begrepet «formålet med lek» er en voksens betraktningsmåte. Barn er ikke slik. Glede er ikke et mål, et resultat. Å ha det gøy gjennom lek er et formål i seg selv, og er umulig om du introduserer noe ytre.

   Ingenting er rett eller galt når det gjelder lek. Du kan spille poker eller volleyball, ta et bad, gå ut i plaskregnet uten paraply eller gjøre noe spontant, som å klatre opp i et tre eller se om du kan treffe noe med steinen du fikk lyst å gi et spark. Det eneste «kravet» er at det er gøy!

   Trolig må du øve deg litt på å finne igjen og agere på impulsen din til å leke. Det å oppdage den er gøy i seg selv. Kanskje er det noen ganger nok å bare fnise for deg selv over de ville tingene du begynner å få lyst til å gjøre.

   Frank Zappa sa det slik:
   «What happened to all the fun in the world?»

   Og så durte han i gang med «Bobby Brown,» som er en spinnvill, leken parodi på det alvorlige, seriøse, udugelige Amerika. Den ble hans største hit. Zappa lekte til han stupte.

4. For oss som har undertrykt følelsene et helt liv, men kanskje er ganske gode til å leke, handler det i stedet om å øve opp og kjenne igjen impulsen til å føle – og så tørre å agere på den.

5. **Prøv noe nytt!**
Barn opplever stadig vekk nye ting. Ta del i denne berusende opplevelsen. Du kan gjøre det ved å presentere noe du allerede kjenner godt, og så observere hvordan barnet forholder seg til det. Ta del i undringen, se tingen med barnets øyne.

Å prøve noe nytt behøver altså ikke å handle om noe egentlig nytt, men om å se ting som de er, uten fordommer og forhåndskunnskap. Opplev også gamle ting som om det var første gang, eller gjør noe som faktisk er nytt for deg.

Det spiller ingen rolle hva det er, bare gjør det. Se på frokosten din. Lat som om du ankom Jorden fra en fremmed planet for fem minutter siden og at granolaen din er det første du møter. Opplev!

Dette er dragningen og magien i det å reise og se nye kulturer, nye steder, nye måter. Det motsatte er å stivne, slutte å vokse, dø.

6. **Vær nysgjerrig**
Du må være aktiv. Dersom du kjeder deg, se nærmere på ting, glem idéen om at du allerede vet hva noe er. Ikke døm, lær! Still spørsmål, barn spør hele tiden. Gå inn i andres forklaringer og opplevelser. Gå for et øyeblikk inn i deres verden, for vi lever i hver vår, de er svært ulike, mye mer enn du tror.

Selv om vi reiser eller oppsøker andre mennesker og miljøer, tar vi virkelighetsoppfatningen vår med oss. Vår indre, fastlåste verden bærer vi med oss på ryggen som en tung, gnagende ryggsekk. Vi kjenner bare tyngden fra sekken. Ta den av.

Les noe du ellers aldri leser. Snakk med noen du ellers unngår.

Sett sammen ting på nye måter. Plukk noe fra hverandre. Lukt, smak, ta på, kjenn. Prøv!

7. **Vær radikalt ærlig**
Barn er ærlige, i slik grad at vi voksne ofte blir pinlig berørt. Glem å være strategisk. Glem å fremstå i best mulig lys, feie under teppet, please andre, late som. Vær direkte og autentisk.
Det betyr ikke at du skal være enkel, men ofte betyr det nettopp det, for vi voksne kompliserer alt mulig.

Noen av oss, som undertegnede, er ikke «enkle». Vi er så skadet at vi er genuint kompliserte. Da er det dette som skal ut og frem. Det tok meg seksti år å komme dit.

Helt frem til nå har jeg underspilt min egen kompleksitet i et forsøk på å gjøre meg lik andre, nedskalere meg selv, og dermed fortjene deres aksept og respekt. Deres kjærlighet.

Det er ganske ille, er det ikke?

Vi fornekter oss selv for å oppnå kjærlighet, mens det er det motsatte som ville gitt oss det vi trenger; at andre ser og elsker oss som den vi faktisk er.

Hva hvis du ikke får det til?

Skriv dagbok og fortell deg selv hva du gjorde og skulle ha gjort i stedet.

8. **Ta imot hjelp**
Først må du vite hva du trenger. Virkelig trenger. Vi snakker ikke her om hjelp til å henge opp bilder, men om menneskets dypere behov. Da må du kjenne på dem, og det er det ikke alltid voksne tillater seg å gjøre, for det kan være smertefullt og du er redd både for å blottlegge deg og for å bli avvist.

Nevnte jeg at jeg er mann?

Gjett hva vi er lært opp til.

Barn er i en posisjon hvor de er nødt til å motta hjelp og de uttrykker ofte behovene sine uten filter, gjerne med hyl og skrik. Jo, de skal lære å klare seg selv, men samtidig tar vi altfor ofte fra dem evnen og retten til å be om hjelp. Det var verre før, håper jeg, men jeg er slett ikke sikker.

Folk som klarer å ta imot hjelp, kommer lenger, ikke så overraskende.

9. **Gjør som barna**
Du begynner å se hva barn egentlig driver med, som du selv har glemt. Ikke alt har verdi for deg, men noe har veldig verdi for deg. Du føler kanskje ikke for å tråkke rundt i sølepytter (selv om det er gøy) eller spise snø med sand i. Men du kunne gjerne tenke deg å gå bort til andre mennesker og spørre «Skal vi leke?» Du kunne godt trenge å åpne sansene dine og se på ting «som de er».

Du kunne godt tenke deg å bygge sandslott uten tanke på at klærne dine må på rens. Eller fortelle direkte om følelsene dine, søke trøst, plukke ting fra hverandre, le høyt, vise din tvil - og så videre.

Hva kaller vi alt dette?

Jeg tror det kalles å leve.

Alma sa at jeg kanskje bare trengte å bli levende igjen.

Jeg tror hun vet hva hun snakker om.

Nei, jeg vet at hun vet, for det var slik jeg kjente henne.

Det var dette jeg så og elsket.

Jeg tar imot rådet.

Teal kommer til slutt i videoen også med en liten advarsel, og dessuten en tanke som åpner for større perspektiver.

Advarselen er at uansett hvordan du velger å bli som et barn igjen, må du gjøre det på barnets måte. Med barnets kvalitet, emulere deres adferd for å oppleve slik de gjør, erfare deres qualia.

Barn, før de begynner å «lære», gjør ikke ting med et formål. Voksne er i stand til å intellektualisere og operasjonalisere selv det å emulere barn.

Hører du at disse ordene ender i et indre kræsj?

Slik er vi voksne, så mye har vi glemt, så blinde er vi, i slik grad har vi mistet oss selv.

Snu deg rundt.

Og her kommer Teals andre innsikt.

Når du «snur deg rundt» og ser tilbake på den du engang var og egentlig er, så ser du mot ditt eget opphav.

«Det indre barnet» er ditt «høyere selv».

Mennesker som våkner spirituelt, tar tilbake sine barnlige kvaliteter. Jo mer opplyst du blir, desto mer vil du bli som et barn igjen, men denne gangen et klokt og kunnskapsrikt barn.

//---

Nå skal jeg forlate fortellingen om Alma.

I livet mitt forlater jeg henne aldri, hun er i meg for alltid.

Jeg skylder henne utrolig mye, på tross av all smerten hun - uten vilje, tvert imot - har påført meg og andre.

Hun var frøet og motstanden jeg trengte i livet mitt for å vokse og våkne.

To ganger med tretti års mellomrom skjedde det.

Uten denne fortellingen om henne og hennes bidrag, ville det ikke være mulig å forstå hvor resten av boken kommer fra.

Slik var min personlige oppvåkning.

Nå som boken foreligger, står fortsatt min invitasjon til Alma ved lag om å ta en kaffe.

Det er min spede drøm.

Vi har alle våre drømmer, okey?

Nå skal du få høre hva jeg har fått vite om de aller, aller største spørsmålene.

Du skal få vite hva som er blitt «lastet ned» i meg.

9.5. Bias og hersketeknikker

Fordi jeg retter kritikk mot det grunnleggende paradigmet i den vestlige kulturen om at verden er materiell, kommer jeg til å bli møtt med hersketeknikker. Jeg vil få høre at jeg ikke har tilstrekkelig kompetanse, at jeg fantaserer, misforstår ting osv.

I stedet for å argumentere imot, velger jeg å blottlegge min egen skade og spesielle posisjon – og forklare hvordan kunnskapen er kommet til meg.

Ettersom temaet for teorien som kommer i den neste delen av boken, er «alt i hele verden», finnes det neppe noen på denne planeten som kan sies å være tilstrekkelig kompetent.

En fritenker uten «godkjent» bakgrunn må ha like mye rett til å spekulere som astrofysikere eller partikkelfysikere med sitt ofte smale fagområde, rett og slett fordi fysikk og alle andre vitenskapsgrener bare utgjør en del av bildet.

Jeg forventer derfor at de som ønsker å stilne meg, selv redegjør for sin posisjon og bakgrunn.

Jeg vil vite om deres forhold til intuitiv versus analytisk kunnskap, hvordan de har det med akademisk konkurranse og posisjon, og om det skulle være andre motiver som driver dem enn de rent faglige.

Jeg vil vite om de kan tenkes å se ting fordreid på grunn av skader i egen barndom eller noe som går i familien; forventninger, forhold man ikke er åpne omkring osv.

Vi har alle et bias som skapes av de aller første opplevelsene og traumene våre. De farger og bestemmer alt som senere følger i livene våre.

Jeg vil, kort sagt, vite om mine eventuelle opponenter er flokkdyr, sauer, som først og fremst er opptatt av å beskytte sin posisjon. Min mistanke er at det altfor ofte er tilfelle.

Etter et langt liv som enslig ulv er jeg ikke naiv.

Så, altså, nå kan boken begynne.

Hva er verden?

DEL 2 – MEKANISMEN

10. Teorien forklart i korte trekk

> De følgende underkapitlene - 10.1 til 10.11 - oppsummerer teorien om «idealistisk emergens». De gir et sammendrag av kapitlene som kommer utover i resten av boken. De følger også den samme strukturen.

For mange år siden skrev Jules Verne en samling usannsynlige fortellinger om fartøyer som fløy i luften, romskip, måneutforskninger og ubåter.

Disse ideene var usannsynlige. Jules ble sett på som en kreativ, men eksentrisk fantast, uvillig til å forholde seg til virkeligheten. Historiene hans ble betraktet å tilhøre science fiction-riket.

Men her er vi ... med fly, ubåter, romfergen og vi har gått på månen. Nå, hvem er narren og hvem er den visjonære?

Vi må lære å bryte ut av begrensningene i vårt eget sinn, for det er det som former selve virkeligheten vår. Fremtiden skapes av dagens «usannsynlige» ideer.

Visjonære tenkere møter alltid motstand fra de som bare føler seg trygge når alle innordner seg konsensus om hva som er sant og mulig. Men, dette bør ikke stoppe de unike menneskene som ikke lar seg holde fanget i denne typen frykt, fra å utvide hva som er mulig.

Teal Swan

De fleste på Jules Vernes tid trodde ikke på alle hans ville idéer og historier. Like lite vil de fleste som nå leser om teorien jeg her presenterer, tro på den.

Den går imot konvensjonene. Den snur om på ting. Den presenterer sammenhenger og tenkemåter som er utenkt i vår tid.

Den utfordrer dessuten sterke «sannheter», blant annet den at materie er fundamental, mens bevissthet er noe ubegripelig som oppstår fra materie.

Jeg betrakter bevissthet som fundamental. Jeg anser at materie er avledet fra bevissthet.

Max Planck, av mange sett på
som oppfinneren av kvanteteorien

Dersom du, etter å ha lest litt, tar deg selv i å riste på hodet, fnyse avvisende, oppdage at du faller av, kjenner på motstand, kanskje til og med frykt – så er det høyst naturlig.

Jeg har i første del av boken snakket om sauer og ulver.

Denne teorien er ikke for folk flest. Dersom du er fornøyd med flokken din og livredd for å forlate den, er ikke boken for deg. Jeg vil ikke gjøre deg mer utrygg enn du allerede er, selv om utryggheten din vil fordunste dersom du faktisk våger og makter å gå fullt inn i den.

Så er det de som søker.

I kapitlet om spirituell oppvåkning har jeg referert til hinduismen, som sier at noen mennesker vier livet sitt til å gjøre godt mot sine medmennesker, andre til å underordne seg dogmer, bønn og studier, en tredje gruppe søker meditativ varhet for å ta inn direkte universets og livets mirakel.

Disse tre gruppene er alle på spirituell leting, men vil ikke finne noen svar i teorien, for den er av analytisk karakter. Den handler om kunnskap, den fjerde veien til innsikt, ifølge hinduismen.

Vi som driver med slikt, er få. Antallet mennesker som overhodet kan forstå fullt ut hva det her snakkes om, er trolig svært lite.

Samtidig – og dette er viktig – er det ikke slik at du ikke er smart nok, ikke vet nok, mangler apparat, eller hva du enn måtte tenke. Du er fullt i stand til å ta inn alt som sies i denne boken.

Men flertallet vil ikke.

Det gjør dem utrygge. Livet er tøft nok som det er, om man ikke skal begynne å stokke om på selve grunnstenene i hele eksistensen. Teorien utfordrer et av menneskets mest markante særtrekk, behovet for å normalisere alt mulig for å bevare den psykologiske tryggheten.

Dette opplevde Jules Verne, men det er en annen faktor involvert også, nemlig makt.

Denne teorien er et åpent frontalangrep på konvensjoner.

La oss låne noen ord fra Machiavelli:

> Man må nemlig ha øyet åpent for at det ikke finnes noe som er vanskeligere å ta fatt på, tvilsommere i sitt utfall og farligere i utførelsen, enn å innføre en ny tingenes tilstand.
>
> For fornyeren har harde fiender i alle dem som har sin fordel i det gamle system, mens han bare har lunkne forsvarere i alle dem som venter seg fordeler av det nye.
>
> Denne lunkenhet kommer dels av menneskenes mangel på tro, for de tror i virkeligheten ikke på det nye, hvis de ikke har sikker erfaring i det.
>
> Niccolo Machiavelli: «Fyrsten», 1532

Ber jeg deg la være å lese?

Langt ifra!

Les, slik du kanskje leste Jules Verne som barn. Selv leste jeg omtrent alt han skrev da jeg var ung, og det var viktig, for det gjorde noe med frykten.

Les, slik du kanskje har lest «The Hitchhiker's Guide to the Galaxy[35]» av Douglas Adams. Det er verdens mest skrudde bok og den handler om «Life, the Universe and Everything». Den gir til og med et svar på «det hele» – som for øvrig er 42, men det tok så lang tid å komme til dette resultatet, at folk i mellomtiden hadde glemt hva spørsmålet var.

---

35 https://www.amazon.com/Ultimate-Hitchhikers-Guide-Galaxy-Outrageous-ebook/dp/B0043M4ZH0/

«Hitchhiker's» rommer dyp innsikt. Men først og fremst tar den bort all frykt, fordi den leker med de aller største spørsmålene. Universet går for eksempel under hver kveld i en heidundrende rockekonsert, men gjenoppstår neste dag klar for nye eventyr. Det er bare å le.

Det Jules Verne skrev, var sant, delvis sant, fortsatt ikke helt sant, men kan fremdeles bli det.

Les, som om du her får et blikk inn i fremtiden, for en dag om mange år, vil noen ta frem dette dokumentet og si at dette er da trivielt!

Ok, så er det ikke trivielt nå.

Du vil oppleve å gå i surr, forsvinne i det ene dypet etter det andre, se at du mangler grunnkunnskap om partikkelfysikk og energi. Du aner kanskje ikke hva alt dette pratet om ånd og dynamikk overhodet handler om.

Det spiller ingen rolle. Les!

Ta inn det du føler at du kan forstå. Smak på ordene som om de var nye, lekre, litt skumle småretter på en restaurant. Noen liker du ikke, andre gir ikke mening, men enkelte av idéene frembringer en underlig følelse av ...

Nettopp.

Det er noe her for alle.

10.1. Overblikk: Erfareren er en ånd[36]

Erfareren er en våken tilstand som kontinuerlig vårer endringer.

Den er en ånd, uten at noen kan si hva en ånd egentlig er, hvilket er logisk, for ånd har i seg selv ikke noen form eller innhold - ingenting. Erfareren er ren væren som har evnen til å oppleve. Det er varhet som vårer.

«Erfareren» er mitt ord for det andre vil kalle Gud, Jahve, Allah osv. Jeg har spurt filosofer om det allerede eksisterer et nøytralt, vitenskapelig ord som kunne passe for det samme, men fikk nei som svar.

---

36   Se 11.1. Startpunktet

Denne ånden er også din ånd, for bare denne ene ånden eksisterer, ingenting annet. Den er uten noen som helst begrensning, akkurat som din tanke, din fantasi, er uten begrensning.

Erfareren er din våkenhet, din evne til å oppleve.

Dermed vet du hvordan det oppleves å være denne ånden, men du opplever den inni den høyst begrensede opplevelsen av å være «deg».

Forskjellen på deg og den universelle Erfareren er kun perspektivet.

Du opplever deg som et menneske.

Erfareren opplever seg selv som et univers.

Begge deler er abstrakte forestillinger som også blir opplevd – noe mentalt som blir tenkt, følt eller kjent, om du vil.

Det eksisterer ingen selvstendig materie, objekter, levende vesener, fjell, planeter eller galakser. Alt er mentale forestillinger, illusjoner, som blir opplevd som noe materielt – av Erfareren, som også er deg.

Hvordan du og den universelle, ene Erfareren kan være det samme, er beskrevet i pkt. 10, som handler om dissosiasjon.

10.2. Overblikk: Erfareren opplever[37]

Verden er en lang, lang kjede av opplevelser, hvor den ene følger den andre uten noen brudd.

Hvordan startet det hele?

Erfareren opplevde et første inntrykk og måtte tolke – forstå – dette nye og fremmede. Å tolke betyr å gi noe en merkelapp, et navn, et begrep, en idé – et konsept, som er ordet jeg ofte benytter.

Det er godt mulig at Erfareren får slike førsteinntrykk i en uendelig strøm, akkurat som du kan få idéer eller oppleve inntrykk stadig vekk. Forskjellen er bare at alle dine inntrykk kan føres tilbake til det ene førsteinntrykket,

---

37 Se 13. Det erfarende

mens den universelle Erfareren må få slike inntrykk uten at de kan føres tilbake til noe tidligere, sett fra vårt perspektiv.

Det lyder søkt, men samtidig ikke, siden vi alle besitter en ekstrem evne til å fantasere.

Hvert av Erfarerens førsteinntrykk vil måtte resultere i et nytt, selvstendig univers, og alle disse er levelige og innbyrdes konsistente, men med helt andre fysiske størrelser enn hos oss.

De grunnleggende lovene er svært enkle, som vi skal se, og alltid de samme i alle mulige universer, for de har samme opphav; Erfareren.

Denne konstante, evige evnen til å oppleve endringer og samtidig tolke dem, altså skape livaktige fantasier, er Erfarerens iboende egenskap, den eneste den har.

Om denne egenskapen dermed er Erfareren, eller om Erfareren er en bevisst skapning bakenfor som har denne evnen, kan vi ikke vite fra vårt ståsted, for vi er inni Erfarerens opplevelse.

Vi kan dermed, foreløpig, si at Erfareren har tre tett sammenbundne funksjoner:

1. Oppleve endringer, det jeg kaller å våre.

2. Tolke det opplevde, altså forstå endringene som et eller annet, abstraksjoner, konsepter, idéer om hva de er.

3. Oppleve det tolkede, altså idéene – som qualia, en kvalitet som «kjennes», som våres.

Det tredje punktet er det samme som det første, nemlig å oppleve. Dermed er dette en evig sirkel.

Siden punkt 1 og 3 over ble til ett, kan vi samtidig da si at Erfareren egentlig gjør bare to ting:

1. skaper idéer gjennom tolkning, altså abstraherer, og

2. opplever hvordan idéene kjennes, altså hvilken kvalitet – qualia – de har.

10.2. Overblikk: Erfareren opplever

Også det å «skape idéer gjennom tolkning» er en opplevelse, men det er en opplevelse av noe abstrakt.

«Opplevelse av noe abstrakt» er det samme som tanke.

Dermed har det hele kokt ned til kun én ting: Erfareren opplever.

Denne opplevelsen er total, favner alt, for den arter seg som opplevelse av abstrakte idéer som tanker og opplevelse av tanker som kjennbare qualia (stofflighet, lys, lyd, emosjoner, følelsen av å være til osv.) – samtidig.

Noe annet finnes ikke.

Denne permanente, kontinuerlige opplevelsen – det å oppleve – er det vi kaller «liv».

Der starter historien vår om verden.

10.3. Overblikk: Begynnelsen; registrering av ett enkelt «noe»[38]

Den aller første opplevelsen, det lille pustet, den nesten umerkelige endringen, anelsen, innskytelsen, eller hva det nå var som Erfareren hadde, måtte tolkes – og plutselige «eksisterte» det et «noe»; en abstrakt idé.

Abstrakte idéer er en mental opplevelse i Erfareren, akkurat som du kan oppleve abstrakte idéer i ditt sinn. Fordi Erfareren er alt, er Erfarerens mentale idéer tilstede overalt.

Dette aller første, minste, abstrakte «noe», er med et slag overalt, fordi det finnes ikke noe annet.

For å kunne illustrere de videre mekanismene, må vi gi «noe» et navn, så jeg velger å si at dette aller første var en «prikk» eller et «punkt». Det spiller egentlig ingen rolle hvilken konseptuelle idé det var, vi er uansett på et stadium før absolutt alt annet.

---

38 Se 15. Skapelsen og emergens

Med «prikker» «overalt», oppstår avstander (rom), med avstander oppstår tid, med avstand/tid oppstår hastighet (lyshastigheten) osv. Hvordan disse tingene bare oppstår, er beskrevet i punkt 5 om emergens.

Dette tilsvarer inflasjonsfasen i fysikken, altså øyeblikket da universet plutselig bare var der og i løpet av ekstremt kort tid, 10^{-32} sekunder, utvidet seg til en kolossal størrelse.

Fordi det er snakk om en abstraksjon, tok det egentlig null tid, men andre faktorer (punkt 6) gjorde at det fra vårt perspektiv, som er «inni tiden», tok bittelitt tid.

Det som ble dannet i dette ene øyeblikket, var abstraksjonen romtiden, altså «teppet» av avstander og tid som vi befinner oss inni.

10.4. Overblikk: Det abstrakte Mønsteret[39]

Disse avstandene som utgjør romtiden, er ikke alle like. De første to-tre avstandene var det, men deretter gjorde selve geometrien at det ble skapt ansamlinger, det oppstod et mønster.

Dette bokprosjektet er uten budsjett, så du får nøye deg med en hjemmesnekret illustrasjon lagd med Q-tips og lim:

---

39 Se 15.9. Mønsteret og ansamlinger

Siden Mønsteret er ørsmå variasjoner i romtiden, oppstod også dette umiddelbart og eksisterer overalt. Det er ren kunnskap, ren abstraksjon, akkurat som din private kunnskap er ren abstraksjon.

Mønsteret er evig tilgjengelig kunnskap om rom, tid og variasjoner, altså endringer i romtid-mønsteret som er bestemt av den første avstanden som oppstod.

Endring er det samme som energi, som du skal få grundig forklart[40]. Variasjonene i Mønsteret kan dermed også forstås som fri (tilgjengelig) energi.

Dette mønsteret har ingen begrensning, like lite som du kan ta din egen kunnskap og putte den i en boks, atskilt fra annen kunnskap. Kunnskap er tilstede evig og ubegrenset. Den bare er.

Din kunnskap simpelthen er – for deg.

Erfarerens kunnskap bare er – for Erfareren.

Foreløpig ser vi alt fra det globale perspektivet til den universelle, ene, Erfareren.

Erfareren har nå en ubegrenset, tidløs, stedløs kunnskap om et uhyre komplekst mønster som er overalt. Dette er det man i fysikken kaller et «felt», som er naturvitenskapenes svar på hva verden er i essens.

Mønsteret er bunnplanken i Quantum Field Theory (QFT) og skaper opplevelsen av kvantefluktuasjonene[41] og nullpunktenergien[42].

10.5. Overblikk: Emergens, hovedprinsippet[43]

Hvordan skjer utviklingen videre? Hva er det som driver den?

Når Erfareren tolker noe som en idé, oppstår det alltid samtidig ytterligere noe nytt.

---

40 Se 12.6. Energi, evnen til endring
41 https://en.wikipedia.org/wiki/Quantum_fluctuation
42 https://en.wikipedia.org/wiki/Zero-point_energy
43 Se 11.5. Holisme og emergens

Et eksempel:

Dette bildet er malt av Giuseppe Arcimboldo i 1591 og er et portrett av Rudolf II, som var konge over Østerrike og Ungarn. Han er fremstilt som Vertumnus, årstidenes Gud, derfor valgte den italienske maleren å komponere bildet ved å sette sammen ulike frukter.

Erfareren fungerer nettopp slik, den prøver å finne ut hva noe ukjent er ved å assosiere det med noe kjent, tolke det som noe kjent. Da kan frukt bli til ansikter.

Et annet eksempel kan være et barn som ligger på gresset og titter opp på drivende skyer. Barnet forestiller seg fabeldyr, prinser og prinsesser.

Gjennom emergens oppstår orden av kaos, eller kosmos fra kaos, som grekerne sa.

Ved enhver tolkning dannes det råstoff for ytterligere tolkninger.

Dette «råstoffet», det nye «noe», består av den siste tolkningen, kombinert med alt annet som allerede er tolket, altså eksisterende kunnskap.

Emergens er dermed hovedprinsippet for all skapelse. Den skjer ikke ut ifra noen plan, Guds vilje, eller noe slikt. Den skjer av nødvendighet, fordi enhver endring fører til nye endringer. Det er uunngåelig.

10.6. Overblikk: Opplevelse som tar tid[44]

Det uendelige romtid-mønsteret er statisk.

Når det først er dannet, er det ingenting som senere kan endre det. Som sagt, slik er det med abstrakt kunnskap. Enten er den der, eller så er den der ikke.

1+1=2 blir ikke plutselig 195.

1+1=2 kan heller ikke bare forsvinne.

Ingenting kan glemmes, for hvordan skal man kunne eliminere kunnskap når den først er etablert?

Jo, du som menneske kan glemme, men nå er vi foreløpig i den universelle Erfarerens fullstendig abstrakte verden og ingenting abstrakt i dette «altet» kan forsvinne.

Mønsteret som danner romtiden med sine utallige bittesmå variasjoner, oppstod i ett eneste glimt.

Det tok null tid, for selv om abstraksjonen tid var noe av det første som oppstod, tok det den minste konseptualiserbare tiden, Planck-tiden (5,391 x 10^{-44} sekunder), før den ble opplevd.

All videre emergens fra dette tidspunktet inkluderer dermed forestillingen og opplevelsen av tid, rom og energi. Alle senere tolkninger er derfor følger av tid, har tid som råstoff – og tar derfor tid.

---

44   Se 15.2. Tid og avstand

Oppå det statiske, evige, fluktuerende romtid-mønsteret dannes det nå nye emergente forestillinger, akkurat som barn ser fabeldyr i skyene. Den ene forestillingen følger den andre, som blir til en tredje, fjerde, femte osv.

Hver av disse forestillingene er ny, abstrakt kunnskap i Erfarerens bevissthet som føyer seg til den eksisterende. Den dukker opp bit for bit etterhvert som forestillingene oppleves å befinne seg et sted i rommet og tiden.

Hva slags forestillinger er det snakk om?

Først kommer de om partikler, masse og gravitasjon, krefter som påvirker partiklene, elektromagnetisme, elektrisk ladning etc. Dette er alt sammen mikroskopiske «byggeklosser».

Gradvis dukker det opp forestillinger om større, sammensatte ting. Kvarker danner tunge partikler (protoner og nøytroner) som holdes samlet i en klump, en kjerne, ved hjelp av en kraft, den sterke kjernekraften. Det oppstår atomer, molekyler, grunnstoffer.

Dette blir til steiner og kroppsvev – for å forenkle inntil det meningsløse.

Informasjonen om alle disse nye tingene er først abstrakt, konseptualisert, tenkt. Samtidig må den oppleves, for alt Erfareren forestiller seg, blir også opplevd, som beskrevet i pkt. 2.

Når først et heliumatom, for eksempel, er konseptualisert, abstrahert, tenkt – blir ikke informasjonen borte. Alt som senere ligner perfekt på et heliumatom blir forstått som et heliumatom, ikke noe annet.

Det som i utgangspunktet er en mental, abstrakt forestilling, begynner nå også å bli opplevd som noe fysisk i utvikling, altså noe som lar seg beskrive med de fysiske lovene vi kjenner i vår tilsynelatende materielle verden.

Starten på denne tolkningen ble opplevd som «The Big Bang» – hele det uendelige Mønsteret var der plutselig på en gang. Det hadde null opplevd utstrekning, for avstand er en tolkning av mønsteret. Som abstraksjon var det overalt, men som opplevelse, derimot, var det i ett punkt.

Derfra handlet alt om emergens, som betyr «fremvekst».

10.7. Overblikk: Qualia, manifestering[45]

Tolkningen av mønsteret skaper abstrakte idéer, som også oppleves. Hvordan foregår dette, rent konkret?

1. Du opplever at det ligger noe på bordet,
2. du tolker det til å være et eple, og
3. du opplever idéen om eplet som «eplete», altså en kvalitet, qualia.

Denne «eplefølelsen» er for øvrig en hybrid, altså en blanding av en haug med idéer og opplevelser som er knyttet til eplet: fargen, formen, tyngden, konsistensen, lukten osv.

Disse tingene samlet utgjør et eple.

Konseptet «eple» er dermed en emergent, altså høyere, tolkning av noe annet.

Det at vi faktisk også opplever denne ikke-eksisterende fantasien med form, tyngde, farge, lukt, konsistens, smak osv., forteller noe svært viktig, nemlig at vi går rundt og opplever fantasier, idéer, som noe virkelig.

Det er i den forstand at verden «eksisterer», fordi vi opplever den, ikke fordi den i seg selv er noe fysisk eller materielt.

Emergens-mekanismen opptrer på alle nivåer i hele universet, fra den første prikken til de største galaksene. Hver gang vi retter fokus mot noe og forstår hva det er, skaper det ytterligere en ny situasjon som også må tolkes.

Dermed holdes fokuset på plass på det samme også i fortsettelsen, og et nytt steg, en ny og høyere orden av emergens skjer.

Slik fortsetter det inntil den høyeste graden av emergens er nådd eller noe annet overtar fokuset og utviklingen fortsetter der.

Hva betyr det at den høyeste graden av emergens er nådd?

---

45   Se 20.1. Qualia, qualia, qualia

Jo, når du har kommet frem til «eple», og det så fortsetter å dukke opp nye opplevelser i umiddelbar nærhet til eplet, så forstår du at det du nå opplever er luften rundt, veggen i bakgrunnen, pyntesløyfen rundt stilken ... hva som helst annet. Du tror ikke at disse tingene hører til konseptet eple og avslutter dermed den emergens-rekken.

Denne kontinuerlige kjeden av emergens er det samme som vekst, kreativitet, nyskaping, utvikling, liv.

10.8. Overblikk: Bevegelse[46]

Mønsteret er statisk, sa jeg i punkt 6.

Hvordan kan vi da oppleve det stikk motsatte, nemlig at alt er i bevegelse?

Årsaken er at rom (avstand) og tid allerede er en del av grunnopplevelsen din av verden. Dette var de to aller første opplevelsene og inngår deretter i alle senere tolkninger og opplevelser.

Denne mentale utbredelsen av ting i rom og tid tolkes og oppleves som bevegelse. Det krever litt forklaring å forstå at det må være slik, men du kan faktisk prøve det selv, her og nå, forutsatt at du leser på skjerm, ikke papir.

Bildet som følger viser et statisk mønster. La nå blikket ditt gli fra venstre mot høyre eller rundt omkring i bildet. Du opplever trolig at det begynner å kry og at de runde figurene roterer bittelitt.

---

46 Se 15.6. Bevegelse

Fokuser nå i stedet fast og bestemt på punktet i midten av bildet. Hold blikket ditt stivt festet bare der. Da vil du, forhåpentligvis, oppleve at mønsteret står stille. Det fungerer på skjerm, men trolig ikke om du tar en utskrift.

Det er din bevegelse av fokus som skaper bevegelse, opplever bevegelse som ikke eksisterer!

Det som altså i bildet over er en selskapslek, avdekker en grunnmekanisme i universet, at bevegelse er en illusjon som kan oppstå fra noe statisk. Ikke ta eksemplet for bokstavelig, det viser bare at det er mulig.

Forestillingen og opplevelsen av bevegelse oppstod som noe av det aller første – umiddelbart etter at først avstand, og så tid, var konseptualisert og opplevd. Bevegelse er jo avstand over tid.

Dermed er bevegelse en emergent forestilling som alt annet, men denne forestillingen kom så tidlig at den inngår i alle senere forestillinger, som rom og tid gjør det.

Vi har nå et mentalt univers, en vilt kompleks forestilling om alt mulig kjent og ukjent, som oppleves å være i kontinuerlig bevegelse.

Fra bevegelse kommer for øvrig de emergente forestillingene om gravitasjon, masse, partikler og alt annet. Dette er beskrevet i to sentrale kapitler, hvor det første omhandler det prinsipielle[47], og det andre hvordan disse prinsippene kan forklare tilblivelsen av universet[48].

Jeg prøver å vise at teorien om «idealistisk emergens», altså den jeg fremsetter her, samsvarer med det fysikken forteller oss.

Det neste blir å forstå hvordan bevegelse påvirker vår videre opplevelse av universet, nå når de grunnleggende tingene er kommet på plass.

10.9. Overblikk: Kompleksitetsdynamikk og normalisering[49]

Emergens skjer også om alt er i bevegelse.

En kjempestor ansamling av molekyler kan samlet utgjøre et eple, som da er en emergent tolkning av partikler, atomer, molekyler – og hele veien opp til opplevelsen av eplet. Både molekylene og eplet er i samme bevegelse når eplet faller fra treet. De utgjør en emergent helhet.

Inni eplet har molekylene sin egen bevegelse, atomene sin osv. Kort sagt, alt er i bevegelse. Selv fjell er i bevegelse, det skjer bare svært langsomt i det ytre, og all bevegelse inni fjellets molekyler og atomer ser vi ikke, men den er der.

Disse bevegelsene har sine egne lover. De er mentale, abstrakte, som alt annet i universet. De er enkle og er de eneste som styrer utviklingen i hele

---

47 Se 15. Skapelsen og emergens
48 Se 16. Det tidlige universet
49 Se 18. Kompleksitetsmekanismene

universet på alle nivåer og for alle kategorier (det abstrakte, materielle og subjektive).

De går under betegnelsen «kompleksitetslovene» og ble oppdaget på 1960- og 70-tallet. På den tiden ble de gjerne kalt for «kaoslovene».

Dette er de viktigste:

- **Attraktorer:** Når noe er «stort og sterkt», dominerer det over det som er «mindre og svakere». Den sterkeste, mest sannsynlige idéen om hva noe er, vinner. Den maskerer for alternative tolkninger. Et eksempel er språk. Når alle i et land snakker et bestemt språk, har alle som blir født inn i landet en sterk tendens til å også snakke språket.

- **Sommerfugleffekten:** Dersom det ikke finnes noen sterke attraktorer i et område, kan selv en liten hendelse eller idé utvikle seg til å bli en attraktor, som gradvis får stadig større virkning, ofte gjennom feedback-sløyfer.

- **Feedback:** Du har sikkert hørt hylingen når lyden fra høyttalerne på en scene fanges opp av mikrofonene som så sender lyden til høyttalerne igjen. Når resultatet av en prosess føres tilbake til den samme prosessen, kan det skje en voldsom forsterkning slik at alt løper løpsk.

- **Fraktaler og holisme:** Ting ser omtrent like ut uansett hvilken skala som benyttes. Kreftene, lovene som danner mønstrene er de samme overalt. Forgreningen av nerveceller i en hjerne ligner dermed på forgreningen til utløpet av en elv – som igjen ligner på strukturer i universet. Bare omgivelsene forteller at det er snakk om svært ulike ting.

Kompleksitetsmekanismene skaper all dynamikk i universet. All utvikling av hva som helst, på alle nivåer, i alle situasjoner, kan og må forstås ut ifra disse lovene.

De er like gyldige for idéer, som for havstrømmer, økonomi, humor, været, psykologi, skoleklasser, musikk og bilkøer. Alt.

Utallige fenomener her i verden som i dag fremstår som ubegripelige, kan enkelt forstås ut ifra disse basale lovene.

Verden er dermed deterministisk, men vi skal se i punkt 11 at fri vilje er tilstede samtidig.

Ok, det var verden, men hva med deg?

10.10. Overblikk: Dissosiasjon[50]

Å dissosiere betyr å separere, splitte eller skille noe i mindre deler.

Livet ditt er en dissosiert opplevelse i den universell bevisstheten til Erfareren.

Alt som eksisterer, er i denne kollektive bevisstheten, både som mentale forestillinger (idéer) og som opplevelser (tanker, noe materielt, følelser osv.).

Den universelle, ene Erfareren har en opplevelse av å være alt det forestilte, alt som finnes i hele verden til alle tider, tidligere og kommende – på en gang.

Du har den samme evnen til å konseptualisere og oppleve, men perspektivet ditt er et annet, og dermed opplevelsen også. La oss ta det litt ned på jorden.

Du forestiller deg for eksempel å være ulike roller; som mor, prosjektleder på jobben, håndballkeeper osv. Du skifter med letthet mellom dem. Slike skifter kan også forårsakes av traumer og mentale lidelser – eller du dissosierer når du opplever en situasjon som uvirkelig eller at den på merkelig vis ikke angår deg.

Dette er altså dissosiasjon og vi driver med det kontinuerlig alle sammen, enten vi er «normale» eller «unormale», for slike skiller er bare kulturelle konvensjoner.

---

50 Se 21. Dissosiasjonen og deg

Bak alle rollene dine ligger det en «hovedrolle», som er din forestilling om hvem og hva du grunnleggende sett er. Også denne er en dissosiasjon, men i dette tilfellet altså en dissosiasjon i den universelle Erfareren.

Dissosiasjonen skjedde (for alvor) da du ble født og begynte å oppleve deg selv som en kropp med en posisjon i rommet, tiden osv. Fra dette perspektivet skaper du dine mentale forestillinger som også oppleves som qualia, dvs. noe «virkelig».

Dette er det man i spirituell lingua kaller «Ego».

Du tror du er «deg», og du opplever å være «deg», men egentlig er du Erfareren som har én av utallige dissosierte opplevelser.

Dette betyr at du fremdeles har kontakt med og besitter alle Erfarerens egenskaper og kunnskaper, fordi du selv faktisk, helt konkret, er en del av Erfareren.

Rollen din som «deg» skygger for, maskerer alt dette.

Siden du hele tiden har fokuset ditt rettet «utover» mot den emergente fremveksten som er ditt liv, er du blind for det bakenfor. Du ser ikke innover mot det du dissosierte fra og egentlig er, og du er heller ikke klar over hvilke fantastiske evner du har og alt du vet.

Noen ganger trenger likevel «Kilden» igjennom, altså Erfarerens totale kunnskap og opplevelser, «Det kollektive», kaller jeg det ofte.

Dette oppleves som intuisjon; sann, umiddelbar kunnskap hinsides analytisk logikk og forklaring.

Intuisjon er noe Egoet ikke kan forstå, for Egoet er bare en opplevelse i Det kollektive. Egoet er en emergent tolkning lenger ut i emergens-kjeden og forstår og opplever bare det som det selv har fantasert frem.

Egoet er bladene på treet. Stammen er Det kollektive, Kilden for alt intuitivt, all virkelighet. Hele treet er Erfareren.

Intuisjonen kommer derfor frem når Egoet legges vekk for en stund, hvilket et umulig å gjøre gjennom bevisst handling, for det du er «bevisst», er Ego.

Intuisjonen oppleves, ganske riktig, som «noe annet», og kan nås gjennom meditasjon, hallusinogener, mer og mindre mystiske ritualer etc.

Dette er gammel kunnskap blant menneskene, og den var mer levende før enn nå. I vår tid har vi skapt et Ego-basert samfunn. Samtidig er samfunnet vårt så sykt og vi selv så stresset, at mange tvinges til å se «annerledes» på både seg selv og alt annet.

Da kommer det bakenfor frem, det egentlige, det som er uberørt av ditt Ego. Dette kalles en «spirituell oppvåkning», hvilket som regel er en tøff reise fordi hele perspektivet ditt endres.

10.11. Overblikk: Samspillet og det kollektive[51]

Når både «du» og verden er opplevelsen av abstrakte forestillinger og ingenting materielt, hvordan kan vi da oppleve og gå rundt i den samme «verdenen»?

Jeg hevder altså at det finnes ingen materiell, felles virkelighet. Når du ser asfalt, gress, trær og fugler, så er de kun mentale konstruksjoner, altså noe i din bevissthet som du opplever som noe materielt, fysisk, følbart, kjennbart.

Gjennom din opplevde hjerne opplever du at det kommer sanseinntrykk, som også er mentale forestillinger som blir opplevd; som lys, lyd, smak, lukt og berøring, som igjen blir tolket å komme fra noe utenfor kroppen din og dermed opplevd som objekter i en ytre verden.

Du genererer virkeligheten gjennom hjernen, som i seg selv er en generert opplevelse. Hjernen i seg selv tenker ikke, men vi tenker gjennom hjernen.

I en mental verden er årsak og virkning motsatt av det vi går rundt og tror.

Alt er forestillinger, abstraksjoner som oppleves som qualia. Verden er en mental forestilling. De abstrakte forestillingene kommer først, deretter opplevelsen av dem.

---

51 Se 22. Samspillet og det kollektive

Det må være slik, fordi forestillinger er abstraksjoner og det tar ingen tid å abstrahere, det skjer i det tidløse – i den ubegrensede ånden Erfareren.

Derimot tar det tid å oppleve, for all opplevelse er emergent og må inkludere også de grunnleggende, forutgående opplevelsene om rom, tid, masse osv. Dermed må opplevelsen komme litt etter abstraksjonen, men for oss er denne tidsforskjellen så liten at vi aldri har hverken oppfattet eller tenkt filosofisk om den – før nå.

Denne ytre, felles verdenen vi alle går rundt og opplever, må dermed ha sitt opphav i en felles, mental, abstrakt forestilling som vi alle har tilgang til.

Hvordan?

Svaret er enkelt. Abstraksjonen «verden» befinner seg i Erfarerens bevissthet.

Denne abstrakte informasjonen har også du umiddelbar tilgang til, for du er selv en del av Erfareren, slik et blad er en del av og direkte forbundet med resten av treet. Akkurat som bladet kan «se» treet rundt seg, kan du se verden rundt deg.

Akkurat som bladet, ser også du «det hele» fra ditt perspektiv. Noen av bladene rundt deg er nærme og du ser dem tydelig. Andre er langt unna og danner en grønn, ubestemmelig masse, ytterligere andre deler av treet er usynlig for deg.

Husk at dette «treet» er like stort som hele universet.

Som dissosiert menneske, tror du at du er en person, en hovedrolle. Du kan dissosierer videre til rollene som mor, prosjektleder osv., men verden forsvinner ikke for deg selv om du dissosierer.

Verden blir ikke borte for deg når du kjører bil og hører på musikk som tar nesten all oppmerksomheten din. Nesten, men ikke hele. Du har alltid kunnskap om og en opplevelse av verden rundt deg, altså den kollektive kunnskapen.

Hvorfor er det slik?

Din opplevelse av «deg» vrir og vender på seg, men verden er ikke en del av denne dissosiasjonen.

Du opplever verden slik alle andre opplever verden, men oppå denne opplevelsen spinner du dine egne fantasier. Du lager private forestillinger om verden som fordreier opplevelsen.

Henger du med?

Du ser altså verden slik som alle andre, men du ser den med «dine øyne», med din egen tolkning, din forvrengning, i tillegg.

Du vandrer dermed rundt i en «blandingsopplevelse». Som alt annet, er denne styrt av kompleksitetslovene. Hva du faktisk opplever til enhver tid, bestemmes av hvilken attraktor som vinner, altså hvilken tolkning som er mest dominant, mest overbevisende, mest troverdig, mest i pakt med alt annet du vet.

Hva du faktisk opplever, bestemmes også av hva du velger å fokusere på - din private tolkning eller den kollektive. Du kan overstyre det kollektive og har derfor fri vilje.

Likevel er du ikke så fri som du tror. Nesten alltid tenker, opplever og gjør du det som dynamikken i det kollektive dikterer, men du opplever det som om det er du selv som agerer.

Du tror du er fri, men det er alle dine interaksjoner med omgivelsene som puffer og drar deg hit og dit, gjør at du tar dine valg, får deg til å agere eller ikke.

Mesteparten av livet ditt er deterministisk styrt av kompleksitetslovene uten at du reflekterer over det.

Likevel, du har faktisk fri vilje. Mesteparten av viljen din er underlagt den kollektive dynamikken, men du har også en indre kompleksitetsdynamikk som styres av Egoet ditt. Du er en forlengelse av Erfareren.

Sagt på en annen måte; du har dine private tanker og opplevelser som styrer hvilke valg du tar, noen ganger mer enn du blir påvirket av omgivelsene.

Nå kommer det noe spooky, for alle dine private forestillinger og opplevelser er også tilgjengelige i Det kollektive. Det går begge veier!

Dine tanker og forestillinger blander seg inn i det dynamiske spillet i den kollektive bevisstheten og «kjemper» om dominans med alle andres tanker og forestillinger. Kompleksitetslovene styrer hvilke forestillinger som blir rådende attraktorer i dette kollektive, mentale landskapet som er det vi opplever som vår felles, ytre verden.

Du er som en marionettdukke festet med usynlige tråder og styrt av forestillingene i det kollektive, samtidig som du har fri vilje og kan vifte med armer og bein, gå hit og dit, tenke og si rare ting – men alt sammen innenfor de begrensningene som trådene gir.

Når du dør, er også det en forestilling og en opplevelse. Men det er ikke lenger mye å oppleve. Det du opplevde som deg, er nå en livløs kropp på en intensivavdeling. Dissosiasjonen opphører. Fokuset ditt flytter seg vekk, trekker seg tilbake dit hvor det var før dissosiasjonen begynte, før du ble født.

Du opplever en kolossal utvidelse av perspektiv. Du er tilbake i den kollektive forestillingen, først i den samme tiden og på det samme stedet, men det forandrer seg raskt. Kanskje forstår du ikke at du faktisk er død, men opplever at du fortsatt kan være hvor du er, bare uten en synlig kropp.

Dette er et spøkelse.

Før eller siden slipper du taket og lar deg gli inn i det kollektive. Her er det lyst, vennlig, fredelig osv. – slik opplevelsen er når Egoet ikke lenger eksisterer. Det er en fullstendig intuitiv opplevelse, men den er abstrakt, slik intuitive opplevelser er i sitt opphav.

Du opplever ikke qualia. Ingen vind i håret, ingen kropp med tyngde, ingen synsinntrykk, lukter osv. Men tanker har du, for tanker er opplevelsen av abstrakte forestillinger.

Det kreves en dissosiasjon for å kunne oppleve noe som «virkelig», for du må ikke bare tenke, men tro helt og fullt på det du forestiller deg. Hvis du egentlig tror du er noe annet, nytter det ikke. Du må gå inn og være det forestilte, først da kan du oppleve det som noe virkelig.

Da skjer det en reinkarnasjon.

Uten denne totale overgivelsen til en forestilling om å være noe, skjer det bare ikke, for da opplever du i stedet at du egentlig er noe annet, en sjel i «himmelen», Det kollektive. Du kan ikke være to ting samtidig.

Fra et perspektiv i Det kollektive har man da - trolig, etter min antakelse - full kunnskap om alt mulig, en anledning til å gå tankemessig inn i hva som helst. Du vil likevel trolig ikke velge å fly over til en annen planet eller ti tusen år frem i tid, for du husker fremdeles hvem du er og hvor du er.

I livet som du forlot, pådro du deg en mengde psykologiske skader og hadde en rekke uløste gåter og prosjekter, det som i spirituell sammenheng kalles karma.

Karma betyr at vi fortsetter å fikse etter at vi er døde. Det er så mye vi ikke har forstått i det livet vi har levd, så mye vi vil oppnå eller reparere - at vi søker etter en mulighet til nettopp dette - i vårt neste liv. Alle mennesker som fødes har en oppgave. Vi er her for å lære, eller egentlig oppleve.

Så er spørsmålet hvor opplyst du egentlig er, hvor mye du har lært. Forstår du at en ny reinkarnasjon bare vil være mer av det samme?

Fra ditt nye helikopterperspektiv som «død» har du kunnskap om det sannsynlige livsløpet til nye skapninger som er på vei, du ser at det kan gi deg en mulighet til å vokse mer, lære mer, finne ut av problemene dine - eller det ser rett og slett gøy ut!

Den kollektive dynamikken er deterministisk, men du kan ikke vite med sikkerhet hvordan det nye livet ditt vil bli, for du må også ta egne valg, som da påvirker det kollektive og vil gi ytterligere konsekvenser.

Ditt nye liv er et sjansespill, men du tar sjansen, for du har ennå ikke forstått at det finnes et alternativ - å tre ut av sirkelen og la deg oppløse i den evige freden. Du har fortsatt ikke forstått dybden i ordet forlatelse, å gå bort fra lidelsen.

Nirvana venter, men du er ikke klar, har for mange ønsker, har så mye ugjort, lengter - så du lar deg rive med, dissosiere på nytt.

11. Alt er ett

> I dette kapitlet går vi igang med filosoferingen:
>
> - Alt må være ett system
> - Vi vet bare at vi erfarer, ingenting annet
> - Erfaring er noe mentalt, derfor må systemet være mentalt
> - Følgelig: ingenting materielt eksisterer – som jeg skal forklare nærmere
> - Hva dette mentale er, kan vi ikke vite fra vår posisjon (fisken og havet)

Alt må kunne føres tilbake til én ting.

Dette holder jeg som selvinnlysende, et aksiom.

Hvorfor?

Jo, at noe eksisterer i stedet for ingenting, er i seg selv et mysterium.

At to ulike kategorier, for eksempel bevissthet og materie, skulle eksistere parallelt men ikke komme fra det samme, krever to samtidige mirakler. At disse to kategoriene dessuten skulle interagere på den måten vi faktisk observerer, vil utgjøre et tredje.

Vår oppgave er å fjerne mysterier.

Vi vil forstå verden ut ifra ett prinsipp og universelle lover.

Vi skal forenkle så mye som overhodet mulig og finne et felles opphav til absolutt alt som eksisterer, enten det fremstår som materielt, abstrakt eller subjektivt – som er de tre typene fenomener, altså kategorier, vi vet om.

Alt må komme fra ett og det samme, fordi dette er den enkleste løsningen, det er logisk og vi slipper da unna med å skulle forklare ett mysterium i stedet for tre.

Det i seg selv utgjør en kolossal forenkling.

Hva er så dette ene?

11.1. Startpunktet

Hvor skal vi begynne?

Jo, som så ofte ellers når det dreier seg om filosofi, velger jeg å starte med Descartes og hans berømte utsagn «Cogito ergo sum».

«Jeg tenker, altså er jeg», lyder den norske oversettelsen.

Allerede her må vi foreta en arrestasjon, for «å tenke» er ikke alt vi mennesker driver med, langt ifra, kan det noen ganger virke som. Vi kan være fullstendig tankeløse, men likefullt oppleve litt av hvert; varme, kulde, sult, skam, berøring, lyd, lys, lykke, musikk, smak osv.

Det vi mennesker bedriver, er å erfare.

Jeg erfarer, følgelig eksisterer fenomenet «å erfare».

Dette vet jeg med sikkerhet, sier Descartes, etter vår lille presisering.

Han sa egentlig at han kunne bevise sin egen eksistens gjennom denne innsikten, men etter min mening kan han ikke vite noe som helst sikkert om seg selv som objekt.

Jeg kan bare vite at erfaringen eksisterer, som fenomen.

Ingenting annet kan jeg vite sikkert, for alt jeg ellers vet om verden - inklusive meg selv som objekt - er kommet til meg gjennom min subjektive erfaring.

Når vi skal finne det ene som alt kommer fra, er altså vår egen erfaring det eneste vi kan starte med. Ingenting annet vet vi med sikkerhet.

Et stort flertall av dagens naturvitenskapelige forskere er ikke uenige med Descartes, tror jeg, men de betrakter samtidig verden som noe materielt.

De er materialister, fysikalister, som enten mener at bevissthet oppstår fra det materielle, eller at våre subjektive opplevelser er noe eget og annet som befinner seg utenfor det materielle. De er altså dualister.

Vi, derimot, sier at vi vet ingenting annet enn det Descartes påpeker, at kun subjektiv erfaring eksisterer. Kun fenomenet å erfare. Noe annet har vi ingen sikker kunnskap om.

Vi kan ikke vite om det finnes en objektiv, materiell verden selv om vi opplever den. Vi kan ikke vite hvem og hva vi selv er. Vi kan bare vite sikkert om opplevelsen som sådan, at erfaring er et faktum.

Vårt ståsted er dermed i utgangspunktet det enkleste og meste redelige som overhodet kan tenkes, mener jeg.

De andre filosofiske retningene opererer med ytterligere påstander som vi ikke kan belegge. De antar eksistensen av en materiell verden, bare fordi den oppleves. Det er en ulovlig slutning.

11.2. Vi vet ikke hva vi er

Hva kan vi så si om det Descartes snakker om, det som erfarer, det som eksisterer, altså det vi er?

Kan vi erfare det erfarende?

Kan det erfarende i det hele tatt skilles fra det å erfare?

Siden du selv faktisk erfarer, må du kunne stille spørsmålet til deg selv.

Hva vet du om det i deg selv som erfarer? Da snakker vi ikke om sansene, tankene eller følelsene dine, men det som har disse opplevelsene.

Vet du noe som helst?

Du vet hvordan det oppleves å være erfarende, men klarer du å oppleve din egen essens, hva ditt mentale selv er eller hvor det kommer fra?

Vi kan få glimt av innsikt, åpenbaringer, oppleve hallusinasjoner gjennom rus og seanser, vi kan meditere og studere. Noen av oss opplever at vi aner, ser, hører, sanser og vet mer enn andre.

Det vi fanger opp, er at det eksisterer noe «mer» utenfor våre begreper om tid og rom, utenfor det fysiske.

Likevel har vi mennesker i praksis ingen felles, enhetlig forståelse av hva det er som erfarer. Vi klarer ikke å skille dette (eventuelle) «objektet» fra selve handlingen som er å erfare, vår subjektive opplevelse, handlingen.

Så, der har vi igjen startpunktet vårt.

At vi erfarer er et faktum, men noe mer vet vi ikke med sikkerhet, vi bare aner og tror.

11.3. Finnes det noe mer?

Eksisterer det noe utenfor det å erfare?

Eller er det å erfare identisk med det erfarende?

Hvordan kan det siste være mulig?

Alt vi ellers erfarer i denne verden, opplever vi å ha sitt opphav i en årsak.

Årsaken kan være noe som gikk forut i tid, eller noe oppstod som konsekvens av kontraster – polaritet, relativitet, som når mørke er lik fravær av lys, eller når noe stort blir sammenlignet med noe lite.

Når vi erfarer, følger vi den samme logikken.

Vi bruker tidligere erfaringer til å tolke nye erfaringer.

Vi sammenligner for å forstå. Men når vi går helt inn til kjernen og spør etter selve erfaringens årsak, dens opphav – ender vi på et umulig sted. Vi har ingenting å sammenligne med, ingen kunnskap om noe forutgående.

Med erfaringen som metode kan vi ikke vite noe om erfaringen selv, annet enn at den eksisterer.

Dette fremstår som umulig, uakseptabelt.

Vår innlærte logikk sier at det må eksistere en årsak også til den aller første erfaring. Vi forsøker å objektifisere vår egen subjektivitet. Fra vårt høyst begrensede perspektiv gir vi det navn som Gud, Jahve, Allah, Tao, Shiva osv.

Slik ser det ut fra posisjonen til et menneske. Vi har ingen metode for å studere vårt mentale opphav. Vitenskapens mest brukte metode, reduksjonismen, strekker ikke til. Vi møter en vegg. Ikke klarer vi å beskrive selve veggen og heller ikke hva som måtte befinne seg bakenfor, om noe.

Så hvilke andre metoder for undersøkelse finnes?

11.4. Alternativer til reduksjonismen

Objektet for vår undersøkelse er det å erfare. Fenomenet er ikke-fysisk i sin karakter, mentalt. Det er en subjektiv opplevelse, og i så måte ikke noe objekt, men for å kunne studere det, må vi late som, betrakte det som et objekt.

Vi er avskåret fra å bruke fysiske metoder.

Jo, vi kan se at det er en nær forbindelse mellom fysisk aktivitet i hjernen og våre mentale opplevelser, men vi evner ikke å forklare mekanismen.

Hvordan kan en materiell hjerne skape ikke-materiell bevissthet og tanker?

Ingen vet. Denne flytende, men samtidig skarpe overgangen mellom de to kategoriene bevissthet og materie makter ikke naturvitenskapene å forklare.

Jeg postulerer dessuten at erfaring er det eneste vi med sikkerhet vet eksisterer, og erfaring er et mentalt fenomen.

Vi vet altså noe om det mentale, at det eksisterer, men vi vet egentlig ingenting om det fysiske, annet enn at i vår mentale forestilling opplever vi materie og fysiske fenomener.

Er det ikke da logisk å fokusere på det mentale i seg selv?

Må vi ikke da legge vekk reduksjonismen og det ensidige fokuset på materie og fysikk?

For å komme videre har vi etter min mening ikke noe annet valg.

Hva er alternativet?

Befatter vitenskapen seg med det mentale?

Vi har psykologi som studerer subjektive erfaringer direkte. Vi har også de sosiale vitenskapene hvor man studerer menneskers adferd i samspill med andre mennesker.

Disse mentale systemene må inkorporeres i vår teori, men de befatter seg med nettopp systemer, enten de danner et psykologisk komplett menneske eller beskriver interaksjon.

Disse vitenskapsgrenene befatter seg ikke med hva verden og mennesker fundamentalt sett er.

11.5. Holisme og emergens

Det er vanlig å stille opp holisme som motsats til reduksjonismen. En reduksjonist tar et menneske (eller hva som helst), bryter det ned i sine enkeltheter og forsøker å forklare helheten ved hjelp av atomer, elementærpartikler, de fundamentale kreftene i naturen og en rekke mystiske kvantefenomener som ser ut til å basere seg på et betydelig innslag av tilfeldighet.

Selv Einstein var ikke fornøyd med det siste, han mente at tilfeldigheter umulig kan være sannheten om kvantefenomenene.

Holismen, derimot, går motsatt vei og sier at helheten er mer enn delene som inngår. Et menneske er noe mer enn atomene i kroppen.

Holisme betyr at når vi kombinerer ting, så oppstår det ofte noe nytt, mer og annerledes enn det delene i seg selv er. Det oppstår emergente fenomener.

Ting «vokser frem», som er et dagligdags ord for emergens. Du kan bare venne deg til ordet først som sist, for dette er den sentrale mekanismen i universet – i min teori. På norsk uttales det emærgens ... javisst, bare les det rett frem, gjerne på nordnorsk. Da blir det æmærgæns.

Begrepet emergens brukes tradisjonelt når man forsøker å forklare hvordan bevissthet – altså noe mentalt, emosjonelt og subjektivt – kan oppstå fra noe fysisk, materielt. Noen slik emergens-mekanisme er aldri funnet, men likevel er dette en vanlig forestilling.

Når vi nå skal studere hvordan «verden» og «erfaring», henger sammen, er vi i et mentalt, ikke-materielt landskap, altså idealisme. Vi betrakter vår evne til å erfare som noe fundamentalt, mens alt annet kan utledes fra denne tilstanden og evnen.

Årsakssammenhengen er dermed snudd.

I materialismen er bevissthet emergent, i idealismen er derimot forestillingen om verden og universet emergent.

Vi skal altså legge bort materialismen og i stedet ta i bruk emergens og holisme og se hvordan verden kan forklares ut ifra dette.

Til vår hjelp har vi de psykologiske og sosiale vitenskapene, men vi må ikke glemme at det finnes et stort antall andre vitenskapsgrener som befatter seg med rent abstrakte fenomener, som matematikk, logikk, språkvitenskap, kulturvitenskap osv.

Alle vitenskaper har i grunnen en abstrakt, mental side.

11.6. Idealistisk emergens

I stedet for å ta for oss verden slik vi observerer den, plukke den fra hverandre og studere de aller minste byggesteinene, skal vi starte med det aller enkleste som overhodet kan tenkes – og fra dette vise gjennom en logisk, ubrutt kjede av årsaker og virkninger at verden kan oppstå og fungere slik vi observerer.

Teorien må inkludere alt, både materielle, subjektive og abstrakte fenomener, alt levende og dødt, alt i fortiden og fremtiden – og ikke minst tiden og rommet i seg selv, masse, gravitasjon, kraftfelt og dynamikk, det organiske og ikke-organiske.

Alt, også deg, din eksistens.

Det høres komplett umulig ut, gjør det ikke?

Vel, jeg lover at denne fortellingen gir deg det hele, og det er slett ikke så komplisert som man skulle tro.

11.7. Et globalt perspektiv

For å forstå universet, inklusive oss selv, må vi ta et globalt perspektiv, Guds perspektiv om du vil.

Dette berører noe viktig, for hvor mange ganger opp igjennom historien har vel ikke vitenskapen tatt utgangspunkt i mennesket og det umiddelbare rundt oss?

Så har vi løftet blikket eller skiftet perspektiv, og da kommer gjerne de store oppdagelsene.

Denne gangen skal vi utvide perspektivet så mye det overhodet er mulig. Vi skal betrakte det hele fra universets startpunkt og vise at verden lar seg «bygge» fra dette.

Byggverket må reises i en idealistisk, mental ramme – den eneste vi vet med sikkerhet eksisterer.

Vår fortelling om verden starter dermed på aller enkleste vis.

Evnen til å erfare ER.

Det er alt vi i utgangspunktet vet.

12. Metoden

At vi erfarer er alt vi vet. Men hva er en mental erfaring? Det er hovedspørsmålet i dette kapitlet. For å besvare det, må vi forstå hvordan erfaringer «virker». Denne mekanismen må kunne forklare både hvordan alt mulig blir til, og også hvordan alt samspiller.

Nå skal vi altså i gang med det tyngre stoffet. Det er ikke tungt fordi det er komplisert, men fordi det jeg presenterer er fremmed. Folk flest, og vitenskapsfolk i særdeleshet, tenker annerledes enn meg.

På dette stadiet i fortellingen får du presentert fire sentrale begreper som går igjen i alt påfølgende. Les derfor dette korte kapitlet så nøye du kan, se om du klarer å ta det inn og forstå. Dersom det blir for rart og svevende, ikke døm, ikke avvis forklaringene. Forbli åpen, for jeg skal belyse disse fire «hovedlovene» fra mange vinkler senere. Du vil gradvis se at det jeg sier er sunn fornuft, sunn logikk.

De fire begrepene er:

- Emergens
- Kompleksitetsdynamikk
- Energi, forstått på en ny måte slik at endring er det sentrale
- Reversert logikk

Hva er det så å erfare?

Du må igjen spørre deg selv.

Selv om du erfarer at det eksisterer andre mennesker rundt deg som hevder at også de erfarer, kan du aldri vite at det stemmer. Jeg kan fortelle deg hvordan jeg opplever det, og så hører jeg deg si at du er enig, at du opplever det samme.

Det finnes ingen sikker, vitenskapelig metode som avdekker hvordan andre erfarer eller at de erfarer overhodet. Vi er i et fullstendig subjektivt landskap.

Du må altså lytte til min opplevelse av det å erfare. Så må du vurdere om du er enig. Og omvendt.

12.1. Induksjon

Dette peker mot metoden vi skal og må bruke videre. Vi skal samle indisier og indusere, bygge en sak, sannsynliggjøre – helst utover enhver rimelig tvil.

Dersom noe er slik – er det mest logisk, nødvendig, vitenskapelig bevist eller sannsynlig – at da må det også være sånn. Det ene følger med stor sannsynlighet fra noe annet.

Du må si deg enig underveis, fra steg til steg, slutning til slutning.

Hvordan fungerer dette i praksis?

Et eksempel:

Jeg erfarer og du påstår at også du erfarer.

Min påstand er dermed at vi begge er bevisste.

Er du enig? Er det lov å påstå noe slik? Hvordan kan det bevises?

Prinsipielt, fysisk, filosofisk og logisk er det altså umulig å bevise. Men samtidig erfarer jeg/du at det finnes mange milliarder mennesker som påstår det samme som oss, at også de erfarer.

Det er sannsynlig at de har rett, fordi de er så mange og unisone, men vi kan ikke vite.

Vi har et indisium som peker i en bestemt retning, men dette ene er ikke nok. Vi må prøve å skaffe flere indisier, og helst komme opp med noe som summerer seg opp til å utelukke andre alternativer.

12.2. Solipsisme?

La oss ta det helt konkret.

I eksemplet over er det to personer, du og jeg, og vi påstår begge at vi er bevisste.

Da finnes det to muligheter.

Enten er du og alle disse andre menneskene som påstår at de erfarer verden, bare en opplevelse i min private, subjektive erfaring.

Dette kalles solipsisme, altså teorien om at ditt private jeg er det eneste som eksisterer og alt annet er en illusjon.

Eller, så finnes det milliarder av andre erfarende subjekter.

Vi vet ikke, vi må foreta et valg, og da velger vi det som er mest sannsynlig.

Akkurat dette ene, første valget - mellom solipsisme og «noe annet» - er trolig det vanskeligste av alle valgene vi må ta. Det leder til to høyst ulike verdensbilder.

Solipsisme anses av de fleste filosofer å lede ingensteds, men det er - mener de fleste - umulig å motbevise muligheten for at alt i hele universet foregår i én eneste bevissthet, din egen.

Vi velger i stedet «noe annet», altså å tro at det faktisk eksisterer andre skapninger som også erfarer. Det er mest sannsynlig, det første alternativet virker å være «umulig».

Nå skal du senere få se at konseptet solipsisme faktisk må tas seriøst, men ikke på den måten som det er fremstilt her. Vi kommer tilbake til dette mange ganger, men det er en god del annet vi må snakke om først.

Steg for steg skal vi gå fra universets start og frem til dagens tilstand.

Når vi er kommet dit, vil vi trolig også kunne si noe om universets sannsynlige videre utvikling og hvordan alt ender, og samtidig ikke ender.

Vi skal også kvitte oss effektivt med samtlige paradokser.

Har jeg klart å gjøre deg litt nysgjerrig?

12.3. Samspillet og mekanismen

Etter hvert vil det oppstå et samspill mellom alt vi vet på et gitt steg. Resultatet av dette samspillet - altså den sammensatte, totale situasjonen i et hvert øyeblikk - danner så igjen basis for videre utvikling og samspill.

Dette begynner å bli komplisert, kaotisk. Det høres urealistisk ut at vi skal kunne nøste opp en slik kompleksitet, gjør det ikke?

Selvsagt, for vi mangler mekanismen, altså hvordan noe kan utvikle seg fra det ene til det andre og spille sammen med alt annet.

Mekanismen må også forklare hvordan det abstrakte, subjektive og materielle henger sammen og dessuten påvirker hverandre gjensidig.

Den må være gyldig på absolutt alle nivåer og i alle sammenhenger.

Denne mekanismen må være noe ekstraordinært, noe nytt og ukjent eller noe uhyre intrikat og ubegripelig, tenker du kanskje.

Verden fremstår jo som et ekstremt komplisert sted og med så mange kategorier, nivåer og dimensjoner at det hele er fullstendig uoverskuelig.

Hvordan skal det angripes?

Hvilken kunnskap og hvilke metoder har vi for å forstå en slik kompleksitet?

Et alternativ er igjen reduksjonismen.

Vi besitter en enorm mengde kunnskap om hva som skjer i det aller minste, på kvantenivå i fysikken. Forskerne leter etter en «Theory of Everything» (ToE) som forener alt vi vet om kraftfelt, partikler og naturlover. Håpet er at når vi kan vise hvordan alt henger sammen i det minste, kan vi derfra også forklare alt annet.

Dersom vi noen gang finner en slik ToE, ofte kalt «Gudsligningen», har vi trolig kun funnet en løsning for materie og fysiske fenomener, det vi kaller fysikalisme.

Fortsatt står vi overfor den formidable oppgaven å forklare alt som er subjektivt og abstrakt, og ikke minst bevisstheten selv – og det bakenforliggende, unevnelige (per definisjon): Det som erfarer.

Vi har ingen gode idéer om hvordan dette skal la seg gjøre fra et slikt utgangspunkt.

Hvilke andre muligheter har vi dersom vi forkaster reduksjonismen og fysikalismen?

12.4. Kompleksitet og dynamikk

Det finnes en annen innfallsvinkel, nemlig å studere kompleksiteten som sådan – ved hjelp av kompleksitetsteori, populært og litt upresist kalt kaosteori.

Dette er en nokså ny gren innen vitenskapen som ble utviklet på 1960- og 70-tallet. Den handler om å forstå relative, dynamiske, komplekse systemer.

Kaoslovene styrer de bølgende mønstrene, «murmureringen», i fugleflokkene over Roma og gnuenes vandringer på Serengeti-sletten i Tanzania.

De styrer økonomi og gruppetenking, undervisning og kunstig intelligens.

De brukes til å beregne kapasiteten i transportsystemer og strømforsyning.

De er observert innen politikk, kunst, mote, julefeiringen, humor, språk, pandemier og ikke minst været, som var feltet hvor kaosteorien ble utviklet.

Kompleksitetsteori kan benyttes på alt her i verden, fordi alt er dynamisk, relativt, i bevegelse.

«Alt flyter», som en gammel greker sa.

Kaoslovene gjelder altså både for materielle og tankestyrte fenomener. Både biljardkuler og vitser.

Merk deg det.

Dette er metoden vi skal benytte.

Vi skal se hva som skjer når vi starter med nullpunktet for dannelsen av universet og så tar i bruk kompleksitetslovene for å forklare hvordan utviklingen går videre derfra. Dessuten har vi æmærgæns (herfra blir det bare bokmål), motoren vår.

Steg for steg skal vi inkludere det ene fenomenet etter det andre inntil verden er blitt slik vi opplever den nå. Du skal få se at de samme, relativt enkle lovene gir fullgode forklaringer i hele kjeden og i alle sammenhenger, også der hvor det materielle og mentale møtes direkte.

Nettopp det at kaoslovene virker på tvers av det mentale og fysiske, gjør at vi kan utvikle en teori om verden som er idealistisk, altså rent mental, men samtidig gir fysiske effekter – og omvendt.

Kompleksitetsteori i seg selv er likevel ikke nok.

12.5. Emergens

Kompleksitetsmekanismene kan vise hvordan endringer og samspill skjer når vi først har et system med en uhyrlig mengde komponenter. Men den forklarer ikke hvorfor alle disse komponentene oppstod, enten det er snakk om materie, mentale forestillinger, rene abstraksjoner som språk, etikk og matematikk – eller selve bevisstheten.

Mekanismen vår trenger ytterligere en egenskap, nemlig at den kan skape ting.

Hvordan?

Svaret er gjennom emergens.

Verden er et enormt, komplekst system hvor alt er i kontinuerlig endring.

Det som erfarer må hele tiden prøve å forstå hva som skjer, ellers kunne vi ikke fungere, langt mindre oppleve at vi selv eksisterer.

Når vi opplever noe, undersøker vi automatisk om det kan være snakk om noe nytt og om dette nye er noe farlig som vi bør flykte fra, noe attraktivt som vi bør søke (spise eller bli spist) eller noe det holder å bare registrere og sette inn i en sammenheng.

Dette bare som eksempler, vi kan håndtere nye opplevelser på utallige måter. Vi tolker nye erfaringer, gir dem en forklaring, skaper nye idéer om hva ting er.

Størstedelen av denne prosessen skjer ubevisst, hvilket er godt beskrevet av den kanskje mest materialistiske filosofen av alle i vår samtid (etter min mening), Daniel Dennett[52].

Han har introdusert begrepet «multiple drafts» (multikladding), som betyr at vi underbevisst kverner myriader av inntrykk og tester hypoteser om hva som er den rette tolkningen.

Vi «kladder» oss frem til klarhet.

Blir det for abstrakt?

Ok, du skal få to eksempler som demonstrerer det vi snakker om.

1. Tale blir til noe mer: Den engelsk-amerikanske psykologen Diana Deutsch har vist at dersom man hører på et lydklipp med tale og dette gjentas mange ganger, vil du i sinnet ditt plutselig gi det en ny tolkning, som senere er umulig å glemme. Hør på dette lydklippet[53].

2. Et bilde viser seg å være noe annet: Denne videoen[54] viser et bilde av den berømte forskeren Nikola Tesla. Det viser seg å være dannet av noe du ikke forventet å se. Poenget er at «bildet av Tesla» kunne vært lagd av hva som helst. Så lenge tanken din har tolket seg frem til at motivet viser hr. Tesla, er det umulig å endre denne oppfatningen, selv om den viser seg å være søkt. Ansiktet er en høyere emergent tolkning av noe annet.

Vi vil stadig komme tilbake til dette med emergens, men for øyeblikket må vi holde oss på hovedsporet.

---

52 https://en.wikipedia.org/wiki/Daniel_Dennett
53 http://philomel.com/asa156th/mp3/Sound_Demo_1.mp3
54 https://www.youtube.com/watch?v=wKSrdUNEBUk

Akkurat nå kan vi si at mekanismen vi søker, har to hovedelementer, kaosdynamikk og emergens.

Da mangler bare én ting, for hva er det som driver det hele, hva er drivstoffet i emergens-motoren?

12.6. Energi, evnen til endring

«Energi» er vitenskapens svar. Energi er årsaken til alle prosesser innen fysikk og kjemi, og dermed alt levende og dødt i naturen og i hele kosmos.

Energi skaper endring, eller «energi er evnen til å utføre arbeid», som er den vitenskapelige definisjonen.

Energi finnes i alle tenkelige former; potensiell, kinetisk, kjemisk, elektrisk, kjernefysisk, stråling, gravitasjon osv. Energi kan omdannes fra den ene formen til den andre, forteller matematikken oss.

Energi kan også omdannes til masse – «materielt stoff» – og omvendt.

Faktisk kan alt i den fysiske verden føres tilbake til energi!

Alt annet også, som vi skal se.

Einstein var blant de første som forstod at masse og energi er to manifestasjoner av det samme. Men av hva?

Hva er energi?

Naturvitenskapen forklarer hvordan energi fungerer i praksis, men definisjonen ut over dette er nokså tåkete; «evnen til å forårsake endring».

Så hvordan skal vi angripe begrepet energi, altså endringsevne?

Vår teori er idealistisk, hvilket betyr at alt er mentalt. Ingenting annet enn evnen til å erfare eksisterer. Materie eksisterer ikke som noe i seg selv og heller ikke energi.

Endringer, derimot, driver bevisstheten vår med kontinuerlig.

Se deg rundt!

Se på alt som beveger seg, for eksempel på katten som går rundt i hagen eller bladene på treet utenfor vinduet. Bare det at du skifter fokus fra det ene til det andre, er en endring.

Se på alt som potensielt kan komme til å bevege seg, for eksempel kaffekoppen på bordet. Den kan falle ned.

Og bordet? Det står stille, javisst, men en gang ble det fraktet på plass og skal en gang fraktes bort. I mellomtiden tørker treverket inn fordi fuktighet fordamper når sollyset tilfører varme – energi.

Selv et fjell er i endring, det går bare svært langsomt.

12.7. Nullpunktenergien

Om du kunne zoome inn, vil du overalt se molekyler som dirrer hektisk.

Gå videre ned til det aller, aller minste, der hvor elementærpartiklene popper opp fra tilsynelatende ingenting i en frenetisk, uberegnelig dans.

Ta bort disse partiklene, sug ut all luften i en lukket beholder, reduser temperaturen til det absolutte nullpunktet slik at alt står helt stille, all endring skulle være umulig.

Ta deretter en doktorgrad eller to i fysikk og matematikk, hent frem kalkulatoren og regn ut hvor mye energi som fortsatt finnes inni den tomme beholderen.

Den er enorm, tilnærmet uendelig!

Denne kunnskapen kommer fra matematikken, den samme matematikken som ellers fungerer perfekt til å beregne energi i alle andre sammenhenger.

Dette tomrommet – et absolutt «ingenting» – kalles nullpunktfeltet og har altså en kolossal «evne til å utføre arbeid», forårsake endringer og skape masse.

Man har beregnet at innenfor en terning på 1 kubikkcentimeter, altså på størrelse med en sukkerbit, skjer det 10^{120} «hendelser» hvert sekund.

Dette er et ufattelig høyt tall, 10 med 120 nuller bak. Til sammenligning finnes det 10^{80} atomer i hele universet. Kroppen din har ca. 7×10^{27} atomer.

En «hendelse» kan være at det popper frem en «virtuell partikkel», at en virtuell partikkel utslettes, en bevegelse, at energien i et område endrer seg når temperaturen øker o.l.

Å skulle generere 10^{120} «hendelser» i «ingenting» i hver eneste kubikkcentimeter overalt i hele universet hvert eneste sekund – det krever en enorm, enorm, enorm mengde «energi». I fysikken omtales den som «uendelig» eller i det minste meningsløst stor.

Fordi energien tilhører nullpunktet, altså vakuum hvor ingenting annet skjer, velger forskerne å se bort fra den. Den er jo til stede overalt.

Alt i hele universet befinner seg «oppå» dette forrykt dirrende «feltet» av noe man ikke vet hva egentlig er. Man vet det fordi matematikken viser det og eksistensen av feltet er også dokumentert gjennom eksperimenter, blant annet ved å studere Casimir-effekten[55]

Nullpunktenergien bare er der overalt, så for å få enklere ligninger, «normaliserer» man den vekk, trekker den fra overalt i ligningene.

Dette kan man gjøre når man er matematiker, men ikke når vi skal formulere en teori om hva verden er i essens.

Da kan vi ikke bare fjerne essensen.

12.8. En reversert, mental verden

Husk at dette er fysikkens og de andre naturvitenskapenes forklaring; reduksjonisme.

Vår verden er mental.

Vi hugger ikke verden i biter.

---

[55] https://en.wikipedia.org/wiki/Casimir_effect

Vi starter derimot med ren væren og ser hva vi kan skape, bygge opp fra ingenting.

Vår mentale verden er reversert i forhold til den fysiske. Dette poenget er svært viktig og vi skal møte det igjen flere ganger i fortsettelsen.

I den fysiske forståelsen oppstod verden gjennom en kolossal utblåsning av energi fra et punkt med størrelse uendelig mye mindre enn et knappenålshode.

All energi som noen gang er skapt og noen gang vil bli skapt, ble dannet i dette ene øyeblikket.

I 13,8 milliarder år har energien føket utover og kreert alt. Underveis blir den spredt stadig lenger av gårde og tynnere fordelt i alle retninger.

Dette kalles entropi.

Sett fra vårt hjem på Jorden, ser det ut som om det kommer energi og partikler fykende imot oss fra dette store smellet, The Big Bang. Noen steder klumper energi og masse seg sammen til soler, og disse gjør det samme; slynger energi imot oss.

Energien fra Solen, som altså egentlig stammer fra The Big Bang, driver alt som finnes av fysiske prosesser på Jorden. Man kan si at Jorden er en uhyre intrikat mekanisme for å spre energi.

I vår mentale verden, derimot, er bildet annerledes. Alt er reversert.

Da fungerer det i stedet slik at Det som erfarer forestiller seg endringer.

Ting dulter borti hverandre, faller ned, knuses, presses sammen, går i oppløsning, smelter, fordamper, fryser, lyser, svinger, sklir, skvulper, blafrer, eksploderer osv. Overalt i naturen skjer det endringer kontinuerlig.

Vi kan beregne pinlig nøyaktig hvordan disse endringene skjer ved å innføre et hjelpemiddel, begrepet energi.

I naturvitenskapen er man klar over at energi ikke er noe i seg selv, men bare et verktøy for kalkulering. Det var slik begrepet energi ble skapt, av oss.

Derfor er energi i essens endring. Endring er det fundamentale, energi er kun et mål på graden av endring. Det ligger i definisjonen.

Spørsmålet vårt står likevel fortsatt ubesvart.

Hva er det som forårsaker endring?

Fysikken svarer energi, men energi er avledet av den samme endringen som energien angivelig skal forårsake. Vi går igjen i sirkel. Allerede her bryter materialismen sammen som forklaringsmodell.

I en mental verden er det enklere.

Alt som kreves, er at vi forestiller oss en endring. Den skapes i bevisstheten og registreres av Det som erfarer, bevissthetens opphav.

Hmm.

Dette høres rart ut.

Vi er bevisste og vi forestiller oss alt mulig. Men vi lager da ikke hele verden inni vår egen bevissthet?

12.9. En mental mekanisme

Jo, hold deg fast. I vår modell av verden er det nettopp det vi gjør. Når alt er mentalt, må også endringer skapes i bevisstheten, altså være noe som erfares.

Dermed blir spørsmålet hvordan en slik mental mekanisme fungerer.

Vi vet fra fysikken hvordan energi spres utover i universet og skaper endringer. Så sier fysikalismen at bevisstheten vår registrerer disse endringene. Men dette er altså en feilvendt forestilling som må snus.

Nå må vi forstå hvordan Det erfarende genererer forestillingen om disse endringene, altså skaper energi. Stikkordet er emergens.

Vi begynner å få et rammeverk.

Husk bare at dette ikke handler om deg som subjektivt individ, ikke ennå. Alt det vi snakker om her, forgår ikke inni din private bevissthet og underbevissthet, men i en mental, fundamental tilstand av ren væren.

Du kjenner denne tilstanden, for også du er, men «du» er ikke «skapt» ennå.

13. Det erfarende

> I det de to foregående kapitlene kom jeg frem til at det eneste som eksisterer er en universell ånd som jeg kaller «Erfareren» og andre vil kalle f.eks. Gud.
>
> Dette kapitlet er et stykke filosofisk gymnastikk for å finne ut hva denne Erfareren er i essens og hva Erfareren bedriver, altså hvilken ene egenskap den må ha for at universet og du skal kunne oppstå.
>
> Denne egenskapen er å erfare, logisk nok, som jeg kommer frem til er det samme som å *registrere endringer*. «Endringer» er igjen direkte knyttet til fysikkens begrep «energi». Allerede nå har vi en forbindelse mellom det mentale (erfaring) og det materielle (energi).

Hvordan dannes forestillingene om endring og den videre dynamikken som er nødvendig for at verden skal kunne oppstå og utvikles?

For å forklare begrepet endring, må vi forstå virkemåten til den mentale mekanismen som skal produsere endringene og dermed universet.

Vi må altså undersøke hva som er bestanddelene i det å erfare, som jo er det eneste vi vet eksisterer - fordi vi gjør det selv.

For første og eneste gang må vi dermed anvende «mental reduksjonisme», det vil si ta for oss begrepet «erfare» og analysere hva det betyr i sine enkeltheter.

Dette alene krever en drøfting.

Subjektiv erfaring er tradisjonelt tema for filosofi, psykologi og religion, ikke naturvitenskapene. I vitenskapelig sammenheng er bevissthetens grunnleggende funksjon lite studert.

Det jeg nå skal si, er dermed resultatet av mine egne betraktninger og innsikter, men er også hentet fra en lang rekke mer eller mindre filosofiske, vitenskapelige og esoteriske kilder.

Dette høres ikke «vitenskapelig» ut, gjør det vel?

Vitenskapelig metode krever at et fenomen skal kunne observeres likt hver gang, at eksperimenter alltid skal føre til det samme resultatet når omstendighetene for øvrig er identiske.

Når objektet for undersøkelsen er erfaring, har vi alle umiddelbar, direkte tilgang til å både observere, foreta mental reduksjonisme og også vurdere elementene reduksjonen leder til, for eksempel om de alltid synes å være de samme.

Det jeg nå skal fremsette, kan du altså selv vurdere gjennom å betrakte og studere din egen bevissthet og erfaring. Dette krever øvelse og ettertanke, men er ikke umulig.

Jeg postulerer at det å erfare rommer et aktivt subjekt som tilsynelatende har to funksjoner: kreere og oppleve – som vi etter hvert skal se kan reduseres til ett og det samme, nemlig å oppleve.

Ok, dette kom litt brått og var igjen litt innviklet. Vi må ta det stegvis og tydelig.

Siden teorien vår om idealistisk emergens er, nettopp idealistisk, betyr det at verden blir «tenkt» av «noe» som er i stand til å tenke.

Dette er en populær måtte å si det på. Formuleringen er ikke helt presis, for vi vet ikke ennå hva tenking er for noe, men det er uvesentlig akkurat nå.

Dette subjektet som «tenker» verden, må vi på noe vis kunne si noe om. Vi må dessuten kunne forklare hvordan det virker.

13.1. Erfareren

Det aller enkleste det er mulig å forestille seg, er væren.

Dette er eksistens uten noen som helst egenskaper og uten noe innhold. Det er fullstendig ro. Det skjer ingenting. Det er i seg selv.

Husk, dette er teori, logikk, et postulat, et forslag.

Ingen har noen gang møtt absolutt væren, men samtidig må vi alle faktisk være væren, siden alt kommer fra ett og det samme - som er vårt aksiom.

Ren væren foretar seg ingenting.

Det blir ikke noe univers av slikt.

Vi må legge til en egenskap, en evne, en aktivitet, et verb, en vilje.

Noe må skje!

«Væren» er et begrep vi kunne brukt videre i fortellingen. Væren uten noen som helst egenskaper og uten noe innhold, er ... ingenting, total tomhet.

I jødisk tradisjon forstod man dette da man skulle navngi Gud. De valgte et ord som visstnok er umulig å uttale, Jahve.

Det skal - er det blitt meg fortalt og demonstrert av Alma hjemme i leiligheten min på Kampen i 1985 - ikke kunne formuleres med lyd. Om man likevel skulle prøve, ville det nærmeste være som en svak, åpen pust, det vagest tenkelige, formløst, navnløst.

I Andre Mosebok 3,14 spør Moses etter Guds navn.

Han fikk svaret: «Jeg skal vise meg å være hva jeg skal vise meg å være».

Så ubegripelig og så enkelt.

Det var en liten avsporing.

Vi snakket om ren, absolutt væren, som i tillegg trenger en vilje, en handling, for at verden skal kunne bli til.

13.2. Varhet og vilje

Nå skal jeg introdusere et begrep, et ord – gi navn til denne magiske egenskapen som har skapt alt vi kjenner. Det er en trylleformel, et sim sala bim, et fiat lux! (bli lys, fra begynnelsen av Bibelen).

Du vet hva jeg sikter til, jeg har allerede trukket det frem flere ganger.

På norsk har vi det gamle, norrøne ordet «varhet», som betyr årvåken, på vakt, følsom for de minste endringer. Alma igjen.

Varhet er aktiv væren, en kreativ, erfarende tilstand.

Vi sier på norsk at en ulv er vår, den har høy grad av varhet.

Men ordet varhet sier i seg selv ingenting om hva som vårer.

Et slikt ord er nettopp det vi søker, for det er ingenting å si om det bakenfor.

Varhet beskriver en tilstand.

Samtidig rommer det en aktivitet, å være.

Og det rommer passiv registrering, å bli vår noe.

Synes du dette nå blir veldig abstrakt og merkelig?

Om du detter av, er det fullt forståelig.

La meg prøve å illustrerer med en scene fra filmhistorien.

I Astrid Lindgrens film «Ronja Røverdatter» finner vi de nysgjerrige og konstant forundrede og spørrende «huldretussene» (rumpnisser på svensk), altså noen småtroll. De løper rundt omkring overalt og messer kontinuerlig:

«Varför då då? Varför då då? Varför då då?»

Slik er varheten. Den er en konstant undring, en evig jakt på svar. Et fokuspunkt. Hver gang det skjer noe, spør Erfareren seg hva det kan være. Den faller aldri til ro, men er permanent årvåken, på vakt, vår.

Dette er ikke noe vi snakker om eller er oss bevisst i dagliglivet, for det er dette vi er. Dette er måleinstrumentet vårt som «måler» hva verden kan være for noe. Det er kikkerten som fanger opp alle bevegelser. Det er mikrofonen som fanger opp alle lyder.

Det er punktet inni deg som erfarer. Fokuspunktet ditt.

Hva vet vel disse apparatene om seg selv?

De vet like lite som du vet om ditt eget apparat, varheten.

Ordet varhet er i mine øyne bemerkelsesverdig rikt og rommer dyp innsikt. Det har røtter fra India og finnes i mange vestlige språk i mange varianter.

Det kan brukes som subjekt, «Varheten». Det betegner samtidig en tilstand, en aktivitet og også noe subtilt i tillegg, nemlig det å registrere passivt, men på et vis samtidig aktivt.

Ordet «Varhet» er egentlig perfekt for vårt bruk, men det er uvant for de fleste. Dessuten har det også en annen betydning på norsk, som er å være forsiktig, hvilket er forstyrrende.

I stedet velger jeg å holde fast ved begrepet jeg har brukt mange ganger hittil:

- Det erfarende: det universelle subjektet som erfarer, «Erfareren», det unevnelige bakenfor,
- å erfare: aktiviteten, verbet, og
- erfaring: observasjonen, resultatet av det å erfare, substantivet, objektet med tilhørende kvaliteter.

Disse ordene er velkjent for de fleste.

Også du erfarer.

Denne tilstanden kjenner du godt.

For å kunne erfare, må også du være erfarende. Og når du erfarer, utøver aktiviteten, vil du erfare «noe», samtidig som du vil måtte prøve å skape en forståelse av erfaringen, forstå hva «noe» er.

13.2. Varhet og vilje

Dette «noe» er verden.

Tenkepause.

Ja, det kan være krevende å få under huden. Du skal få det presentert flere ganger og på ulike måter.

Vi snakker her om bærebjelken alt hviler på, universets fundament.

Du trodde kanskje at det var en ekstrem eksplosjon, noe voldsomt og kraftig.

Jeg sier at det var mer som et vagt pust eller et enslig glimt, det minste som kan tenkes. Dette glimtet var en tilfeldighet eller noe villet i Erfareren.

Erfareren er ikke i seg selv bevisst, for bevissthet fordrer at det er noe å være bevisst, et innhold. Det erfarende har kun evnen til å bli bevisst noe.

Det erfarende har en lyst, et behov, en vilje.

Det erfarende vil ha det gøy!

Slik kan det kjennes ut i deg som er menneske. Du finner denne kraften i kreativitet, skaperevne, nysgjerrighet, lyst, dragning, spenning osv. Og i kjedsomhet, tvil, undring, frykt, indre smerte – som er de nødvendige motsatsene.

Det er aldri fred å få!

Vi kunne kalt det livskraft, men det er et ord som gir for mange feil assosiasjoner.

Hvor var vi?

Vi har sagt at verden er en mental forestilling og at ingenting eksisterer, annet enn subjektet som danner seg denne forestillingen om verden, Det erfarende – «Erfareren».

Det eksisterer ikke noe annet enn dette.

Det erfarende mottar ikke impulser utenfra, for det finnes ingenting der ute.

Alt vi erfarer, er skapt av Erfareren, er erfaringer i Det erfarende.

Dermed har vi også svaret på hva «evnen» til Det erfarende er; nemlig å skape forestillinger, altså skaperevne, eller kreativitet.

Dette er ingen lek med ord, men hard nødvendighet. For hvordan skulle et univers kunne oppstå om ikke det fantes kreativitet, evnen til å skape?

Spørsmålet må stilles enten man er idealist eller materialist.

Trodde du vi dermed var i mål?

Vi skal dypere.

Kreativitet er ikke Erfarerens primære, essensielle funksjon.

Erfareren bedriver kun én ting, den opplever endringer - altså erfarer, hva ellers?

Verden er en lang, lang forgrenet kjede av opplevelser, hvor den ene følger den andre uten noen brudd.

Hvordan startet det hele?

Erfareren opplevde et første inntrykk og måtte tolke - forstå - dette nye og fremmede. Å tolke betyr å gi noe en merkelapp, et navn, et begrep, en idé - et konsept, som er ordet jeg ofte benytter.

Det er godt mulig at Erfareren får slike førsteinntrykk, glimt, i en uendelig strøm, akkurat som du kan få idéer eller oppleve inntrykk stadig vekk. Forskjellen er bare at alle dine inntrykk kan føres tilbake til det ene førsteinntrykket, mens den universelle Erfareren må få slike inntrykk uten at de kan føres tilbake til noe tidligere, sett fra vårt perspektiv.

Erfareren besitter iboende kreativitet, men det første og eneste som reelt sett måtte «skapes», er den bittelille endringen fra absolutt ingenting til eksistensen av «noe». Fra væren til væren med et minste mulig innhold.

Det er altså snakk om at «væren» blir vår noe som er noe annet enn «væren» selv.

Gjennom dette oppstår to ting: «noe» som er begynnelsen på universet, men også «eksistens»; en erkjennelse av at Erfareren er noe annet enn «noe», dvs. noe i seg selv – et subjekt.

Jeg er. Det er Erfarerens oppdagelse – og dessuten at «Jeg» opplever «noe».

Alt som skal til er en «tiny mad idea», som A Course in Miracles formulerer det.

Det lyder søkt, men samtidig ikke, siden vi alle besitter en ekstrem evne til å fantasere.

Hvert av Erfarerens førsteinntrykk vil måtte resultere i et nytt, selvstendig univers, og alle disse er innbyrdes konsistente og dermed «levelige», men med helt andre fysiske størrelser enn hos oss.

De grunnleggende lovene er svært enkle, som vi skal se, og alltid de samme i alle mulige universer, for de har samme opphav; Erfareren.

Denne konstante, evige evnen til å oppleve endringer og samtidig tolke dem, altså skape livaktige fantasier, er Erfarerens iboende egenskap, den eneste den har.

Om denne egenskapen dermed er Erfareren, eller om Erfareren er en bevisst skapning bakenfor som har denne evnen, kan vi ikke vite fra vårt ståsted, for vi er inni Erfarerens opplevelse.

Vi kan dermed, foreløpig, si at Erfareren har tre tett sammenbundne funksjoner:

1. Oppleve endringer, det jeg kaller å våre.
2. Tolke det opplevde, altså forstå endringene som et eller annet, abstraksjoner, konsepter, idéer om hva de er.
3. Oppleve det tolkede, altså idéene – som qualia, en kvalitet som «kjennes», som våres.

Det tredje punktet er det samme som det første, nemlig å oppleve. Dermed er dette en evig sirkel.

Siden punkt 1 og 3 over ble til ett, kan vi samtidig da si at Erfareren egentlig gjør bare to ting:

1. skaper idéer gjennom tolkning, altså abstraherer, og
2. opplever hvordan idéene kjennes, altså hvilken kvalitet - qualia - de har.

Også det å «skape idéer gjennom tolkning» er en opplevelse, men det er en opplevelse av noe abstrakt.

«Opplevelse av noe abstrakt» er det samme som tanke. Det kan også beskrives som «bevisst tolkning av endringer».

Se så, da dukket det altså opp en definisjon av tenking.

Dermed har det hele kokt ned til kun én ting: Erfareren opplever.

Denne opplevelsen er total, favner alt, for den arter seg som opplevelse av abstrakte idéer som tanker og opplevelse av tanker som kjennbare qualia (stofflighet, lys, lyd, emosjoner, følelsen av å være til osv.) - samtidig.

Noe annet finnes ikke.

Denne permanente, kontinuerlige opplevelsen - det å oppleve - er det vi kaller «liv».

Der starter historien vår om verden.

13.3. Forestillinger

Den rene, tomme, årvåkne, vare, fokuserte, følsomme Erfareren opplever «noe», men har ingen kunnskap om hva «noe» er.

Det er som å gå rundt i tåke. Du ser noe hvitt og grått overalt, men selv om du oppfatter vekslinger i lys og skygge, gir tåken i seg selv ingen «mening».

Det er som å se opp på drivende skyer, uten å vite at det er «skyer». Erfareren må først tolke inntrykkene som skyer. Deretter kan skyenes form igjen tolkes som noe annet; fabeldyr eller prinsesser i et barns sinn. Dette er igjen emergens.

Det starter selvsagt ikke med tåke eller skyer. Det hele er nødt til å starte med én ting, og denne tingen, «noe» - pustet, glimtet - må være udelelig, ikke sammensatt av eller komme fra noe annet.

Starten på universet er dermed trolig mer lik et punkt uten noen som helst egenskaper.

La oss derfor si at det første som skjedde i verden, var at den årvåkne Erfareren opplevde «noe» som skilte seg ut fra «ingenting».

Den aller første delen av den kreative prosessen er fullført.

Dette er faktisk alt som skal til for å sette igang et univers. Dette er den eneste reelt kreative hendelsen som noen gang inntraff i hele universet. Alt annet er konsekvenser.

Den neste er å tolke, forstå hva dette «noe» er - la oss kalle det et «punkt» eller en «prikk».

Selvsagt var det ikke et punkt slik vi forstår det. Det var ingen mørk flekk på firmamentet. Det var ingenting som kunne gjenkjennes. Det var noe fullstendig nytt. Et pust, et blaff, et glimt, en vag anelse.

Erfareren våret, opplevde noe.

Å oppleve noe innebærer å bli bevisst hva noe er, å «registrere» det. Erfareren gav noe et «navn», en merkelapp, et begrep, et konsept som kan huskes. Alt som senere ligner, vil bli forstått som nettopp dette konseptet.

Slik er en opplevelse, en registrering.

Vi må passe litt på her så vi ikke får feil assosiasjoner. Konsepter blir selvsagt ikke forstått og husket som ord, begreper, navn - ikke engang nødvendigvis som en bevisst tanke.

Du kan gå rundt i skogen en hel dag uten å tenke i ord eller egentlig være bevisst noe som helst rundt deg. Jo, du registrerer at i omgivelsene er det trær, blomster, gress, steiner, kvister, fugler og mygg. Du ser alt. Men du formulerer det hverken høyt eller inni deg.

Det du har er kunnskap. Som regel er den taus, uartikulert.

Ord er symboler for symboler. Det vi snakker om her, er de underliggende symbolene, konseptene, idéene, kunnskapen som potensielt kan uttrykkes eller tenkes på bevisst som ord eller på andre måter.

Å formulere eller manifestere noe krever at vi fokuserer og gjennomfører en prosess oppå det som er erfart, oppå den tause kunnskapen, oppå konseptene.

Vi kan ikke vite hva den aller første opplevelsen ble registrert som. Det må ha vært det aller minste tenkelige, noe som ikke er sammensatt av noe annet, for noe annet eksisterte ikke.

Fordi vi lever i en tid med språk og vitenskap, må vi rekonstruere hendelsen med våre nåtidige begreper. Det nærmeste vi kan komme, etter min mening, er å si at Erfareren registrerte et «punkt» eller en «prikk». Jeg velger å bruke ordene om hverandre for å markere at de i absolutt forstand er uvesentlige.

Erfareren har nå etablert kunnskap, den har lært hva noe er, den vet noe.

Det å tolke er en kreativ handling, det skapes et konsept fra noe som er konseptløst.

Hva er det neste som skjer?

Erfareren fortsetter å kreere.

Det neste som skapes, er trolig et punkt til.

Hvorfor?

Det er det eneste Erfareren kjenner til, og noen gang, reelt sett, skapte selv.

Kanskje Erfareren kjedet seg?

Kanskje Erfareren er et pinnebarn som sitter der for seg selv i sandkassen og trenger stimuli. Bare ett eneste stimuli er tilstrekkelig. Pinnen. Når pinnen først et forstått, har barnet i seg kreativiteten som skal til for å lage en hel verden.

Resten er bare kopiering og konstruksjon.

13.3. Forestillinger

Pinne på pinne i nye konstellasjoner, nye former, nye fantasier.

14. Perfekt hukommelse

> Dette kapitlet er svært kort, men også svært viktig. Jeg konstaterer med noen få ord at Erfareren må ha evnen til å huske alt, alltid. Det eksisterer altså evig, altomfattende kunnskap som tilhører - er en egenskap ved - den universelle ånden.

I forrige kapittel ble det kort skissert hvordan forestillingen om ett punkt leder til forestillingen om flere punkter. Det første punktet oppstår uten at vi kan vite hvorfor eller hvordan.

Denne kreative evnen er mental, for jeg har redegjort for at alt i universet må ha samme opphav og dette opphavet må være mentalt, ettersom vår mentale væren er alt vi vet sikkert eksisterer - fordi vi alle opplever den.

Opphavet til denne årvåkne, kreative, opplevende evnen har jeg gitt navnet Erfareren.

Jeg har deretter vist, foreløpig bare skissemessig, hvordan Erfareren kreerer mentale forestillinger og også opplever det forestilte som qualia.

Dette kunne like gjerne vært en beskrivelse av deg personlig.

Alt som er sagt, er identisk med dine egne erfaringer. Men «du» er ikke blitt til ennå, vi befinner oss i et fundamentalt, universelt, mentalt landskap før forestillingen om universet er blitt til.

Fra denne tilstanden av ingenting skapes altså et «punkt».

Det dukket opp som en idé, en forestilling i Erfareren om «noe». Forestillingen måtte tolkes, for det å registrere nye forestillinger, endringer, stopper opp dersom det registrerte ikke forstås som noe. Da finnes det ingenting å bygge videre utvikling, videre endringer, på - ingen verden.

Tolkning av noe registrert er det vi kaller kreativitet.

Jeg vil gå så langt som til å opphøye dette til en definisjon.

Derfor må alle endringer gis et navn, et symbol, en representasjon som skiller den entydig fra alt annet. Alle endringer må forstås. Vi snakker selvsagt ikke om navn eller ord i vanlig betydning, men om forestillinger, konsepter, idéer, abstraksjoner, mentale kreasjoner.

Vi vet noe.

Det spiller ingen rolle hva forestillingen er i absolutt forstand, men at den er konsistent, at ikke noe annet som er identisk blir gitt et annet navn. Dersom det samme gis ulike tolkninger, oppstår forvirring.

Litt forvirring er det mulig å håndtere, men dersom alt mulig gis alle mulige navn helt fritt, oppstår permanent kaos og vårt velordnede univers kan ikke eksistere.

For at identiske forestillinger skal kunne tolkes som det samme, må de huskes.

Erfareren må ha hukommelse og den må være perfekt. Dersom alle forestillinger som ligner på et punkt, tolkes som et punkt – bortsett fra noen få av dem, oppstår igjen et nytteløst kaos.

Erfareren husker alt, den har perfekt hukommelse.

Slik må det være, men hvordan er det mulig?

Det lar seg ikke besvare, like lite som det er mulig å besvare hvorfor Erfareren vårer, er kreativ og opplever qualia.

Hukommelse er en evne og en egenskap på linje med de tre andre.

Vi er så vant til å si at hukommelse er en funksjon i og av hjernen, men i en verden hvor alt er mentalt, er også hjernen og alle dens funksjoner bare mentale forestillinger.

Siden hukommelse er nødvendig for å komme så langt som til å konstruere forestillingen om en hjerne, må hukommelsen befinne seg «utenfor», dvs. i det som skaper hjernen, dvs. Erfareren.

I dette ligger det et gudsbevis, men jeg skal ikke sette igang med slikt nå.

I spirituell tradisjon har dette sin parallell i det som kalles Akashic records[56].

---

56 https://en.wikipedia.org/wiki/Akashic_records

15. Skapelsen og emergens

> Nå braker det løs! Vi har en ånd som erfarer, akkurat slik du er en ånd som erfarer. Det at ånder driver og opplever ting er altså ikke noe mystisk. Vi har også en idé om endring/energi og vi har to fundamentale mekanismer; emergens og kompleksitetsdynamikk.
>
> Fra dette utgangspunktet prøver jeg å forklare skapelsen av hele universet. Jeg mener det lykkes ganske bra. Faktisk er jeg litt overrasket over hvor lett dette «kom til meg». Jeg satt i hovedkantinen på Universitetet i Oslo (der Alma dukket opp) og skrev i en ukes tid. Det var noe underlige dager, det fløt. Jeg forstod at jeg forstod, kunnskapen var tilgjengelig for høsting.
>
> Du kommer til å måtte stoppe opp mange ganger under lesningen av de neste sidene. Jeg forklarer hvordan emergent utvikling av mentale, abstrakte konsepter kan bli til alle de sentrale fenomenene i fysikken: rom, tid, partikler, gravitasjon osv.

La oss gå tilbake til starten, som var idéen om et «punkt». Fra dette skal hele verden bli til, induseres gjennom emergens og kompleksitetsdynamikk.

Med «verden» menes alt, absolutt alt: Universet, alt som kan beskrives av vitenskapene og også alt som tilsynelatende befinner seg i en annen sfære, slik som religion og begrepet «mening», bare for å ta to eksempler.

Det eneste som ikke oppstår, er Erfareren, som er én, udelelig, aktiv, årvåken væren. Den er fundamental. Det er aksiomet vårt.

Nå skal vi foreta et tankeeksperiment.

Utfordringen vi står overfor, er å skulle skape forestillingen om et helt univers fra ingenting, eller rettere sagt, fra det aller minste tenkelige, et «noe», som jeg har valgt å kalle for idéen og opplevelsen av et «punkt».

Vi må anta at Erfareren ikke kreerer vilt. Dersom den nå kommer opp med noe helt annet – «noe 2», «noe 3», «noe 4» osv., vil det oppstå en uhyre kompleks situasjon svært raskt. Dessuten har da Erfareren vært genuint kreativ (skape fra ingenting) flere ganger på rad, hvilket er svært usannsynlig.

Det er vanskelig å se hvordan et velorganisert univers skal kunne oppstå fra byggeklosser som alle er forskjellige. Naturen er ikke slik, tvert imot observerer vi gjentakelser overalt – av former, men også komponenter, for eksempel elementærpartiklene som er de samme overalt, antar vi.

Så det kreeres et identisk punkt til, ytterligere et punkt osv. Gjennom dette oppstår noe mer. Dette «mer» må også oppleves og tolkes. Den nye opplevelsen blir forstått som «noe nytt», som må gis en tolkning og som igjen må oppleves.

Fra denne tredje opplevelsen oppstår det ytterligere noe nytt som må oppleves og tolkes. Slik går utviklingen stadig videre i en evinnelighet av emergent ekspansjon.

Dette høres sikkert abstrakt ut, bare ord. Men nå skal vi bli konkrete.

Vi skal se hva som faktisk skjedde, eller kan ha skjedd. Vi skal se om det er mulig å skape forestillingene om avstander, rom, tid, bevegelse, hastighet, masse, gravitasjon og akselerasjon – bare ut ifra et enslig glimt, opplevelsen av «noe».

Det kan ha foregått på utallige måter. Jo lenger vi kommer ut i tankerekken, desto flere alternative veier åpner seg. Jeg sier altså at det som nå kommer ikke nødvendigvis er den eneste mulige forklaringen.

Tvert imot er det nesten helt sikkert at noe her er feil tenkt.

Jeg inviterer deg til å fantasere.

Også du er en erfarer og også du kreerer, skaper forestillinger – mange flere enn du aner. Det er beregnet at hjernen behandler ca. 100 milliarder bits, eller 100 Gigabits, per sekund.

Hva brukes denne kapasiteten til?

Man har funnet ut at alle signalene som går fra kroppen og inn i hjernen (dagens rådende, feilvendte teori), bare utgjør en datastrøm på ca. 11 Mbit/sekund, altså en titusendel av den totale kapasiteten.

Synet bruker 10 Mbit/sekund, kontakt mot huden krever 1 Mbit/sekund, hørselen og luktesansen bruker 0,1 Mbit/sekund hver – og smakssansen har fått tildelt usle 0,001 Mbit/sekund.

Jeg må presisere at hjernen ikke «mottar» noe som helst, den «genererer», for i vårt mentale verdensbilde er alt reversert. Vi kommer stadig tilbake til dette.

99,999 prosent av alt som foregår i hjernen, foregår altså – i hjernen, sånn for seg selv, uavhengig av «den ytre verden». Hjernen har rikelig med kapasitet til å forestille seg, konstruere, syntetisere alt du opplever og mer til.

Den har motorkraft til å fantasere vilt!

Denne fantasigeneratoren bruker du til å lage din opplevelse av verden for deg selv.

I en idealistisk verden er dette den eneste metoden vi har til rådighet. Vi må forklare alt med mentale prosesser, tanke, fantasering.

Oppgaven er ikke å ha rett. Den er å vise at det er mulig, at det lar seg gjøre å skape et univers med erfaring som det eneste virkemiddelet. Vi skal sannsynliggjøre dette.

Så får forskere, filosofer og andre med doktorgrader senere diskutere hva som er den mest logiske, sannsynlige og nødvendige utviklingen. I dette ligger det råstoff for atskillige studier, teoretisering og diskusjon.

La oss gå i gang. La oss lage en verden fra ingenting!

15.1. Det tredimensjonale rommet
Fra forestillingen om noe få eksemplarer av «noe» dannes, av nødvendighet, forestillingen om tredimensjonalt rom.

Dette har skjedd: Erfareren har forestilt seg «noe» og har tolket det som, for eksempel, et «punkt». Det er nå det eneste den kjenner til.

Det eneste som deretter er mulig å skape, er forestillingen om et punkt til. Hva ellers? Erfareren kjenner jo bare til dette ene, punktet. Miraklet at det oppstår noe fra ingenting, skjer – trolig – ikke to ganger, i hvert fall ikke to ganger umiddelbart etter hverandre?

Allerede her kan vi ta feil, men la oss anta at det er slik.

Rommet er da straks blitt todimensjonalt. Imellom de to punktene er det ingenting, men samtidig har jo dette «ingenting» en egen eksistens. I den forstand er «ingenting» faktisk «noe» likevel, det som er «imellom».

Det er noe helt nytt, Erfareren har aldri opplevd noe slikt før.

Erfareren tolker dette som konseptet «avstand».

Hvorfor akkurat avstand?

Vel, det vet vi fordi dersom du ser to punkter og jeg spør deg hva man kaller det som er imellom punktene, så vil du svare nettopp avstand. Vi alle vil svare avstand. Avstand er en konvensjon vi alle deler.

Du opplever dessuten avstander, som qualia. Det er snakk om selve opplevelsen av rommet.

Erfareren har altså den evnen at den også kan oppleve, føle, kjenne på det den forestiller seg. Den har en opplevelse av kvaliteten i det forestilte.

Siden kvalitet er et ord med mange betydninger, har man lagd et eget for akkurat dette; qualia.

Qualia er det gule i gult, det musiske i musikk, det poetiske i poesi, det latterlige i humor, det lyse i lys, det kalde i kaldt, det forte i fort, opplevelsen av avstand i geometriske forestillinger, det melankolske, glade, sinte osv.

Disse opplevelsene kommer ikke fra ingenting.

De er opplevelsen av de mentale, logiske, analytiske prosessene du driver med kontinuerlig, med en båndbredde på 100 Gbit/sekund.

15.1. Det tredimensjonale rommet

Vi er ikke der ennå, foreløpig er vi ved universets fødsel.

Det oppstår ytterligere en-to-tre-fire-fem punkter, alle i samme «avstand» til de eksisterende punktene, fordi Erfareren i starten bare kjenner én avstand.

Avstandene dannes i ulike retninger og i tre dimensjoner. Dette er igjen et faktum vi må hente fra naturen og de konvensjonene vi alle deler.

Erfareren observerer spredningen av punkter i tre dimensjoner, konseptualiserer «retninger» og «dimensjoner» – og opplever også retninger og dimensjoner, slik som du og jeg opplever tre dimensjoner og alle mulige retninger.

Erfareren lærer fort. Uendelig fort, for tid eksisterer ikke.

15.2. Tid og avstand

Rommet mellom punktene forstås som avstand. Det dannes automatisk ulike avstander og disse ulikhetene må også gis en forklaring, en tolkning: «tid».

Med flere punkter oppstår det nå avvikende avstander mellom noen av punktene. Dette følger av selve geometrien, som jeg tidligere viste med min hjemmesnekrede figur lagd med like lange Q-tips.

De ulike avstandene krever også en tolkning. Alt nytt krever å bli forstått.

Dette er Erfarerens funksjon; å kreere konsepter og å oppleve det kreerte som qualia. Råstoffet for kreasjonene er alt Erfareren registrerer som den ikke har tidligere kunnskap om, som ennå ikke er tolket.

Hvordan skal «ulikhetene» i avstand forstås? Hva er ulikhetene? Hva er den høyere, emergente forståelsen av divergerende avstander?

Erfareren har ikke noe svar, den kjenner ikke til noe konsept som kan forklare fenomenet, så den må kreere et nytt konsept – «tid».

Punktenes avstand skyldes tid.

Avstanden øker når punktene utsettes for tid.

Erfareren er nå bevisst tid, for den vet hva tid er konseptuelt og samtidig hvordan tid oppleves.

Til sammen utgjør dette det vi tidligere har kalt en erfaring.

15.3. Erfaringssirkelen

En erfaring krever, som jeg allerede har beskrevet (irriterende mange ganger ...?);

1. Noe som erfarer, ren væren, Erfareren,
2. en evne til å erfare, registrere, oppleve, altså varhet,
3. noe, altså et konsept, en tolkning av det som ble erfart,
4. og dessuten en opplevelse av det konseptualiserte, det vi kaller qualia, en manifestering, ofte i form av materialisering, en opplevelse av noe materielt.

Å oppleve qualia er igjen det samme som å oppleve (punkt 2), som danner basis for nye konsepter (punkt 3), som igjen må oppleves (punkt 4).

Punktene 2, 3 og 4 går i en uendelig, gjentakende sløyfe hvor hver tolkning er av høyere emergent orden enn den foregående – så lenge det er noe nytt å oppleve.

Erfarerens opplevelse av konseptet «tid», altså qualiet tid, må være nøyaktig slik du opplever tid. Det er umulig å beskrive innholdet i denne opplevelsen med ord, like lite som det er mulig å beskrive fullt ut med ord opplevelsen av konseptet «gult» - for eksempel.

Vi kan sammenligne en bestemt tid (og dermed også avstand) med andre tider (og avstander).

Vi kan sammenligne gult med andre farger.

Vi kan beskrive disse relasjonene, for eksempel at en tid er kortere enn en annen, eller at gult er mer eller mindre lik andre farger. Men vi klarer ikke å sette ord på opplevelsen av tid og gult i absolutt, isolert forstand.

Erfareren klarer dette, ordløst.

Alle opplevelsene av qualia er konseptuelt ubeskrivelige i seg selv, fordi konsepter og qualia er vesensforskjellige. Qualia kan bare beskrives konseptuelt relativt til andre qualia.

De mentale konseptene vi kreerer i et vanvittig antall og tempo beskriver altså relasjonen mellom qualiene, ikke den absolutte opplevelsen av dem.

Tid er forklaringen på de ulike avstandene som har oppstått mellom punktene. Tid oppleves som noe utstrakt, noe som har et før og etter, noe som var, er og kommer, noe elastisk ... som sagt, det er vanskelig å finne ord.

15.4. Endring er lik bevissthet?

Det vi kaller «bevissthet» kan være opplevelsen, qualiet, av det å være på det aller mest grunnleggende nivået, å registrere endringer, altså energi

Erfareren kjenner allerede konseptet «endring», hvilket, som vi har vist[57], er det samme som energi. Konseptet «endring» er tolkningen av den aller første hendelsen, skapelsen av «noe».

---

57 Se 12.6. Energi, evnen til endring

Denne overgangen fra «ingenting» til «noe» var den aller første «endringen», det aller første Erfareren konseptualiserte og opplevde, allerede før «punktet» ble tolket og opplevd.

Hvordan oppleves endring?

Hva er det tilhørende qualiet?

Vi får bruke oss selv som referanse igjen, siden det er din og min opplevelse det er snakk om når vi etter hvert kommer dit i fortellingen.

Vi opplever alle mulige slags endringer hele tiden, for eksempel når skyene driver forbi, en fugl lander på et tak eller en kopp settes på bordet. Dette er alltid opplevelser av en høyere orden, skapt av at det skjer noe med skyene, fuglen og koppen – som må tolkes og oppleves.

Men selve endringen?

Den fundamentale «energien» som var det første som ble konseptualisert og som er til stede overalt i en ekstrem mengde i absolutt vakuum (ifølge fysikken), i nullpunktfeltet?

Opplever vi denne «energien»?

Dersom det er slik at Erfareren alltid opplever det den konseptualiserer, så gjør vi det. Kan det være at dette er selve det vi kaller bevissthet?

Er bevissthet opplevelsen av å være på det aller mest grunnleggende nivået, som jo er det Erfareren gjør kontinuerlig?

En dåre kan spørre ...

15.5. Drivstoffet

Forestillingen om «endring» var den aller første forestillingen og er det som driver frem alle etterfølgende forestillinger.

Vi har nå en forståelse av hvordan endring, energi, oppstod.

Når endring først er lært, finnes det bare én mulig vei videre, nemlig å fortsette med endring.

Endring er den aller første, fundamentale «naturloven» som er involvert i absolutt alt etterfølgende.

I et mentalt univers er altså ikke energi noe som kommer «utenfra» og heller ikke en innebygd egenskap eller funksjon i selve Erfareren, men en konsekvens, et konsept, kunnskap, en tolkning av det faktum at «noe» oppstod.

Endring er det som skaper nye konsepter og opplevelser, selve drivstoffet i kreativiteten.

Allerede med opplevelsen av et «punkt» har vi dermed alt som trengs for å skape en verden, nemlig «noe» og evnen til å forandre «noe» til «noe annet» gjennom «endring», energi.

Vi er i gang, la oss komme videre.

15.6. Bevegelse
Tid og avstand danner forestillingen om «bevegelse».

Erfareren kjenner nå konseptene «tid» og «avstand» og de to er bundet sammen i et lineært årsaksforhold siden tid er en emergent tolkning av avstand.

Tid og avstand må nå betraktes samlet. Det er slik Erfareren fungerer.

Tid og avstand samlet danner noe nytt og ukjent. Tid skaper en endring av avstand. Avstander er forårsaket av ulik tid. Sammen danner de noe tredje.

Alltid når to ting forenes, oppstår noe tredje som er summen av de to.

Dette tredje er fremkommet fra de to første, er emergent.

Dette er selve definisjonen på emergens, i hvert fall vår definisjon.

Noe tredje?

Hva er den høyere, emergente tolkningen av «avstand-tid», eller «romtid» (spacetime) som Einstein kalte det?

Svaret er ikke intuitivt.

Du opplever selv både avstander og tid, men at disse to skulle skape noe tredje som også kan oppleves, er ikke umiddelbart åpenbart for alle. Vi erfarer det ikke direkte, tror vi, men det gjør vi faktisk.

Avstand og tid danner i sum «bevegelse», altså endring over tid i posisjon langs avstanden mellom punktene. Erfareren forestiller seg, konseptualiserer, at punktene endrer posisjon etter hvert som tiden endrer seg.

Jo mer tid, desto større endring i avstand.

Erfareren opplever allerede avstand, den har en følelse av rom, for å si det litt folkelig. Den opplever også utstrekningen av tid og Erfareren har nå fått for seg at punktenes posisjon i rommet og tid er bundet fast til hverandre og at denne bindingen, som er noe nytt, blir tolket og opplevd som «bevegelse».

Og hvordan oppleves dette – egentlig?

Som bevegelse.

Dersom du noen gang skulle oppleve å se et punkt skifte posisjon etter hvert som tiden går, vet du nøyaktig hvordan bevegelse oppleves.

Vanskeligere er det ikke.

> *Ikke bare måler vi bevegelse med tid, men også tid med bevegelse, for de definerer hverandre.*
>
> *Aristoteles*

Erfareren har nå det den trenger for å forestille seg at punktene beveger seg hit og dit. Eller rettere, Erfareren opplever – faktisk – at punktene beveger seg hit og dit og at avstandene stadig endres.

Verden dirrer.

Det er nærliggende å tenke at dette ligner det man i fysikken kaller kvantefluktuasjoner, altså de frenetiske bevegelsene i nullpunktfeltet.

Det skal som nevnt, ifølge fysikken, forekomme 10^{120} slike frenetiske hendelser per sekund per kvadratcentimeter i hele universet.

Det er et vanvittig stort tall.

15.7. Nødvendighet
Tid, avstand og endring er overalt, derfor er bevegelse overalt.

Avstander og tid i sum tolkes altså som bevegelse, men er bevegelse nødvendig?

Kunne ikke fenomenet bevegelse eksistere kun som noe abstrakt, noe teoretisk mulig, mens punktene som sådan oppleves å stå stille?

Hvorfor må bevegelse skje?

Det kan tenkes minst to svar.

Det første ligger i Erfarerens funksjon.

Når konseptet «bevegelse» er kreert, er det samtidig skapt et qualia, en nødvendig opplevelse av bevegelsen. Og når Erfareren overalt observerer romtid, observerer den også overalt bevegelse.

Det andre svaret er igjen endring, energi – det første som Erfareren lærte og det eneste den dermed er nødt til å gjenta i absolutt alle påfølgende sammenhenger.

Ikke-endring er umulig, verden hviler oppå konseptet og opplevelsen av endring.

Dersom endring ikke lenger skjer, stopper all videre utvikling opp, ingenting nytt konseptualiseres eller oppleves. Null verden.

Fysikken er for øvrig enig, uten energi skjer ingenting.

Hvor hurtige er bevegelsene? Skjer de langs rette linjer? Langs kurver? I så fall hvorfor? Hvordan?

La oss se nærmere på dette, for bevegelsene har avgjørende betydning i fortsettelsen. Bevegelser skjer kontinuerlig overalt, men hvor raske er de?

15.8. Memorert, konstant lyshastighet

Den første hastigheten Erfareren konseptualiserte, var den som kom fra avstanden og tiden mellom de to første punktene. Straks hastigheten var lært, ble den styrende for all videre utbredelse av tid og rom. Dette er lyshastigheten.

Hastigheten er gitt av forholdet mellom avstand og tid. Dette forholdet ble definert en gang for alle den aller første gangen avstand og tid – og deretter konseptet bevegelse – ble observert, tolket og opplevd.

Hastigheten ble memorert, den er kunnskap.

Kunnskap kan i teorien bare forsvinne på to måter.

Enten blir den glemt, altså den forsvinner av seg selv av en eller annen grunn.

Dette sa vi i forrige kapittel er umulig, for da ville ikke verden ha permanens, den kunne ikke bestå fra et øyeblikk til et annet.

Kunnskap kan også erstattes, overskrives av ny kunnskap. Dersom mange nok mennesker forteller deg at det du tror er gult, egentlig er rødt, vil du etter en stund begynne å tro på dem, særlig hvis du er alene om å tenke gult.

Den sterkeste tolkningen vinner.

Men merk at dette gjelder tolkningen, hva konseptet, idéen «er». Kvaliteten i opplevelsen din av fargen, qualiet, er uendret, men du får den nå bare dersom noen viser deg noe rødt i stedet for noe gult.

Det spiller altså ingen rolle hvilket navn vi gir et qualia, men det spiller en rolle hvilket qualia vi assosierer med et konsept.

Opplevelsen ser ut til å være «sannere» enn konseptet, hvilket gir mening, for det å oppleve er å registrere, «være i live» om du vil, som er Erfarerens primære funksjon.

Vi snakket om bevegelse og hastighet. Når en hastighet først er lært, kan den altså senere kun endres dersom det dukker opp andre hastigheter som overskriver den første.

Men hvordan skulle det skje, når hastigheten er bestemt gjennom en relasjon mellom tid og avstand, og hvor de to siste er bundet til hverandre i et fast forhold per definisjon?

Det er umulig.

Denne første hastigheten må derfor være det samme som lyshastigheten, den hastigheten vi faktisk observerer på dette nivået. Fordi den aldri kan redefineres, er den konstant.

Når Erfareren fortsetter å forestille seg avstander og tid, er det lyshastigheten som bestemmer størrelsene.

Er du astrofysiker? Da skal du få et lite hint.

Det som nettopp er sagt, forklarer hvorfor det ikke eksisterer noe «fine tuning»-problem i fysikken.

De absolutte verdiene vi observerer på fundamentale størrelser i universet, er ikke fremkommet gjennom et lykketreff, ved at Gud står bak og bestemmer – eller noe slikt.

Verdiene oppstod som direkte konsekvens av de to første prikkene og avstanden mellom dem.

Alle senere størrelser i hele universet er utledet gjennom emergens fra denne avstanden og konseptene som senere fulgte.

Verdiene er det de er.

Alternative størrelser er umulig.

See?

At det i universet også finnes bevegelser med lavere hastighet, skyldes at det da også er andre forhold som spiller inn, andre og senere emergente tolkninger som gjør at lyshastighet i den situasjonen ikke er mulig.

Høyere hastigheter er umulig fordi lyshastigheten et definert gjennom den første og minste mulige avstanden – og det første og minste tidsintervallet. Noe mindre enn dette eksisterer ikke, og dermed eksisterer heller ikke høyere hastigheter. Jeg snakker nå om Planck-størrelsene i fysikken.

Akkurat nå må vi følge hovedsporet videre.

Erfareren besitter for øyeblikket konseptuell kunnskap og tilhørende opplevelser av punkter, tid, avstand og bevegelse med konstant hastighet, lyshastigheten.

Nå skal jeg si noe viktig som du må ta med deg i alt som kommer senere i boken.

Jeg snakker om prikker, avstander, tid og hastighet. Jeg har begynt å forklare årsakssammenhenger, som om jeg selv var der da det smalt og vet dette.

Vi skal straks utvikle det videre, og også trekke paralleller til det fysikken forteller oss. Mange vil si at dette er spekulativt, for vi kan ikke vite noe som helst sikkert før det er grundig undersøkt av mengder av fagfolk i en omfattende prosess.

Selv da vil vi kanskje ikke klare å bevise noe som helst.

Da må jeg igjen minne om metoden vi benytter. Vi samler indisier. Vi induserer.

Jeg fremmer idéer om hvordan det kan tenkes at ting henger sammen.

Så bygger jeg, så godt jeg klarer, en ubrutt kjede av årsakssammenhenger fra det aller minste til det aller største. Vi er fortsatt innen naturvitenskapenes verden, primært fysikken.

Til slutt skal jeg påvise at det finnes årsakssammenhenger mellom den fysiske verdenen og alt abstrakt og subjektivt.

Tre ting på en gang, samlet til et hele, hvor de samme lovene gjelder universelt.

Kort sagt: Det følgende er et forslag til hvordan ting kan henge sammen. Alle ting.

Dersom jeg lykkes, blir det som med et puslespill. Hvis alt ser ut til å henge sammen, og det er snakk om trilliarder ganger trilliarder ganger trilliarder med puslespillbrikker, er det ikke da sannsynlig at løsningen er korrekt?

Sånn, da skulle vi kunne gå videre?

Hvor var vi?

Vi har noen prikker, avstander, tid som «forklaring» av avstander – og hastighet som er en emergent tolkning av tid og avstand, altså noe «mer» som de to danner sammen, tidens og avstandenes felles barn.

Med denne kunnskapen skjer det nå en eksplosjon av det samme, for dette er den eneste kunnskapen som finnes og Erfareren er kreativ og må kreere.

Med stadig flere punkter oppstår ansamlinger, ujevnheter, mønstre.

15.9. Mønsteret og ansamlinger

Den videre utviklingen av rom og tid, med lyshastigheten, danner et mønster og det oppstår «ansamlinger». Disse tolkes som partikler med masse.

Erfareren opplever at punktene fyker hit og dit i et tredimensjonalt rom med lysets hastighet. Dermed er alle avstander blitt mulig, for bevegelsene skaper dem. Den hektiske aktiviteten utvikler et mønster i stadig endring.

Noen steder er det ansamlinger av punkter tett i tett, andre steder er det områder med mindre tetthet av punkter. Det hele utgjør i sum det dirrende nullpunktfeltet. Dirringen skaper fluktuasjoner.

Igjen står Erfareren overfor noe nytt som må forstås; ansamlinger, konsentrasjoner, variasjoner i tetthet.

De oppstod uten noen bestemt grunn, tilfeldig, som en konsekvens av bevegelsene. Likefullt har de faktisk oppstått, de blir registrert, må tolkes og oppleves.

Hva skal ansamlingene tolkes som?

Nå er jeg på gyngende grunn, det skal jeg innrømme.

Hvordan skal vi kunne vite?

15.10. Partikler

Vi får lene oss til det vitenskapen forteller oss om den subatomiske verdenen.

Så langt min kunnskap som ikke-fysiker strekker til, er innholdet i atomkjernene de minste ansamlingene vi vet om. Atomkjernene inneholder protoner og nøytroner, og hver av disse består igjen av tre kvarker.

I forhold til de aller minste størrelsene vi kjenner (Planck-lengden på $1.61622837 \times 10^{-35}$ meter), er kvarker imidlertid svært store $(0.43 \times 10^{-16}$ meter$)$[58].

Trolig har det skjedd en lang rekke mellomtolkninger, sykluser med emergens, før konseptet «kvark» oppstår. Man antar i dag at kvarker er dannet av preoner, og at disse igjen er dannet av enda mindre miniatyrpartikler som vi ennå ikke kjenner til[59]. Fysikken er altså inne på det samme.

15.11. Masse = bevegelsesenergi

Hvordan Erfareren opplever og tolker ansamlinger i den underliggende romtiden, kan vi derfor ikke vite. Alt er for smått, vi mangler instrumentene og metodene.

Det vi imidlertid vet, er at kvarker oppleves å ha masse. Vi kan forestille oss at også byggeklossene til kvarkene, og byggeklossenes byggeklosser osv., har masse.

Kort fortalt, kan vi teoretisere at ansamlingene i romtiden blir tolket som en eller annen ukjent miniatyrpartikkel, en miniklump, og at det tilhørende qualiet innbefatter opplevelsen av masse, noe «tungt».

Men hva er så masse, fundamentalt sett?

---

58 https://www.theguardian.com/science/life-and-physics/2016/apr/07/how-big-is-a-quark
59 https://www.sciencedirect.com/topics/chemistry/up-quark

Vi vet fra fysikken at energi og masse er knyttet direkte til hverandre og kan omformes fra det ene til det andre gjennom den mest berømte ligningen som noen gang er formulert, $E = mc^2$.

Hvordan skal vi forstå dette?

I fysikken er teorien at partiklene i atomkjernen interagerer med et felt, Higgs-feltet, som gir dem en liten del (2 prosent) av den massen de har.

Resten (98 prosent) kommer fra bevegelser, det at kvarkene surrer rundt med lysets hastighet i klynger på tre, bevegelsesenergien til kvarkene – og fra den «motsatte» energien, kraften, som gjør at kvarkene holdes samlet i klynger – fordi energi er masse.

Går det an å forstå intuitivt at bevegelsesenergi kan oppleves som masse?

Javisst!

Tenk deg en stein som er festet til et nokså langt tau, altså en slynge.

Når steinen ligger i ro, har den en masse – for eksempel 1 kilogram.

Dersom du så holder den noen centimeter over hodet ditt og slipper den, vil du kjenne dette kilogrammet pluss litt til, som kommer fra at steinen fikk en hastighet da den falt.

I fallet ble potensiell energi omdannet til kinetisk energi, bevegelsesenergi, slik at steinen som traff hodet ditt ble opplevd som «noe litt tyngre» enn bare steinens egentyngde.

Slyng deretter steinen rundt og rundt og slipp den avgårde med stor fart.

Hvis nå steinen treffer noe, et hode eller helst en vegg, vil bevegelsesenergien være dødelig. Det vil oppleves som å få et tonn med masse imot seg.

Steinen er den samme, men energien er større, så massen oppleves større.

Kvarkene har, ifølge fysikken, fått en ørliten masse fra Higgs-feltet, men i tillegg svirrer de rundt på et bittelite område med noe nær lysets hastighet – som slynger.

Erfareren har altså konseptualisert at bevegelsesenergi oppleves som masse. Det er et faktum, for Einsteins berømte ligning forteller at slik er det.

Opplevelsen av bevegelsesenergi er den samme som opplevelsen av energien i en slynge. Vi vet det fordi vi opplever det alle sammen og fordi Einstein viste det.

15.12. Den sterke kjernekraften

Kvarkene har en masse og farer rundt og rundt inni atomkjernen som slynger innenfor et bittelite område, men samtidig farer de ikke avgårde.

Dette er situasjonen for kvarkene og jeg antar at den må være lik for de uhyre små ansamlingene i det fundamentale romtid-mønsteret.

Vi vet ikke dette, men jeg mener vi må kunne anta at mekanismene og lovene vi observere i større, observerbar skala, også gjelder for ting som er for små til å bli observert.

Dette er en situasjon, noe nytt, som krever en tolkning og en opplevelse.

Det som holder ansamlingene på plass, må være ... hva da?

Erfareren bruker alltid tidligere kunnskap, velger det konseptet den allerede kjenner som ligner mest, akkurat som et gult eple også er et eple. Enten blir det kjente konseptet justert til også å omfatte det nye, eller det må kreeres et nytt konsept.

I dette tilfellet kjenner Erfareren allerede til «bevegelsesenergi» og opplevelsen masse. For å holde kvarkene på plass, trengs det kun en bevegelsesenergi i motsatt retning. Men dette er noe som ikke kan innlemmes i det opprinnelige konseptet «bevegelsesenergi». Da ville konseptet nulle seg selv ut.

Det må derfor skapes et nytt konsept, det vi kaller «den sterke kjernekraften».

Opplevelsen er den samme som opplevelsen av bevegelsesenergi – opplevelsen av kraft som vi alle kjenner fra mange sammenhenger. Denne kraften bidrar også til opplevelsen av masse gjennom $E=mc^2$ (eller egentlig $m=E/c^2$).

Okey, jeg gir meg der med akkurat dette. Jeg kan ikke nok fysikk og vi mangler empiriske data for å kunne anta noe som helst med et snev av sikkerhet. Disse kreftene må ha oppstått lenge, lenge før kvarkene.

15.13. Fotoner og masse

Men likevel, er vi inne på noe? La oss se hvordan denne tenkemåten fungerer for en annen partikkel, nemlig fotonet, altså lys.

Fysikken sier at fotoner har ingen masse når de forholder seg i ro. De surrer ikke rundt i ansamlinger slik som kvarkene, men flyr fritt og alene avgårde med lysets hastighet.

Men det øyeblikket de beveger seg, skjer det samme som med kvarkene. Fotonet får masse. Fotonene fra Solen kan for eksempel skyve på store solseil som setter romsonder i bevegelse[60].

Bevegelsesenergi oppleves som masse med en kraft til å flytte romsonder, i ytterste konsekvens også fjell, selv om det som beveges i seg selv er masseløst!

Den logiske tolkningen er da at fotoner er elementære, altså ikke satt sammen av noe annet, fordi de har en hvilemasse som er null. Det øyeblikket fotoner beveger seg, får de masse.

Kan det være så enkelt? At masse rett og slett er opplevelsen av bevegelse, opplevelsen av bevegelsesenergi?

At masse ikke er noe mystisk og eget i seg selv, men en kvalitet ved noe annet, et qualia?

Har vi flere indisier som peker i samme retning?

---

60 https://en.wikipedia.org/wiki/Solar_sail

15.14. Gyroeffekten

La oss se på gyroeffekten[61].

Ta et sykkelhjul, hold det i ro og still det på høykant. Slipp det og det vil falle.

Sett det deretter i rotasjon og det vil forbli stående.

Det samme gjelder for alt som roterer rundt sin egen akse, for eksempel en snurrebass. Når den spinner, får den en opplevd tyngde, altså masse, som gjør at den holder seg oppreist. Den får en treghet (inertia) og blir vanskelig å bevege ut av stillingen sin.

Men massen i selve hjulet og snurrebassen er hele tiden den samme. Bare spinnet, altså bevegelsesenergien, varierer – og med den varierer også den opplevde tyngden.

Så var det dette Higgs-feltet.

Jeg skal ærlig innrømme at jeg ikke forstår hverken hva det er eller hvordan det kan gi masse til partikler.

Jeg skjønner at Higgs-feltet er matematisk nødvendig for at fysikkens Standardmodell skal være komplett, men jeg forstår ikke hva som fundamentalt sett foregår.

Intuisjonen min strekker ikke til.

I vår teori om idealistisk emergens behøves ikke noe Higgs-felt.

Alt spinner, det er det hele.

Kvarker er tolkningen av ansamlinger av preoner, som er ansamlinger av noe mindre, som er ansamlinger av noe enda mindre osv. Det er emergens i utallige generasjoner, med en faktor på 10^{19} ned til det aller minste.

Det blir mange generasjoner.

---

61   https://en.wikipedia.org/wiki/Gyroscope

Hvis mekanismen hele tiden er den samme som hos kvarkene, betyr det at også disse mikropartiklene surrer rundt med lysets hastighet i ansamlinger. Også de er «slynger» med en motkraft som holder dem i posisjon. Også de har en opplevd masse, qualia, som følge av bevegelsesenergien og motkraften.

I en idealistisk, mental verden er prinsippene alltid de samme. Når de først er lært, kan de ikke glemmes og de må benyttes på alt som ligner tilstrekkelig, akkurat som fysikkens lover også er universelle.

Loven om at alle lover er universelle er den eneste absolutte «loven» som behøves, alle andre er relative, emergente.

Gjennom alle generasjonene av emergente partikler akkumuleres det opplevd masse, som summerer seg til to prosent av den opplevde massen til kvarkene. Så sørger bevegelsesenergien til selve kvarkene, gyroeffekten om du vil, for resten.

Slik kan det være.

Jeg er ingen fysiker, men jeg tror jeg godt kunne blitt en, kanskje i neste liv, hvis jeg vil.

15.15. Akselerasjon og gravitasjon

Dette leder direkte til konseptene «akselerasjon» og «gravitasjon».

Allerede helt nede i det aller minste, i den fundamentale romtiden, oppstår forestillingen om masse og kraft.

Masse oppstår der hvor det er bevegelsesenergi.

Den sterke kjernekraften har også blitt konseptualisert, for å motvirke bevegelsesenergien og holde ansamlinger sammen som partikler.

Hadde ikke kjernekraften vært der, vil alt bare føket kaotisk rundt og en hver form for stabile konsentrasjoner vil vært umulig, og dermed også verden.

En slik situasjon er «ulovlig», for Erfareren har registrert ansamlinger, de er et faktum, og de må forstås, bli kunnskap.

«Masse» og «kraft» er de nyeste konseptene Erfareren nå har lært.

Hvilke konsekvenser får dette for systemet, romtid-mønsteret, som helhet?

Vel, hva ellers har Erfareren fra før av kunnskap?

Den kjenner til bevegelse i tre dimensjoner og den kjenner til endring/energi. Det er det hele.

Erfareren har ingen kunnskap om noe annet som i utgangspunktet skulle kunne bestemme i hvilke retninger punktene fyker.

Når de likefullt ender opp på bestemte steder, i ansamlinger, må det dermed være noe som påvirker banen deres underveis slik at resultatet blir som observert.

Du og jeg vet at ansamlinger er en uunngåelig konsekvens av geometrien i romtid-feltet. Dette er kunnskap av høyere emergent orden som er dannet gjennom nødvendig logikk. Erfareren forstår det ikke slik på dette stadiet. Den opplever bare ansamlingene som sådan.

Hva forårsaker dem?

Hva annet kan dette være, enn «endring», «energi»?

Dersom man har et punkt i bevegelse langs en rett linje og utsetter det for en endring som ikke skjer i bevegelsesretningen, så beveger punktet seg også sideveis, det dannes en kurve.

Punktet styres i en ny retning, og graden av endring bestemmes av mengden energi som tilføres, hvilken kraft det utsettes for. Konseptet «kraft» er jo nettopp lært gjennom Den sterke kjernekraften, later vi som.

Dette er, såvidt jeg kan se, den eneste forklaringen Erfareren har til rådighet, gitt den kunnskapen den allerede har.

Punktene endrer retning underveis.

De utsettes for en endring, en kraft, langs en annen akse enn bevegelsesretningen.

I fysikken kalles dette akselerasjon.

Ok. Nå kommer neste steg i tolkningen.

Hvorfor utsettes noen punkter for energi slik at de styres mot bestemte steder hvor det dannes ansamlinger?

Hvorfor styres de ikke i stedet mot områder hvor det ikke er ansamlinger, eller tilfeldig hvor som helst?

Skulle det ikke vært mer logisk at punktene søker å fordele seg utover så jevnt som mulig?

For Erfareren er ikke dette noe alternativ. En slik utjevning vil gradvis viske ut mønsteret.

Det vil etter hvert ikke finnes noe mer å tolke, all videre utvikling av universet stopper opp.

Dessuten er allerede mønsteret og ansamlingene et faktum. De er blitt dannet og de dannes kontinuerlig. Det observeres ingen utjevning.

Tvert imot, jo mer tid som går, desto mer komplekst blir mønsteret gjennom bevegelsene til punktene som fyker rundt overalt.

I stedet må det være motsatt.

Det må være noe ved ansamlingene som gjør at punktene beveger seg nettopp dit. Et område som har tett med punkter, fungerer som en «attraktor», noe som trekker på noe annet.

For første gang møter vi ordet attraktor – på ordentlig.

Det er viktig.

Men igjen, bare merk deg det, så kommer vi tilbake til det – mange, mange ganger.

Hva er det ved ansamlingene som trekker?

Kan det være noe annet enn ansamlingene selv?

Det finnes ikke noe annet, gjør det?

Mange punkter som er tett samlet, trekker på punkter som er ikke er så tett samlet.

Et punkt har altså en evne til å trekke på andre punkter. Mange punkter på ett sted trekker mer enn få punkter.

Hvordan skulle Erfareren ellers forstå det?

I fysikken er denne tiltrekningen gitt et navn, «gravitasjon».

Det vi fortsatt mangler, er årsaken til gravitasjon.

Hva er det ved ansamlingene som forårsaker kraften som drar på andre punkter?

Ansamlinger har masse. En ansamling er en gruppe med punkter. Da må også alle punkter ha masse, for Erfareren må tenke likt om det samme.

Gravitasjonens årsak er masse.

Hva ellers?

Jeg er ingen fysiker, men jeg kan tenke og jeg tenker fritt, og ikke bare det andre har tenkt før meg. Dette er ulvemat.

15.16. Ekvivalensprinsippet

Vi har oppdaget at akselerasjon og gravitasjon konseptuelt er det samme.

Her kommer noe interessant. Dette er velkjent i fysikken, men likevel verdt å påpeke.

Enkeltpunkter som fyker forbi en tung ansamling av punkter utsettes for gravitasjon; en kraft, energi, som endrer punktenes bane, skaper akselerasjon bort fra den opprinnelige banen.

Akselerasjon og gravitasjon fungerer dermed likt.

Akselerasjon er endring i banen som følge av en ytre energi, en ytre kraft.

Gravitasjon er endring i banen som følge av et drag, en kraft som kommer fra ansamlingene selv.

Effekten er den samme og i denne situasjonen er de også det samme: Kraften, energien, endringen, skapes av massen til ansamlingene som resulterer i gravitasjon som agerer på punktene og gir akselerasjon.

Det interessante er at vi dermed har oppdaget Einsteins ekvivalensprinsipp, som sier at om vi utsettes for akselerasjon, vil dette oppleves identisk med å bli utsatt for gravitasjon.

Det klassiske eksemplet går slik:

Tenk deg at du befinner deg i en heis som henger i tomt rom. Heisen begynner å bevege seg oppover med stadig økende fart. Du opplever konstant akselerasjon og kjenner at du blir presset ned mot heisgulvet.

Tenk så at du står på Jordens overflate og kjenner tyngden din. Kraften som drar deg mot bakken er gravitasjonen som skyldes den enorme massen til Jorden.

I begge tilfeller opplever du det samme. Dersom du i begge situasjonene har bind for øynene og ikke vet hvor du er, vil du ikke kunne skille de to opplevelsene fra hverandre. De er ekvivalente.

Det aller mest interessante er at, såvidt jeg vet, har ikke fysikken noen forklaring på hvorfor ekvivalensprinsippet er gyldig.

I vår teori fremkommer det enkelt og elegant.

Legg også merke til at vi har dannet oss en forestilling om hva gravitasjon og akselerasjon er uten å introdusere et eget kraftfelt, gravitoner eller andre hjelpemidler.

Gravitasjon i vår fremstilling er noe fundamentalt som oppstår før forestillingen om partikler. Dermed kan jakten på gravitonet avlyses.

15.17. Krumning og bølger

Gravitasjon fører til bevegelse langs kurvede baner, som er lengre enn rette baner. Siden all bevegelse i romtidfeltet skjer med lyshastigheten

som er konstant, betyr dette at det er selve rommet som krummes, ikke banen isolert sett.

Konseptene «gravitasjon», «akselerasjon» og «masse» får nå vidtrekkende konsekvenser for det som allerede er skapt. Punktene dras mot ansamlingene, attraktorene. De beveger seg ikke lenger langs rette linjer, men langs kurvede baner på grunn av tiltrekningen.

Det er det samme som skjer når Jorden beveger seg fremover, men samtidig trekkes innover mot Solen. Jorden ender opp med å gå i sirkel rundt Solen.

En kurvet bane er alltid lenger enn en rett bane. Samtidig er lyshastigheten fortsatt konstant, og avstand, tid og hastighet er bundet til hverandre i et fast forhold per definisjon. Dette betyr dermed at når bevegelsens bane endres, er det selve rommet som krummes.

Husk, jeg snakker fortsatt om den initielle fasen i skapelsen av universet. Kunnskapen – lovene – om masse og krefter er «lært» av Erfareren gjennom å registrere og tolke fremveksten av noen få «punkter».

Vi er altså kommet frem til det samme som Einstein formulerte i sin generelle relativitetsteori[62], i det minste den samme intuitive forståelsen.

Samtidig er en sentral bestanddel i det vi kaller «komplekse, dynamiske systemer» født, nemlig konseptet attraktorer. Det er herfra begrepet kommer, fra det som populært kalles kaosteori.

Universet er et komplekst, dynamisk system.

Naturen på Jorden er det samme, og også alt mulig annet, som vi skal se med økende grad av tydelighet.

Med gravitasjon og krumning av rommet er også konseptet «kurve» skapt. Dette leder direkte til konseptet «bølge», altså en bevegelse som følger en kurvet bane mellom to ytterpunkter.

Kurvens form bestemmes av attraktorene i omgivelsene.

---

[62] https://no.wikipedia.org/wiki/Den_generelle_relativitetsteorien

Erfarerens verktøykasse har fått enda et nytt redskap til å forstå verden.

Vi er på Planck-nivå[63], i det aller minste. På dette stadiet i utviklingen av universet eksisterer kun forestillingen om noen ganske få «punkter», men universet er prinsipielt sett komplett.

15.18. Korrekt?

Indisiene peker i retning av at vi er inne på noe. Gjør de ikke det, da?

Som sagt, vi kan ikke vite at beskrivelsen som her er gitt av de aller første hendelsene i universet er korrekt. Det kan selvsagt tenkes at rekkefølgen var en annen, årsaksforholdene annerledes osv.

Men beskrivelsen virker å være innbyrdes konsistent, har en logisk progresjon og samsvarer med det fysikken forteller oss. I hvert fall sånn noenlunde.

Dersom du kan godta dette, er teorien om idealistisk emergens så langt uten hull og uforklarlige sprang.

For eksempel har fysikalismen, som tidligere nevnt, ingen teori om bevissthet, mens hos oss er bevissthet fundamental og verden en emergent forestilling.

Vi kan også benytte de samme lovene og prinsippene til å forklare absolutt alle fenomener, fra de aller minste (idéen om det første «punktet») til de aller største (slutten på universet) – og dessuten på tvers av tilsynelatende ubeslektede kategorier som materie, abstraksjoner, personlige erfaringer, sosiale systemer, kunst, språk osv.

Dette siste skal vi etter hvert komme til.

Indisiene peker alle i samme retning – mener jeg.

---

[63] https://en.wikipedia.org/wiki/Planck_units

15.19. Utenfor tid og rom

Romtiden er et mentalt mønster, kunnskap. Fordi kunnskap er ren abstraksjon, er den ikke begrenset av tid og rom, like lite som tanken din er det. Romtiden oppstod på null tid i uendelig omfang det samme øyeblikket som kunnskapen oppstod om hvordan romtiden er konstruert. Opplevelsen av rom og tid, derimot, er opplevelsen av mønsteret, qualiene. Dette oppleves som ... rom og tid.

Erfareren kjenner ingen begrensninger i tid og rom.

Det kan du selv erfare her og nå.

Kan du forestille deg at du holder en banan i hånden? Kan du nå forestille deg at denne bananen med et knips plutselig befinner seg på en planet to millioner lysår unna?

Det tar kanskje brøkdelen av et sekund å danne seg et indre bilde av denne kloden og bananen som nå befinner seg der. Men det tar ikke to millioner år, som bananen ellers ville brukt for å komme dit om den haiket med en lysstråle.

Erfarerens konsepter er ikke begrenset av avstand og hastighet, heller ikke av tid, mengder eller noe annet. Erfareren er ubegrenset på absolutt alle tenkelige (sic) måter, for hva skulle begrenset den?

Erfareren er umiddelbar, uendelig rask. Men alt som skjer i det universet vi erfarer til daglig, tar tilsynelatende tid - oppleves å ta tid.

Tid er en opplevelse, et qualia.

En «ekte» banan som fyker gjennom et «ekte» rom til en «ekte» planet, befinner seg inni forestillingen om rom, tid og hastighet. Da tar det to millioner år - forstår og opplever Erfareren.

Forestill deg en bok. Den beskriver hendelser som utspilles over en periode på et år. Skildringen er så realistisk og detaljert at det også tar et år å lese boken.

Men det tok ikke et år å skrive den. Boken ble skrevet på praktisk talt null tid av en datamaskin med kunstig intelligens som kan kunsten å «skrive» tullete bøker om bananer på tur.

Slik er forholdet mellom det mentale mønsteret, livets bok – og lesingen av mønsteret, opplevelsen av å leve.

15.20. Felt, kraftfelt, mønsteret

Det eksisterer det vi kaller et felt, abstrakte lover om hvilke størrelser som finnes og hvilke krefter som virker på et gitt sted i tiden og rommet. Romtiden er en del av dette feltet, men det inneholder også kunnskap om bevegelser, masse og gravitasjon. Feltet må få et navn, og jeg velger å kalle det for Mønsteret.

Skillet mellom det tenkte og det opplevde står helt sentralt i å forstå verden.

Verden er både evig (nesten), uendelig stor, deterministisk og skapt komplett på null tid.

Alt oppstod med et knips. Deretter kommer ingenting nytt til, aldri.

Hvordan er dette mulig? Jo, fordi det er mentalt, det er tenkt.

Universet er skapt fra noen svært enkle, abstrakte lover.

Det er kunnskap i en universell intelligens, i Erfareren.

Hvilke lover? Jo, de om rom, tid, bevegelse, masse og tiltrekning.

Disse tingene ble konseptualisert i en gitt rekkefølge, men så tidlig at den abstrakte kunnskapen var og er tilstede overalt alltid.

Du har allerede fått beskrevet et forslag til hvordan de fungerer, som er i samsvar med det fysikken forteller oss, men tenkt på en litt annen måte.

Tenkemåten vår er reversert. Vi er kommet frem til lovene ved å indusere, ikke redusere.

Forestillingen om mønsteret er en abstraksjon. Det oppstår i et uendelig omfang umiddelbart. Enten har du denne kunnskapen, eller du har den ikke.

Erfareren har absolutt og umiddelbar kunnskap om hva som er status, altså verdiene for posisjon, tid, bevegelse, masse og gravitasjon, uansett hvilket punkt i rom og tid i denne kolossale strukturen, mønsteret, som betraktes, registreres.

Erfareren vet alt.

Dette kalles et vektorfelt.

Feltet er det vi kaller romtiden, men inneholder også noe mer, nemlig informasjon om bevegelser, masse og en helt sentral kraft, den som skaper gravitasjon, akselerasjon og bølger - tiltrekning mellom alt som har masse - det vi mer generelt kan kalle den mentale loven om attraktorer.

Begrepet attraktor danner også grunnlaget for det man i spirituelle miljøer kaller The Law of Attraction, men den virker på et helt annet nivå, i dagliglivet - hvilket vi ikke skal komme tilbake til. Jeg nevner det bare for å ikke skape forvirring, eller mer forvirring, alt ettersom hvordan du ser det.

Som vi har sett, danner feltet ansamlinger, ujevnheter, en struktur.

Variasjonene fremkommer i alle varianter. Noen er tette, kompakte. Andre ansamlinger er mer som tåke med et svakt mønster. Noen står nokså stille, andre fyker avgårde. Noen dirrer intenst på et sted, andre følger lange sykluser som kan strekke seg over større eller mindre områder.

Alle disse variasjonene skjer i rom og tid.

Det har oppstått en ufattelig kompleksitet. Plutselig dukket det opp trilliarder ganger trilliarder ganger trilliarder «mentale hendelser», variasjoner i mønsteret. De må alle tolkes og oppleves. Erfareren fungerer slik.

Hver og en av disse tolkningene vil igjen utgjøre råstoffet for nye tolkninger. Denne prosessen er det vi kaller emergens.

Jeg gnir det inn.

I mangel av et bedre ord, velger jeg å kalle hele dette abstrakte, bevegelige, ufattelig komplekse feltet, mønsteret av hendelser, for ... Mønsteret.

Hva ellers?

Mønsteret er tenkt.

Opplevelsen av Mønsteret, derimot, er noe fundamentalt annerledes enn abstraksjonen Mønsteret. Vi ser ting i Mønsteret slik barn opplever å se ting i skyene.

15.21. Opplevelsen av å være i feltet

Opplevelsen av Mønsteret er opplevelsen av rom, tid, bevegelse, masse og gravitasjon. Dette bidrar trolig til opplevelsen av selve det å «være», altså det å være «bevisst», ved siden av å oppleve endring, energi.

Mønsteret som Erfareren forestiller seg, har i seg selv ingen mening, ingen tolkning.

Det er kunnskap i basal form om en uendelighet av «punkter» som fyker rundt og danner et mønster etter fastlåste lover, ingenting annet.

Et «felt», som fysikken ynder å kalle det.

Egentlig finnes ikke punktene, kun bevegelsene som danner mønsteret, kun kunnskapen. Fordi det er vanskelig å objektifisere «bevegelse», har jeg inntil nå i stedet brukt begrepet «punkt i bevegelse».

Hvordan oppleves det for Erfareren å ha denne kunnskapen?

Ja, du må igjen spørre deg selv.

Hvordan oppleves det for deg å ha kunnskap om det tredimensjonale rommet som omgir deg og som også er inni deg?

Hvordan opplever du tid og bevegelse og tyngdekraft og masse?

Alle disse konseptene har sine tilhørende qualia som er nettopp de du selv opplever. Det er god grunn til å tro at dette er selve opplevelsen av å være i live, av bevissthet.

La oss ta det enda en gang, for dette er helt sentralt:

Erfareren, eller den universelle Kilden, Gud eller hva du vil kalle det – skaper forestillingen om en uendelig stor dynamisk struktur, et fluktuerende mønster – Mønsteret.

Dette skjer umiddelbart etter at idéen om det første «noe» er skapt.

Med våre ord, i vår opplevde verden, må vi uttrykke det slik, altså snakke om «etter». Egentlig oppstår strukturen utenfor tiden - i den store, universelle væren som bare er.

15.22. Emergent mening

Emergens er selve hovedmekanismen i teorien vår og er involvert overalt og på alle nivåer i universet. Her får du et eksempel på hvordan emergens skaper mening fra trykksverte.

La oss si at Mønsteret, nullpunktfeltet i fysikken, er boken vi snakket om nettopp.

Universet er en forestilling, en lesning eller tolkning av Mønsteret. Det er forestillingen, fortellingen som oppleves.

Å lese oppleves som noe. Noen ganger er historien så godt fortalt og bildene som dannes i hodet ditt er så levende, at du «lever deg inn i boken». Det føles som om du er tilstede i fortellingen.

Kornene i trykksverten i boken er da punktene. Bokstavene, ordene, setningene og fortellingen som de danner, er emergente forestillinger.

En bokstav er en emergent tolkning av et bestemt mønster av punkter med trykksverte. En annen del av Mønsteret tolkes som en annen bokstav.

De ulike bokstavene danner igjen også et mønster. Disse tolkes som ord. Ordene tolkes deretter som setninger osv.

Slik oppstår abstrakt mening fra de høyst «materielle» kornene i trykksverte.

Prinsippet om emergens er universelt.

Ta film.

Hvert sekund lyser et tjuetalls fotografier opp på lerretet. Det er statiske, ubevegelige bilder - lyspunkter på et lerret. Ingenting beveger seg, ingenting «skjer». Men i sinnet ditt vekkes bildene til liv. Det dannes en historie, mening – gjennom emergens.

Ta så universet.

I Erfarerens tolkning av Mønsteret, i fortellingen, danner punktene et tredimensjonalt rom. Dette rommet tolkes og oppleves som noe «romslig».

Dersom du gjør som fysikerne og går helt ned i det aller minste, finner du ikke noe rom og heller ingen tid. Du finner ingen mening ved å studere trykksverte som sådan, og heller ingen romantikk ved å granske kornene på filmrullen.

Prinsippene for hvordan dette virker er alltid de samme, men etter hvert som emergens skjer i mange generasjoner, blir tolkningene av stadig høyere orden.

Det som i starten var enkelt og enhetlig, blir raskt komplekst og fragmentert.

Erfareren ser bilder, hører lyder, forestiller seg tyngde og berøring.

Disse fenomenene er ikke underlagt lyshastigheten. De følger sine lover av høyere orden, emergente lover – skapt fra tolkning av summen av alt som har gått forut i akkurat den bestemte situasjonen. Newtons mekaniske lover er et godt eksempel.

De fleste naturlovene vi kjenner er fremkommet gjennom studier av opplevelser av Mønsteret. Lovene som skapte Mønsteret, derimot, er fundamentale.

En lov er rett og slett en forestilling, kunnskap, om hva noe er, altså det vi hittil har kalt et konsept.

Eksempelvis betyr det at den første gangen noe ble tolket som et «eple», ble det samtidig etablert en «lov», dvs. kunnskap, om at alle mønstre som ligner tilstrekkelig på et eple, er et eple.

Skulle et senere eple ha betydelige avvik fra loven om hva et eple er, må enten tolkningen utvides til å romme også avviket, eller det må skapes et nytt konsept, for eksempel «pære».

Dersom det aktuelle eplet for eksempel bare har en uvanlig farge, men fremdeles form, konsistens, lukt og smak som epler for øvrig, innlemmes den nye fargen i definisjonen.

Denne definisjonen er da av en høyere emergent orden fordi den omfatter ytterligere et nytt aspekt ved «eple» og erstatter den tidligere forståelsen av hva et eple er.

Den nye, utvidede tolkningen vinner.

Den overtar som attraktor.

Vi ser dermed at konseptet «attraktor» i litt utvidet forstand også gjelder for tolkninger og lover.

Den sterkeste tolkningen vinner.

Dette gir også assosiasjoner til Darwins utviklingslære.

Det leder dessuten til begrepet maskering, altså at noe sterkere maskerer noe svakere, som når solen kommer opp om morgenen og maskerer lyset fra stjernene.

Maskering (og normalisering) står sentralt i dannelsen av forestillingen av deg som et separat individ. Dette skal vi komme inn på i det senere kapittelet om dissosiasjon[64].

Mekanismen med emergens forklarer hvordan en gruppe elementærpartikler kan tolkes som et atom, atomer som molekyler osv. - hele veien opp til «eple», «skog», «planet» eller «galakse».

Det er alltid den høyeste emergente tolkningen av det som i øyeblikket er i fokus som blir opplevd med et tilhørende qualia.

De underliggende komponentene, for eksempel atomene i et eple, er der og kan studeres individuelt, men vi opplever ikke trilliarder av atomer, vi opplever et eple.

Det underliggende blir maskert.

---

[64] Se 21. Dissosiasjonen og deg

Slik dannes mening fra meningsløse atomer.

Fordi mening i realiteten er abstrakte lover for tolkning, antar vi at meningene som sådan er abstrakte og tilhører en egen sfære.

Dette er feil.

Meninger eksisterer ikke som noe separat, de er ingenting i seg selv. Meninger er skapt av Erfareren, som også er oss, for å forstå og oppleve verden.

Konsekvensen av vår teori om idealistisk emergens, er at en hvilken som helst mening er like «sann» som en annen.

Det finnes ingen absolutt lov om hva som er det ene eller det andre, stygt eller pent, rett eller galt. Etikk er ingenting gudegitt.

Alt vi ser rundt oss er like «gyldig», fordi det er vår egen, eller foreløpig den universelle Erfarerens, subjektive tolking som er gjort til «lov».

Dette prinsippet skal vi senere se gjelder også for deg og meg som enkeltindivider.

16. Det tidlige universet

I det forrige kapitlet gikk jeg ut fra noen få mentale mekanismer og viste hvordan elementære, fysiske fenomener kan oppstå fra disse. I dette kapitlet snur jeg bildet på hodet. Hvordan ser det ut hvis vi i stedet starter med det vitenskapen forteller oss om den fysiske verdenen – og så prøver å gi en idealistisk, altså mental/abstrakt, forklaring?

På en måte har jeg allerede gjort dette i det forrige kapitlet, men der gikk jeg ikke ned i detaljene og utelot dessuten en rekke ting. For eksempel antar man at det var en lang rekke av faser i starten av The Big Bang. Hva skjedde i disse fasene og kan vi forklare dem med vårt idealistiske verdensbilde?

I mine øyne lykkes også dette overraskende bra. Også dette kom til meg i kantinen på universitetet, der jeg satt i hjørnet mitt og fløt med i strømmen av innsikter.

Der hvor de to-tre forrige kapitlene var filosofisk krevende, er dette kapitlet krevende i vitenskapelig forstand. Du får presentert fysikk som du mest sannsynlig ikke har forutsetninger for å gå inn i.

Også dette kapitlet er tungt, tungt, tungt. Så tungt at mange nå vil legge boken fra seg. Ikke gjør det! Jeg skriver til fysikerne. Der er her kampen skal stå om idealismen faktisk kan være det endelige svaret på hva verden er. Det er ikke småtteri! Selvsagt er det uhyre krevende å få inn under huden.

Så, hvis du er i målgruppen – les! Hvis ikke, les likevel, så du får en idé om hva det handler om, men ikke bli frustrert – skum igjennom disse sidene. Når du kommer ut på andre siden, ligger store, interessante temaer og venter – på deg (et lite hint, der).

La oss nå se hva vitenskapen forteller oss og hvordan idealistisk emergens og fysikalisme samsvarer.

Men først noen ord til trøst og advarsel.

De neste 10-30 sidene er ikke for folk flest. Det du nettopp har vært igjennom på de foregående, var neppe heller helt lettfattelig. Dersom du aldri har hørt om inflasjonsfasen i astrofysikken, for eksempel, bør du nå kanskje senke skuldrene litt.

Folk flest leser ikke om universets begynnelse til frokost. Men noen få gjør, så det som nå kommer, er for dem. Jeg hevder jo at teorien om idealistisk emergens er gyldig for absolutt alt, og da må jeg sannsynliggjøre det, hvilket du må lide under – trolig – på de neste sidene.

Boken rommer et nesten uløselig problem, nemlig at den tar for seg «alt», mens leserene neppe interesserer seg for eller er i stand til å ta inn ... alt. Og da mener jeg virkelig ALT.

La meg igjen prøve å forklare det ambisiøse prosjektet du nå sliter med å pløye igjennom – for å gi litt trøst.

Det filosofiske utgangspunktet er «idealisme», altså at bevissthet er det eneste som eksisterer.

Hvordan studerer man noe slikt? Hvordan kobler man sammen bevissthet, materie og alt annet? Ånd og fysikk? Matematikk og følelser? Hvordan studerer man bevissthet når vi selv er og har bevissthet, altså er «inni» bevisstheten?

Jo, ved å betrakte «alt», vår egen bevissthet inkludert, fra et større eller annet perspektiv enn oss selv.

Og hvordan gjør man så det?

Det kan skje på flere måter.

Den første er å se innover, altså meditere, stilne sine tanker, forlate forestillinger og ta inn det som bare er, det evige øyeblikket uten noe innhold, før innholdet, før opplevelsen av selvet.

Meditasjon er Østens vei til innsikt.

Den andre hovedveien til å «oppdage» bevisstheten vår er gjennom «vrangforestillinger», altså at vi i kortere eller lengre øyeblikk opplever virkeligheten og oss selv annerledes enn til daglig. De kan fremkalles med hallusinogener, gjennom psykiske avvik, traumer, suggesjon, hypnose, nær døden-opplevelser m.m.

Jeg har et psykisk avvik, det man kaller en kompleks posttraumatisk lidelse, CPTSD. Jeg opplevde noe som ubevisst småbarn, som gav meg et permanent, ytre perspektiv på meg selv, hvilket ikke er vanlig i en slik grad.

Jeg ser dermed verden litt annerledes enn andre, og dette har fått meg til å oppdage blant annet mekanismene jeg nå presenterer.

Når verden skal beskrives, må du og jeg tas med i forklaringen, ellers ville den ikke være komplett. Derfor starter boken med en subjektiv fortelling om hvordan dette samme subjektet, altså jeg, er kommet til innsikt.

Så er det fysikken og den mer vitenskapelige, analytiske vinklingen.

Faktisk tror jeg det er ytterst få mennesker som er i stand til å forstå både den første og andre delen av boken *fullt ut*. Årsaken er ikke at hverken første eller andre del er spesielt vanskelige, men de snakker til to uforenelige sider i oss.

Del 1 handler om *intuisjon og direkte tilgang* til kunnskap som oppleves som udiskutabel, klar, umiddelbar, sann og fullstendig.

Del 2 gir en *logisk, analytisk, rasjonell skildring* av de mentale mekanismene som skaper og driver verden – både de materielle og de fysiske fenomenene, men også de subjektive og abstrakte.

Del 1 går altså innover i det *intuitive*.

Del 2 går utover i det *analytiske*.

De to måtene å ta inn verden på er uforenelige, komplementære, motstridende. Alle kjenner vi til både intuisjon og analytisk tenking, men det er ytterst få som er fullstendig åpen for begge *i alle situasjoner*. Det er heller ikke så mange som har konkret, inngående faktakunnskap om de to «halvdelene» av verden.

Dersom vi går rundt og er mest opptatt av å kjenne på det vakre, såre, glade, dype osv., så er vi kanskje ikke like interessert i fysikk, logikk, mekanismer og systemer.

Omvendt vil en matematisk skolert fysiker ikke se hvilken relevans «subjektivt føleri» har for å studere komplekse, målbare prosesser.

Denne boken fordrer at man er åpen for *alle* aspekter og perspektiver. Og selv åpenhet er ikke nok, for når det gjelder intuisjon og subjektive erfaringer, er det kun *opplevelsen* som gjelder.

Det er umulig å formidle intuitiv kunnskap fullt ut gjennom et analytisk språk.

Dersom du ikke selv har erfaringer av det slaget jeg skildrer i bokens første del, vil du kanskje trekke på skuldrene og få lite ut av denne. Les, selvsagt, men ikke bli skuffet om du ikke henger helt med.

Dersom du derimot har egne erfaringer, vil du se relevansen og ha nytte av å høre om min historie. Men da, når du så setter i gang med det analytiske i del to, er alt bare tørt og teknisk fysikk og mekanismer, og du kjenner ikke på noen nerve. Det er selvsagt helt greit, du kan ikke være og interessere deg for alt.

Men, likefullt, dersom du vil forstå det hele, må du også lese det hele. I årtusener har man forsøkt å forene det åndelige og materielle. Man har søkt en felles forståelse av det intuitive, direkte, opplevde – og det analytiske, kognitive, logiske.

«Øst og vest kan aldri møtes», sier den britiske forfatteren Rudyard Kipling, omtrentlig sitert.

Tøv, svarer jeg.

Vi kan ikke se innover i det subjektive og utover mot det fysiske *samtidig*, men vi driver da alle med begge deler kontinuerlig – bare ikke i det samme, ene øyeblikket. Og midt imellom disse to perspektivene ser vi ikke forbindelsen, for forbindelsen er *deg*.

Nøkkelen ligger i det subjektive, som jeg skal komme tilbake til.

Kiplings problem er tilsynelatende uløselig, men det er bare noe vi tror – nettopp fordi alt vi driver med er å tro, aller mest på en materiell verden.

Noen av oss har likevel evnen til å sprenge ut av denne «umuligheten». Vi har et aktivt, våkent forhold til intuisjonen, det bakenfor, bevisstheten vår, den universelle bevisstheten, ånden, varheten – og samtidig til mønstrene, fysikken, mekanismene og dynamikken i alle de endeløse relasjonene i den ytre verdenen. Og vi har funnet oss selv.

Vi er ytterst få, virker det som.

Boken er nødt til å ta for seg hele dette vanvittige landskapet. Det er ikke materielt, det *oppleves* materielt. Kapitlet du er i gang med, prøver å vise hvordan mentale, subjektive mekanismer kan forklare den aller tidligste og mest ufattelige fasen i det fysiske, målbare, tilsynelatende objektive universet.

Det skulle virkelig ikke være mulig, men jeg våger et forsøk. Dersom det ikke lykkes for deg å forstå, så er det ikke du som er problemet, men jeg som ikke lykkes. Skum over de neste sidene og gyv løs igjen for alvor på teksten så snart du ser at det lysner litt i forståelsen din.

Dette med fysikken er en nødvendig mellomstasjon mest for å irritere fysikerne. Det kommer mye vesentlig og interessant deretter.

16. Det tidlige universet

16.1. Inflasjonsfasen

Innen astrofysikken er rådende teori at universet startet med en ekstremt rask og stor utvidelse som kalles inflasjonsfasen. Dette samsvarer påfallende med vår egen teori om at Erfareren i løpet av null tid dannet forestillingen om et allestedsnærværende romtidfelt.

Som jeg har vist, skaper Erfareren først en forestilling om et romtidfelt som danner et hektisk fluktuerende mønster. Dette mønsteret oppstod utenfor tiden og rommet, i et stedløst, tidløst ingenting, et evig nå.

Straks Erfareren hadde kreert tolkningene, lovene som former Mønsteret, var lovene «overalt» og til «all tid». Kunnskap oppfører seg slik. Enten har du den, eller så har du den ikke.

Sett fra innsiden av Mønsteret, hvor vi befinner oss, altså inni tiden og rommet, må dette ha sett ut som en ekstrem hendelse hvor universet plutselig ekspanderte fra ingenting til uendelig størrelse på null tid. Samtidig begynte tiden å tikke.

Dette ligner påfallende på det man i astrofysikken betegner som inflasjonsfasen[65]. Den var over etter 10^{-32} sekunder, altså kun brøkdelen av brøkdelen av et sekund.

Etter inflasjonsfasen, eller egentlig allerede mens inflasjonen fremdeles pågår, begynner tolkningen av Mønsteret. Denne varer resten av universets levetid, ca. 13,8 milliarder år frem til nå, og vil pågå til verdens ende.

I vårt idealistiske verdensbilde er det altså to hovedfaser: mønsterfasen og tolkningsfasen.

Men la oss nå se hva vitenskapen forteller oss og hvordan idealistisk emergens og fysikalisme samsvarer.

Igjen, jeg er ingen fysiker. Det som kommer nå er en løselig, ukvalifisert, men forhåpentligvis interessant spekulasjon. Poenget er å illustrere en idealistisk tenkemåte.

---

[65] https://en.wikipedia.org/wiki/Inflation_(cosmology)

Fysikken forteller oss at i løpet av de første 10^{-32} sekundene utvidet universet seg eksponensielt til en diameter på minst 100 millioner lysår[66].

Noen kilder sier at omfanget allerede etter brøkdelen av et sekund var mange, mange ganger større enn dagens observerbare univers[67]. De samme kildene hevder at universet etter kort tid må anses å være teoretisk sett uendelig i utstrekning.

Inflasjonsfasen er en modell, en teori som ble utviklet på 1970- og 80-tallet og er ikke noe man har observert direkte. Den sannsynliggjør matematisk og teoretisk at universet kan ha vært igjennom en slik utvidelse for å få den størrelsen og de egenskapene vi observerer i dag.

Her er et av hovedargumentene som støtter teorien:

Vi er med dagens teknologi i stand til å måle det som kalles kosmisk bakgrunnsstråling[68] (CMB) i universet. Dette er den eldste elektromagnetiske strålingen som fortsatt finnes og kan studeres etter The Big Bang.

Det viser seg at denne strålingen har små ujevnheter, den danner et mønster. Mønsteret stemmer overens med mønsteret vi finner i nullpunktfeltet, dette mikroskopiske, hektisk dirrende kaoset av hendelser, kvantefluktuasjonene, som finnes overalt, selv i absolutt vakuum[69]. Ujevnhetene i mønsteret var starten på det som senere ble til galakser.

Hvordan er det mulig at det aller minste og det aller største vi kjenner har samme mønster? Inflasjonsteorien forklarer det med at det mikroskopiske mønsteret ble blåst opp som en ballong til astronomiske dimensjoner i løpet av uhyre kort tid, 10^{-32} sekunder. Derfra fortsatte «ballongen», universet, å utvide seg med «normal» fart, lyshastigheten.

---

66 https://en.wikipedia.org/wiki/Expansion_of_the_universe
67 https://www.forbes.com/sites/startswithabang/2018/04/12/how-come-cosmic-inflation-doesnt-break-the-speed-of-light/
68 https://en.wikipedia.org/wiki/Cosmic_microwave_background
69 https://ned.ipac.caltech.edu/level5/March03/Lineweaver/Lineweaver5.html

Tenk igjen film. Bildene du ser på det digre lerretet i kinosalen kommer fra en projektor. På filmrullen inni projektoren er bildene bittesmå, som regel 16, 35 eller 70 millimeter brede. Når de kommer på lerretet, er de blåst opp til kanskje 35 meter eller mer, altså med tusen ganger, 10^3.

Under inflasjonsfasen[70] skjedde utvidelsen med en faktor på minst 10^{26}. Et objekt på størrelse med et halvt DNA-molekyl (ca. 1 nanometer, 10^{-9} meter) ble blåst opp til 10,6 lysår – 100.283.746.237.467.330 meter. Og dette skjedde på praktisk talt null tid.

Jeg har sagt at romtidfeltet ble dannet som kunnskap utenfor tiden, i Erfareren – som har uendelig kapasitet og befinner seg i et tidløst, evig «nå» og et evig «ingenting». Dette er altså ikke så langt unna det fysikken beskriver.

Romtidfeltet med tilhørende bevegelser, masse og gravitasjon – Mønsteret – er en forestilling i en universell bevissthet, skapt av kunnskap om noen enkle lover.

Akkurat som det tar null tid å frakte en banan i tankene fra Jorden til en planet mange lysår unna, tar det null tid i Erfarerens forestilling å skape et universelt mønster med uendelig utstrekning.

16.2. Planck-epoken

Planck-epoken har påfallende likheter med de aller første hendelsene i vår egen teori om idealistisk emergens.

Innen kosmologien opererer man med to faser også før den voldsomme inflasjonen inntraff.

Den første er Planck-epoken[71] som strekker seg fra begynnelsen og frem til det overhodet gir mening å snakke om tid, nemlig ved $5{,}39 \times 10^{-44}$ sekunder. Dette er dermed det minste kjente tidsintervallet[72] som er mulig.

---

70 https://en.wikipedia.org/wiki/Inflation_(cosmology)
71 https://en.wikipedia.org/wiki/Timeline_of_the_early_universe
72 https://en.wikipedia.org/wiki/Planck_units#Planck_time

Tilsvarende har man beregnet en minste teoretisk lengde[73], som er $1{,}616255 \times 10^{-35}$ meter.

Disse minimumsstørrelsene er utledet fra den minste elektriske ladningen som er mulig å observere i naturen, nemlig den til ett enkelt elektron. Dette kalles elementærladningen[74].

Idéen er altså at det i naturen eksisterer et sett med teoretiske minsteverdier for de fleste av de fundamentale, fysiske størrelsene. Fysikken sier at å snakke om noe som er enda mindre, gir ikke mening hverken fysisk eller matematisk.

Denne tenkemåten er identisk med vår egen. Også i vår teori om idealistisk emergens har vi sagt at Erfareren observerte og konseptualiserte en første avstand, et første tidsintervall, en første masse osv.

Fra disse størrelsene er alt annet utledet gjennom emergens.

16.3. Den store foreningsepoken

Gravitasjon oppstår som den første kraften både i fysikken og i vår teori.

Den andre fasen i fysikken før inflasjonen begynner, er Den store foreningsepoken[75] (The grand unification epoch), hvor den første kraften oppstår, nemlig gravitasjon.

De tre andre fundamentale kreftene vi kjenner fra naturen (elektromagnetisme, den svake og den sterke kjernekraften), er på dette stadiet forenet i én kraft, Elektrosterk interaksjon[76] (Electrostrong interaction).

Dette er nesten i samsvar med vår teori. Vi har sagt at først kom forestillingen om at bevegelsesenergi skaper opplevelsen av masse – og samtidig at det må finnes en kraft som holder ansamlinger med masse på

---

73 https://en.wikipedia.org/wiki/Planck_length
74 https://en.wikipedia.org/wiki/Elementary_charge
75 https://en.wikipedia.org/wiki/Grand_unification_epoch
76 https://en.wikipedia.org/wiki/Grand_Unified_Theory

plass der de faktisk oppstår. Hadde ikke denne sterke kjernekraften eksistert, ville alt føket fra hverandre.

Gjennom konseptene masse og kraft, er også akselerasjon og gravitasjon konseptualisert. Alt dette skjer i samme øyeblikk, mens Mønsteret er under utvikling, tidlig i inflasjonsfasen.

Gravitasjonen får umiddelbart effekt på all videre utvikling, på et hvert «punkt» med masse, uansett om det er del av en tett ansamling eller ikke.

Den sterke kjernekraften, derimot, påvirker kun ansamlinger av punkter som først er blitt tolket som «mikropartikler». Denne tolkningen oppstår umiddelbart, men det kreves et enormt antall emergente mellomstadier og ansamlingene må øke i størrelse med en faktor på 10^{19}, før forestillingen om de minste partiklene vi kjenner til i atomkjernen dannes, kvarkene.

I fysikken mener man derimot at Den sterke kjernekraften først oppstod ved slutten av Den store foreningsepoken, altså umiddelbart før inflasjonen, da alle krefter bortsett fra gravitasjon var forent i én kraft – den elektrosterke kraften.

En slik forenet kraft er kun noe teoretisk og den er aldri påvist eksperimentelt[77]. I vår teori er en konstruksjon som dette unødvendig og inngår da heller ikke.

Fysikken sier også at like før inflasjonen blir denne teoretiske, forende kraften splittet i to – til den sterke kjernekraften og den elektrosvake kraften. Den elektrosvake kraften leder videre til elektromagnetisme, som vi nå skal ta for oss.

16.4. Elektromagnetisme

Elektromagnetisme er informasjonsbæreren i universet.

Tiden fra slutten av inflasjonsfasen ved 10^{-32} sekunder og frem til 10^{-12} sekunder kalles den elektrosvake epoken[78]. Da dukker det opp en rekke eksotiske partikler, som W, Z og Higgs-bosoner.

---

77 https://en.wikipedia.org/wiki/Grand_Unified_Theory
78 https://en.wikipedia.org/wiki/Electroweak_epoch

To krefter var virksomme: gravitasjon og den sterke kjernekraften. Prosessen med å forme partikler og gi dem masse var såvidt igang.

I vårt idealistiske verdensbilde ble ansamlinger gitt stadig høyere, emergente tolkninger. Ansamlingene ble tolket som at det var noe som føk rundt og rundt i konsentrerte områder og som derfor hadde ekstremt høy bevegelsesenergi. De fungerte som slynger med ujevne bevegelser. De ble holdt på plass i sin observerte posisjon av den sterke kjernekraften.

I løpet av denne uhyre korte tiden dannes grunnlaget for det som om et øyeblikk skal bli til kvarkene, men de dukker først opp i neste fase.

Den elektrosvake epoken har fått navnet sitt fordi fortsatt har ikke elektromagnetismen[79] eller den svake kjernekraften[80] (stråling) oppstått. De to fundamentale kreftene er fremdeles kombinert i den elektrosvake kraften[81].

Ved slutten av epoken skjer det ifølge Wikipedia[82] en fasetransisjon[83]. Det må ha hendt noe som gjorde den tidligere forståelsen av den kombinerte, elektrosvake kraften upresis, ugyldig.

En fasetransisjon er en endring av tolkning, en overskrivelse av tidligere kunnskap. Et eksempel er når vann blir til is, eller damp kondenserer til vann. Det er altså ikke bare snakk om å føye til et nytt medlem til kategorien «eple», ikke bare en utvidelse av et konsept.

Det skjedde noe som forandret selve forestillingen om hva den elektrosvake kraften er. Det ble forstått at den er to ting på en gang.

Det kan sammenlignes med at frukt plutselig blir forstått som epler og pærer. En fasetransisjon er en dramatisk endring av tidligere kunnskap, en emergent nytolkning som endrer svært mye, akkurat som vinter med is er noe ganske annet enn varm sommer med rennende vann.

---

79 https://en.wikipedia.org/wiki/Electromagnetism
80 https://en.wikipedia.org/wiki/Weak_interaction
81 https://en.wikipedia.org/wiki/Electroweak_interaction
82 https://en.wikipedia.org/wiki/Electroweak_epoch
83 https://en.wikipedia.org/wiki/Phase_transition

I en verden skapt av tanke er dette den naturligste ting, selve essensen i begrepet emergens. Kunnskap utvides, splittes og retolkes kontinuerlig.

Men hovedregelen er at kunnskap bekreftes. Man ser det man tror er et eple, tar en bit og konstaterer at det er et eple. Definisjonen av «eple» er gjennom dette blitt ytterligere bekreftet.

Hva som skjedde under akkurat denne fasetransisjonen i den elektrosvake epoken, er det for oss umulig å spekulere om. Heller ikke fysikken har noen fullgod forklaring.

Wikipedia[84] sier følgende:

> Lite er kjent om detaljene i disse prosessene.

Samtidig kan vi konstatere at ved 10^{-12} sekunder inntrer det som kalles electroweak symmetry breaking. Her oppstår blant annet Higgs-mekanismen[85] som gir partikler masse, og på dette tidspunktet oppstår de to siste av de fire fundamentale kreftene i universet, nemlig elektromagnetisme[86] og det vi kaller radioaktiv stråling eller den svake kjernekraften[87].

Wikipedia[88]:

> Etter at den elektrosvake kraften ble splittet, har de fundamentale interaksjonene vi kjenner til – gravitasjon, elektromagnetisme, den svake og sterke kjernekraften – alle tatt sin nåværende form. Fundamentale partikler har sine forventede masser, men temperaturen i universet er fortsatt for høy til å tillate stabil dannelse av mange partikler vi nå ser i universet. Det er ingen protoner eller nøytroner, og derfor ingen atomer, atomkjerner eller molekyler. Alle sammensatte partikler som dannes ved en tilfeldighet, brytes nesten umiddelbart opp igjen på grunn av de ekstreme energiene.

---

84 https://en.wikipedia.org/wiki/Chronology_of_the_universe
85 https://en.wikipedia.org/wiki/Higgs_mechanism
86 https://en.wikipedia.org/wiki/Electromagnetism
87 https://en.wikipedia.org/wiki/Weak_interaction
88 https://en.wikipedia.org/wiki/Chronology_of_the_universe

Dette med Higgs-mekanismen har vi allerede snakket om. I fysikken er det denne som delvis gir noen partikler masse, men bare ca to prosent av den, og ikke til alle partikler. Hvorfor?

I vår teori har vi sagt at masse, altså «tyngde», kan forklares med at bevegelsesenergi oppleves som masse, og at ansamlinger av «noe» – altså partikler – må ha masse og samtidig en sterk kraft for å kunne holde seg samlet. Hele argumentasjonen startet med at ansamlinger faktisk eksisterer, fordi mønsteret i romtiden uunngåelig skaper dem.

Partikler som ikke tolkes å inngå i ansamlinger får dermed ingen masse, så lenge de ikke beveger seg. Fotonet er det mest nærliggende eksempelet.

Fysikken og matematikken i alt dette er svært komplisert. Det eksisterer mange fysiske teorier og usikkerheten omkring prosessene er stor.

Med vår uhyre enkle, idealistiske modell, må vi bare konstatere at Erfareren har kreert konseptet elektromagnetisme, som er en kraft. Under bestemte betingelser er det denne som skaper fotoner, lys. Vi vet fra fysikken at fotoner er det som gjør at vi kan se omgivelsene rundt oss.

Krefter er «felt». Et felt er idéer, lover, kunnskap i Erfareren. Elektromagnetisme er en lov som først og fremst handler om elektrisk og magnetisk tiltrekning og frastøting.

16.5. Elektrisk ladning

Elektrisk tiltrekning og frastøting bidrar til opplevelsen av materie og stofflighet. Dels skjer det gjennom at det sendes ut fotoner når ladninger utveksles, slik at vi opplever å se materien – dels gjennom at vi opplever kraften fra den elektriske spenningen som motstand, friksjon og tyngde – stofflighet.

Et elektromagnetisk felt gir partikler en elektrisk ladning.

Hvor konseptet «ladning» kommer fra og hva ladning i essens er, gir fysikken ingen svar på. I vår teori må vi si at noe må ha skjedd som krevde en tolkning, og denne tolkningen var «ladning» og «elektromagnetisme».

Det er selvsagt lite tilfredsstillende å bare si at «noe» må ha skjedd, det forteller oss egentlig svært lite. Likefullt har vi i det minste en mekanisme

– emergens – som kan skape nye hendelser og nye tolkninger, nye fenomener. Det i seg selv er en halv forklaring.

Kvarkene blir påvirket av det elektromagnetiske feltet, og når kvarker går sammen og danner protoner og nøytroner, blir også disse påvirket, men bare protonene. Protonene får en positiv ladning, mens nøytronene forblir nøytrale, derav navnet.

Den sentrale egenskapen ved elektrisk ladning er at like ladninger frastøter hverandre, mens ulike tiltrekker. Dette er noe vi opplever overalt hele tiden.

Stofflighet, det at vi opplever fast materie, er det folk flest trekker frem når man snakker om hva verden egentlig er. Vi tar på ting, kjenner vinden i håret, får vondt når vi dunker borti noe, får skrubbsår fra friksjon. Skulle dette ikke være virkelig?

Det enkle, korte, ubegripelige svaret er at du har aldri berørt noe[89].

Jo, din opplevelse er høyst reell, du opplever qualia. Men det betyr ikke at disse opplevelsene har sin opprinnelse i klumper av «stoff» som møtes.

Opplevelsen av å være i kontakt med stoff kommer for en stor del fra det elektromagnetiske kraftfeltet som støter like ladninger bort fra hverandre. Atomkjerner kan aldri møtes direkte for de har alle positiv ladning. Elektroner kan heller aldri møtes.

Elektriske ladninger er dermed årsaken til at vi opplever friksjon, motstand, når like ladninger beveger seg mot hverandre. Dette bidrar også til opplevelsen av masse.

I sum nuller elektriske ladninger hverandre ut. I sum er også universet som helhet elektrisk nøytralt. Det må eksistere nøyaktig like mange positivt som negativt ladede partikler.

I filosofisk forstand er dermed elektriske ladninger ingenting.

Dersom du tar alle ladningene i universet og putter dem i den samme bøtten, nuller de hverandre ut, forsvinner, elimineres.

---

[89] https://futurism.com/why-you-can-never-actually-touch-anything

Det kommer nok en kjempeeksplosjon, for elektrisk ladning er en form for energi (er skapt gjennom endring) og kan aldri bli borte i absolutt forstand. Men energien går altså over til noe annet, et gigapoff som resulterer i varme, og det som er igjen i bøtten er ingenting, nada, void.

Så når konseptet «ladning» skapes og protonet gis positiv ladning, må det samtidig kreeres en partikkel med negativ ladning, elektronet. Dette er nødvendig for at summen skal forbli null.

Dette betyr ikke at hvert eneste atom alltid må ha like mange negative som positive partikler - like mange positive protoner som negative elektroner. Atomet som helhet kan ha en ladning og kalles da et ion. Det er da elektrisk ustabilt og klar til å oppta eller avgi elektroner.

Og hvordan dannes ioner?

Jo, romtidfeltet er i hektisk bevegelse, med 10^{120} hendelser per sekund per kvadratcentimeter. Det dannes partikler og antipartikler som nuller hverandre ut før de rekker å gjøre noe. Andre partikler fyker fritt rundt og begynner å trekkes sammen til atomkjerner, som har positiv ladning og som også fyker rundt.

For å utligne ladningen i kjernene, dannes altså elektroner som også først flyr fritt rundt, men etter hvert som temperaturen synker og bevegelsene roer seg litt, finner veien til nærmeste positivt ladede atomkjerne og inntar sin naturlige plass i en bestemt avstand fra denne.

Denne prosessen hvor alt finner sammen, tar nå tid, for rom og tid var det aller første som ble skapt. Det er også en svært sammensatt og kompleks prosess med mange faser. Først etter ca. 18 000 år begynner rekombinasjonen[90] av frie partikler fra plasma til atomer.

Etter den uhyre korte og ekstreme inflasjonsfasen har universet nå fått en enorm størrelse og består allerede ved 10^{-12} sekunder av store mengder relativt tunge kjernepartikler, primært kvarker. Fra 10^{-5} sekunder begynner kvarkene å gå sammen og danne protoner og nøytroner, altså de to partiklene som befinner seg i kjernen til atomer.

---

90 https://en.wikipedia.org/wiki/Recombination_(cosmology)

Før det har gått et sekund har vi et univers bestående av enorme mengder «materielle» byggeklosser til atomkjerner og alle de fire fundamentale kreftene er på plass.

16.6. Universet betrakter seg selv

Med fotonene har Erfareren skapt en synlig representasjon av alle endringer som måtte inntreffe i hele universet. På en måte kan vi si at Erfareren har lagd en metode for å betrakte sine egne kreasjoner, betrakte seg selv.

Med fotonene er universet blitt «synlig».

Vi går tilbake til øyeblikket straks etter inflasjonsfasen, akkurat i det elektromagnetisme er skapt som konsept med sine implisitte lover.

Det finnes elektrisk ladede atomkjerner og tilsvarende motsatt ladede elektroner. De søker alltid sammen og de fyker vilt rundt.

Atomkjernene fyker rundt, men relativt langsomt ettersom de er tunge. Elektronenes masse er 1800 ganger mindre, så de er mer bevegelige. Etter 18 000 år har de roet seg såpass at de begynner å finne sammen og danne atomer.

Disse atomene «trues» stadig av at de bombarderes av frie elektroner og atomkjerner som enten sender inn eller trekker ut elektroner fra atomet.

Igjen ser vi begrepet attraktor i virksomhet.

Elektroner trekkes mot den sterkeste positive ladningen i omgivelsene. Det samme gjelder ioner, altså atomer i elektrisk ubalanse. De søker seg til atomer med motsatt ubalanse, eller de er utsatt for å oppta eller avgi elektroner.

Elektroner kan dermed hoppe ut fra ett atom og over til et annet. De kan også hoppe mellom ulike baner internt i atomer. Det kan nemlig bare eksistere et visst antall i hvert «skall» rundt atomkjernen.

Dessuten kan elektroner deles mellom atomer, slik at et elektron tilhører det ytterste skallet i to nærliggende atomer samtidig. Dette kalles en valensbinding og på denne måten bindes atomer sammen i molekyler.

Detaljene i dette er mer kompliserte enn beskrevet, men som en illustrasjon skulle fremstillingen fungere.

Det skjer altså stadige endringer i den elektriske tilstanden til atomene overalt og kontinuerlig. Ved hver slik endring i elektrisk status sendes det ut et foton.

Hvorfor?

Et elektron har masse, og når det flytter på seg, trengs det en kraft. I følge klassisk fysikk har denne en motkraft. Det samme skjer når du skyter ut en kule fra et gevær. Da kjenner du motkraften som en rekyl, energi i motsatt retning av kulen.

Når elektroner skifter posisjon på grunn av elektrisk påvirkning, oppstår det en motkraft, energi, i form av elektromagnetisk stråling. Denne energien er et «foton».

Et foton er dermed en budbringer om at det har skjedd en endring i den elektriske balansen et eller annet sted. Slike endringer skjer overalt hvor atomer dannes, møtes eller utslettes, altså overalt i naturen hele tiden.

Fotonene gjør at vi kan «se» alle endringer.

La oss ta et lite sammendrag:

- Først oppstod tid og rom (Planck-epoken)
- Så oppstår gravitasjon og masse (Den store foreningsepoken)
- Deretter utvides universet til full størrelse på «null tid» (Inflasjonsfasen)
- De tunge partiklene dannes
- Samtidig ble lyset slått på

16.7. Lyset slås på

Hver eneste, minste elektriske hendelse i universet resulterer i skapelse eller eliminering av et foton. Dette gjør at endringene kommuniseres.

Det er fristende å trekke populariseringen enda lenger.

Vi befinner oss i et subjektivt, mentalt landskap med en universell Erfarer som forestiller seg og opplever tid og rom, ansamlinger, bevegelse, gravitasjon og masse.

Samtidig som idéene om masse og ansamlinger ble skapt, «eksploderte» universet til «uendelig» størrelse på null tid. Denne «inflasjonen» skjedde uten noen begrensning, utenfor tid og rom. Det ble dannet et mentalt mønster.

Samtidig, men likevel i en skarpt avgrenset, ny fase, begynner tolkningen av det dynamiske Mønsteret.

Straks tolkningen, idéen om de første partiklene blir til, kvarkene som er det minste vi kjenner i dag, er verden for første gang blitt «materiell» - allerede etter 10^{-12} sekunder.

Noe skjer deretter som gjør at konseptet «elektrisk ladning» oppstår og kvarkene får positiv elektrisk ladning.

Det neste som skjer, er at «lyset slås på».

Erfareren skaper av «elektrisk nødvendighet» ytterligere en partikkel, elektronet, som posisjonerer seg i umiddelbar nærhet til klumpene av tunge kvarker med masse.

De svirrer rundt i faste avstander og «observerer» atomkjernene. De holdes i posisjon, litt av gravitasjon, men mest av den elektriske ladningen.

Hvis det nå skulle skje noe med atomet, vil det innebære at elektroner enten skifter bane internt, eller at elektroner avgis eller opptas utenfra. I alle situasjonene sendes det ut fotoner, en budbærer om at det har inntruffet en endring. Fotoner er energi, en rekyl, og energi er endring.

Vi kan se fotoner. Det er fotonene som gjør at vi ser. Det fotonene viser oss, er hver minste endring i hele universet slik at vi kan oppleve dem. De viser oss verden i all sin rikdom.

16.8. Hva er det elektromagnetiske feltet?
Kan det elektromagnetiske feltet ganske enkelt være mikroskopiske bølger i Mønsteret?

I fysikken opererer man med at det skal eksistere egne felt for alle elementærpartiklene, og for mye annet også. Fra disse feltene popper det opp partikler med en viss matematisk sannsynlighet (Schrödinger-ligningen, vi skal se på den om et øyeblikk). Men hva feltene er, hva de er lagd av, hvor de kommer fra, hvorfor og hvordan – forblir ubesvart i naturvitenskapene.

Siden lyset i alle tenkelige situasjoner, forutsatt vakuum, beveger seg med den samme hastigheten som den vi finner i tolkningen av det fundamentale, mentale Mønsteret, nemlig lyshastigheten, er det rimelig å anta at Mønsteret og det elektromagnetiske feltet er det samme.

Alt som er senere, høyere emergente tolkninger av feltet, beveger seg (nesten?) alltid langsommere enn lyset. Dette dikteres av emergens-prinsippet, så jeg antar at det er slik. Det bør undersøkes.

Dette er i det minste en klar indikasjon, og denne tanken er også meget enkel, hvilket alltid er behagelig.

Et annet forhold som peker mot at elektromagnetisk stråling kan være bølger i Mønsteret, er det faktum at bølgene (i vakuum) alltid beveger seg med den konstante lyshastigheten, uansett hvilken hastighet observatøren selv måtte bevege seg med. Dette er et av hovedpunktene i Einsteins generelle relativitetsteori.

Det er kontraintuitivt. Overalt ellers hvor to «hastigheter møtes», er det summen, altså den relative hastigheten mellom de to objektene i bevegelse, som observeres.

Tenk deg at to tog kjører mot hverandre og at hvert av dem kjører med tilnærmet lysets hastighet. Foran på begge lokomotivene er det lyskastere som sender lys mot det møtende toget. Lyset går med lysets hastighet, og nesten det samme gjør hvert av togene, dessuten i samme retning som lyset sendes ut.

Man skulle da tro at lyset går med omtrent dobbel lyshastighet ut fra hvert tog, sett fra posisjonen til en stillestående observatør midt imellom.

Og siden de to togene dessuten kjører mot hverandre, skulle den relative hastigheten mellom lysstrålene bli nesten fire ganger lysets, fortsatt observert av en ubevegelig observatør.

Faktum er at uansett om du befinner deg på det ene eller andre toget, eller om du er den statiske observatøren, så opplever du at lyset går med lyshastigheten.

Punktum.

Hvordan er det mulig?

Vi vet allerede at lyshastigheten oppstod som noe av det aller første Erfareren forestilte seg. Erfareren observerte at det plutselig eksisterte «punkter» i mange ulike avstander. Den forklarte de ulike avstandene med at de måtte ha beveget seg fra hverandre i løpet av en viss tid og med en viss hastighet.

Dermed var konseptene rom (avstander), tid og hastighet unnfanget, og dessuten låst til hverandre i et fast, matematisk forhold.

Tiden og avstandene varierer hele tiden overalt i hele universet, som når du drar og strekker en marshmallow, men lyshastigheten er konstant.

Derfor er det nærliggende å tro at lyset er mikroskopiske bølger i romtiden, altså skaper et mønster i romtiden som blander seg med det øvrige Mønsteret som først og fremst er dannet gjennom mikroskopisk gravitasjon.

Fotoner skytes ut ved hver minste energiendring i universet. Fordi de bærer energi, har de også masse (selv om massen ved stillstand er null). Fotonene påvirker dermed Mønsteret og skaper bølger, som steiner skaper bølger når de kastes i havet.

Det lyder banalt, men igjen er det behagelig å forestille seg at det aller minste kan tenkes å fungere likt som det aller største.

Merk: Som alt annet i denne boken, må dette betraktes som et innspill, en utfordring til vitenskapen om å se på alternative forståelser av dagens fysikk.

Denne oppfordringen kommer ikke bare fra meg, men også fra tusenvis av andre tenkere rundt om på planeten. Tankene ligger i samtiden.

16.9. Schrödingers tilfeldigheter

Jeg hoppet over et vesentlig problem for et øyeblikk siden. Vi befinner oss midt i den ustyrlige kvantemekanikken. Her råder *fuzziness*, altså mangel på absolutt sikkerhet.

Jeg har snakket om at elektroner svirrer rundt atomkjerner i faste baner, som de kan hoppe mellom slik at atomet som helhet får ulike ladninger. Dette var slik Bohrs atommodell så ut, men den er feil.

Werner Heisenberg viste at vi aldri kan vite med sikkerhet hvor en elementærpartikkel, for eksempel elektronet, faktisk befinner seg til en hver tid. Erwin Schrödinger kom med ligningen som viser sannsynligheten for at partikkelen befinner seg på bestemte steder. Du finner en god fremstilling av dette her[91].

Det er altså tilsynelatende tilfeldigheter involvert, men vi har ligninger som hjelper oss operativt til å kontrollere atomer, ioner, elektroner, fotoner osv. - og gjennom det utvikle alt vi har av elektroniske komponenter og apparater.

Jeg skal ikke prøve å gjengi hvordan alt dette foregår, men i stedet kommentere det fundamentale. Hva er det som skjer i essens? Hva er forklaringen på denne ugjennomtrengelige tilfeldigheten?

Okey, hold deg fast. Jeg skal foregripe noe som kommer senere, nemlig kompleksitetsmekanismene. Poenget er å vise at de er aktive i det aller, aller minste. Senere skal vi ser at de gjelder også for det aller største; stjerner og planeter – og også for mentale og sosiale prosesser, og absolutt alt annet.

Innen astronomien har man lenge visst at når mange objekter med ikke altfor avvikende størrelser, for eksempel soler, svirrer rundt hverandre i et system – så er banene deres nærmest umulig å beregne. For to objekter er regnestykket enkelt, men for tre eller flere legemer er det, bortsett fra i visse spesialtilfeller, uløselig. Dette kalles trelegemeproblemet[92].

---

91 https://sites.google.com/site/keepingit2cocfcngroup/heisenberg-and-schrodinger
92 https://en.wikipedia.org/wiki/Three-body_problem

Så har jeg sagt at elementærpartiklene må være sluttresultatet av en lang rekke av emergente forestillinger og at hele veien er masse og gravitasjon med som en faktor.

Resultatet blir at mikropartiklene som danner emergent råstoff for de høyere elementærpartiklene, beveger seg relativt til hverandre på en måte som er matematisk umulig å beskrive, som multilegemer i et komplekst system. Dermed er det også umulig å si sikkert når og hvor elementærpartikkelen dukker opp. Vi kan bare formulere dette som en gjennomsnittlig sannsynlighet, hvilket er nettopp det Schrödinger-ligningen gjør.

Jeg kaster inn dette som en idé til de som kan og forstår kvantefysikken til bunns.

Mistanken min er altså at det må være mulig å komme frem til Schrödinger-ligningen ved å foreta statistiske analyser av ligningene som styrer komplekse systemer, for eksempel de som brukes til å forstå værsystemer.

Det jeg sier her er ikke for legfolk, men vi skal som sagt komme tilbake til kompleksitet[93] i mange andre sammenhenger. Her kan du se hvordan jeg senere i boken beskriver trelegemeproblemet[94].

16.10. Felt og interferens
Felt og interferens bidrar til å skape dynamikken som former universet.

Vi har snakket en del om felt, fordi fysikken snakker om felt. Et felt kan betraktes som et regelsett som påvirker noe eller en gruppe av noe.

I fysikken håper man nok en dag å kunne finne noe materielt som feltene er lagd av. I vår teori er felt abstraksjoner.

Vår idealistiske tenkemåte åpner, som fysikken, for alle tenkelige typer felt.

---

93   Se 18. Kompleksitetsmekanismene
94   Se 18.3. Trelegemeproblemet

Det elektromagnetiske feltet er regler som gjelder for fotoner, elektroner, magnetisme etc. Uansett hvor et foton måtte tenkes å befinne seg, kan man med feltreglene si nøyaktig hva som er egenskapene og situasjonen akkurat der.

Men man kan for eksempel også snakke om et «felt for Norge», altså normer og regler av alle slag som anvendes av og for nordmenn og andre som har noe med landet å gjøre.

Eller det kan være et «felt for musikk», altså regler for tonesprang, takter, pauser, styrke, instrumentering osv. Reglene brukes da, med ulike modifikasjoner, på alt fra kor og symfonier, til joik og barnesanger, fra triangler til orgelpiper og nynning.

Felt kan blandes og overlappe hverandre. Reglene i musikkfeltet for norske folketoner kan for eksempel deles og er delvis sammenfallende med Norges-feltet.

Begge de nevnte feltene interagerer samtidig intenst med det elektromagnetiske feltet.

Synes du dette virker søkt? Egentlig er det bare snakk om det som kalles interferens. To fenomener møtes og forsterker eller svekker hverandre, helt eller delvis og etter bestemte regler.

Interferens forekommer på absolutt alle nivåer i naturen og universet, i alle grader og størrelser og med alle frekvenser. I tillegg vil ulike elementer i de ulike feltene påvirke hverandre i ulik grad i ulike sammenhenger og kanskje også med avvikende regler i noen av sammenhengene.

Komplekst!?

Ja, nettopp. Dette er en av måtene kompleksiteten i tolkningen av Mønsteret utvikler seg. Selve Mønsteret følger bare de rudimentære reglene for tid, rom, gravitasjon etc., men ut av dette vokser det frem et vanvittig rikt utvalg av alle tenkelige forestillinger, som følge av et komplekst samspill og interferens.

Det finnes flere slike kaosprinsipper og -mekanismer. Dette skal vi se på i neste kapittel som handler om kompleksitet[95].

16.11. Sjanseløs i dyrehagen

Jo lenger ned i detaljene vi går, desto flere eksotiske detaljer vil vi finne.

Vi er nå sjanseløse i å utrede hvordan utviklingen av universet går videre. Kompleksiteten blir raskt uhåndterlig.

Vi snakker så enkelt om at atomer[96] består av protoner, nøytroner og elektroner. Man opererer i fysikken med et relativt beskjedent antall elementærpartikler[97]. Så enkelt er det i virkeligheten ikke.

I partikkelfysikken bruker man begrepet partikkel-dyrehage[98] (particle zoo), fordi man etter hvert har oppdaget et svært stort antall mer eller mindre eksotiske partikler. For eksempel kan kvarkene alene danne hundrevis av sammensatte, kompositte, partikler.

Det opereres dessuten med et betydelig antall hypotetiske og virtuelle partikler, og partikler som er resultat av at ulike partikkelfelt spiller sammen og danner kvasipartikler.

Jeg må gjenta til det kjedsommelige at jeg er ingen fysiker og langt mindre noen ekspert på partikkelfysikk. Som de aller, aller fleste, er jeg sjanseløs i å forstå hva som foregår i det aller minste når det skal forklares med fysikkens språk.

Idealistisk emergens, vår teori, tilbyr i stedet en annen betraktningsmåte.

Den gir en generell mekanisme (emergens) som kan forklare både eksistensen av de mest utbredte, sentrale partiklene som vi vet spiller hovedrollen (protoner, nøytroner, elektroner, kvarker etc.), men også det store omfanget av mer eksotiske, spesialiserte, ofte kortlivede partikler

---

95 Se 18. Kompleksitetsmekanismene
96 https://en.wikipedia.org/wiki/Atom
97 https://en.wikipedia.org/wiki/Elementary_particle
98 https://en.wikipedia.org/wiki/Particle_zoo

som fortsatt oppdages i de store partikkelakselleratorene ved CERN[99], Fermilab[100], SLAC[101] og andre steder. I tillegg kommer kreftene, feltene og mekanismene.

I partikkelakselleratorene skytes partikler mot hverandre med høy energi. Ut kommer en sky av fragmenter som fanges opp av følsomme sensorer. Resultatet er kolossale mengder data som forskere analyserer med superdatamaskiner.

Når og om vi får kvantedatamaskiner som virker slik vi ønsker, vil vi trolig oppdage et stort antall nye partikler og fenomener. Det hevdes at kvantedatamaskiner i fremtiden vil bruke bare noen titalls sekunder på å løse matematiske oppgaver som med dagens aller kraftigste, tradisjonelle superdatamaskiner tar flere hundre millioner år å løse[102].

Hvorfor er dette relevant?

Jo, i naturen finner vi ting som er tydelige, normale, vanlige. Men vi finner også fenomener som er marginale, sjeldne, vanskelige å kategorisere og som utfordrer de vante forestillingene.

Dette krever et eksempel. La oss ta for oss et tre, kun ett.

Det har grener, kvister og blader. De fleste av disse ser nokså normale ut. De har farge, form, plassering og størrelse som gjør at de lett gjenkjennes som blader, for eksempel.

Men det vokser også noen få blader rett ut fra stammen. Noen grener vokser sammen eller har en avvikende form. Noen vokser nedover og ikke oppover. Fargen på bladene kan variere med lysforholdene. Og så videre. Som helhet ser treet fornuftig ut, men ved nærmere ettersyn består det av utallige mer eller mindre merkverdige avvik.

Vi neglisjerer avvikene i det daglige, gjennom maskering og normalisering.

---

99 https://home.cern/
100 https://www.fnal.gov/
101 https://slac.stanford.edu/
102 https://en.wikipedia.org/wiki/Quantum_supremacy

Mekanismen med emergens gjør at vi glatter ut inkonsistenser, utvider kategoriene gren, kvist og blad til også å romme avvikene. Det fungerer på makroplanet. Dette gjør at vi kan orientere oss i verden uten å bli forvirret av detaljer.

Når vi så zoomer inn, bruker mer datakraft på analysen, vil vi se at det vi trodde var enkelt, egentlig er sammensatt av en mengde svært ulike komponenter. De fleste bladene er nokså like, men en sjelden gang finner vi et blad som er noe for seg selv.

Tenk steiner og skjell på stranden. Tenk skyer på himmelen. Tenk bølger på havet. Tenk mennesker.

De fleste fremstår som uniformerte i henhold til motebildet. De fleste går til frisøren og oppfører seg «normalt». Men jeg vil tro du har fantasi til å forestille deg unormale mennesker også. Sjeldne mennesker, med en fremtoning som er vanskelig å kategorisere.

I partikkelfysikken fungerer det likt, for vi postulerer at emergens og prinsippet om attraktorer gjelder på absolutt alle nivåer fra partikler til galaksehoper og enda videre så langt det måtte være mulig.

Når forskerne studerer partikler, vil de altså finne standardpartiklene, men jo lenger ned i det lille de studerer, desto flere eksotiske avvik dukker opp.

I hele denne kjeden av emergens, vil de sterkeste, vanligste formene og fenomenene dominere.

Hvis du ser et nokså alminnelig blad, vil du straks tenke «blad». Det «normale» bladet er en attraktor, en definisjon som alle blader med minimale avvik faller inn under – så lenge man betrakter fra en viss avstand.

Også dette peker rett mot neste kapittel om kompleksitetsteori.

16.12. Noen refleksjoner om størrelser

Fysikken har mye, mye mer å oppdage i størrelsesområdet mellom de aller minste teoretisk mulige dimensjonene og de aller minste kjente partiklene.

Den minste størrelsen vi kjenner til i universet er den såkalte Planck-lengden og er ca $1,6 \times 10^{-35}$ meter. I teorien er det visstnok umulig at noe skulle kunne være mindre enn dette[103].

Diameteren til for eksempel et elektron som svirrer i en sky rundt kjernen i et atom, er svært mye større, ca $2,82 \times 10^{-15}$ meter.

Et proton i kjernen av atomet har omtrent en tredel av utstrekning til et elektron.

Protoner igjen består av kvarker som er ca 2000 ganger mindre enn dette igjen, altså rundt 0.43×10^{-16} meter[104].

Dette blir mange tall, men poenget er at forskjellen i størrelse mellom det vi mener er den teoretiske minstegrensen i universet og den minste elementærpartikkelen vi kjenner, kvarkene – er enorm, med en faktor på ca 10^{19}.

Et elektron må dermed være tolkningen, sluttresultatet, av et svært stort antall bevegelser, hendelser eller noe annet, som i sum forstås som noe emergent, noe mer enn summen av «delene» – et elektron. Tolkningene kan ha skjedd i tusenvis, kanskje millioner av emergens-sykluser mot stadig nye forenklinger, altså tolkninger av høyere orden.

I klartekst betyr dette at det finnes et enormt størrelses-område, mellom Planck-lengden og størrelsen på kvarkene og elektronene, hvor vi fortsatt mangler mye kunnskap.

Et elektron er dermed ikke en enslig klump som dukker opp med en viss sannsynlighet på et gitt sted.

Elektronet må være, i vår teori, som et fjell bestående av kvadrillioner ganger kvadrillioner av «biter», som gjennom mange tusen, kanskje millioner, av ulike tolkninger på stadig høyere nivå, samler seg til forestillingen om en haug, en «partikkel».

---

103 https://www.livescience.com/23232-smallest-ingredients-universe-physics.html
104 https://www.theguardian.com/science/life-and-physics/2016/apr/07/how-big-is-a-quark

Alle disse mellomtolkningene utgjør et komplekst, dynamisk system og det er dermed umulig å forutsi sikkert hva som vil skje. Derav tilfeldighetene i kvantefysikken.

Når først partikkelen dukker opp, er den imidlertid svært robust, for om du tar bort eller flytter på noen milliarder eller trilliarder komponenter, består fjellet i beste velgående.

16.13. Mørk materie

Ytterligere et fenomen innen astrofysikken kan kanskje finne sin forklaring gjennom dette, nemlig «problemet» mørk materie[105].

Ca. 85 prosent av all masse i universet er usynlig for oss. En rekke astrofysiske observasjoner, blant annet gravitasjons-effekter, kan bare forklares med at denne massen eksisterer.

Men vi klarer altså ikke å finne den, selv etter mange årtier med intens leting. Det mangler også fullgode teorier.

Det er sannsynlig at masse inngår som en opplevd egenskap ved alle, eller i hvert fall en del av de emergente tolkningene som skjer gjennom mengder av generasjoner, før dannelsen av de minste partiklene vi faktisk klarer å observere.

Det er slett ikke gitt at alle disse «mikrotolkningene» manifesterer seg som partikler av høyere emergent orden. De kan like gjerne danne en form for suppe, skum eller tåke av noe uhyre smått og for oss formløst som er tilstede overalt, men altså ikke lar seg observere på grunn av den uhyre beskjedene størrelsen.

Dersom dette er tilfelle, vil det trolig være snakk om en hel flora av ulike «ting» som kan ha ulik karakter og egenskaper. Det nytter da ikke å lete etter en bestemt partikkel for å forklare mørk materie, slik man gjør i dag.

---

105 https://en.wikipedia.org/wiki/Dark_matter

16.14. Entropi, tid og informasjon

Et annet mysterium som nå kan gis en ny beskrivelse, er forholdet mellom entropi, tid og informasjon[106].

Entropi handler om utbredelsen av energi i universet.

Det startet, igjen ifølge fysikken, med en enorm mengde energi, The Big Bang. Energien var konsentrert i ett punkt. Graden av uorden, kaos, spredning – «entropi[107]», var liten. Energien tilgjengelig for å utføre nyttig arbeid, fri energi[108], var tilsvarende stor.

Så har denne energien spredt seg utover stadig tynnere i universet. Konsentrasjonene er overalt mindre enn ved starten. Entropien øker.

Det skjer aldri at energi spontant skifter retning, altså at den går fra å være spredt til å bli mer konsentrert igjen. Har du først mistet et glass i gulvet så det knuste, er det umulig å reversere hendelsen.

Jo, energi kan pakkes tett sammen på utallige måter, det skjer stadig vekk, for eksempel i batterier, men aldri spontant, aldri av seg selv. Da må det finnes ytre forhold, skje en påvirkning av energi utenfra.

Fordi entropi bare går i én retning, spekuleres det i at opplevelsen av entropi kan være det som definerer og gjør at vi opplever også tid bare i én retning.

Tiden kan ikke reverseres fordi entropien ikke kan reverseres. Tiden går i én retning og aldri «baklengs».

Visstnok er dette det eneste fenomenet innen fysikken som er slik, alle andre er tids-invariable, som det kalles. Derfor mistenker man at entropi og tid henger sammen.

Så har det vist seg at det likevel kan tenkes situasjoner hvor entropien reverseres. Det finnes et tankeeksperiment som krever en dypere

---

106 https://en.wikipedia.org/wiki/Entropy_(information_theory)
107 https://en.wikipedia.org/wiki/Entropy_(classical_thermodynamics)
108 https://en.wikipedia.org/wiki/Free_energy_principle

forklaring. Jeg bruker ikke tid på å beskrive eksperimentet her, du kan i stedet se denne videoen[109], som forklarer det på en utmerket måte.

Konklusjonen fra videoen er at entropi og tid ikke handler bare om energi, men om informasjon[110].

Når energi fordeles utover, utføres det arbeid. Dette arbeidet fører til endringer, som i essens er informasjon. Også vi i vår teori har jo allerede sagt at endring og energi er det samme.

Informasjon er generelt i ferd med å spille en stadig viktigere rolle i fysikken og overalt ellers, for den saks skyld.

Matematikeren Claude Shannon[111] la fundamentet gjennom sitt teoretiske arbeid[112] for The Bell Labs i USA på slutten av 1940-tallet. Målet var å finne ut hvordan informasjon kan overføres uten tap ved bruk av radiobølger, telefoni, satellitter og alle våre andre digitale og analoge medier. Bell Labs var sentral i utviklingen av omtrent all elektronisk informasjonsteknologi vi nyter godt av i dag.[113]

På 1980-tallet oppdaget to forskere ved IBM[114] at selv om energi tilsynelatende, som i tankeeksperimentet i videoen, kan øke i konsentrasjon uten at det tilføres ytre energi, så må også det som skjer i hjernen tas med i regnestykket.

Når energi blir spontant konsentrert, skjer det en endring i kunnskapen om energien. Denne kunnskapen blir prosessert i hjernen, hvilket også krever energi. Dersom denne tas med, går visstnok regnestykket opp.

Men samtidig må altså konseptet kunnskap, informasjon, tas i betraktning. Det viser seg at prinsippet om entropi også gjelder for informasjon, og at

---

109 https://youtu.be/T6CxT4AESCQ
110 https://en.wikipedia.org/wiki/Entropy_(information_theory)
111 https://en.wikipedia.org/wiki/Claude_Shannon
112 https://people.math.harvard.edu/~ctm/home/text/others/shannon/entropy/entropy.pdf
113 https://www.amazon.com/Idea-Factory-Great-American-Innovation/dp/0143122797
114 https://en.wikipedia.org/wiki/Landauer's_principle

lovene for informasjon trolig er mer fundamentale enn de termodynamiske lovene for energi.

I dag står informasjonsteori[115] sentralt i mange sammenhenger. For eksempel har den svensk-amerikanske fysikeren Max Tegmark hevdet[116] at alt fysisk kan føres tilbake til matematikk, altså informasjon – noe abstrakt. Tanke.

Det var fysikken.

Så var det oss.

I en idealistisk verden, skapt av tanke, er dette den naturligste ting av verden. Vi sier jo at det tilsynelatende materielle universet faktisk er en abstraksjon, en mental forestilling.

I vår teori er alt informasjon, kunnskap, og ingenting annet.

De tre tilsynelatende vesensforskjellige og uforenelige fenomenene informasjon (konsepter, tolkninger), energi (tolkningen av endring) og tid (endring av avstander i rommet) – er knyttet sammen i et mentalt årsaksforhold.

Det som i fysikken er et problem, er hos oss selve grunnmekanismen i skapelsen av universet.

Dette har jeg allerede beskrevet.

Abstrakt kunnskap, tolkninger, er selve fundamentet i teorien vår om hvordan mønsteret, nullpunktfeltet, som alt annet er en videre tolkning av, dannes.

Jeg har også viet et eget, lite kapittel[117] på noen tanker om at kunnskap, når den først er etablert, aldri kan forsvinne.

---

115 https://en.wikipedia.org/wiki/Information_theory
116 https://en.wikipedia.org/wiki/Our_Mathematical_Universe
117 Se: 2.5. Perfekt hukommelse

Om den bare eksisterte for en stund, ville det være umulig å utvikle et univers slik vi observerer det. Naturlovene ville da ikke være universelle, men endres og fungere ulikt hver gang nye idéer skulle dukke opp.

Det er heller ikke mulig å ha to idéer om det samme.

Dersom en og samme ting, for eksempel atomene, skulle forstås som noe det ene øyeblikket og deretter som noe annet, ville vi ha et univers hvor byggeklossene ikke er de samme overalt.

Slik er det ikke. Fotoner, grunnstoffer, gravitasjon, energi osv. fungerer likt i hele universet, antar man. Det har så langt vist seg å holde stikk.

Kunnskap huskes universelt.

Erfareren vet hva den selv tenker.

Det gjør du også. Du tenker ikke eple det ene øyeblikket og skiftnøkkel det andre - om det samme.

Riktignok opplever du ofte å være glemsk, du kan til og med bli stokk senil, men det handler om noe ganske annet. Du erfarer verden gjennom en forestilling om en svakelig kropp, fra et svært innskrenket perspektiv.

I kapitlet om dissosiasjon[118] litt senere i boken, er du hovedtema. Der skal vi ta for oss hvordan forestillingen om deg kan tenkes å oppstå og hvordan du dermed ser verden i forhold til slik den universelle Erfareren trolig må se den.

Akkurat nå er poenget følgende: I fysikken fører et allment akseptert resonnement om entropi og tid til konklusjonen at alt i naturen kan vise seg å handle om informasjon.

Det vitenskapelige synet er at også den materielle verdenen i essens kan ha sitt opphav i abstrakt kunnskap, herunder matematikk.

Så konkret er det, at man mener energibruken ved tankeaktivitet i hjernen inngår når man skal beregne og forstå entropi og tid fullt ut.

---

118 21. Dissosiasjonen og deg

I dette finnes altså en teoretisk kobling mellom det materielle og mentale som fysikken selv har kommet opp med. Vi aner en vei til en forenet forståelse av tanke og stoff, for å bruke to dagligdagse ord.

Og glem (sic) heller ikke dette, for det er viktig i fortsettelsen: kunnskap kan ikke forsvinne, like lite som energi – fysikkens drivstoff – kan det.

16.15. IIT – Integrert informasjonsteori

Den ledende teorien for øyeblikket vedrørende bevissthet, er Integrated Information Theory[119], som frontes av en gruppe solide vitenskapsmenn med grader i fysikk, hjerneforskning, matematikk, filosofi etc.

I korthet sier teorien at der hvor det finnes mye informasjon – samlet, integrert på ett sted – der vil det også eksistere stor grad av bevissthet, angitt med den greske bokstaven Phi.

Det er utviklet et matematisk rammeverk for å beregne Phi i ulike sammenhenger. Poenget er at man skal kunne observere en ting, et levende vesen – hva som helst – og fastslå i hvilken grad denne er bevisst.

Nytten er åpenbar. Man skulle dermed kunne måle for eksempel hjerneaktiviteten hos en pasient som ligger i koma og fastslå om vedkommende likevel har bevisste opplevelser.

Det interessante i vår sammenheng, er at i et idealistisk verdensbilde er alt informasjon. IIT-teorien og teorien om idealistisk emergens er fullstendig i samsvar.

I begge er informasjon det sentrale. Vi kommer bare til denne innsikten fra to ulike retninger.

IIT starter med det materielle og måler, ved hjelp av komplisert matematikk, konsentrasjonen og mengden av informasjon.

Idealistisk emergens handler i stedet om graden av fragmentering, hvor fint ting er oppdelt, hvor langt den emergente utviklingen er kommet – og

---

[119] https://en.wikipedia.org/wiki/Integrated_information_theory

dessuten hvordan kompleksitetslovene har ført til ulike tettheter av denne informasjonen.

Det er nøyaktig det samme; *mengde og tetthet av informasjon.* IIT driver og måler det materielle og er et eksempel på at vi lager naturlover fra observasjoner av naturen.

De utvikler noe abstrakt fra noe konkret.

Det er å gå en unødvendig omvei. Det konkrete har allerede sitt opphav i det abstrakte.

Ligningene bør kunne snus, uten at jeg aner hvordan man gjør noe slikt. Det er bare en idé.

17. Ut av tåken

Synes du det forrige kapitlet ble mye og vanskelig?

Fortvil ikke, vær heller stolt av deg selv, for det du nettopp har lest, var en beskrivelse av de viktigste fasene i The Big Bang, selve skapelsen av et helt univers.

Det er ikke småtteri. Det er komplisert.

Ut av tåken formes, veves det nå en verden. Vi skal ikke gå igjennom alle fasene og epokene. I stedet skal vi se hvilke mekanismer som driver utviklingen.

Hvorfor? Kjenner vi ikke disse mekanismene godt fra før? Er det ikke stort sett gravitasjon og energi som former universet?

Jo, det er korrekt, men det finnes en høyere forståelse, for eksempel noe vi kunne kalle «mental gravitasjon», det vi allerede har omtalt som attraktorer.

Dette er idéer, prinsipper, tolkninger, abstraksjoner.

I vår teori om idealistisk emergens er verden en mental opplevelse. Den opplevde fysiske gravitasjonen er en forestilling i Erfareren.

Det er de mentale reglene som styrer dannelsen av forestillinger vi nå skal se på. Ikke hvordan det forestilte, for eksempel gravitasjon og energi, fungerer.

Vi skal nå ta for oss det abstrakte nivået over fysikken.

18. Kompleksitetsmekanismene

> Vi har nå en verden og den er i sin helhet idealistisk, altså mentale forestillinger i en universell ånd. Jeg har snakket om hvordan de fysiske byggeklossene kan ha blitt til i et slikt verdensbilde gjennom mekanismen «idealistisk emergens». Alt annet, også på makronivå og opp til det aller største, er blitt til på samme måten - selvfølgelig, for vi snakker om den fundamentale mekanismen som driver alt.
>
> En hel verden har vi. Den er bevegelig, i endring, dynamisk. Det skjer fantasilliarder hendelser og interaksjoner kontinuerlig. Det vi nå må forstå til bunns, er hvordan denne uhyre komplekse dynamikken fungerer. Her er naturvitenskapene kommet overraskende kort.
>
> I dette kapitlet viser jeg hvordan alt som skjer i universet utvikler seg i henhold til noen ganske få, enkle prinsipper - «kompleksitetslovene». Det oppsiktsvekkende er at disse styrer både materielle, abstrakte og subjektive fenomener - dvs. alt som overhodet eksisterer. Noe slikt er ikke de klassiske vitenskapsgrenene i nærheten av å klare.

Dagens verdensbilde forklarer ikke hvordan bevisst erfaring kan oppstå fra materie. Dette kalles «The Hard Problem». Om vi snur på det, forsvinner problemet, for da er alt erfaring. Samtidig må naturlovene som styrer universet forstås på nytt.

Vi søker nå de mentale lovene som skal skape et helt univers. De må kunne forklare alt som vi opplever som materielt og fysisk, men også alt subjektivt og abstrakt.

Til vår rådighet har vi allerede naturlovene, som er blitt oppdaget og foredlet gjennom hundrevis av år med vitenskapelig innsats.

Naturlovene beskriver hvordan noe oppfører seg. Som regel handler det om noe materielt, men det kan også være snakk om en representasjon av noe, abstraksjoner, som i matematikken – eller noe subjektivt, som i psykologien og de sosiale grenene.

Et eksempel på dette er når vitenskapen sier at det eksisterer «felt» som styrer hvordan partikler og mye annet i naturen oppfører seg.

Som jeg allerede har beskrevet, er trolig ikke felt noe i seg selv, men kun et regelsett, matematiske lover, altså en abstraksjon. Mange av naturlovene er nettopp abstraksjoner som er nyttige og som beviselig forteller noe om det materielle.

De kan også fortelle noe om ting vi opplever som ikke-materielle.

Ta igjen for eksempel musikk, som oppstår gjennom svingninger i luft.

Musikk er også et stort antall regler og lover om tonehøyder, harmoni, rytme osv. Disse musikklovene er uavhengige av det materielle. Du kan frembringe musikk på utallige måter: blåse i tomflasker, slå på trepinner, plystre, bruke en datamaskin, skrive noter på papir osv.

Uansett gjelder de samme abstrakte reglene for harmonier og rytme.

Alt dette kan beskrives vitenskapelig. Det materielle og abstrakte møtes overalt. Det ene kan beskrive eller påvirke det andre og omvendt.

Dette er ikke på noe vis oppsiktsvekkende.

De abstrakte naturlovene er jo derivert fra vår opplevelse av noe materielt. Det er et ekteskap som aldri kan brytes.

Problemet oppstår når vi skal forklare hvordan det materielle kan resultere i, danne, lede til abstraksjoner og subjektive opplevelser.

Naturlovene sier ingenting om hva abstraksjoner og subjektive opplevelser er. De forklarer ikke hvordan erfaring kan oppstå fra ikke-sansende materie. Dette mysteriet har fått sitt eget navn, «The Hard Problem[120]», som ble lansert av filosofen David Chalmers så sent som i 1995.

---

120 https://en.wikipedia.org/wiki/Hard_problem_of_consciousness

Tenk på opplevelsen du får når du ser noe gult, kvaliteten gult, qualiet gult. Vi vet at opplevelsen av ulike farger samsvarer med ulike frekvenser av lys og deretter signaler i hjernen.

Det subjektive og det materielle er altså forbundet i et årsaksforhold, selv om vi ikke forstår det fullt ut. Det finnes en mekanistisk sammenheng mellom hjernen og subjektive opplevelser.

Da skulle jo også det abstrakte og subjektive kunne forklares med naturlover?

Svaret er nei. Mekanismer forteller ingenting om hva ting er, de forklarer kun en funksjon. Dette er fysikalismens fundamentale problem. Vi vet hvordan ting virker, men ikke hva de er.

Det samme gjelder for alle de tre kategoriene av fenomener i universet.

Hva er en abstraksjon? Hva er materie, egentlig? Hva er subjektiv erfaring?

Fysikalistene og materialistene vet ikke. Et overveldende flertall av dagens forskere har ingen forslag til svar.

Stanford-fysikeren Andrei Linde, som er en av forskerne bak inflasjonsteorien, sa det slik i 1998[121]:

> La oss huske at vår kunnskap om verden begynner ikke med materie, men med erfaringer. Jeg vet med sikkerhet at smerten min eksisterer, min opplevelse av «grønn» eksisterer, og opplevelsen av «søt» eksisterer. Jeg trenger ikke noe bevis for at disse tingene eksisterer, for hendelsene og opplevelsene er en del av meg; alt annet er teori. Senere finner vi ut at våre erfaringer adlyder noen lover, som mest praktisk kan formuleres dersom vi antar at det finnes en underliggende virkelighet utenfor våre opplevelser. Denne modellen med en materiell verden som adlyder fysikklovene, er så vellykket at vi snart glemmer utgangspunktet vårt og sier at materie er den eneste virkeligheten, og at erfaringer bare er nyttige for å beskrive den.

---

121 https://dbx6c2burld74.cloudfront.net/article/1552517594-78f8303efbd5e374b6b50b1a4599dcaa.pdf

Vi opplever materie og tror helt og fullt på denne opplevelsen. Fra den opplevde materien utvikler vi naturlover, som vi deretter prøver å benytte for å forklare årsaken til den opprinnelige opplevelsen.

Dette er sirkelargumentasjon. Det er umulig.

Fysikalismen som konsept er og blir feil.

18.1. De magiske lovene

I en idealistisk, mental verden må det eksistere «naturlover» som forener de tre eksistensielle kategoriene materie, abstraksjoner og subjektiv erfaring.

Vi derimot, idealister som vi er, kan svare at abstraksjon er tanke.

Vi kan slå oss til ro med at subjektive opplevelser også er tanke, eller i det minste noe mentalt. Dette er de aller fleste enige om, også materialistene.

Bare på ett område må vi erklære at vi er i opposisjon, vi sier at også alt materielt må være tanke, mentale forestillinger, subjektive opplevelser.

Hvordan skal vi kunne vise at vi har rett?

Det har vi allerede snakket litt om, og da sa jeg at vi er nødt til å sannsynliggjøre, bygge indisier, bruke logikk og sunn fornuft.

Materialistene kan altså ikke forklare hvordan subjektiv bevissthet oppstår. Men kan vi, som anser bevissthet for å være noe fundamentalt, gjøre det motsatte, altså forklare materialismen?

Dette er vi allerede godt igang med.

Jeg har i de foregående kapitlene vist hvordan de elementære byggeklossene i universet kan oppstå gjennom idealistisk emergens.

Men universet er mer enn byggeklosser. De kommer jo sammen og danner alt mulig. Alt fra bakterier til skyskrapere, lyspærer til ørkener, mennesker til nøytronstjerner.

Det eksisterer en vanvittig variasjon av «greier» i universet.

Kan vi redegjøre for alt dette bare ved hjelp av mentale, subjektive mekanismer?

Dette er de mekanismene, lovene, vi søker og som du nå skal få presentert.

Emergens forklarer hvordan ting blir til, men ikke hvordan de interagerer, samspiller i det ekstremt komplekse systemet som universet utgjør.

Vi trenger i tillegg de mentale kompleksitetslovene.

Slike lover må eksistere, for lys, for eksempel, er både noe materielt (fotoner i fart), noe abstrakt (felt) og skaper samtidig den subjektive opplevelsen av farge, gult, qualiet.

Vi mangler noe, nemlig de lovene som forener alle de tre eksistensielle kategoriene og som forklarer hvordan disse samspiller.

Nå skal du få vite hva det er som på magisk vis får alt til å henge sammen.

Altså, vi går i gang.

18.2. De materielle kompleksitetslovene

Alt i universet beveger og utvikler seg i forhold til alt annet. Det er et uhyre kompleks samspill som involverer alt fra atomer til galakser.

Se for deg Solen, Jorden og Månen.

De danser sammen.

I 4,5 milliarder år har denne virvlende flørten gått rundt og rundt, dag for dag, måned for måned, år for år[122].

Varer dansen evig?

Nei. Da den startet, var dagene på Jorden bare fem timer lange. Avstanden til Månen var kun en tjuendedel av det den er i dag[123]. Alt gikk fortere og var nærmere.

---

122 https://www.space.com/35291-moon-age-pinned-down.html
123 https://www.bbc.com/news/science-environment-12311119

Som en ungdomsforelskelse.

Gradvis sank hastigheten og avstandene økte. Solsystemet eldes og til slutt vil det bryte sammen, ca 4,5 milliarder år inn i fremtiden. Solen skrumper inn. Når det skjer, øker temperaturen, fordi kjernen blir tettere og varmere.

Om bare noen hundre millioner år blir det så varmt på Jorden at alt vann og atmosfæren forsvinner[124]. Solsystemet er som alt annet i universet. Det øyeblikket noe er født, starter samtidig dødsprosessen.

Hva er det som driver det hele?

Jo, «ungdommelig» energi.

Alt kommer fra The Big Bang, som skapte en ufattelig sky av energi og partikler som var komprimert i ekstrem grad, fordi verdensrommet på det tidspunktet var bittelite. Når materie presses kraftig sammen, øker temperaturen. Du kan merke det når du presser luft inn i et sykkeldekk. Pumpen blir varm.

I denne ekstremt varme partikkelskyen ble det dannet klumper av materie, fordi det helt fra begynnelsen oppstod ansamlinger i romtiden, og disse ble voldsomt forsterket da universet ekspanderte, som det fortsatt gjør.

Disse ansamlingene av materie var så varme at det oppstod kjernefysiske prosesser, som i en atombombe. Stjerner begynte å lyse og brant til de gikk tom for drivstoff, slik også vår sol vil gå tom.

Rett før de døde, ble noen av dem så tunge, tette og varme at de eksploderte som supernovaer i ekstreme glimt av gammastråling som ble slynget utover i universet[125].

Et slikt gammaglimt mener man kan ha skapt vårt solsystem.

I området hvor vi befinner oss, var det først bare støv og steiner. Så kommer denne ekstreme impulsen av energi farende gjennom rommet og feier alt med seg på bare tretti sekunder, i gjennomsnitt.

---

124 https://www.space.com/solar-system-fate-when-sun-dies
125 https://www.discovermagazine.com/the-sciences/why-do-planets-rotate

Støvet og steinene virvles opp, sendes inn i sirkler, som når vannet i en fossende elv skaper virvler og roterende bakevjer.

Virvlene i «den kosmiske elven» kan vare en god stund. De ser stabile ut i lang, lang tid. Men så kan det skje noe, kanskje bare en liten, tilsynelatende uviktig hendelse som får ting til å løsne, skifte form og gå i oppløsning.

Kan dette også skje med solsystemet? Kan det rakne, når som helst?

I prinsippet, ja.

Men det skal mye til, for Jorden, Solen og Månen - for eksempel - er store, tunge himmellegemer. Gravitasjonen mellom dem er sterk. Energien som driver dem rundt i dansen er fortsatt til stede i form av treghet (inertia).

Det tar tid å snu et stort skip, heldigvis for oss.

Men gradvis brukes energien i dette systemet opp, blir spredt tynt utover som unyttig varme. Dette i seg selv er relativt enkelt å beregne, omtrent som når sand renner ut av et timeglass.

Newton lærte oss hvordan disse prosessene virker, hvordan krefter og energi virker.

Vi har tenkt som Newton i mange hundre år nå, men det har samtidig resultert i at vi har et ensidig og altfor enkelt syn på hvordan verden fungerer og utvikler seg.

Hvorfor? Hvordan kan jeg si noe slikt? Hva er det vi ikke har tatt innover oss enda?

Det er faktisk ganske enkelt å illustrere, og du fikk det presentert allerede i de to første setningene under denne mellomtittelen.

Dansen.

18.3. Trelegemeproblemet
Komplekse bevegelsesmønstre lar seg ikke forstå med klassisk mekanikk.

I vitenskapen ble dansen mellom Solen, Jorden og Månen først kjent som trelegemeproblemet.

Newton, Kepler og andre hadde oppdaget hvordan de tre himmellegemene beveger seg i et samspill. De så at det handlet om gravitasjon og energi. De matematiske ligningene var enkle og pene. Men det ble raskt klart at de ikke fortalte hele sannheten.

På den tiden navigerte man på verdenshavene etter stjernene. Det var kritisk viktig å kjenne Jordens, og også Månens og Solens bevegelser med pinlig nøyaktighet.

Både Amerigo Vespucci, som oppdaget Brasil rundt år 1500, og Galileo Galilei som beskjeftiget seg med det meste knapt hundre år senere – engasjerte seg i dette med Solens og Månens bevegelser.

De ville og måtte ha det teoretiske i orden, det prinsipielle, de generelle lovene.

Da måtte man ta for seg alle tenkelige systemer med tre legemer, ikke bare det vi befinner oss i.

Senere var Newton opptatt av det samme. Han så at det var svært vanskelig å beregne bevegelsen til tre legemer når de var omtrent like store og påvirket hverandre gjensidig gjennom gravitasjon.

Han fant ikke ligningen og påpekte dette i sitt hovedverk Principia som utkom i 1687.

Bevegelsene til tre like store objekter som snurrer rundt hverandre er så komplekse at det, bortsett fra i visse spesialtilfeller, er umulig å forutsi hva som vil skje. De fremstår som kaotiske. Klassisk mekanikk gir ingen svar.

Her kan du se hvordan det ser ut i praksis[126].

Mange har jobbet med denne utfordringen.

---

126 https://en.wikipedia.org/wiki/Three-body_problem

18.3. Trelegemeproblemet 303

En av dem var Henri Poincaré, en fransk fysiker, matematiker, ingeniør og vitenskapsfilosof. Han beskrives som den siste «universalist» innen vitenskapen.

På 1880-tallet forstår han at problemet er uløselig med kjente metoder og at det trengs en ny måte å angripe det på. Han formulerer et konsept som gis det ugjestmilde navnet «den relativistiske bevegelsestransformasjonen».

Dette pekte mot det som etter hvert fikk kallenavnet kaosteori og nå kalles kompleksitetsteori.

Den brukes til å forstå store, komplekse, bevegelige systemer hvor «alt påvirker alt».

Slike «dynamiske systemer» består ikke bare av planeter og soler. Det kan like gjerne være snakk om partiklene internt i et atom, molekyler som virrer rundt i en gass eller mennesker som stimler sammen for å komme inn på en buss.

Tilsvarende handler det ikke bare om gjensidig tiltrekning gjennom gravitasjon. Det som driver systemet kan like gjerne være elektriske, kjemiske, psykologiske, økonomiske, sosiale eller andre krefter.

Hvilke lover styrer det som skjer?

For å kunne studere kompleksitet, må man kjøre ligninger om og om igjen i lange sekvenser for å se hvordan ting utvikler seg. Dette ble først mulig da datamaskinene kom for alvor.

18.4. Sommerfugleffekten og fødselen til kaosteorien

I et tilsynelatende stabilt system kan en bitteliten, marginal hendelse plutselig forstyrre balansen slik at utviklingen tar en uventet, dramatisk retning.

I 1961 jobbet matematikeren Edward Lorenz ved Massachusetts Institute of Technology på østkysten av USA med å modellere et værsystem med tolv ulike variabler. Han hadde til rådighet en LGP-30 datamaskin med mindre kapasitet enn et musikk-julekort har i dag.

Det tok uendelig lang tid.

Han hadde kjørt en full runde med simulering og fant ut at han ville ta en nærmere titt på en avgrenset del ved å kjøre akkurat denne om igjen. For å spare tid, tok han det sentrale tallet fra ett bestemt tidspunkt, foret det inn i maskinen og startet derfra.

Den puslete maskinen, bestående av noen få tusen radiorør og dioder, kunne levere tall med seks siffers nøyaktighet. Men på papirutskriften han satt med var dette blitt avrundet til tre sifre. 0,506127 var printet ut som 0,506, som han så startet kjøringen med.

Resultatet ble høyst uventet. Ved å endre bare ørlite grann på ett eneste tall, ble utviklingen av været radikalt annerledes enn ved første simulering.

Han hadde oppdaget sommerfugleffekten[127].

Dersom en sommerfugl i jungelen i Brasil slår lett med vingene, kan det resultere i en tornado over Texas i USA noen uker senere. Slik ble den presentert for publikum. Mikroskopiske endringer hvor som helst i et komplekst, dynamisk system kan gi ekstreme utslag i den videre utviklingen.

Dette fikk navnet kaosteori.

Ordet sommerfugleffekt ble visstnok lansert av Lorenz på en konferanse i 1972, elleve år etter oppdagelsen. Ordet kaosteori skal ha blitt uttalt for første gang på en konfcranse i desember 1977.

Det er en pur ung vitenskap.

Man sier gjerne at 1900-tallet gav oss tre vitenskapelige revolusjoner: Kvantemekanikken, Einsteins relativitetsteorier – og kaosteorien.

«Kaos» betyr likevel ikke at alt er kaos.

Det er tilstand vi ikke forstår, men den er ikke uten lovmessighet. Ordet er gresk og betyr slett ikke uorden, som har sitt eget ord; «tarakhe».

---

127 https://en.wikipedia.org/wiki/Butterfly_effect

Kaos derimot, for grekerne, var den store tomheten, potensialet som eksisterte før kosmos, som dermed er kaos i realisert form.

Gudene formet kaos med sin vilje til det vi alle tusler rundt i, universet.

Slik tenkte grekerne, i den grad vi vet hva de tenkte.

Fra 1600-tallet er disse nyansene glemt og kaos er kaos.

Så kom altså kaosteorien, kompleksitetsteorien.

Hva forteller den?

18.5. De konkrete kompleksitetslovene

Straks noe interagerer, spiller sammen med noe annet – så trer kompleksitetslovene i aksjon.

Her er noen av de viktigste:

- **Attraktorer:** Når noe er «stort og sterkt», dominerer det over det som er «mindre og svakere». Den sterkeste, mest sannsynlige idéen om hva noe er, vinner. Den maskerer for alternative tolkninger. Tenk de populære jentene/guttene i skolegården. Et annet eksempel er språk. Når alle i et land snakker et bestemt språk, har alle som blir født inn i landet en sterk tendens til å også snakke språket.

- **Sommerfugleffekten:** Dersom det ikke finnes noen sterke attraktorer i et område, kan selv en liten hendelse utvikle seg til å bli en attraktor, som gradvis får stadig større virkning, ofte gjennom feedback-sløyfer.

- **Feedback:** Du har sikkert hørt hylingen når lyden fra høyttalerne på en scene fanges opp av mikrofonene som så sender lyden til høyttalerne igjen. Når resultatet av en prosess føres tilbake til den samme prosessen, kan det skje en voldsom forsterkning slik at alt løper løpsk.

- **Fraktaler og holisme:** Ting ser omtrent like ut uansett hvilken skala som benyttes. Kreftene, lovene som danner mønstrene er de samme overalt. Forgreningen av nerveceller i en hjerne ligner dermed på forgreningen til utløpet av en elv – som igjen ligner på strukturer i universet. Bare omgivelsene forteller at det er snakk om svært ulike ting.

Pugg disse fire enkle lovene, kjære leser, og du vil bli en suksess i selskapslivet.

Du blir en attraktor.

18.6. Gyldige for alle fenomener

Kompleksitetslovene har tradisjonelt beskrevet fysiske fenomener. Men det viser seg at de også beskriver rent mentale fenomener, mental dynamikk.

Er du forvirret?

Hvordan kan vi si at populariteten til jentene i skolegården og himmellegemenes dans følger de samme lovene?

Det er en sensasjonell opplysning. Det høres umulig ut.

Faktum er at alle disse mekanismene, lovene, styrer alt, overalt, innen alle områder – både fysiske, organiske, sosiale og mentale. Det har man etter hvert forstått.

Kaoslovene styrer de bølgende mønstrene, «murmureringen», i fugleflokkene over Roma – og gnuenes vandringer på Serengeti-sletten i Tanzania.

De styrer økonomi og gruppetenking. Undervisning og kunstig intelligens.

De brukes til å utnytte kapasiteten i transportsystemer og strømforsyning. Politikk. Kunst. Mote. Julefeiringen. Vitsemakeri. Pandemier og vær. Sivilisasjonens undergang, som drøftet i MIT-rapporten fra 1972.

Alt, for å si det med tre bokstaver.

Alt her i verden er dynamisk, kaotisk.

«Alt flyter», som en gammel greker sa.

Forstår du rekkevidden av det som nettopp ble sagt?

Kaoslovene gjelder altså for både materielle og tankestyrte fenomener. Både biljardkuler og vitser. Og alt abstrakt. Det er observert. Det er dokumentert.

Disse lovene forklarer altså mer enn bare hvordan det materielle utvikler seg. De beskriver også mental dynamikk.

Hvordan arter dette seg i praksis?

18.7. Jentene og julen

La oss ta disse jentene i skolegården.

Hvem som er populær, er en mental forestilling.

Hun som har de dyreste klærne, er morsomst, penest, mest manipulerende, mest dominant – blir av de fleste i klassen ansett for å være den kuleste, den tøffe.

Men så er det en annen jente der som er nesten like kul, men annerledes.

Hun er stille, ser nokså vanlig ut og gjør lite av seg, men hun er varm og klok – en god venn, den snille.

Mange i klassen synes hun er den kuleste.

Det pågår en usynlig kamp mellom de to jentene, den tøffe og den snille, og deres tilhengere. De kjemper begge, på høyst ulikt vis, om å få med seg flest mulig av elevene som ennå forholder seg nøytrale. Den som vinner medelevene, tar dominans og vil kunne samle enda flere rundt seg.

De to jentene er attraktorer.

De virker begge på den nøytrale gruppen, trekker dem til deg. De kjemper om mental dominans.

I hvert friminutt må de nøytrale ta stilling til om de skal henge med den ene eller andre av de to, eller om de skal svirre usystematisk rundt sammen med de nøytrale, hvor ingen dominerer, alt er «kaos», uavklart.

Dersom en av de nøytrale skulle foreta et valg om å slutte seg til den snille, som har færrest venner, kan det påvirke balansen. Denne ene personen er da en sommerfugl. Hun gjør noe lite og tilsynelatende ubetydelig som får store konsekvenser.

Når de andre nøytrale jentene ser det som skjer, kan det nemlig tenkes at de følger etter, først en, to, så alle sammen i økende tempo. Det skjer da en forsterkning gjennom feedback.

Det mentale presset, dragningen fra attraktoren den snille, kan bli så sterk at også venninnene rundt den tøffe må gi etter. Feedbacksløyfer har en tendens til å sluke alt.

Den motsatte utviklingen er likevel den mest sannsynlige. Den tøffe bruker mest makt, spiller mer manipulativt, lokker og truer. Den tøffe har allerede flest tilhengere og er den sterkeste attraktoren.

Alle tenker at det er ikke noe hyggelig å følge henne, men at de har ikke noe valg. Hun er den sterkeste og tar dominans, selv om det skulle være ødeleggende for fellesskapet som helhet.

Så kan det også forløpe helt annerledes.

En dag begynner det en ny jente i klassen. Den tøffe vil prøve å få henne med på sin side. Men den nye jenta er i utgangspunktet nøytral. Hun kjenner ikke til maktspillet mellom de to jentene.

Hun velger den snille, fordi hun fremstår som hyggeligere, lettere å få innpass hos. Hun beveger seg dit hvor det finnes en åpning, en mulighet.

For henne er den snille den sterkeste attraktoren.

Hva som er attraktor, er altså ikke absolutt, men relativt, subjektivt, mentalt. Den nye jenta har ennå ikke merket presset fra den tøffe og tilfeldigvis møtte hun den snille først.

Den nye jenta tilfører gruppen rundt den snille noe de har manglet, nemlig smartness, talegaver, en uangripelig fornuft. Dette mangler den tøffe.

Denne nye jenta sier ting som blottlegger den tøffe, avdekker at hun har en svakhet. Hun er som gutten i eventyret om kongen uten klær.

H. C. Andersens eventyr handler om en «sommerfugl», som med noen få sannhetens ord styrtet landets mektigste leder.

Den nye jenta påpeker sannheten, endrer den, fordi hun traff et punkt hvor den tøffe ikke var dominant.

På akkurat dette punktet, smartness, var den nye jenta først en sommerfugl, men ble kort tid etter selv en attraktor.

Dette endrer plutselig hele dynamikken.

Smartness står akkurat nå i fokus for alle jentene i hele klassen. Den øvrige situasjonen mellom de to grupperingene er fastlåst, men dette nye elementet gjør alt åpent, ustabilt, bevegelig.

Den nye jenta og den tøffe møtes.

Den nye får inn en kommentar som gjør den tøffe usikker og svekker autoriteten hennes. Hvem skal nå ta dominans? Hvem allierer seg med hvem? Alt kan skje.

Dersom den nye jenta klarer å få noen med seg, kan også hun skape feedbacksløyfer ved at hun lokker til seg flere, som igjen lokker enda flere. Den nye, ubetydelige, jenta kan på kort tid bli dominant, den sterkeste attraktoren.

I dette eksemplet er det både fysiske trekk (klærne, stilen) og adferden (morsomst, manipulerende) som bestemmer graden av popularitet - i utgangspunktet.

Derfra handler det meste om mental maktkamp, og den utspilles i den subjektive opplevelsen til den enkelte.

Vil du ha et eksempel til?

Julen er en attraktor. Den får oss til å foreta valg i hodene våre, blant annet om å dra ut og kjøpe julegaver altfor sent. Om å sette i gang med julebakst omtrent samtidig alle sammen.

Julen er en idé med stor kraft.

Vi har mengder av mentale forestillinger om hva som er en perfekt jul. Det er skapt tradisjoner, attraktorer. De aller fleste dras med i den nokså underlige feiringen, også vi som helst skulle ha sluppet.

Et år var det hvite juletrær som gjaldt. Hva er det som bestemmer at noe kommer på moten? Jo, det startet kanskje med en artikkel i et ukeblad. Så spredte det seg mentalt i hodene til folk gjennom samtaler – abstrakt formidling av tanker.

Ingen hadde tenkt på at juletrær kunne være noe annet enn grønne. Landet lå åpent for en hvit sommerfugl.

En liten gjeng med definisjonsmakt, de motebevisste, tok stilling, gav feedback, fikk folk med seg. Deretter falt hvert hjem i landet som dominobrikker.

Det fysiske, mentale, emosjonelle og abstrakte går på kryss og tvers i julen, til glede for noen, frustrasjon for andre. Kompleksitetslovene gjelder for hele «systemet».

Kan det tenkes andre forklaringer på disse fenomenene?

Etter min mening, nei.

Mentale kaoslover ser ut til å kunne forklare komplekst, hybrid samspill på tvers av kategorier. Jeg tolker dette som en sterk indikasjon på at verden er en mental forestilling og ingenting materielt.

Vi har dermed observert noe interessant.

Kompleksitetslovene har tradisjonelt beskrevet fysiske fenomener. Nå viser det seg altså at de trolig har en mer fundamental betydning enn som så.

Hva innebærer det?

> *Kan det faktisk være at under all denne rikdommen og kompleksiteten vi observerer i fysikken, eksisterer det bare noen enkle regler? Jeg skjønte snart at hvis det skulle være tilfelle, ville vi faktisk måtte gå bakenfor tiden og og egentlig alt vi vet. Reglene*

*våre måtte fungere på et lavere nivå, og all fysikk måtte bare
oppstå av seg selv gjennom emergens.*

*Det er verdt å si litt om hvordan en slik fremvekst av fysiske lover
skulle fungere. Det må faktisk være litt analogt med utledningen
av likningene for væskestrøm som er igjen kommer fra den
underliggende dynamikken til mange diskrete molekyler.*

*Men i vårt tilfelle er det strukturen til selve rommet snarere enn
hastigheten til en væske vi beregner.*

*Så hva er da tid? Rent faktisk er tid omtrent slik vi opplever den:
den ubønnhørlige prosessen med at ting skjer og fører til andre
ting. Men i våre modeller er tid noe mye mer presist: det er den
progressive anvendelsen av regler, som kontinuerlig modifiserer
den abstrakte strukturen som definerer innholdet i universet.*

*Stephen Wolfram, britisk-amerikansk
informatiker og fysiker*

18.8. Reverserte, primære lover

**De mentale kompleksitetslovene er mer primære og danner grunnlag
for mange av de andre naturlovene vi kjenner. Naturlovene er ofte
derivert fra fenomenene som kompleksitetslovene først skapte.**

Kompleksitetslovene er det de er, de er veldokumenterte. De er skapt
gjennom å observere naturen og alle slags fenomener, analysere mønstre
og formulere resultatet matematisk.

Det materielle leder til abstrakte lover. Slik er den tradisjonelle forståelsen
av hvordan naturlover blir oppdaget i en materiell verden.

I vår idealistiske verden fungerer det motsatt. De abstrakte lovene leder til
opplevelsen av materie, som så deretter leder til naturlovene.

De abstrakte, mentale kompleksitetslovene leder faktisk til alt.

Disse magiske, fremmede, historisk sett nye «kaoslovene» er også
«naturlover» så gode som noen. Men de er primære i forhold de fysiske
naturlovene.

De «emergent høyere», fysiske naturlovene er nemlig noe tenkt og har oppstått gjennom en prosess som er styrt av mentale kaoslover som kom først.

Naturlovene som vi kjenner så godt, og all annen kunnskap om hvordan verden virker, består. I et idealistisk verdensbilde er alt som før. Forskerne kan holde på som de alltid har gjort.

Ingenting må erklæres feil eller ugyldig.

Kort sagt, det eksisterer ingen konflikt mellom et materielt og et idealistisk verdensbilde. Tvert imot, de fungerer identisk.

Men, materialismen støter på The Hard Problem. Bevissthet er utelatt, kan ikke forklares. Hva ting fundamentalt sett er forblir uløst. Det subjektive er et mysterium.

I idealismen er bevissthet og det subjektive alt som eksisterer.

Universet er en mental forestilling, en erfaring, en subjektiv opplevelse.

Det finnes noen mentale lover, kompleksitetslovene, som beskriver hvordan de mentale prosessene fungerer. De kommer før og i tillegg til alt fysisk, og gjenfinnes også i de fysiske lovene.

Men det er fortsatt ingen konflikt mellom de to radikalt ulike verdensbildene.

Derfor er ikke idealisme farlig. Den truer ingen og ingenting. Den tilbyr bare en forklaring på alt det som materialismen, per definisjon, ikke kan forklare.

De to filosofiske grunnsynene utfyller hverandre og henger sammen.

I det siste kapittelet[128] skal vi se nærmere på hvordan alt dette fungerer i praksis. Hvordan det mentale og materielle samspiller.

Men vi mangler fortsatt den siste brikken i puslespillet vårt. Vi har så langt snakket om det opplevd materielle og det abstrakte.

---

128 Se 22. Samspillet og det kollektive

Men hva med det subjektive, det som opplever universet?

Det er jo i det subjektive, i deg, at de mentale kompleksitetslovene utspiller seg.

Eller er det?

Hva er DU?

19. En ny reformasjon

> Det er store ting vi driver med her. Enig? Det er ikke noe nytt, altså at det skjer store ting en gang i blant opp igjennom historien.
>
> Det jeg forsøker i denne boken, er å lappe sammen noe som gikk i stykker for flere hundre år siden, nemlig splittelsen som den gang skjedde mellom ånd og materie. Vitenskapen stakk av med materien og alt «fysisk», mens kirken fikk beholde ånden, sjelen, Gud, englene, Jesus, Himmelen og så videre.
>
> Jeg snakker om reformasjonen på 1500-tallet, opplysningstiden på 1700-tallet og senere den industrielle revolusjon, elektrisiteten, datateknologien ... alt det vi har bygd vår kultur rundt, på en slik måte at det går i dass – for å si det som det er.
>
> Vi har en jord vi må redde snarest mulig. For å klare det, trengs det nye tanker, hvilket er det jeg jo driver med her. Mitt mål er å reversere det historiske skismaet hvor verden gikk fremover med stormskritt, mens ånden ble liggende igjen forlatt på bakrommet der hvor vi feirer jul en gang i året.
>
> Det blir liksom litt feil, når ånden er vannet, badevannet – havet – som alt oppstår fra, gjennom idealistisk emergens.

Erfareren.

Det var der vi startet.

Vi har hittil sagt at det eneste som eksisterer, er en tilstand av væren. Om denne kan vi ikke si noe som helst. Det er umulig, for det ville kreve et blikk utenfra alt, et perspektiv som ikke finnes.

Denne tilstanden av væren er før alle perspektiv, det er det som evner å forestille seg og samtidig oppleve et perspektiv, altså se seg selv, ikke utenfra, men gjennom en indre speiling.

Dette er ren logikk, nødvendighet.

Du vil finne denne tenkemåten i filosofi og religion fordi det må være slik - sett fra vårt perspektiv inni forestillingen til Erfareren.

Ok, nå skal vi ikke ta en ny runde med grubling omkring dette ene. Men samtidig er dette ene alt, også deg og meg.

Vi er det ene vi også.

Det ene fremstår som mange.

At den ene, universelle Erfareren eksisterer, holder jeg som fundamentalt.

Vårt aksiom sier nemlig at alt må komme fra og være ett og det samme, og at dette ene må være mentalt, subjektivt, fordi det eneste vi opplever med sikkerhet, er vårt subjektive, mentale selv.

Det vi foreløpig ikke vet noe om, er hvordan den ene, store Erfareren kan opptre som milliarder av levende skapninger med hver sin opplevde private, separate opplevelse av eksistens.

Hvordan skjer denne utskillelsen av private subjekter fra den ene Erfareren?

Hva er disse subjektenes forhold til den universelle, ene Erfareren etter at de er skilt ut?

Hvordan skjer samspillet mellom de utskilte subjektene?

Dessuten, hva skjer etter at et subjekt opphører å eksistere, altså når en levende skapning dør?

Nå gjør vi altså et stort og brått sprang bort fra partikkelfysikk og kompleksitetsteori og over til det vi litt uærbødig kan kalle spekulasjon om ånd og sjel.

Dette er å hoppe fra det ene til det andre, tenker du kanskje.

Kanskje tror du at vi nå skal forlate det vitenskapelige og hengi oss til esoteriske og metafysiske mysterier.

Det er feil.

Vår verden er idealistisk.

Jeg må gjenta det nok en gang, for det er så lett å glemme.

Vi blir så oppslukt av alt som det mentale universet klarer å «materialisere», alle lovene, partiklene, kreftene, atomene, molekylene, kroppene våre, alt i naturen, alt levende.

Det er mengder av spektakulære fenomener.

Vi glemmer hvor det kom fra, at alt er en forestilling, noe tenkt, noe vi tror på, noe opplevd. Men alt det vi opplever er ingenting i seg selv.

Universet er en forestilling i et universelt subjekt, Erfareren.

Også du er en erfarer, for det var der vi, sammen med Descartes, begynte.

Vi beveger oss nå ikke bort fra det vitenskapelige, vi går mot kjernen, opphavet, den ontologiske sannheten om hva verden er i essens.

Det er den vi søker.

Vi har så langt studert hvordan bevissthet kan skape forestillingen om noe fysisk, og også de mentale lovene som kan forklare alle fenomener vi kjenner, som vi skal se demonstrert mot slutten av boken.

Nå spør vi hvordan den universelle Erfareren kan skape deg og alt annet levende, med en opplevd, privat, subjektiv «eksistens».

Hva er du?

I den tilsynelatende materielle, fysikalistiske hverdagen de fleste av oss går rundt i, er det vanskelig å ha kontakt med det dypeste i deg selv. Vi har oppmerksomheten rettet mot det som materialiserer seg foran øynene våre, det vi hører, kjenner mot huden, lukter, smaker og ikke minst tenker.

Vår erfaring av verden handler stort sett om det de fem sansene og tankene våre formidler.

For å forstå noe som helst av verden, er det avgjørende at vi forstår det subjektive. Da må vi på en eller annen måte snu oss mot vårt subjektive selv.

Har vi sanseapparat til å gjøre dette?

Finnes det flere enn de fem sansene?

Hvordan skal vi angripe det?

Nå er vi kommet til det punktet i denne fortellingen hvor vitenskapen ikke kan hjelpe oss videre i noen særlig grad. Litt forskning skal vi likevel klare å putte inn, og det finnes dessuten en rekke alternative betraktningsmåter.

Vi er slett ikke sjanseløse.

Vi skal angripe det på to måter, omtrent slik vi hittil har gått frem for å få frem en teori om emergens i fysikken og generelt, samt kompleksitetslovene.

Først vil jeg presentere det jeg mener er en rasjonell og logisk «løsning». Deretter vil jeg prøve å sannsynliggjøre at den er korrekt.

En hver som ønsker å utfordre resonnementet er, som når det gjelder alt annet i denne boken, mer enn velkommen til å gjøre det. Jeg håper alt det jeg skriver her, er starten på en stor og interessant diskusjon.

Vi trenger denne samtalen, alle sammen, både på privat og kollektivt nivå.

La oss ta en liten avstikker og si noen ord om viktigheten av det vi her driver med.

19.1. Viktig på flere måter

Jeg vil at du skal innse «tyngden» i prosjektet. Dette er ikke en filosofisk lek, men dypeste alvor.

De som mener at verden er materiell, har kontrollert og utviklet samfunnet gjennom de siste par hundre årene. Det har ført oss ditt vi er i dag.

Det kan ikke herske tvil om at vi er i ferd med å styre naturen og samfunnet mot et sammenbrudd. Skal vi kunne forhindre en slik katastrofe, må vi forstå hva som fremtvinger den, og da må vi forstå oss selv, for det er vi som er årsaken.

Det haster.

Materialistene deler ansvar med kirken og andre som befatter seg med menneskets psyke. Også de må reformeres. Denne boken er, i kjernen, et opprør.

Reformasjon 2.0.

Dette er et opprør til kamp for den sunne fornuft.

Sånn skal det sies!

Apropos reformasjonen ... for noen år siden var jeg i Halle, sørvest for Berlin i det tidligere Øst-Tyskland. Min far kommer derfra og vi var sammen med andre medlemmer i slekten på en reise til gamle trakter.

Vi befant oss i Marktkirche på det sentrale torget i Halle an der Saale.

I denne kirken holdt Martin Luther tre seremonier i 1545 og 1546. Den siste var 26. januar 1546, bare noen uker før han døde 19. februar samme år, 62 år gammel, i nabolandsbyen Eisleben.

Kroppen hans ble straks fraktet til Marktkirche før den skulle videre noen mil til begravelse i Wittenberg, nabobyen hvor han i 1517 hadde slått opp sine berømte teser.

En dag etter dødsfallet, natten mellom 20. og 21. februar 1546, lå liket nederst i et av kirkens to tårn. Her var det Luthers venn, kirkepredikanten Justus Jonas, grep anledningen og fikk lagd en dødsmaske[129].

Min tyske onkel, som hadde pondus og karisma til å åpne låste porter, forklarte den nærværende kirketjeneren at gruppen av turister som nettopp hadde trådt inn i kirkerommet hennes, hadde sterke bånd til byen, fra tiden med kommunisme og tysk splittelse.

---

129 https://artdaily.cc/news/26979/Martin-Luther-s-Death-Mask-on-View-at-Museum-in-Halle-Germany#.YMrxti0zef0

19.1. Viktig på flere måter

De vitset og lo på en dialekt jeg neppe noen gang vil forstå, og enden på visen ble at vi fikk slippe inn i tårnet.

Der lå masken.

Luthers autentiske ansikt.

Et av Tysklands og verdens mest «betydningsfulle» klenodier, på samme stedet som i februar 1546. Muligens (helt sikkert) var det en kopi, men likevel.

Jeg bruker tid på dette for å få frem et poeng.

Luther reformerte den kristne kirken og er på sett og vis medansvarlig for det skillet som av nødvendighet fulgte, mellom det materielle og det åndelige.

Luthers rasjonelle tenkemåte tvang kirken bort fra å kontrollere absolutt alt i menneskenes liv, slik den hadde tilstrebet kontinuerlig siden kristendommen ble statsreligion i Romerriket rundt år 400.

Luthers protest mot maktbruken åpnet vei for både opplysningstiden og den vitenskapelige revolusjonen som skapte det samfunnet vi lever i og sliter med i dag.

Denne boken handler om det samme skismaet.

Luther satte mennesket fri fra den katolske kirkens overmakt, men resultatet ble et splittet menneske, med en del i det åndelige og en annen i det materielle.

Det skjedde av historisk nødvendighet, men den samme nødvendigheten eksisterer etter min mening også i dag, med motsatt fortegn.

Både religionene og vitenskapen har demonstrert med all tydelighet at de ikke klarer seg alene. Ingen av dem kan gi noen komplett fremstilling av verden.

Det er det bare levende mennesker som kan.

Et levende menneske er ikke splittet, men helt.

Det er slik vi fødes.

Det er det vi er.

Så tvinges vi inn i dette spaltede paradigmet. Vi må tro på det ene eller andre. Gud eller Mammon. Samtidig er vi fortsatt hele inni oss, egentlig.

Resultatet er at vi blir forvirret, mentalt syke, fysisk syke.

Vi føler oss maktesløse fordi vi ikke ser noen løsning.

Vi går rundt i en tilstand av mangel og konflikt.

Det gjør vondt. Tyskerne har et ord som jeg synes passer; weltsmertz, verdenssmerte.

De som prøver å leve helt, integrere begge de motstridende livssynene i seg selv, blir gjerne dogmatiske, redde for at konstruksjonen skal rase, at folk skal se hvor skjørt fundamentet deres er.

De forsvarer seg med lover og regler, et kunstig byggverk av merkverdig logikk, autoritet – for å holde de vanskelige spørsmålene på avstand.

De forsvarer seg i frykt.

Freud, og ikke minst Jung, oppdaget kraften dette.

De aller fleste i den vestlige verden lever i dag i dette skismaet, i en grunnleggende frykt for hva verden egentlig er.

Hva de selv er.

Derfor er Luther viktig. Derfor er det tid for en ny reformasjon. Derfor må vi åpent spørre hva et menneske egentlig er. Vi må tørre å lete etter svaret, ellers er jeg redd det går oss galt. Og da snakker jeg ikke som en vekkelsespredikant, men som et alminnelig opplyst, vitenskapelig orientert, men også åndelig menneske.

Som deg.

Skismaet mellom religion og vitenskap er ikke uløselig.

Verden er fortsatt én.

Alt kan føres tilbake til det samme.

Vi må bare forstå det rett, ikke lage menneskeskapte skiller og dogmer.

Vitenskapen har utviklet en metode for å frembringe nøytral kunnskap. Den benyttes til å studere alt i den ytre, tilsynelatende objektive verdenen.

Den samme metoden må kunne brukes også på det subjektive. Det subjektive og det objektive må kunne forstås med de samme metodene og prinsippene.

Det må være mulig å vise hvordan de to vesensforskjellige kategoriene ånd og materie henger sammen - i vitenskapelig forstand.

Det er ikke farlig, annet enn for alle verdens prester og dogmatikere som forsvarer menneskeskapte «lover» som de hevder kommer fra Gud.

Det er disse dogmatiske religionene som står i veien, ikke gjennom at de nekter vitenskapen noe som helst, men ved at de tviholder på en form for kontroll over menneskers tenking som både forvirrer og skaper frykt for å gå inn i de vanskelige spørsmålene.

Vitenskapen på sin side, er også dogmatisk.

Det er skapt en kultur hvor det er «farlig» å spørre hva verden er i essens.

De vet godt at de fysiske, materielle metodene ikke gir gode svar, om noen.

I stedet holder man seg til det funksjonelle, det som kan gi kommersielle resultater, flere forskningsmidler, det som kan bekrefte og nyansere eksisterende kunnskap.

Men trår du inn i det subjektive, anses det for å være tabu. Du risikerer å ikke bli tatt seriøst, ikke få midler til forskning, å miste karrieren din.

Det er en uhørt, provoserende, uverdig situasjon.

Den er ydmykende for alle.

Høyt utdannede forskere, intellektuelle teologer og folk flest holdes fast i kunstige båser.

De frykter fri tenking.

De frykter det som kan og må skje om vi ikke skal ødelegge oss selv som rase fordi vi ikke forstår hva verden egentlig er og hvordan den dermed må «driftes» for å forbli harmonisk.

Ja, det er et viktig tema.

For meg er dette den underliggende innsikten som har tvunget frem denne boken.

Jeg prøver å gjøre nettopp det jeg prediker, nemlig å tenke fritt om hele verden.

Vi er mange.

Osho er kanskje den opplyste personen i vår samtid (han døde i 1990) som tydeligst har forklart dette skismaet mellom religion og vitenskap. Han mener at vitenskapen har «vunnet» gjennom å utvikle sine metoder og enorme mengder kunnskap.

Religionene var en gang levende, men har vært sementert i dogmer i mange hundre år. Vitenskapens metoder må nå anvendes på det indre, subjektive, som han forklarer i denne korte videoen[130].

Til mine norske lesere må jeg legge til at i min slekt finnes tre markante skikkelser som har bidratt vesentlig i denne «kampen» om det åndelige. Petter Dass[131], Hans Nielsen Hauge[132] og biskop Jens Schjelderup[133] i Bergen.

Sistnevnte var medisiner og professor i fysikk fra København, men ble altså også utnevnt til biskop i Norge, bare noen få år etter Luthers død.

Han tok Luther på alvor og ville renske kirken for prangende pynt og bilder.

---

130 https://youtu.be/24VJuA2_cZA
131 https://en.wikipedia.org/wiki/Petter_Dass
132 https://en.wikipedia.org/wiki/Hans_Nielsen_Hauge
133 https://no.wikipedia.org/wiki/Jens_Pedersen_Skjelderup_(død_1582)

Byrådet i Bergen nektet og det endte i strid.

Da 500 års-jubileet for reformasjonen ble feiret i 2017, ble Schjelderups navn trukket frem.

De tre fjerne slektningene hadde samme grunntanke, å sette fri det åndelige i mennesket. Gi mennesket tilbake til seg selv og Gud, vekke det til å forstå at all makt ligger i det subjektive selvet, ikke i en ytre maktinstans eller dogmatisk autoritet.

De står i tradisjonen til Thomas «tvileren» i Bibelen, han som sa at Guds rike finnes i den private, personlige, subjektive opplevelsen, ikke i en ytre organisasjon som kirken.

Kjetteren Giordano Bruno er en annen.

Han ble født i Italia omtrent da Luther døde og er mest kjent for sin kosmologiske teori om at stjernene egentlig er soler som har egne planeter.

Teorien var radikal, men da han ble brent levende som kjetter på Campo de' Fiori i Roma i år 1600, var årsaken en annen. Bruno trodde ikke på Gud som et vesen, en skapning, et objekt. Han var panteist.

Gud og universet er det samme, sa Bruno.

Dette kostet ham livet.

Luthers, Thomas' og Brunos prosjekt er identisk med mitt, uten sammenligning forøvrig.

Vi er mange.

Det er dårlig folkeskikk å brenne folk i våre dager, men fortielse og hersketeknikker går aldri av moten.

Dersom vi skal ta på alvor at verden er idealistisk, og det finnes etter min mening ingen alternativer, må vi også erkjenne at tanker, idéer og holdninger er av kritisk betydning.

Min slekt rommer folk som har tenkt disse tankene.

Jeg står på skuldrene til mennesker med et markant tankegods som har utviklet seg gjennom århundrer, helt siden reformasjonen, minst.

Dette er aktualitet i en del av min familie, ikke direkte uttrykt, men bevart gjennom de subtile men kraftfulle mekanismene som styrer tanker, og derigjennom også alt materielt – kompleksitetslovene.

Jeg forventer ikke at du umiddelbart skal se den fulle dybden i et slikt perspektiv.

Men om du er historiker, sosiolog, etnolog, psykolog eller lignende, ligger det et stort, uutforsket potensiale i å forstå den privat subjektive, sosiale og humanistiske verdenen med fysikkens kaoslover, som igjen kommer fra de bakenforliggende mentale kaoslovene.

Når jeg føler at prosjektet mitt tvinger seg frem av nødvendighet, er det egentlig bare – av nødvendighet. Dette er betydningen av ordet nødvendighet.

Er du overbevist om at vi må finne ut hvem du og jeg er?

Til verket!

Det skal bli interessant.

Spørsmålet vi nå skal besvare har store dimensjoner.

Hvem er du?

Jeg vil prøve å besvare det på to måter.

Først et tankeeksperiment, altså et forsøk på å finne rasjonell og logisk «løsning».

Deretter skal vi holde dette opp mot det som måtte finnes av kunnskap – vitenskapelig og annen.

Målet er, som gjennom hele boken, å sannsynliggjøre at det vi tenker er korrekt.

Har denne metoden et navn?

Det er en form for induksjon med etterfølgende verifisering eller falsifisering. Jeg aner ikke, jeg har ingen formell skolering i filosofi eller vitenskapsmetode.

Det hadde heller ikke Thomas, Luther, Bruno, Dass, Hauge eller biskopen i Bergen, bortsett fra at sistnevnte faktisk også var fysiker.

Deres profesjon var primært en annen, men de tillot seg å tenke. Verden er i dag glad for at de gjorde det.

Dengang stod de imot kirken. I dag står vi imot både de organiserte religionene og vitenskapen, i et forsøk på hele dem begge.

Ok, ok, ok. Jeg blitt lett overivrig om dette temaet. Det var trolig Luther & co også. Og ikke minst biskopen i Bergen. For å få ut budskapet sitt, forfattet han et lite skrift[134] rettet mot allmuen, som stort sett var bønder og fattigfolk.

I skriftet dramatiserte han en dialog mellom en prest og en bonde, hvor presten fordømte helgenbilder.

Visstnok resulterte det også i et teaterstykke som ble fremført to ganger på teateret i byen. Drama ble regnet som det ypperste av pedagogisk metode på den tiden.

Jeg regner ikke med at denne boken noen gang vil bli oppført på en teaterscene, men man kan jo aldri vite. Kanskje en barnebok, muligens?

Det var sidesporet om viktigheten av prosjektet.

Nå tilbake til hovedsaken.

---

[134] https://www.nb.no/items/0e75677a7cdc170ea4fa07e971d3a931

20. Ånd, qualia og form

> Verden oppleves som noe høyst materielt og virkelig og ikke en abstrakt illusjon. Jeg har allerede snakket en god del om qualia, som er den sensoriske, emosjonelle og kognitive opplevelsen av alt det vi forestiller oss.
>
> Alle abstraksjoner i sinnet vårt er ledsaget av qualia, har jeg sagt. Alle fysiske opplevelser har sin opprinnelse i mentale abstraksjoner. Ånd og materie møtes i qualia. Å forstå qualia er å forstå at denne tilsynelatende motsetningen ikke eksisterer. Dette er en bærebjelke i teorien.
>
> I dette kapitlet nærmer vi oss en forklaring på hvordan verden kan fremstå slik den gjør, og samtidig ha sin opprinnelse i en idealistisk, abstrakt virkelighet – som kommer først.

Alt som eksisterer – det ene som alt kan føres tilbake til og som alt er – har jeg valgt å kalle Erfareren.

Eksistensen av dette ene er, etter min mening, et nødvendig, udiskutabelt faktum.

Det er vårt aksiom.

Erfareren er noe ikke-materielt, en ånd.

Men hva er så det?

På norsk stammer ordet ånd fra norrønt ǫnd[135], hvis opprinnelige betydning var pust, som også gjenfinnes i ordet ånde. Denne betydningen har gitt opphavet til bruken av ånd som liv eller livsevne («oppgi ånden», «ånde ut»).

---

135 https://snl.no/ånd

Hos antikkens grekere, for eksempel hos Homer, ble denne livspusten opprinnelig brukt om det som et levende menneske har til forskjell fra et dødt. Livspusten er dermed også det vi kaller sjel[136].

På engelsk er ordet spirit (ånd) definert som[137] «an animating or vital principle held to give life to physical organisms», og også «a supernatural being or essence» i betydningen soul (sjel).

Soul er igjen definert som[138] «the immaterial essence, animating principle, or actuating cause of an individual life» og også «the spiritual principle embodied in human beings, all rational and spiritual beings, or the universe».

Eksistensen av ånd, og at ånden er «pusten» som gir død materie liv, er altså en bærebjelke i vestlig kultur og filosofi, for ikke å snakke om i østlig tenking og i all naturreligion.

I japansk shintoisme, for eksempel, er alt besjelet, Ånden er i alt, både det som tilsynelatende er dødt, og selvsagt i alt levende.

Hos maoriene, aboriginene, urbefolkningen i Amerika, samene i Norden og så videre - finner vi overalt det samme.

Ånden er det substansielle, essensen i alt.

Hovedsynet blant grekerne var imidlertid dualistisk.

De trodde på kropp og sjel som to separate kategorier. Ånd og materie.

Dualismen har skapt atskillig forvirring i forståelsen av verden, men er fortsatt det dominerende synet både blant forskere og folk flest.

Dualismen er, etter min mening, et filosofisk konsept som ikke henger sammen.

Vi har ingen fungerende teori om hvordan de to vesensforskjellige tingene ånd og materie samspiller eller hvordan det ene kan føre til det andre.

---

136 https://snl.no/sjel
137 https://www.merriam-webster.com/dictionary/spirit
138 https://www.merriam-webster.com/dictionary/soul

Vitenskapen har lite å si om alt mentalt.

Ånd og materie er tilsynelatende uforenelige.

Denne splittelsen er roten til «vestens syke», vår fremmedhet til det levende i naturen og i oss selv.

Når vi nå skal finne veien tilbake til en integrert forståelse, er ånden, Erfareren, det eneste som eksisterer.

Dette har vi mennesker alltid visst, selv om vi altså i dag i hovedsak neglisjerer denne kunnskapen. Det er dokumentert i utallige skrifter og tradisjoner som har eksistert gjennom flere tusen år.

Uansett hvor hardbarket materialist du måtte være, har du trolig en gnagende tvil inni deg.

Kan det være at forestillingen om det materielle faktisk må gi tapt - for ånden?

Kan det være at sjelen overlever materielt forfall og død?

Svaret er ja - sier jeg.

Vi skal snart komme dit, men først må vi altså finne ut av denne materielle «kroppen» og opplevelsen av et personlig selv som de fleste av oss tror bestemt og innbitt er meg.

Du er ikke kroppen din.

Du går da heller ikke rundt og sier at du er en kropp, du sier at du har en kropp.

Som alt annet, er også du ånd.

Jeg har jo sagt at alt materielt er en mental forestilling.

Du har førstehånds kunnskap om hvordan det er å være denne ånden.

Det er ingenting i eller ved deg som skiller deg fra den universelle Erfareren.

Det vi kaller sjel, er ånden i deg. Den er evig, udelelig, overalt, ett.

Den bare er.

Vår teori er monistisk (alt er ett) og idealistisk (dette ene er ånd).

Dette er startpunktet, det som rett og slett bare er.

Påstanden om at alt er en fundamental, total, udelt ånd er ikke mystikk, men en logisk konsekvens av aksiomet som er postulert.

Dermed har vi også «løst» The hard problem, gåten om hvordan atomer kan bli til tanker og opplevelser.

Problemet eksisterer ikke.

Årsaksforholdet må snus, det er omvendt.

20.1. Qualia, qualia, qualia

Tid, rom, bevegelse, masse, energi, krefter, partikler, atomer – hele universet er noe Erfareren forestiller seg, og også opplever, som qualia.

Qualia er opplevelsen av tyngden til en stein, lukten av brød, sorgen over tapt kjærlighet, grønnheten i et blad, formen på bladet, på treet, bakken, sykkelen din, katten, fjellet, havet, skyene og stjernene på himmelen.

Himmelen er tenkt. Melkeveien er tenkt. The Big Bang er tenkt – av den universelle ånden.

En hver forestilling er ledsaget av qualia, enten i form av

1. opplevelsen tanke,

2. opplevelsen av en ting eller noe abstrakt, eller

3. opplevelsen av å være tingen, eller det abstrakte, for den saks skyld.

Er vi nå i ferd med å lage en merkelig tredeling, et kunstig system?

Nei, tvert imot.

I alle de tre formene er det snakk om opplevelser.

Vi kan heller si at Erfareren er brutalt konsekvent, den opplever – uansett og hele tiden.

Opplevelser kan ha uendelig mange uttrykk, men de er og blir opplevelser.

Du fungerer nøyaktig slik.

All ånd fungerer på denne måten, nødvendigvis, når vi sier at alt er denne ånden. En universell ånd fungerer ikke slik det ene øyeblikket og sånn det neste.

Ånden opplever, den erfarer. Derfor gir jeg den navnet Erfareren.

På en eller annen mystisk måte må altså også du være «tenkt», samtidig som du beviselig også tenker.

Ikke minst har du dessuten en opplevelse av å være «noe for deg selv», et separat individ. Du opplever å være deg, ikke en fluffy, allestedsnærværende ånd.

Hvordan henger dette egentlig sammen?

Det tenkte har selv evnen til å tenke, liksom?

Det er noe her vi ennå ikke har forstått dybden av.

Qualia blir ofte beskrevet som opplevelsen av egenskaper ved noe, kvaliteten ved noe. Det lyriske ved diktet, det lengtende ved musikken, våtheten i regnet, det metalliske i en stekepanne, lyset som reflekteres overalt, varmen fra Solen.

Begrepet qualia er ukjent for mange, og selv de som kjenner det godt, forstår det nettopp slik jeg nå beskrev det. Qualia er tillegget, det ekstra, den ytterligere dimensjonen, kvaliteten som springer ut av noe annet.

Qualia er opplevelsen av musikken som kommer fra notene, instrumentene, musikerne. Det høyere som transcenderer det materielle.

Dette høres flott ut, men er for snevert.

Qualia er et faktum.

Du opplever qualia her og nå, i mengder av varianter.

Alt du ser rundt deg og alt du opplever inni deg er ledsaget av qualia.

Ledsaget?

Er qualia noe separat, utenfor, over eller i tillegg til tingene de er knyttet til?

Nei, det er nettopp poenget.

Noe slikt er ikke mulig.

Hvordan skulle vi kunne skille qualiet fra tingen som «skaper» qualiet?

Verden er ett. Alt er qualia.

Tenk på en fiolin. Den er en ting. Strengene er ting. Buen er en ting. Molekylene i luften som settes i bevegelse av strengene, er ting. Ørene og hjernen din er ting.

Og fra dette oppstår det en subjektiv opplevelse av musikk, som ikke er ting, men som vi velger å gi et eget navn, qualia.

Hvor skjer overgangen fra ting til musikk?

Hva er forskjellen på de to begrepene, på de to kategoriene, som er den filosofiske termen for noe som er «vesensforskjellig».

Her er vi igjen ved spørsmålet om hvordan ånd og materie forholder seg til hverandre, dualismens store problem. Dette er det tilsynelatende skillet mellom det materielle og den subjektive opplevelsen som vitenskapen ikke har funnet ut av.

Dette er «The Hard Problem».

Svaret er banalt.

Det eksisterer ikke noe skille.

Dualismen er feil.

Ting og qualia må være det samme. Aksiomet vårt dikterer det.

Qualia eksisterer og er noe universelt og elementært, altså noe som forekommer overalt og ikke kan brytes ned i noe mindre eller annet.

Qualia er selve det Descartes snakker om når han sier «cogito, ergo sum» («jeg tenker, altså er jeg til»). Han snakker om at vi tenker. Å tenke er en opplevelse, qualia.

Det Descartes ikke gikk til bunns i, er at både tenkingen, og tenkingens konsekvens - at jeg opplever å være til som noe både åndelig og materielt - er det samme.

Descartes var dualist[139], selv om han huskes mest for å ha pekt på det sjelelige med en vitenskapelig finger.

Vi tar nå det steget Descartes ikke tok.

Vi spør hva som er opphavet til både det å tenke og det å være til.

Alt må være qualia, opplevelser.

Opplevelsen av den fysiske fiolinen er i essens det samme som den mentale, subjektive, opplevelsen av musikken den skaper.

Vi har snakket om forestillinger og qualia mange ganger. Vi har sagt at begge deler er noe Erfareren driver med, evner den har. Erfareren kan forestille seg ting mentalt. Den opplever noe og danner seg en forestilling om hva dette noe er. Den skaper et konsept, en idé, en tanke.

Opplevelsen av selve det å tenke er en variant av qualia.

Erfareren har også evnen til å oppleve det tenkte, naturlig nok, for alt Erfareren gjør, er å oppleve.

Den kan «kjenne» hvordan tenkt lys med en viss frekvens oppleves som fargen gult. Den tenker et eple og opplever et eple. Det oppleves nøyaktig slik du opplever et eple.

Å tenke et eple og oppleve et eple fremstår for deg som to ulike ting.

---

139 https://plato.stanford.edu/entries/dualism/#HisDua

Nå sier jeg altså at forestillingen om et eple og opplevelsen av et eple har noe viktig til felles. De er begge qualia.

Tanken eple oppleves på én måte, som tanke med et innhold.

Dette innholdet – formen, tyngden, strukturen, konsistensen, fargen og lukten «eple» – oppleves som noe helt annet, nemlig et «materialisert» eple.

Skulle de to liksom være det samme?

Kan du oppleve et eple bare ved å tenke det?

Selvsagt ikke.

Dette skillet skal likevel bort, for jeg fastholder at alt er qualia.

Alt er opplevelser.

Ta en liten pause, for dette er krevende ...

Er du klar for det neste steget, det som handler om deg?

Okey.

Den ene, universelle Erfareren opplever en mengde ulike inntrykk, som i sum danner forestillingen om et menneske. Kombinasjonen av atomer, celler, vev, organer, hud, hår og lemmer skaper den høyere emergente tolkningen «menneske».

Denne tolkningen blir også opplevd.

Også du er en erfarer og opplever at det står et menneske foran deg. Det ser høyst materielt ut. Opplevelsen av det materielle er qualia.

Det er akkurat som når du forestiller deg at du holder et eple i hånden.

Du opplever eplet som noe materielt, med tyngde, form, farge, struktur, lukt og smak. På samme måten opplever du også mennesker rundt deg.

20.2. Å være eller ikke være

I tillegg finnes det ytterligere et nivå av erfaring som vi hittil ikke har gått nærmere inn på.

Vi går alle rundt og opplever å være et menneske.

Vi forestiller oss selv med armer og bein, hud og hår, akkurat slik vi oppfatter andre. Men vi opplever dessuten å være inni denne kroppen, bundet til den, samtidig uten at vi føler at vi er kroppen, vi er noe annet.

Hvordan skal vi, rent teoretisk, kunne forklare dette?

Egentlig skulle det være umulig, for nå betrakter du din egen hjerne med din egen hjerne, samtidig som du blir fortalt at det ikke eksisterer noen hjerne, annet enn forestillingen om en hjerne som heller ikke eksisterer, men derimot bare det å oppleve.

Du har en opplevelse av å være det du selv opplever, eller i det minste i den kroppen du opplever. Du har en kropp.

Jeg forstår godt om du synes dette er vanskelig å begripe.

Derfor har vi mennesker også i tusenvis av år ikke klart å løse denne floken, fordi vi er tvunget til å betrakte kjernen i oss selv fra oss selv, forstå vår subjektive opplevelse fra perspektivet til innholdet i det opplevde, som er oss selv.

20.3. Farvel til paradoksene

Dersom du nå er forvirret, er du i godt selskap.

Det vi står overfor er en solid sirkeldefinisjon.

Den eneste logisk mulige løsningen på en slik definisjon som biter seg selv i halen, er at alt er det samme. At det ikke eksisterer noe som kan gå i sirkel fordi ingenting er separat eller ulikt noe annet.

Det tenkte og det som tenker er det samme.

Det opplevde og det som opplever er det samme.

Det er egentlig åpenbart. Logisk og filosofisk åpenbart, men ikke intuitivt åpenbart for oss som står midt i det.

Vi ser det ikke klart fordi vi er dette tenkte som tenker. Vi er inni sirkelen og vi er sirkelen.

Samtidig.

Svaret ligger i at alt er ett og at vi må forstå vårt eget perspektiv korrekt.

Fra vårt perspektiv opplever vi alt mulig, masse hendelser, ting, følelser, tanker. Det arter seg som noe konkret, abstrakt eller subjektivt. Alt på en gang, skilt fra hverandre i tilsynelatende vesensforskjellige kategorier. I myriader av tilsynelatende separate objekter. I et ukjent antall subjektive, private erfaringer. I et uendelig spekter av følelser og qualia.

Men alt er ett.

Alt er det samme.

Alt er opplevelse, qualia.

Det kan ikke eksistere uløselige problemer.

Det er rett og slett umulig, for opplevelsen av verden og deg selv kan ikke bestå dersom det hele ikke hang sammen. For alt henger sammen. Det er ett system. Alt er ett.

Ja, vi opplever logiske sirkler.

Vi opplever selvforsterkning, at teoretiske utlegninger biter seg selv i halen og blir umulige paradokser.

Vi opplever feedback-sløyfer som forsterker prosesser slik at de går mot uendelig.

Men alt er ett.

Paradoksene befinner seg inni dette ene.

De fremkommer når det ene splittes til deler som holdes opp mot hverandre.

Det faktum at vi overalt i matematikken og naturen finner sykluser som tenderer mot uendelig er nettopp et klart signal om at «uendelig» er opphavet til det hele.

Det ene som er alt, er uendelig, må være uendelig fordi alt vi kjenner utvikler seg mot enten ingenting, null, total ikke-væren – eller mot noe uendelig stort – eller mot tallet 1, som også ofte er tilfelle.

Ingen av disse prosessene vi observerer fra vår posisjon inni sirkelen, inni verden, når noen gang frem til sitt sluttpunkt. Det er umulig, for de er skilt ut fra dette sluttpunktet.

De er definert og har sin eksistens fra det faktum at de tilsynelatende er noe annet enn det ene.

Alt i verden har oppstått og oppstår kontinuerlig gjennom deling, splittelse, kontraster, relasjoner.

Splittelse er endring, energi.

Splittelse skaper mer splittelse, fordi alt som endres blir opplevd og tolket og opplevd og tolket.

Dette er Erfarerens funksjon, en nødvendig konsekvens av endring.

20.4. Verdens ende og multivers

Det stopper en gang. Verden spaltes og ekspanderer med økende hastighet. En gang om mange trillioner år vil samtlige partikler i universet ha føket så langt fra hverandre at de aldri mer kan kommunisere med hverandre.

Avstanden er blitt så stor mellom «punktene» i universet, og de fyker fra hverandre med en slik fart at et foton, eller hva som helst annet, ikke kan reise imellom dem selv med lyshastigheten. Det rekker aldri frem.

Den dagen finnes det ikke lenger noe mer for Erfareren å erfare. Ingenting mer å tenke eller oppleve. Ikke noe grunnlag for videre emergens.

Det som allerede ble konseptualisert og opplevd frem til denne situasjonen oppstår, er forstått, ferdig levd. Det er blitt til total kunnskap i form av abstraksjoner, men også som qualia – hvordan det oppleves å være dette universet som nå har kommet til sin slutt gjennom sine indre lover.

Den dagen verden slutter, forsvinner ingenting, for ingenting eksisterte som noe reelt objektivt. Alt var tanke, en forestilling i en ånd.

Ånden består.

Verden blir et minne.

Og hvilket minne!

Ånden kan plutselig og når som helst få en ny tanke om et «punkt», en ny «avstand», en ny tid og hastighet med andre verdier enn de vi kjenner hos oss.

Kanskje får Erfareren kontinuerlig en uendelighet av slike bittesmå idéer om punkter, avstander og hele universer som alle da vil være ulike vårt.

Samtidig vil alle disse universene være logiske, gyldige, levbare, sanne og meningsfulle – fordi de er innbyrdes harmoniske.

Den store summen av alt i et hvert univers er den samme, nemlig én. Det ene som alt er, «prikken», men som også kan splittes opp i en ufattelig rik illusjon med myriader av tilsynelatende kontraster og dualiteter, som er det vi opplever fordi også vi er dette.

Vi er det og vi opplever å være det.

20.5. Eksistensen deg

Sånn. Da har jeg fått strukket og tøyd litt på hjernecellene dine.

Du er preparert for det som kommer.

Nå skal vi, endelig, gi oss i kast med å forstå noe av det aller vanskeligste; eksistensen deg, subjektet deg, din opplevelse av å være et menneske, som samtidig er i stand til å tenke tanker om seg selv, forstå seg selv, og også tenke om det abstrakte, universelle og evige.

Vi mangler fortsatt det siste steget, hvordan den universelle Erfarerens forestilling om deg kan bli til opplevelsen av å være deg.

Nøkkelordene er perspektiv, illusjon, maskering, normalisering, dissosiasjon og hjernen.

For å begripe det hele, kan vi ikke forklare deg fra perspektivet til deg. Da ender vi i denne umulige sirkelen. Vi må i stedet gjøre som vi allerede har gjort mange ganger hittil, starte med perspektivet til den universelle Erfareren – og så indusere, bygge verden derfra.

21. Dissosiasjonen og deg

> Nå skal vi gi oss i kast med det som er aller vanskeligst å forstå; deg.
>
> Hvordan ble *du* til? Og da snakker jeg ikke om den fysiske kroppen din, men ditt mentale selv, opplevelsen av å være deg – «inni» kroppen.
>
> Det fremstår som et uløselig mysterium, men vi har alle bitene som trengs.
>
> I dette kapitlet setter jeg dem sammen og går dypt inn i det som er sannheten om deg (etter min mening), nemlig at du er en dissosiasjon. Og hva er så det? Og hvordan i all verden skal et enkelt ord kunne hogge den gordiske knuten som har eksistert i tusener av år?
>
> Det du får her, har du aldri før lest eller hørt – ikke på denne måten.

Livet ditt er en opplevelse i en kollektiv, universell bevissthet.

Erfareren, som vi har kalt denne totale bevisstheten, opplever alt den forestiller seg, slik du opplever alt du forestiller deg, om det er et eple, en paraply, en gruppe mennesker eller skyene på himmelen over deg.

Siden alt som eksisterer er i denne kollektive bevisstheten, er det dessuten snakk om at Erfareren har en opplevelse av å være alt det forestilte – på en gang.

Dette høres fortsatt veldig rart ut, gjør det ikke?

Hvordan kan én bevissthet oppleve at den er mange?

Eller hvordan skal en bevissthet i det hele tatt kunne oppleve at den er noe annet enn nettopp denne ene bevisstheten?

Skulle du og jeg liksom kunne gå rundt og innbille oss, ja attpåtil oppleve helt og fullt, at vi er noen annen enn den du opplever å være akkurat nå?

Ja, faktisk.

Det kalles dissosiasjon og vi driver med det kontinuerlig.

21.1. Hva det er å dissosiere

Å dissosiere betyr å separere, splitte eller skille ut noe.

Innen psykologien er definisjonen at man inntar en følelsesmessig eller kognitiv avstand til det som skjer.

Dissosiasjon inntreffer når vi føler oss overveldet, ikke forstår eller ikke evner å håndtere en situasjon. Det du står overfor er rett og slett for mye eller for fremmed.

Hva gjør man da?

Innen psykologien opererer man med tre typer dissosiasjon:

1. **Fordreid virkelighetsoppfatning:** Det føles som om situasjonen du befinner deg i, ikke er ekte. Du opplever å være i en slags underlig drømmetilstand. Du kjøper ikke «virkeligheten».

2. **Fremmedgjøring:** Du betrakter det som skjer i livet ditt som om du var en tilskuer på kino. Det du opplever er virkelig nok, men det skjer ikke med deg, du befinner deg et annet sted.

3. **Dissosiativ glemsel:** Du sliter med å huske viktige ting om deg selv. Dette kan inntreffe om du har vært utsatt for vold, seksuelle overgrep, krig o.l.

Dissosiasjon er et utbredt fenomen. Man regner med at minst halvparten av befolkningen har opplevd å dissosiere en eller flere ganger i løpet av livet.

Dessuten er det åpenbart snakk om et spektrum av grader.

Selv de tre hovedtypene av dissosiasjon kan ses på som «lett» (man opplever situasjonen som uvirkelig), «middels» (det som skjer er så uvirkelig at det gjelder ikke meg) og «alvorlig» (man fjerner seg så mye fra situasjonen at man ikke husker noe).

Så hva skjer når vi dissosierer?

Utgangspunktet er ofte at den indre og ytre verden ikke henger sammen.

Personen opplever en konflikt som må løses. Å løse noe innebære å forstå noe. Når noe er forstått, kan konflikten fortsatt være der, men da er det en forstått konflikt. Din indre og ytre opplevelse av situasjonen er i samsvar; du opplever en konflikt og du ser begge sidene klart. Det er til å leve med.

Problemet oppstår når du ikke klarer å finne en løsning. Da er dissosiasjon en utvei.

Hva er mekanismen?

Når vi står overfor noe nytt, kan vi velge ulike strategier, som reflekterer den samme mekanismen som vi tidligere har snakket om gjennom hele boken, nemlig «emergens».

- Vi står overfor noe nytt (registrere endringer),
- Vi foretar en tolkning, altså prøver å finne ut hva det nye kan være, gjennom å assosiere, som betyr å se forbindelser, likheter og sammenhenger mellom noe som tilsynelatende er atskilt.
- Dersom vi ser at det nye bare er en variant av noe kjent, integrerer vi det nye i det eksisterende konseptet, vi «normaliserer».
- Dersom vi ikke klarer å integrere, er løsningen å dissosiere.

Disse aktivitetene er altså det samme som emergens, det vil si mekanismen som er motoren i all skapelse i hele universet på alle nivåer og i alle kategorier av eksistens.

Det at vi finner igjen den samme mekanismen overalt, er et sterkt indisium som peker mot at vi er inne på noe.

Kan jeg ha sagt det tidligere?

21.2. Ikke bare sykdom

Dissosiasjon er et begrep fra psykologien. Vi forbinder det som oftest med mental lidelse, personlighetsforstyrrelser og avvikende virkelighetsforståelse og atferd.

Dette beskriver bare en liten del av bildet.

Dissosiasjon er involvert i alt menneskelig, slik emergens er involvert i alt menneskelig.

Dissosiasjon er en ekstrem variant av psykologisk emergens.

Den «normale» varianten av dissosiasjon er det vi kaller roller.

Dissosiasjon forekommer langs et spekter som går fra strøtanker og lett dagdrømming, til dissosiativ identitetsforstyrrelse[140] (DiD), hvor personen nokså hjelpeløst veksler mellom ulike personligheter som tar kontroll, den ene etter den andre. De har hver sin livshistorie som de andre personlighetene ikke nødvendigvis aner noe om.

Pasienten opplever dermed stadig hull i hukommelsen, hvilket kan være nettopp hovedformålet med å dissosiere, nemlig å ikke huske hva en annen personlighet er blir utsatt for av uutholdelige traumer.

Vi skal ikke grave oss dypere ned i det sykelige, men poenget mitt er at dissosiasjon er både en naturlig, frisk, uunngåelig ting – og noe som blir betraktet som sykelig. Men det er ikke dissosiasjonen i seg selv som er sykelig. Dissosiasjon er et forsøk på å håndtere stress av absolutt alle typer, faktisk også det vi alle vil kalle normale, ikke-stressende, hendelser.

Dissosiasjon er normalt!

Så normalt er det, at selve du, din opplevelse av å være nettopp deg – er en dissosiasjon.

Du er en mental utskillelse, en dissosiasjon, fra den universelle bevisstheten.

---

140 https://en.wikipedia.org/wiki/Dissociative_identity_disorder

Slik er det.

Den universelle, kollektive, ene Erfareren – og du – er det samme og fungerer likt. Det er derfor nødt til å være slik, om aksiomet vårt holder.

Men fra ditt perspektiv akkurat nå opplever du bare «deg», fordi du er en dissosiert opplevelse.

Hvordan ble det slik?

En fødsel er en svært traumatisk opplevelse.

Når du kommer ut av mors mage, er alt plutselig fullstendig nytt og annerledes. Din eneste mulighet til å håndtere de voldsomme, nye inntrykkene er å dissosiere, prøve å skape en ny, integrert forståelse av hva som foregår.

Du har ingenting relevant å sammenligne med, så du har ikke noe valg. Du må dissosiere.

Denne «forståelsen» er deg, men det tar to-tre år før du oppdager «deg selv». Vi kommer tilbake til akkurat det om et øyeblikk.

Dissosiasjon er for de fleste av oss noe underlig og ukjent.

Dissosiasjon betyr at vi tror vi er noe. Det er ikke slik vi opplever oss selv i det daglige, for bare spør oss – og vi vil svare at vi vet da hvem og hva og hvor vi er!

At vi opplever noe betyr ikke at det vi opplever er korrekt eller fullstendig. Dette vet vi egentlig, alle sammen, men vi glemmer det i dagliglivet.

La meg prøve med et annet eksempel og se om vi kan utvide forståelsen derfra.

21.3. Stranden

La oss si at du står på en strand.

Du kjenner berøring av sand mot føttene, du opplever at håret ditt beveger seg, du tenker og opplever vind.

Du ser myriader av lysglimt fordelt over en stor flate, du ser at de beveger seg, du ser lys og skygger som danner bølger.

Du ser og kjenner varmen fra det som må være Solen, du forstår at glimtene er lys fra Solen som reflekteres i bølgene, du tenker hav.

Du opplever stranden, havet, bølgene og lyset. Det kjennes som noe.

Du opplever det som materielt, du tror bestemt at opplevelsen skyldes at det faktisk finnes en strand, sol, lys, bølger og hav der ute – i objektiv forstand.

Du er på stranden, sier du til alle som spør.

La oss så si at du sitter foran en tv-skjerm og ser lysglimt fra en sol i bølger av lys og skygge. Du tenker at skjermen viser havet som møter stranden hvor du står. Du hører lydene fra skvulping, måker og vind.

Men du vet at du befinner deg foran en skjerm og ikke på stranden.

Du lar deg ikke lure så lett.

Så tar du på deg vr-briller, slik at havet og stranden fyller hele synsfeltet ditt. Du tar på deg hodetelefoner så du hører kun lydene fra stranden. Du trer inn i en flat kasse med sand og tar av deg skoene. Du kjenner at bølger innimellom skyller over tærne dine i sandkassen, i takt med det du ser i brillene. Du kjenner vind fra en ujevn vifte. Lukten av sjø.

Du befinner deg i en simulator som gir deg alle sanseinntrykkene fra en strand, absolutt alle.

Ville du da kunne skille simulering fra virkelighet?

Jo, vi vet fortsatt at vi ikke egentlig befinner oss på stranden. Vi lar oss fortsatt ikke lure.

La det gå en uke.

En måned.

Et år.

Illusjonen vedvarer, det dukker opp flere objekter i den, vi opplever at vi beveger oss til andre steder, mottar andre inntrykk, treffer mennesker og gjør ting sammen med dem.

Fortsatt husker vi hvor vi egentlig hører hjemme, men vi begynner å tvile.

Si nå at du ble født i simulatoren.

Ville du da forstå at alt du opplever ikke er virkelig? Ville du da visst noe som helst om verden utenfor når du aldri har opplevd den?

Garantert ikke. Du ville ikke trodd meg dersom jeg fortalte deg sannheten. Alle dine sanseinntrykk fikk du gjennom simulatoren.

«Virkeligheten» din er summen av alle dine qualia og forestillingene som skapte og deretter tolker dem, gir dem form og setter dem i en sammenheng.

Du er på en måte født inn i en slik simulator. Vi kaller den for verden.

Har jeg overbevist deg om at du kan tro på hva som helst, bare det er troverdig nok?

21.4. Et barn blir født

Så hvordan blir da et menneske til?

Du ble unnfanget ved at to kjønnsceller smeltet sammen til en celle som utviklet seg til å bli deg. Dette skjedde i det kollektive rommet og i den kollektive tiden, i virkeligheten som omgir oss alle, i verden, for å si det med et vanlig ord.

Det er dette som menes når jeg sier at det skjedde i den universelle, ene Erfareren. Verden er en forestilling og en opplevelse som den universelle Erfareren har. Alt som skjer i verden, skjer dermed i Erfareren.

Erfareren forestiller seg denne første cellen, zygoten[141].

---

141 https://en.wikipedia.org/wiki/Zygote

Fordi det bare eksisterer én bevissthet og denne ene bevisstheten er alt, og fordi også du derfor er og har denne bevisstheten – så har du og alle andre full tilgang til å betrakte den nye skapningen i form av en zygote som befinner seg på et bestemt sted til en bestemt tid.

Du, som står og titter på den gjennom et mikroskop, opplever derimot ikke hvordan det er å være zygoten, for du er allerede en opplevelse som er fullt opptatt med å oppleve seg selv.

Du kan ikke være to ting samtidig.

Jo, du kan dissosiere, ta på deg ulike roller. Du kan innbille deg at du er en annen enn du var for noen minutter siden. Nå er du keeper på håndballaget, for et øyeblikk siden var du mammaen som sa på gjensyn til datteren din.

Du opplever likevel hele tiden å være «deg selv», men du kan altså dissosiere til ulike roller, som fortsatt er innen rammen av «deg» som kropp og eksistens.

Den universelle Erfareren har det på samme måten, selvsagt, for noe annet er umulig. Erfareren dissosierer. Erfareren forestiller seg ting inni seg selv og prøver å forstå hva det er.

- Erfareren forestiller seg en zygote. Det er en idé den har skapt inni seg selv. Erfareren opplever også hvordan det er å være zygoten.
- Du forestiller deg å være en keeper. Det er en idé du har skapt inni deg selv. Du opplever dessuten hvordan det er å være denne keeperen.

Det er den samme mekanismen.

Så levende kan keeperen i deg bli, at dersom du fortsetter å være keeper døgnet rundt, bare oppholder deg på håndballbaner, bare treffer håndballspillere – så vil du gradvis glemme at du er pappa, prosjektleder på jobben og mormors barnebarn. Du er nå håndballstjernen.

Det skjer i hypnose. Det skjer i psykose. Det skjer ved traumer. Du skiller ut en personlighet, en rolle, en forestilling om deg selv som er hensiktsmessig.

21.4. Et barn blir født

Dersom virkeligheten er for tøff å håndtere, umulig å integrerer i den du tror du er - ja, så kan du i ekstreme situasjoner skape nye versjoner av deg selv som er i stand til å håndtere den uhåndterlige situasjonen.

Du dissosierer helt og fullt.

Når ting roer seg igjen, når finalen i den viktige håndballturneringen er vunnet, kommer du på at du er mamma og må hente ungen din snarest. Du kan av og til dissosiere, men har samtidig en stabil «virkelighetsforståelse». Vi kan si at du på et vis våkner tilbake til den du egentlig er, hovedforståelsen av deg selv.

Dannelsen av en zygote er en dissosiasjon, ikke i deg, men i den universelle Erfareren.

Det er noe nytt, noe som ikke allerede eksisterer som del av noe annet. Det må tolkes, forstås og oppleves som noe eget, som noe i seg selv. Det er en høyere emergent opplevelse som ennå ikke har fått sin tolkning.

Hvordan kan Erfareren vite at akkurat denne lille cellen er noe nytt?

Zygoten har avvikende DNA, med halvparten fra mor og resten fra far. Denne cellen ligner ikke på de andre av mors celler, heller ikke på noen andre celler Erfareren noen gang har visst om.

Har Erfareren oversikt over DNA og alt mulig?

Ja.

Erfareren har selv skapt forestillingen om hver minste detalj i universet. Den universelle bevisstheten opplever også hvordan det er å være hver minste detalj.

Bevisstheten tolker det mentale mønsteret av tid, rom, partikler osv. - tillegger det mening, forstår det, lager seg abstrakte forestillinger om hva det er - og opplever det, erfarer qualia; noe fysisk.

Den universelle bevisstheten er ikke en betrakter på utsiden av universet. Universet er en forestilling i bevisstheten. For at bevisstheten skal kunne oppleve universet, må den oppleve de enkelte forestillingene i seg selv. I hvert minste punkt.

Bevisstheten, forestillingene og opplevelsen (de qualia som forestillingene fremkaller) er det samme. Det eksisterer ingen avstand, ingen atskillelse mellom disse fenomenene. Alt er ett.

Subjekt og objekt er det samme, fordi forestillingen om og opplevelsen av et objekt er i subjektet. Å forestille seg noe og oppleve noe, er det samme.

Alt er subjektivt, alt er erfaring.

Bevissthetens forestilte objekter oppleves som seg selv.

Når den universelle bevisstheten tolker en stor og uhyre kompleks del av mønsteret til å være et menneske, opplever Erfareren å være dette mennesket.

Zygoten opplever altså å være noe for seg selv, noe eget, noe hittil ukjent som må forstås og oppleves som det forståtte.

Zygoten er et mikroskopisk, kommende barn av en håndballkeeper på bedriftslaget.

Zygoten opplever å være zygoten. Den opplever å være celledelingene som følger, de som senere blir en kropp og en hjerne.

Da du utviklet deg i mors mage, opplevde den store, universelle bevisstheten at det vokste frem noe komplekst, et menneske.

Dette lille mennesket opplever å være seg selv.

Det opplever en kropp og en hjerne.

Det kjennes som noe. Det er ledsaget av qualia.

Det er dette vi kaller livet vårt.

De første ni månedene utvikler fosteret seg i mors mage. Det skjer langsomt og forhåpentligvis uten dramatiske hendelser. Nye celler dannes og integreres i en forståelse av at de er «mer av det samme».

Ansamlinger av celler blir til organer. Også dette skjer langsomt. Fosteret bruker ikke ennå lungene til å puste med eller beina til å gå med, så de har ingen radikal, ny funksjon for fosteret – ennå. Dermed kan også de «normaliseres».

Så blir barnet født.

Det er et enormt traume. Alt er plutselig nytt. Luften, synsinntrykkene, lydene osv.

Resultatet er nødt til å bli en dissosiasjon, et forsøk på å forstå hva som foregår og integrere det i en samlet forståelse som oppleves som trygg. Ting som blir forstått, «normalisert», er ikke lenger farlig.

Vi er alle intenst opptatt av å være trygge, kontinuerlig fra vi er en uvitende zygote til vi trekker vårt siste åndedrag.

Akkurat når du for første gang ser dagens lys, er det umulig å integrere hendelsen i noe kjent, utryggheten er total.

Livet er ... en skrekkinngytende erfaring.

Er det rart babyer skriker når de blir født?

21.5. Erfareren og deg

Så hva er forskjellen på Erfareren og deg?

Forskjellen er at du opplever kroppen som din, som deg. Det er en illusjon, noe du innbiller deg.

Hvordan fikk du denne forestillingen? Hvordan glemte du samtidig hva du egentlig er, nemlig Den Universelle Erfareren som ser alt, vet alt, er alt?

Vi er en utskilt, bittebitteliten del av en ubegrenset, universell bevissthet. Vi er evnen til å oppleve og tenke. Det er det vi «er», en bevissthet som forestiller seg mentalt, og opplever som qualia, å være noe.

Samtidig som vi blir opptatt av dette nye, glemmer vi det gamle. Alt fokus ligger på det som skjer i, med og rundt zygoten, som utviklet seg langsomt og rolig til et foster.

Så ble barnet født og det var en ekstrem, fryktinngytende opplevelse. Den skapte et enormt behov for å finne en trygg tolkning av hendelsen. Alt nytt må forstås.

Barnets mentale fokus ligger, som alltid, fastlåst på alt det nye – fordi registrere, forstå og oppleve endringer er hva det driver med. Det er på intens vakt, varheten er total og permanent.

Barnet, altså bevisstheten som opplever å være barn, er ikke opptatt av ting det allerede vet, gammel kunnskap fra før det kom inn i tiden – fra det var i den universelle Erfareren og ikke noe separat, utskilt. Denne kunnskapen endrer seg ikke. Den krever ingen oppmerksomhet, er ikke i fokus.

21.6. Fokus

Ordet fokus er viktig.

Jeg har forklart inngående at det absolutt eneste som eksisterer, er en universell Erfarer med evne til å registrere endringer. Jeg har kalt denne evnen for varheten vår, det våkne punktet i oss, det som er bevisst.

Varheten registrerer endringer, som gjennom en enormt lang rekke av emergente tolkninger skaper forestillingen om deg.

Det er ikke du som har varhet, men varheten skaper forestillingen om deg.

Igjen; alt er reversert i en idealistisk verden.

Varheten registrerer en endring og endringen blir tolket, forstått som noe. Dette «noe» danner nå i kombinasjon med, og i relasjon til, alt annet som allerede eksisterer – ytterligere noe nytt. Dette «neste nye» er dermed en endring og må også tolkes.

Slik går det steg for steg: atomer blir til molekyler, molekyler til biologisk vev, vevet blir til organer, organer danner deg – for å forklare det ekstremt forenklet.

Fordi det ene tar det andre, utgjør dette en ubrutt, sammenhengende prosess. Fokuset ditt flyttes ikke kaotisk frem og tilbake mellom alt mulig, det ligger fast på den emergente fremveksten.

Det er alt nytt som må tolkes, ikke alt gammelt.

Tiden og rommet vi befinner oss i, ble en gang skapt, dvs. konseptualisert. Deretter blir dette husket. Erfareren vet hva tid og rom er. Det huskes universelt, fordi dette er noe den universelle Erfareren vet, akkurat som du vet ting.

Det krever ikke ditt fokus, din anstrengelse, å vite at du fortsatt befinner deg i tiden og rommet. Men alt nytt krever din fulle oppmerksomhet umiddelbart.

Dette kjenner du fra dagliglivet.

La oss si at du kjører bil, en lang distanse mellom to byer. Du kjører langs motorveien og har musikk på bilradioen. Etter en stund går det opp for deg at du har kjørt mange mil uten å huske noe som helst fra denne strekningen. Det gikk på automatikk.

Derimot husker du meget godt hva du hørte på radioen. Du var dypt inni musikken og samtalene. Så inni musikken var du, at du opplevde «flow». Du drømte deg bort, fanget opp nyanser og opplevde de store linjene og kontrastene. Du nøt den.

Hele ditt fokus var på musikken, nesten ingenting på veien. Veien var kjent. Det skjedde lite nytt underveis, det var nesten ingenting som krevde din oppmerksomhet. Den kunne du rette mot musikken.

Når gjorde du det sist?

Når lyttet du sist med all din konsentrasjon på musikk over lengre tid? Dette skapte, selvsagt, opplevelsen av flow, flyt – men altså også av å ikke ha vært til stede der du faktisk befant deg, på veien i hundre kilometer i timen.

Fokus er dermed hovedfaktoren som skaper dissosiasjon, men det er flere.

21.7. Tenking

Akkurat som Erfareren, har altså det nyfødte barnet evnen til å registrere endringer, men fra sitt dissosierte perspektiv. Disse endringene må tolkes, ellers er de meningsløse og ingenting mer kan oppstå.

Denne tolkningen er det samme som «tenking».

Værsågod.

Dermed fikk du igjen definisjonen av fenomenet tenking, altså bevisst tolkning av endringer.

Legg for øvrig merke til at tenking ikke er det samme som bevissthet. Tenking er en opplevelse i bevisstheten. Dette kan du selv teste i praksis her og nå.

Tankene dine kan nokså enkelt stoppes, på følgende måte: Prøv å forestille deg, altså tenke, hva din neste tanke kommer til å bli. Fokuser på dette ene, anstreng deg for å få frem din neste tanke.

Dersom du gjør det på riktig måte, vil du merke at det er umulig. Tanken blokkerer seg selv. Det kommer ikke noe svar. I stedet vil du oppleve en tomhet, å bare være - uten tanker.

Hva er det som er uten tanker?

Bevisstheten.

21.8. Maskering og attraktorer

Resultatet av tolkning er kunnskap.

Det meste behøver ikke å tolkes, for det eksisterer allerede etablert kunnskap. Dette gjelder tid, rom, elementærpartikler, gravitasjon, masse, luft, gress, vann, kråker, småstein, trær - alt som vi har sett mange ganger før.

Når det dukker opp noe ukjent som faktisk krever tolkning, skjer den som regel uhyre raskt og uten anstrengelse. Hvorfor?

Svaret er at vi neglisjerer det kjente, det vi allerede vet. Vi maskerer det bort.

Bare det nye krever fokus og innsats. Vi er uhyre effektive, ikke fordi hjernen vår er fantastisk eller noe slikt, men på grunn av maskeringseffekten.

Ta for eksempel et snøvær.

Fra himmelen faller det snøflak. Meteorologene hevder at det visstnok kan finnes en trillion, trillion, trillion (36 nuller!) ulike fasonger.

Dersom du står der i snøværet under en gatelykt og prøver å fange dem med tungen, ser de nokså like ut. Du bruker ikke fokus og tankekraft på å skille formen på dem, annet enn at du kanskje prøver å finne de aller største flakene som faller langsomt og er enklest å få tak i.

Du maskerer bort den store hopen, og fokuserer på enkelte, store snøflak.

Skulle du selv være en meteorolog på studietur, vil du kanskje i stedet ta frem lupen og granske snøen som bygger seg opp på bakken. Der kan du tilbringe resten av vinteren i begeistring, men du vil neppe få med deg hva som skjer ellers verden.

Fokuset ditt er på mangfoldet i snøen, mens verden er maskert bort. Igjen bruker vi minimalt med fokus og mental aktivitet på ting vi kjenner godt fra før, i dette tilfellet alt annet enn snøen.

Vi forenkler så mye vi kan - når det er trygt. Eller sagt på en annen måte; vi fokuserer på det som er mest «utrygt», det som er ukjent.

Ut av snøværet kan det plutselig komme til syne en virvlende «snøsky», som skiller seg ut ved å være tettere, mørkere og dessuten beveger seg langsomt bortover veien som en slags ... hva da?

Er fenomenet skapt av et stormkast? Er det den avskyelige snømannen som kommer? Et ras? En innbilning?

Fokuset ditt brukes nå til å studere snøskyen så godt du kan, ved å flytte deg litt i terrenget, bruke tid, sette tanken i høygir med å analysere hva det kan være, hva det ligner på, hvilke assosiasjoner som er mest gyldige.

Så hører du lyden.

Det var brøytebilen.

Du klarte å integrere det ukjente fenomenet i noe kjent.

Du trengte ikke å finne opp noe nytt og fremmed.

Hadde det derimot vært snakk om Yeti, ville du flyktet i skrekk, for det du hittil har trodd var en fantasifigur viser seg nå å eksistere i virkeligheten.

Trolig vil du i så fall dissosiere, gå inn i en ekstremt løsningsorientert rolle som enten flykter, tar opp kampen eller prøver å gjøre seg usynlig ved å fryse til. Dette er klassisk PTSD-mat.

Tolkning er altså en svært kompleks prosess som foregår lynraskt og på alle nivåer, som regel uten at vi merker det.

Det meste her i verden kjenner vi fra før.

Bare når vi må opprette en ny tolkning, en ny forestilling, et nytt symbol, ofte også et nytt ord for dette symbolet – da retter vi vårt fokus mot det og det etableres ny kunnskap.

Alt nytt tiltrekker seg fokus, hvilket medfører at alt annet maskeres.

Maskering kan også skje på en helt annen, faktisk diametralt motsatt måte; gjennom dominans.

Dette kjenner vi fra overalt i dagliglivet, her kommer et eksempel:

Om natten ser vi stjerner på himmelen, men lyset fra dem forsvinner – for oss men ikke i virkeligheten – når Solen kommer opp. Sollyset maskerer for stjernene.

Vi vet jo hva Solen er og behøver derfor ikke å fokusere på den. Dette handler derfor ikke om kunnskap, men om dominans, eller hva som tiltrekker seg mest oppmerksomhet, altså hva som tar fokuset ditt når du retter blikket mot himmelen – hva som er den sterkeste attraktoren.

I vår teori om at verden er mental, har vi bare noen ganske få universelle lover og prinsipper.

Det mest sentrale prinsippet er det om emergens, altså at når noe nytt oppstår, så oppstår det ytterligere noe nytt som er kombinasjonen av det nye og det som allerede eksisterte.

De viktigste lovene handler om hvordan alt dette nye som hele tiden oppstår, altså det komplekse systemet som dannes, oppfører seg.

21.8. Maskering og attraktorer

Disse «kaoslovene» beskriver samspillet, hvordan alt påvirker alt og hvem/hva som «vinner» og «taper».

Vi så dette tidligere i eksemplet med jentene i skolegården[142]. Å vinne er det samme som å ta dominans, altså være den sterkeste attraktoren, det som trekker fokuset til seg, i dette tilfellet.

Om dagen er Solen attraktor, om natten overtar stjernene igjen.

En attraktor er altså noe som trekker til seg noe, tar dominans og gjennom det maskerer, skygger for, det som er svakere.

Maskeringen må ikke være total.

Både Solen og stjernene kan for eksempel være synlige samtidig, akkurat i det øyeblikket Solen kommer over horisonten og fremdeles   er svak. Noen minutter senere har den tatt dominans.

Du kan ha en musikkinnspilling som er full av sjenerende bakgrunnsstøy, men når crescendoet kommer, maskerer det for støyen. I andre partier kan støyen komme og gå, alt ettersom hvor sterk musikken er i forhold til støyen.

Du kan ha en uheldig lukt på badet ditt som du prøver å maskere ved å spraye ut blomsterduft. Det må flere trykk på sprayboksen til for å fungere, men etter tre-fire dusjer har den vonde lukten tapt som attraktor.

Det er altså snakk om terskler.

Dette vi har snakket om nå, er noen sentrale lover og prinsipper. Hvor kommer de inn når det gjelder det å bli og være et menneske?

Jo, etterhvert som barnet opplever å utvikle seg fra zygote til foster osv., har det hele tiden fokus rettet på alt som er nytt. Det som allerede er kjent, er ute av fokus, maskeres, tas for gitt.

Barnet får stadig ny kunnskap som er en emergent videreutvikling fra kjent kunnskap, og som dermed assosieres og integreres med denne.

---

142 Se 18.7. Jentene og julen

Eller sagt litt enklere; barnet prøver å føye det nye til alt det vet fra før.

På denne måten vokser det og opplever seg hele tiden som en samlet enhet, ikke bare masse løse biter som tilfeldigvis er i nærheten av hverandre.

Barnet forstår og opplever seg selv som et integrert hele. Det er hele tiden rettet utover mot alt nytt. Samtidig glemmer det hvor det kom fra, hvor det hele startet, det maskeres og glemmes.

Hvordan oppleves dette, da?

21.9. Barnet oppdager kroppen og verden

Barnet blir født. Det er et traume, en dramatisk, voldsom opplevelse. Nesten alt er nytt og må forstås når det kommer ut av magen på et sykehus.

Hva er det du forestiller deg, nyfødt som du er?

Da du var nyfødt, opplevde du plutselig lys og skygger overalt rundt deg.

Disse lysglimtene, tenkte du, hva er de?

Det var mengder av dem. Du opplevde at de danner mønstre. Noen steder var det grupper av glimt, eller tykke forbindelser.

Du opplevde smaker og trykk. Du opplevde at du så former.

Mange av disse formene var annerledes og åpenbart lenger vekk.

Det dannet seg en opplevelse av avstander, senere også tid. Du skulle bli flere år gammel før du forstod tid og rom ordentlig. Tolv år tok det faktisk. Først da var du trygg på sykkel i trafikken.

Men lenge før det, i en alder av bare noen måneder, skjedde noe merkelig.

Alle disse inntrykkene begynte å gi mening.

Du opplevde de samme tingene om og om igjen. Disse gjentakelsene fikk en slags høyere betydning. Du lærte, du husket.

Du husket at når du tenkte på denne klumpen av noe som beveget seg foran deg, så lignet den på ... en arm! Og en fot og en hånd! Du hadde ennå ikke ord, men konseptualisere kunne du, for det kan Erfareren.

Du kunne forestille deg at du grep om noe, og dette noe, forstilte du deg, fulgte med hånden din opp mot munnen. Du prøvde, helt konkret, å få ytre ting til å bli en del av deg selv. Du trodde at alt er en del av deg selv, for du tolket ennå ikke deg selv som noe separat.

Alt dette er emergens, en høyere forståelse som vokser frem, en tolkning av noe som ikke nødvendigvis er «sant». Selv om barnet ser et troll i skyene, eksisterer det ikke et troll i skyene.

Du opplevde bare de ferdigtolkede sanseinntrykkene – og tankene dine.

Så hva er du?

Du er en erfaring.

Du går ikke rundt, gjør ingenting, er ikke i noen kropp. Du er ikke i tid eller rom, ikke på en planet og heller ikke i et univers.

Erfaringen din bare er.

Den er del av Den store erfaringen som også bare er.

Det er den samme erfaringen, det finnes bare én erfaring – som dissosierer, fragmenterer, uten opphold.

Akkurat denne ene erfaringen er din erfaring, deg. Det opplever du veldig sterkt, at du er du.

Du ser et bord foran deg. Dette bordet er en tolkning av mønstre i en lang og kompleks erfaringsrekke.

Kroppen din er det samme. Du har til og med en opplevelse av din egen tankevirksomhet.

Tanken kan også oppleve seg selv, hvorfor skulle den ikke kunne det?

Den evner jo å oppleve alt mulig annet, så hvorfor skulle den ikke også ha en opplevelse av at den selv forestiller seg ting, at den utvikler begreper, følelser, innsikter, sammenhenger, estetikk, moral, musikk, magi - hele denne vanvittige rikdommen.

Denne opplevelsen av å oppleve er deg.

Dette er livet ditt.

Dette er ganske heftig, er det ikke? Men det er dønn logisk.

Det er umulig å forklare eksistensen av deg som et tankevesen ut ifra stoff, død materie. Men det motsatte er nærmest trivielt, fordi du tenker og tanken er uten begrensninger.

Du tenker også deg selv.

Du er en opplevelse, som er av samme art som opplevelsen du har av alt mulig annet, bare at opplevelsen av deg er mer troverdig enn opplevelsen av alt rundt deg, for det var her dissosiasjonen din begynte, med zygoten, med det som gradvis ble deg.

21.10. Barnet oppdager seg selv

De første par årene er barnet ikke seg selv bevisst. Det har ingen idé om at det er et barn. At det har en kropp. At det finnes en verden utenfor denne kroppen og at barnet er adskilt fra denne.

Barnet har ingen forestilling om egne tanker og følelser. Det opplever dem åpenbart, men det forstår ikke at det er barnets egne tanker og følelser. Det forstår heller ikke at andre mennesker, og dyr, har sin egen indre verden og opplevelse av seg selv.

Utviklingspsykologien er klar. Det tar lang tid for et menneske å oppdage seg selv.

Barnet registrerer alle slags qualia, men det tar tid å forstå at en arm er en arm, en dukke noe kjent og kjært, en hund noe man kan dra i halen og så skjer det noe spennende, et glass på kanten av bordet ...

Denne læringen kaller vi lek.

Den er først nokså kaotisk og primitiv, men antar raskt struktur og form. Det ene fører til det andre. Emergens.

Det tar tid før barnet forstår at en lekebil som var der det ene øyeblikket, fortsatt er der selv om mamma dekker den til med et håndkle et øyeblikk.

Da ler barnet.

Det er åpenbart gøy at noe kommer og går på denne måten, men hvorfor latter?

Jo, når lekebilen plutselig dukker opp, er det for barnet en skummel hendelse. Hva er det som står rett foran meg nå? Et det farlig? Skal jeg flykte? Skal jeg krype sammen? Skal jeg dissosierer og pådra meg et potensielt traume?

Nix. Det tar et lite sekund, men så skjønner ungen at det er jo bare lekebilen, igjen!

For en lettelse!

Den intense spenningen som var der et lite øyeblikk, er utløst.

Dette er mekanismen bak latter.

1. Det bygges opp en forventning.
2. Det introduseres noe annet enn det som var forventet
3. Det nye fremstår som skummelt, uvant, provoserende, rart, fremmed
4. Du skjønner etter litt ettertanke at det nye egentlig er ufarlig
5. Du blir lettet – og ler

Rent fysisk trekker musklene seg først sammen i spenning, beredskap, som utløses til slutt når vitsen er forstått og musklene igjen slapper av. Denne prosessen tar gjerne noen sekunder – latter.

Til slutt forstår altså den lille skapningen at bilen er der hele tiden.

Barnet skjønner etter hvert også at fargen på lekebilen er den samme selv om lyset gjør at den ser ut til å skifte. Formen er den samme, selv om skygger og perspektiv endrer seg. Dette er fortsatt en variant av objektpermanens.

Å lære objektpermanens er, i vårt idealistiske verdensbilde, det samme som å assosiere, altså tolke – og å finne en plausibel tolkning, altså integrere.

Barnet har mekanismen i seg – eller rettere sagt; barnet er denne mekanismen – men det tar tid før det er mulig å bruke den på ytre objekter.

Objektpermanens[143] oppstår trolig allerede ved fire måneders alder. Tidligere trodde man at det skjer først rundt atten måneder.

Barnet opparbeider trygghet. Inntrykkene er ikke lenger like skremmende.

En vakker dag, gjerne litt før barnet er tre år, skjer det noe. Det første private minnet. Den første oppdagelsen av seg selv som et selvstendig, individuelt, observerende vesen.

På dette tidspunktet forstår barnet mye om seg selv. Det fungerer som et tilsynelatende komplett menneske, men det har hittil bare pekt på ting i omgivelsene, valgt. Det kan velge ut ting det vil ha fremfor noe annet.

Fra ett års alder, og også tidligere, lærer det gradvis hva tingene heter, det kan uttrykke navn. Det forstår mangt og meget.

Men det forstår ikke seg selv. Det forstår ikke fullt ut rom og perspektiv. Det forstår ikke tid. Det forstår ikke kompliserte årsakssammenhenger.

Det tar et helt liv.

I prinsippet skulle vi gått rundt i verden og forstått stadig mer. Blitt klokere. Mer presise. Dyktigere i alt. Vi skulle blitt gradvis mer og mer og mer empatiske når vi også lærer å forstå andre mennesker og hvordan vi påvirker dem.

---

[143] https://en.wikipedia.org/wiki/Object_permanence

Men så fødes altså dette selvet – i to-treårsalderen.

Egoet. Bevisstheten om deg selv.

Det er ikke selve bevisstheten som sådan vi snakker om. Den har vært der hele tiden, fra det øyeblikket det var noe som helst å være bevisst. Den var der allerede da du dro pusten første gang. Du må ha kjent dette draget av luft. Du ante bare ikke hva det var.

Hvor kom denne innsikten om deg selv fra? Hvordan fikk du idéen om deg selv?

Vel, du vet jo nå mer enn nok til å kunne besvare spørsmålet uten min hjelp.

Jeg antar likevel at du sliter litt med å formulere et svar, for alt det vi snakker om her er på en merkelig måte lite intuitivt. Årsaken er at du er nødt til å svare fra et perspektiv som er inni svaret. Du har ikke tilstrekkelig perspektiv på deg selv.

Min forklaring er denne: Oppdagelsen av deg selv er en høyere emergent tolkning av alt du allerede vet. Alle bitene du hittil har opplevd, armer og bein, utgjør i sum noe som må få sin egen, høyere, emergente tolkning. Deg.

Du oppdager det som den kollektive bevisstheten allerede visste. Du fungerer likt som den kollektive Erfareren og tolker og opplever på samme måten som denne. Du er nødt til å komme til samme konklusjon, at du er et menneske.

Kunnskapen som fører frem til denne konklusjonen i ditt sinn, befinner seg i den kollektive bevisstheten og i din opplevde, private bevissthet samtidig – fordi det finnes bare én bevissthet.

Etter hvert som du vokser, utvides perspektivet ditt gradvis, helt til du plutselig når en terskel og forstår det som den kollektive bevisstheten allerede visste, at du er et menneskebarn.

Du har funnet ut av luft og lys og varme og avstander og tid. Du har oppdaget armer og bein, mor og far, søsken, mat, stoler og bord.

Du har endelig også oppdaget deg selv.

Akkurat hva som trigger denne oppdagelsen, kan trolig være så mangt.

Dersom du utsettes for et traume, oppdager du deg selv – fordi du tvinges til å dissosiere for å holde ut.

Det kan også skje på grunn av et mindre dramatisk stimuli.

For meg var det en banankasse.

Jeg husker det som om det var i dag. Det er enda et bilde som jeg kan hente frem.

Jeg husker at jeg så denne kassen og forstod at den ikke var meg. Det var noe stort, avlangt, med påtrykt bilde av bananer og med leker oppi.

Dette var i Askim da jeg var tre år gammel og vi bodde i etasjen over en dagligvarebutikk. Moren min må ha fått en banankasse derfra, lagt lekene mine i den, og plassert guttungen ved siden av.

Jeg erfarte denne ... banankassen.

Det må ha vært litt krevende. Jeg visste ingenting om banankasser, men jeg må åpenbart ha kjent til bananer, for jeg husker at det var det jeg så. Og jeg så et Brio trelokomotiv og noen vogner. En sjiraff med gule og svarte striper. Jeg husker sollyset, tregulvet, mangelen på møbler, fasongen på rommet.

Jeg kunne og visste utrolig mye!

Men det var denne tingen. Jeg grublet på hva dette nye kunne være.

Så forstod jeg plutselig at det som befant seg i synsfeltet mitt, var ikke meg, men noe eget. Dermed oppdaget jeg samtidig meg selv – som en «ikke-banankasse».

Jeg var noe eget, noe for meg selv.

Dette var en klassisk dissosiasjon.

Jeg måtte lage meg en rolle som ... noe annet enn en banankasse.

21.10. Barnet oppdager seg selv

Forestillingen om banankassen var også emergens.

Det er alltid den høyeste emergente tolkningen som er i fokus.

Jeg hadde kommet så langt i min forståelse av verden, at jeg nå var klar til å «finne meg sjæl». Det måtte en pappkasse til, den var så underlig at den umulig kunne være en del av meg selv, må jeg ha tenkt.

21.11. Descartes og tankene hans

Vi nærmer oss noe vesentlig.

Det tenkes versus jeg tenker.

Descartes var fullt klar over at han tenker, og han konkluderte fritt og freidig med at da må det være jeg som tenker. Da eksisterer altså «jeg»! Je suis!

Nei, Descartes.

Dette er ikke gyldig logikk.

Det kan nemlig - logisk betraktet - også forekomme tenking uten et «jeg». Ja, det er en spinnvill idé, men det er teoretisk mulig.

Dersom det ikke er jeg som tenker, hva er det som kan tenkes å tenke da?

Ser du, vi har ikke engang ord for noe slikt ... «tenkes å tenke» ... det vitner om at noe her er feil forstått.

Finnes det en tenker utenfor deg?

Javisst!

«Du», dissosiasjonen deg, er jo en forestilling i den universelle Erfareren, ånden som tenkte og dessuten opplevde deg, på en så troverdig måte at den dissosierte. Du er denne dissosiasjonen.

Erfareren tenker også.

Erfareren opplever også å være seg selv, akkurat som Descartes. Og også Erfareren er i ferd med å oppdage at denne tenkingen gir en opplevelse av å vite sikkert at Erfareren faktisk eksisterer. Akkurat som Descartes ble begeistret og betrygget, kan vi kanskje anta at Erfareren også blir det.

All denne tenkingen som Erfareren bedriver, er selve universet, som dermed er det synlige og opplevde beviset på egen eksistens. Selv-beviset, må vi si, for alt skjer jo inni denne forestillingen.

Men, men, men!

HVA er det som tenker og opplever universet?

Hvem tilhører TANKEN?

Varheten.

Det er mitt svar.

Den kjærlige varheten, for varhet er så vàr at den er kjærlig.

Altså kjærligheten.

Kjærligheten er.

Kjærligheten registrerte noe, og dette noe - det minste tenkelige - ble til universet. Som en abstraksjon tok det null sekunder, men det å oppleve denne mentale konstruksjonen vil pågå i trillioner av år - betraktet fra inni opplevelsen.

Være inni ... betrakte fra inni en opplevelse ....

Ringer det en bjelle?

Kjærligheten tenker et univers hvor alt og alle dissosierer ustoppelig i et uhyggelig tempo - og opplever seg selv som det de er. Tror de. Innbiller de seg. Fantaserer de. Hallusinerer de. Drømmer de.

Kjærligheten drømmer.

That's it.

Kjærligheten drømmer seg selv, akkurat som du.

Dette er min Gud.

Det er den samme guden som sogneprest Flokkmann prøvde å stappe inn i meg under konfirmasjonen, han visste det bare ikke. Hadde han visst, ville han ikke gjort det slik.

Da skulle vi hatt en interessant samtale.

Jeg visste dette dengang.

Det er nettopp dette jeg alltid visste.

Du vet det du også, du har bare ikke oppdaget det, ennå.

Du skal vokse inn i kunnskapen, du også.

Ikke prioriter utseendet ditt, min venn, det vil ikke vare reisen.

Din sans for humor vil imidlertid bare bli bedre med alderen.

Din intuisjon vil vokse og utvide seg som en majestetisk kappe av visdom.

Din evne til å velge dine kamper vil bli finjustert til perfeksjon.

Din evne til stillhet, til å leve i øyeblikket, vil blomstre.

Ditt ønske om å leve hvert eneste øyeblikk vil overgå alle andre ønsker.

Ditt instinkt for å vite hva (og hvem) som er verdt tiden din, vil vokse og blomstre som eføy på en slottsmur.

Ikke prioriter utseendet ditt, min venn, det vil forandre seg for alltid, den jakten leder bare til mye tristhet og skuffelse.

Prioriter det unike som gjør deg til deg, og den usynlige magneten som trekker inn andre likesinnede sjeler til å danse i din omkrets.

Dette er ting som bare vil bli bedre.

Donna Ashworth, fra boken «To The Women»

21.12. Rollene våre

Det er vanskelig å betrakte sine egne roller. Selv jeg, som har kompleks PTSD som gjør at jeg nokså kontinuerlig betrakter meg selv fra en «metaposisjon» inni meg selv, har ikke forstått før nylig at dette er noe uvanlig.

Jeg trodde alle har det slik.

Dissosiasjon betyr at vi trekker oss bort fra den etablerte virkeligheten og betrakter den fra en distanse. Vi tenker vårt, har andre tanker og følelser enn de vi viser i det ytre.

Vi driver med to ting samtidig, har to posisjoner, to meninger, to oppfatninger, to adferder – en som vi viser til andre og en som vi holder for oss selv.

Du kan gjerne kalle det for vårt indre og ytre jeg. De fleste har det slik, men de anser det for å være aspekter ved en enkelt, integrert personlighet.

For meg er dette en variant av dissosiasjon, man er to personer samtidig; en ytre, påtatt rolle og en indre, mer autentisk hovedrolle, vår underliggende opplevelse av oss selv som vi ikke viser frem til alle.

De fleste av oss, tror jeg, er til en hver tid i de ytre rollene våre. Vi går fullt og helt opp i den. Vi juger så vi tror det selv. Vi innbiller oss at vi tenker og føler slik rollen vår forventes å gjøre.

Så kan vi av og til få glimt av avstand til oss selv.

Har jeg det egentlig bra nå?

Hvorfor føler jeg meg trist når jeg opplever noe som burde være gøy?

Hvorfor tenker jeg at dette tror jeg ikke på?

Hvorfor sier alle at dette var vellykket, når alle må forstå at det gikk skeis?

Slike korte glimt av dissosiasjon har vi alle, men vi justerer dem inn. Eller vi slipper frem våre autentiske følelser og tanker og prøver å få rollen vår og alle rundt oss til å innlemme disse i den kollektive oppfatningen, justere rollen til også å omfatte disse fremmede betraktningene og opplevelsene i oss.

Kort sagt; vi gjør hva vi kan for å tviholde på rollene våre, på definisjonen av oss selv. Rakner den, rakner du. Det ville være skremmende. Derfor holder vi oss i rolle - med begge hender.

Eventyret «Keiserens nye klær» av H. C. Andersen handler om dette.

Du trodde kanskje at det er en historie om barns brutale ærlighet og voksnes pretensiøse skråsikkerhet? Hovmod står for fall? Den store er ikke den lille overlegen? Makt gjør blind? Noe slikt?

I mine øyne handler det mest om roller.

Keiseren står der naken og innbiller seg at han er noe. Barnet, derimot, har ennå ikke utviklet noen rolle, men er seg selv.

Vi er alle kongen, derfor treffer dette eventyret alle mennesker til alle tider, selv de av oss som er hverken konger eller barn lenger.

La meg hente frem et annet eksempel fra verdenslitteraturen.

«Don Quijote» av Miguel Cervantes ble utgitt så tidlig som 1605. Boken beskrives som den første romanen i historien, altså en fortelling som ikke følger et fastlagt formspråk. Den var ment som en parodi på datidens selvhøytidelige, oppstyltede ridderdiktning, som ofte var rene helteepos og hvor formen var helt sentral.

Wikipedia beskriver handlingen slik:

> Han begynner historien som Alonso Quijano, en godseier fra et sted i La Mancha, som har lest for mange av datidens ridderromaner. Han bestemmer seg for å reise ut på eventyr som ridder.
>
> Med pedantisk nøyaktighet følger han de gyldne ridderregler. Historien drives fremover av kontrasten mellom ideal og virkelighet: Rustningen hans er rusten, hesten hans, Rocinante, er et slitent gammelt øk, hans skjønne jomfru, Dulcinea fra Toboso,

er en vanlig bondepike og hans stolte væpner er hans venn og nabo, bonden Sancho Panza.

Et kjent eksempel fra verkets første del er hvordan Don Quijote forveksler vindmøller med onde kjemper.

Akkurat som den nakne keiseren til H. C. Andersen, tror Don Quijote at han er noe viktig, mens leseren vet bedre. Vi ser vrangforestillingen som utvikler seg og vi ler, av ham, men egentlig av oss selv.

Det interessante er at Cervantes inkluderer alle livets aspekter.

Don Quijote er vekselvis forelsket, livredd, begeistret, skråsikker osv. Alt er forestillinger, alt er en rolle han har innbilt seg å bekle. Ridderens.

Vi leser med et fryktsomt gys, tankene siver inn, for vi er alle slik.

Begge disse to verdensberømte historiene handler om å se seg selv utenfra, se egoet, og dermed forstå at vi alle er noe mer, noe bakenfor.

I mine ti år med oppvekst på Lyngseidet, blant samiske sjamaner og strenge læstadianere, hang det et grafisk trykk ute i vindfanget i den kommunale boligen hvor vi bodde. Det var der man vred av seg skallene og satte ryggen mot døren for å presse den opp mot nordavinden så man kunne innta leiligheten uten å få hele vinteren inn i huset.

Litografiet var en kopi av Picassos fremstilling av Don Quijote:

Plutselig en dag forstod jeg betydningen. Sant å si gikk det et lite grøss nedover ryggen. Er alle slike hendelser tilfeldigheter?

Du skal få svar, i siste kapittel[144].

For å takle kompleksiteten i verden, oppretter vi altså mange roller, gjerne flere titalls.

Vi tar på oss kostymet og væremåten til en prosjektleder på jobben, en som er glad i å sykle langt, barnebarnet til hundre år gamle bestemor, pappaen til to jenter, den fryktløse keeperen på håndballaget, han som dingler etter kona når hun shopper, den som alltid har de villeste ideene, den som alltid stiller opp for andre osv.

Du spiller mengder av roller, hvis du tenker deg om. Mange av dem er nokså motstridende. Den fryktløse keeperen og pappaen med høydeskrekk kan være vanskelig å integrere i samme person. Det krever en forklaring, en ekstra runde med rasjonale.

Rollene våre kan bli for sprikende. Det kan skje ting med oss eller rundt oss som gjør det umulig å integrere disse tankene og følelsene som rollene våre har, med «den vi er», eller egentlig den vi forsøker å tro at vi er, hovedrollen.

Noen ganger går det bare ikke og da opplever vi konflikt og stress, som regel uten å ane årsaken.

Du er kanskje den tøffeste amatør-keeperen i byen, men dersom en buss kolliderer og det ligger døde mennesker på veien, er du ikke lenger så tøff.

Du har ingen rolle som passer. Du blir handlingslammet. Du opplever situasjonen som uvirkelig. Du føler at du ikke lenger er deg selv.

Dette er dissosiasjon.

Roller er mer enn ytre figurer. De er aspekter av vår egen psykologi.

---

144 Se 22.9. Determinisme og fri vilje

En del av deg prøver å holde deg trygg ved å ligge lavt. En annen prøver å bli populær ved å være utadvendt. En tredje prøver å vise hvor smart du er. Hvor empatisk. Tøff. Trygg. Nysgjerrig.

Alt du vil være og alt du ikke vil være.

Du lager deg roller, strategier for å oppnå det du ønsker å oppnå - i den grad du er dette bevisst. Som oftest skjer det uten at du reflekterer over det, altså ubevisst.

Slik holder vi på.

Vi har alt vårt fokus rettet mot disse justeringene, tilpasningene. Det er krevende, så akkurat mens vi justerer, evner vi ikke å ha noe ytre perspektiv på oss selv. Vi prøver i stedet å integrere det nye i det gamle.

Jeg kaller det for normaliteten, en fryktbasert rangering og definering av oss selv i relasjon til omgivelsene våre. Store deler av livet vårt handler om roller og å bevare normaliteten.

Vi lærer rollene gjennom lek, går på teater, opera og kino for å leve oss inn i dem, vi får dem inn gjennom media, sport, mote, foreninger og sosiale treff. Vi oppretter roller og funksjoner på arbeidsplassen, skolen og overalt ellers i samfunnet. Vi ser på oss selv som kirkegjengere, friluftsfolk, sangere, hundeeiere, gode eller dårlige talere, menn som tester ut det feminine i seg og motsatt.

Men vi ser ikke oss selv.

Noen av rollene er synlige i det ytre, men langt fra alle. Når det gjelder de «indre rollene» aner vi som regel ikke hva vi driver med, det skjer ubevisst.

Disse rollene ble ofte skapt av sterke, noen ganger traumatiske hendelser og erfaringer. Du lærte at du må ligge lavt når faren din er sint. Du lærte at du må være utadvendt for å få den oppmerksomheten du trenger.

Noen behov er grunnleggende og alle har dem. Men alle har vi også opplevd sterke, individuelle hendelser som har tvunget oss til å utvikle særegne strategier - roller som kan ligne på andres, men samtidig er høyst personlige.

Min, og nå snakker jeg om meg personlig - min interne observatør, kontrolløren inni meg som alltid er i intens aktivitet for å holde meg trygg - er hovedrollen, mitt autentiske selv som alltid er våkent og bevisst fordi jeg opplevde å være utrygg som barn.

Som alle andre lager jeg biroller for å takle alskens utfordringer, men jeg forsvinner ikke inn i dem slik andre gjør det automatisk og uten refleksjon.

Som sagt, de fleste blir fullstendig eller i stor grad okkupert av rollen sin og glemmer alt annet, i det minste i øyeblikket. De vil det slik, for å miste grepet på rollen sin er «farlig».

I stedet for å betrakte våre egne roller fra vårt autentiske selv, forsøker vi å integrere dem i en samlet forståelse av hvem vi er.

Vi sliter og strever, maser, sender kontrollerende blikk mot andre, grubler og justerer. De andre gjør det samme. Vi bryner oss på hverandre og sliper oss ned til et minste felles multiplum, en konsensus om hva som er akseptabelt, innenfor normen, i pakt med normaliteten.

Tror du meg ikke?

Jeg hevder at du ikke er dette bevisst.

Noen ganger, særlig når normaliteten din strekkes ekstra langt, er du klar over det, men som regel ikke.

La meg illustrere hvordan dette foregår i praksis.

Som jeg har nevnt, sykler jeg et par timer nesten hver dag. Jeg sliter meg rundt i Oslo, bakke opp og bakke ned, på en tannpastagrønn sykkel med bukkestyre.

Jeg er godt synlig når jeg kommer susende med mine hundre kilo, i gul sykkeljakke, i regn og snø med fem lag klær, blinkende lys, piggdekk og elektriske varmeelementer i skoene.

Folk ser meg, selvsagt, og jeg skiller meg ofte ut fordi jeg nok fremstår som en temmelig rutinert, nærmest proff type i trafikken. Så hva skjer?

Folk ser meg, men det er ikke meg de ser. Der ser en rolle.

De tenker at der kommer det en som «kan sykling». Så de ser, ikke på meg, men på skoene mine!

Lenge forstod jeg ikke hvorfor de nedslitte skoene mine var så interessante, men så skjønte jeg til slutt at det ikke var skoene de så på, men fabrikklogoen til sykkelen som er plassert like over pedalene.

Folk vil vite hvilket merke en fyr som meg benytter. De vil vite hva som skal til for å bli som meg, få min «status». Hva kan de kjøpe, flashe, konkurrere med mot andre for å hevde seg selv – som syklist.

Slik tror jeg de tenker.

Det slår dem ikke at fabrikatet til sykkelen er nokså uvesentlig for min «imponerende» fremtoning. De vet ikke at det ligger et liv med erfaring bak ferdighetene mine, at delene på sykkelen må skiftes fortløpende, at påkledningen er nøye justert etter forholdene og at jeg kan utenat omtrent hvert eneste trafikklys jeg passerer.

De leter etter en snarvei til status, vil kjøpe seg status.

De vil vite hvordan de selv kan komme i min rolle som syklist med minst mulig innsats.

Kule biler, klær, sminke, dyr mat, tøffe hunder, vakre koner, velbeslåtte elskere, fasjonable reisemål, billetter til de riktige arrangementene, den nyeste og beste mobilen, mektige venner.

Det er et rollesirkus.

Vi alle, i større eller mindre grad, holder på slik, noen mer enn andre.

Dersom du ikke er materialistisk anlagt, kan du fortsatt pynte deg med andre ting, andre venner, andre aktiviteter, andre uttrykk for å vise at du er attraktiv – som å være høflig, snill, morsom, interessant, underdanig, opptatt av det sjelelige osv.

Dette er ikke noe vi bare kan slutte med, for vi er konstant i utallige relasjoner til våre omgivelser og må justere vår posisjon og vårt selvbilde løpende.

Men vi ser ikke oss selv.

21.12. Rollene våre

Rollene skygger for vårt egentlige jeg.

I mitt stille sinn takker jeg alle ekstreme «originaler», alle som ikke klarer å «oppføre seg», alle som er så «bortreist» at de ikke skjønner hvor bortreist de er, alle som har gitt opp å slåss om status, som har resignert og i stedet mater fuglene i parken og snakker med barna og har det fint.

Barna.

Ære være dem, de som er nederst, de minste, de siste.

For meg er disse de første.

Min drøm, min ene, store drøm her i livet – er å få være sammen med mennesker som forstår dette med roller og autentisitet, som erfarer dette.

Jeg vil tilbringe tid og gi min kjærlighet og skaperevne til mennesker som kjenner sitt autentiske selv og vet når de er i rolle.

Min drøm er å få være sammen med andre som har det som meg, som er vår sin egen varhet.

Det var greia med Alma.

> *It has often been my dream*
> *To live with one who wasn't there.*
>
> Neil Young: «Will to love»

Når man i livet sitt endelig har forstått sine roller og funnet frem til det autentiske selvet bakenfor, er det tid for øvelser og prøvelser.

Øvelser for de som ønsker å utvikle seg som del av en gruppe, hvilket kan være en treg affære, for sosiale grupper er arnested for roller.

Så er det de av oss som må eller vil fjerne oss fra det sosiale livet helt på egenhånd.

Vi finner ikke våre egne eller vi opplever at all sosial aktivitet innebærer å skape roller. Vi klarer ikke lenger å spille roller. Da er isolasjon svaret, ikke som noe prinsipielt eller ønsket, men som en praktisk, nødvendig løsning.

21.13. Normalisering, kokt frosk, tepper og åpenhet

Normalisering er det motsatte av dissosiasjon, det motsatte av å opprette nye roller.

Normalisering er det som prøver å integrere alt som skjer i den rollen du faktisk er i nå, som trolig er hovedrollen din – den du skapte for deg selv da du forstod at du er noe eget.

Normalisering er dermed selve tolkningsmekanismen, altså ditt autentiske, våre jeg som kontinuerlig prøver å forstå nye inntrykk gjennom integrasjon.

Det er den samme mekanismen som når du opplever noe lilla-farget ... som ligner på ... et eple! ... og du velger å innlemmet det i forståelsen «eple» – mest fordi folk rundt deg gjør det.

Kulturen vi har lagd oss er smekkfull av krav og forventninger. Ingen, absolutt ingen, klarer å leve opp til dem. Samtidig går altfor mange av oss rundt og tror at de andre får det til, bare ikke jeg.

Dette spillet er basert på frykt og er totalt unødvendig!

Hva gjør vi når virkeligheten blir så påtrengende at vi ikke klarer å bagatellisere det bort?

Vi venter i det lengste, som en frosk.

Hvis du putter en frosk oppi en gryte med vann og setter den på komfyren, vil frosken sitte der og kjenne at vannet blir stadig varmere. Den blir likevel sittende. Den er nemlig vekselvarm og kan tilpasse seg alle slags temperaturer – inntil en grense. Når denne nås, dør den.

Men frosken hopper altså ikke ut av gryten, selv om den når som helst kan gjøre det. Den normaliserer.

Vi kan altså normalisere i den grad at det rakner for oss.

Jeg pleier å kalle dette for «kakeproblemet», etter dronning Marie Antoinette, som, sannsynligvis feilaktig, er blitt tillagt sitatet «Qu'ils mangent de la brioche!» (la dem spise kake) da hun ble konfrontert med at folket manglet brød under den franske revolusjonen på slutten av 1700-tallet.

Hun «stakk hodet i sanden», et annet bilde som brukes mye. Hun forsøkte å normalisere det pågående opprøret, slik hun pleide å løse problemer, ved å «feie det under teppet» – ytterligere det samme.

Alt dette gjøres for å dempe frykt, men altfor ofte ender det i dissosiasjon, kaos eller død. Frosken og Marie Antoinette døde, trolig strutsen også.

Min bestemor, altså hun som på mange måter egentlig var min mamma og som henger igjen i tomme luften som en hildring i min erindring, en tapt morskjærlighet, sa det slik som man gjerne formulerer det i det kalde, mørke, værharde Nord-Norge;

«Det er ikke hvordan man har det, men hvordan man tar det.»

Dette er ikke kokt frosk-strategi.

Rådet til min bestemor var å konfrontere realitetene, men ikke la seg lamme av frykt – og ikke døyve den ved å spise kake.

Hva er best?

Å spise kake til man sprekker, eller sprekke og dermed kunne vokse videre?

Gi meg de som sprekker, ikke mer kake.

Min holdning er enkel, jeg prediker åpenhet, åpenhet, åpenhet.

Jeg er ingen frosk.

Vi kan likevel gjerne spise kake mens vi snakker åpent, det gjør man i Nord-Norge. De elsker kaker nordpå.

Skulle jeg ha anledning til å introdusere et nytt rituale i vår kultur, skape en folkebevegelse, så måtte det være følgende: At vi begynner å assosierer kake med åpenhet og ærlighet.

Jeg vil at noen kommer med oppskriften på en «åpenhetskake» som bare kan serveres og spises der hvor gjestene er klare for å snakke ærlig om ting. Om sin frykt, sine drømmer, håp, behov.

Som om vi fortsatt var barn, nesten.

En slik kake ville også jeg gjerne ta med meg og spise med lyst og latter i disse tilknappede familieselskapene som jeg for øyeblikket er intenst allergisk mot.

Noen som kjenner seg igjen?

Før trodde jeg på folket, nå frykter jeg folket.

Morten Harket, fra «Gammal og vis»

21.14. Arvesynden

Normalisering, tepper med støv under, kake og kokte frosker er det som genererer skader i barna våre.

Min mamma mistet faren sin da hun var fjorten år gammel. Det var ham hun identifiserte seg med, ham hun følte seg knyttet til i stor grad, såvidt jeg har forstått.

Da han døde ble det ikke håndtert åpent. For henne var det en stor sorg og hun fikk ikke anledning til å bearbeide den.

I stedet spiste man kake, i overført betydning og på feil måte.

Det ble ikke snakket. Følelsene ble kapslet inne.

Slikt er skadelig.

Fordi hun ble skadet, ble jeg skadet. Jeg ser det tydelig, hun ikke.

Jeg trenger ikke beskrive detaljene i denne mekanismen, du begynner å skjønne hvordan den mentale verdenen fungerer nå.

Den største arvesynden av dem alle er at vi ikke formidler videre til barna våre kunnskapen om hva de er, nemlig bevisste vesener som skaper sin egen virkelighet. Barna våre burde rett og slett lese denne boken, i barnebokformat, muligens.

I stedet for å pugge de ti bud og Luthers formanende og fryktinngytende forklaringer, burde barna få vite at de er udødelige sjeler og at det er ingenting å frykte.

De er fri og vil alltid være fri.

De aller minste barna vet det allerede godt, for de har ikke glemt det.

De visste aldri om noe annet – ikke før foreldrene, lærerne og alle rundt dem begynte å fortelle dem om en fysikalistisk, objektiv, vitenskapelig verden hvor bevissthet rett og slett ikke inngår.

På én generasjon kan verden bli transformert.

Det kommer til å skje, ikke akkurat nå, men det er ikke veldig lenge til, for vi er på vei dit. Det er absolutt sikkert. Alt jeg skriver om i denne boken underbygger og nødvendiggjør akkurat det.

Det er ganske utrolig, er det ikke?

Vi forklarer tilværelsen vår med et vitenskapelig rammeverk hvor bevissthet ikke inngår.

Samtidig presenterer vi en historie om bevisstheten som er dogmatisk, streng og fryktskapende, underlagt en grusom og hevngjerrig Gud.

Jeg er og blir sint, mest på alle skråsikre, maktsyke, livredde, skadde menn som har skapt dette surret.

Kvinner vet bedre, som regel, men ikke alltid, fordi de ofte står lenger unna det materielle, som er mannens domene. Dessverre er kvinner altfor ofte involvert i kaker og rengjøring av tepper.

21.15. Hjertet og hjernen

Dersom du fortsatt har vettet i behold og er av den rasjonell typen, ser du at vi ikke er helt ferdig med å forklare hva et menneske er og hvordan vi blir til.

Vitenskapen sier jo at det er hjernen som styrer det hele.

Alt vi opplever, kommer fra hjernen. Selve det å oppleve er et biprodukt av aktiviteten der oppe. Eller en illusjon, eller noe som har hoppet inn i hjernen utenfra, eller virvler inni mikrotubuler, som er små karbonrør man finner overalt inni der.

Sier vitenskapen, men den vet ikke.

Vi måler den elektriske aktiviteten og finner – et visst, men langt fra fullstendig – samsvar mellom tanker, adferd og hjernesignaler. Vi forstår også at vi ikke er i nærheten av å forstå hva som egentlig foregår.

Så la oss se litt på to av kroppens viktigste organer.

Hjertet begynner å slå 22 dager etter unnfangelsen og er det første organet som begynner å fungere[145].

Utviklingen av hjernen begynner omtrent en uke senere (uke 4-5) ved at cerebellum, lillehjernen, begynner å ta form. Ved sju uker dannes de første nervecellene i ryggmargen og ved åtte uker begynner den første elektriske aktiviteten i hjernen[146].

Dette er fortsatt opplevelser i den universelle ånden. Erfareren forestiller seg at det dannes celler. Cellene former et hjerte.

Hjertet er altså den første litt større forestillingen fosteret gjør seg – og opplever. Det befinner seg «nærmest» den du egentlig er. Ånden din opplever kroppen og omgivelsene gjennom hjertet, på et vis.

Akkurat som tiden fulgte med i alle senere tolkninger og opplevelser, gjør hjertet nå det samme i opplevelsen av den videre utviklingen av individet.

Også for oss ferdig utviklede mennesker spiller hjertet en hovedrolle. Det er motoren i kroppsmaskineriet, men vi pleier også å si at de «ekte» følelsene befinner seg i hjertet. Det oppleves slik.

---

145 https://www.ehd.org/dev_article_unit4.php
146 https://www.whattoexpect.com/pregnancy/fetal-development/fetal-brain-nervous-system/

Når vi ikke får kjærlighet gjør det vondt i hjertet. Når vi skremmes, gjør hjertet et hopp. Når vi er spente, kribler det. Når vi er usikre, kjennes det i hjertet som uro.

De dypeste opplevelsene våre kommer fra hjertet – opplever vi, av denne grunnen er det lett å tro. Dette er kanskje litt søkt, så jeg lar det være opp til deg å vurdere om det er noe i en slik betraktning.

Med hjernen er det tilsvarende, men kompleksiteten er ekstremt mye større.

I et fysikalistisk vitenskapsparadigme hevdes det at verden består av stoff, noe materielt. Hjernen vår, som da også må være materiell, er koblet til sanseorganer som registrerer omgivelsene. Fra dette oppstår det bevissthet – fra den våte og varme hjernemassen som er full av elektriske og kjemiske signaler i et ekstremt omfang.

Sier den tradisjonelle vitenskapen.

Hvordan dette skjer, eller overhodet er mulig, kan ingen forklare.

I vårt idealistiske vitenskapsparadigme er det motsatt. Hjernen er en opplevelse. Vi fantaserer den. Vi forestiller oss elektriske og kjemiske impulser og prøver å forstå, tolke hva de betyr gjennom emergens.

Det er en vill, enormt kompleks og ekstremt rik datastrøm.

Utviklingen av hjernen skal ha begynt for ca 520 millioner år siden, kanskje med noen få glimt.

Det må ha skjedd det samme som skjedde da Erfareren, da universet startet, tolket noen få «prikker» som tid og rom, mange prikker som ansamlinger, ansamlinger som mønstre, mønstre som partikler, partikler som stoff og stoff som objekter.

Inni en primitiv skapning for noen hundre millioner år siden har det – trolig i små steg strukket over utallige generasjoner og lang tid – utviklet seg en hjerne.

«Noe» lignet på en synapse. Synapser ble til «nevroner». Nevroner koblet seg sammen og dannet klynger. Det hele var «levende», bevegelig, og ånden - den dissosierte skapningen - opplevde endringer, signaler.

De ble tolket som elektromagnetiske.

Hvorfor?

Vel, fordi Erfareren allerede kjente til signaler, fotoner, lys - og hadde konseptualisert dem som «elektromagnetisme», som vi snakket om i kapitlet om fysikk.

Har du noen gang undret deg over dette? Det har jeg.

Hva da?

Som nevnt, drev jeg med elektronikk som guttunge. Jeg tenkte mye på strøm og spenning. Det handlet om radiobølger og elektroner i ledninger lagd av metaller.

Vann leder ikke strøm. Klissen hjernemasse heller ikke. Kanskje kan du få tvunget noen milliampere igjennom fra øre til øre ved å utsette skallen din for noen tusen volt.

Men det er ikke det vi ser foregår i hjernen.

Den prosesserer ca. 100 Gbit hvert sekund. Dataene resulterer i opplevelser som er uhyre nyanserte og velstrukturerte. Hjernen har en detaljeringsgrad og kompleksitet som er hinsides vår forståelse.

Og den er elektrokjemisk!

Kjemi transformeres slik at det skapes elektrisk spenning, og omvendt.

Hjernen er en perfekt syntese mellom noe abstrakt - elektromagnetisme - og noe materielt - en våt hjernemasse.

Hvordan vil fysikalismen forklare noe slikt?

I vårt idealistiske verdensbilde handler alt om tolkninger, kunnskap. Da er dette trivielt å forklare, fordi det er nødt til å være slik.

21.15. Hjertet og hjernen

Hjernen er dermed, i vårt idealistiske verdensbilde, en illusjonsgenerator og en opplevelsesmaskin. Den er selv en forestilling som skaper en utvidet, emergent, forestilling om deg og om verden. Slik er det nødt til å være når alt i utgangspunktet er erfaring.

Hjernen fungerer da baklengs, reversert, i forhold til det de fleste tror.

Den projiserer idéer og forestillinger som noe opplevd fysisk. Hjernen gjør tanker til «virkelighet».

Egentlig er det tankene og idéene - kunnskapen - som er virkelige, opprinnelige, mens det projiserte universet er en opplevd forestilling.

Dette er vilt.

Jeg synes det er fullstendig vanvittig, men slik mener jeg at det er.

Velkommen skal du være til denne innsikten.

Den forandrer alt.

Virkelig?

21.16. Alt er som før, bare omvendt

Vel, nei, hør nå - alt fungerer akkurat slik vitenskapen forteller oss. Alle prosessene vi kjenner virker som før. Vi må bare snu på årsak og virkning, hvilket forsåvidt ikke er noen liten ting.

Hjernen er litt spooky, nifst kompleks.

Den har en vanvittig kapasitet, som godt kan være enda større enn vi tror, fordi hjernen antakelig driver med «kompleksitetscomputing».

Vi har en tendens til å sammenligne alt mulig med tidens teknologi, som for øyeblikket er binære datamaskiner.

Glem dette.

Hjernens utforming og funksjon må, som alt annet i et idealistisk univers, følge de mentale kompleksitetslovene, de om attraktorer, feedback-sløyfer, sommerfugleffekten osv.

Hjernen er dermed ultradynamisk og alt spiller sammen med alt. Den multitasker i uendeligheter av lag, detaljeringsgrader, spesialiseringer og dimensjoner.

Der hvor en tradisjonell datamaskin normalt bearbeider 64 parallelle prosesser simultant (64 bit-arkitektur), er trolig hele hjernen potensielt aktiv samtidig. Dette gir en mye, mye større kapasitet.

Innholdet i informasjonen samspiller dessuten trolig med strukturen i hjernen, slik at de optimaliserer hverandre. Dette kan vi faktisk observere.

Det finnes videoer, f.eks. denne[147], som viser at nevronene i hjernen fremstår som en kryende, fluktuerende, levende masse i stadig endring. Nervebanene i hjernen er ikke en fast, statisk struktur. Hjernen «lever med» i det den prosesserer.

I vårt idealistiske verdensbilde er informasjonen og «maskinen» i essens det samme. Når informasjonen endres, må opplevelsen av informasjonen – altså hjernen – også endres. Jeg vil hevde at dette er et ytterligere indisium på at vi er inne på noe.

Ja, informasjon er abstrakt, mens hjernen oppleves som noe organisk, fysisk. Men i en verden hvor alt i utgangspunktet er abstrakt, er det vanskelig å trekke et skille mellom «programvare» og «maskin».

Ingenting i hjernen er statisk og alt bidrar til helheten. Dette er en form for informasjonsbehandling som for oss i dag er fremmed, men slektskapet til kunstig intelligens (AI) er tydelig. Også i AI skjer det kontinuerlig læring, omprogrammering, basert på tidligere kunnskap og status til en hver tid.

Konklusjonen er at hjernen har en vanvittig kraft til å produsere «virkelighet».

Hjernen, etter mitt syn, er en generator og ikke noe som mottar og tolker inntrykk utenfra. Opplevelsen av partikler og alt annet vi opplever som materielt, «dannes» – faktisk – ved observasjon.

Observatør-effekten i kvantefysikken er dermed reell.

---

[147] https://youtu.be/nvXuq9jRWKE

En «observasjon» er nemlig ikke noe som kommer etter en hendelse, men før.

Forestillingen om partikler og alt annet i universet dannes først mentalt som en idé om hendelser i den opplevde hjernen. Dette igjen leder til en emergent tolkning av hendelsene som at det befinner seg noe «utenfor» hjernen, nemlig et «øye», som sender «signaler» til hjernen. Disse signalene må igjen forstås som noe – som objekter der ute i den enorme verdenen rundt oss.

Det er disse objektene, den høyeste emergente tolkningen, vi opplever.

Det hele er en fluktuerende kjede av emergens, hvor forestillingene følger hverandre slik at det vokser frem en rik «virkelighet».

Øyet er for øvrig visstnok i biologisk forstand en forlengelse av hjernen, en utvekst. Dette indikerer at øyet selv også bidrar til å generere virkelighet, sammen med hjernen for øvrig.

Det er forsket mye på hjernen og vi vet at:

- Hjernen ligger ofte i forkant av sanseinntrykkene som den egentlig skulle registrert i bakkant.
- Vi vet også at hjernen fyller inn, fantaserer frem, opplevelser som ikke har noe opphav i noen ytre verden, men som likefullt oppleves slik.
- Det går flere signaler ut til øyet, enn det går tilbake til hjernen. Dette indikerer at øyet projiserer mer enn det mottar inntrykk utenfra.
- Vi vet at når folk tar hallusinogener, for eksempel LSD eller psilocybin, reduseres aktiviteten i hjernen, mens de subjektive opplevelsene øker i styrke og omfang, og introduserer helt andre opplevelser enn de vi ellers har. De kommer tydeligvis ikke fra hjernen.
- Det samme skjer når det gjelder NDE[148], altså nær døden-opplevelser. De kan studeres når folk ligger på operasjonsbenken

---

148 https://en.wikipedia.org/wiki/Near-death_studies

etter et infarkt eller en ulykke, og når hjerneaktiviteten brått opphører og hjertet slutter å slå. Pasienten er klinisk død, men våkner til live igjen en stund senere og forteller om de mest fantastiske opplevelser. De kan ikke ha sitt opphav i hjernen, der var det null aktivitet.

Det er gjort mange millioner observasjoner og studier av nær døden-opplevelser over hele verden fra 1960-tallet og frem til i dag. De viser mye av det samme og kan ikke avvises som helhet.

Jeg kunne gitt deg mange, mange eksempler på de ulike fenomenene. De er nøye studert og vitenskapelig dokumentert. Det er ikke der problemet ligger.

Utfordringen er fortielse, bagatellisering, fornektelse, mistenkeliggjøring, nedlatenhet, trangsynthet, arroganse, maktmisbruk osv. i de vitenskapelige miljøene.

Det er innenfor studier av hjernen at skismaet mellom idealismen og materialismen er aller mest betent, for her finnes det faktisk mengder med gode indikasjoner, ofte regelrett beviser, på at materialismen feiler – og det er jo særs ubehagelig om man er materialisert, pun intended.

Det går langsomt fremover, men ikke fort nok. En vakker dag vil det komme et gjennombrudd – i folk. Det er også et av mine håp.

Det sies at vitenskapen utvikler seg med et nytt, lite steg hver gang en professor dør.

Vi har ikke tid til å vente.

21.17. Dissosiasjon i et nøtteskall

Erfareren «ser» alt mulig rart i Mønsteret.

Gjennom emergens oppstår idéer om jord, ild, luft og vann – for å si det med de gamle grekerne. Erfareren tenker seg alt dette, har bevissthet om alt dette – og må også oppleve alt sammen som qualia, for å oppleve er fremdeles det eneste Erfareren gjør.

Den opplever til det ikke er noe mer å oppleve.

Opplevelsen av det abstrakte mønsteret er av noe som er utstrakt i rommet og som tar tid. Så Erfareren setter i gang. Den første opplevelsen var av alt på en gang, hele Mønsteret, The Big Bang, som umiddelbart, i det fysikken kaller inflasjonsfasen, ble strukket ut i rom og tid - gjennom emergens.

Etter mange milliarder år har Erfareren kommet frem til opplevelsen av mennesker, for eksempel. Erfareren erfarer et menneske akkurat slik du gjør det når det står en skapning foran deg.

Forskjellen er at Erfareren vet alt om dette mennesket, både i fortid og fremtid, fra alle mulige perspektiver i rommet, med alle detaljer. Det er abstrakt kunnskap.

Det må være veldig annerledes fra alt vi kjenner, for vi opplever jo oss selv i en bestemt posisjon i rom og tid og opplever alt annet fra denne posisjonen. Vi har ikke tilgang til noe annet.

Vi har ikke tilgang til det store bildet bakenfor annet enn gjennom intuisjon, men disse opplevelsene blir maskert av vårt hektiske Ego og trenger bare svakt igjennom en gang i blant.

Husker du at jeg i den første delen av boken snakket om Teal Swan og hennes dype innsikt?

Jeg trakk frem en bestemt setning, nemlig denne:

«oneness» *is actually the ego of source itself*

Nå er vi i posisjon til å forstå den. Ego er ikke noe særegent for mennesker. Ego er å være *det man er*, seg selv - uansett om du er en fisk, et menneske, et kjøleskap, et fjell eller hele universet.

- *Du* opplever deg selv som et *menneske*.
- *Erfareren* opplever seg selv som et *univers*.

Det må altså kjennes *som noe* å være et univers, men vi har ingen mulighet til å vite hvordan denne opplevelsen er, fra vårt perspektiv.

Teals poeng er nettopp dette. Universet som helhet, som énhet, har også en opplevelse av å være seg selv, sitt eget Ego.

Erfareren har altså full oversikt, men alt er bare abstraksjon med tilhørende tanker og manifesteringer av disse i en eller annen form.

Det er ikke nok, det slutter ikke der, det kan ikke slutte der, for Erfareren fortsetter å oppleve så lenge det er noe å oppleve. Erfareren vil kjenne hvordan det er *å være* alle disse forestillingene.

Og her står det altså et uopplevd menneske!

Det er uopplevd i den forstand at Erfareren ennå ikke har opplevd hvordan det er å være dette mennesket. Det gjør derimot du. Du er denne opplevelsen i en slik grad at du dissosierte og begynte å tro på den.

For å oppleve å være noe, må man gå mentalt inn i det fullt og helt. Dette er det samme som å dissosiere, tro på noe så mye at du opplever å være det du tror på.

Jeg brukte eksempelet med denne strand-simulatoren[149]. Dersom du blir født inn i en slik simulator, vil du tro at du befinner deg på stranden, selv om du egentlig ikke gjør det.

Slik er det også med universet og deg. Du er født inn i en en «menneske-simulator» som starter med at du opplever å være noe uhyre enkelt og lite, en zygote, og derfra opplever du å være utviklingen videre til et barn som fødes, dissosierer i det traumet fødselen er, vokser opp, lever et liv som voksen og så dør.

Så langt i historien vår er vi hittil kommet.

Forklaringen er ennå ikke fullt ut tilfredsstillende, kan jeg høre at du tenker. Vi skal enda litt videre. Vi skal inn i Egoet.

---

149 Se 21.3. Stranden

21.18. Dissosiasjon er å gå fullstendig inn i noe

Å forstå dissosiasjon intuitivt er vanskelig, for vi skal forstå det fra vårt perspektiv som jo nettopp er en dissosiert opplevelse. Det er perspektivet som gjør det vanskelig.

Å dissosiere er i seg selv relativt enkelt å begripe, for vi gjør det hele tiden, som når vi påtar oss ulike roller i dagliglivet eller når vi utsettes for traumer og tvinges til å skape oss en ny forståelse av oss selv.

En dissosiasjon er opplevelsen av å være det vi er. Det vi tror vi er, bare fordi opplevelsen er så overbevisende – fra vårt perspektiv inni «simulatoren», inni opplevelsen.

Nå skal jeg prøve å ta forståelsen av dissosiasjon et steg videre.

Følg med, for det som kommer er sentralt for å forstå deg i forhold til altet bakenfor.

Når du elsker noe, søker du å bli ett med det. Du gjør det samme som Erfareren; du vil oppleve ting helt og fullt, for også du er en flik av Erfareren, har de samme egenskapene, og søker derfor alltid å oppleve.

Når jeg spiller gitar, tar et slag sjakk eller lager mat, så handler det om å være i det jeg gjør, fokusere fullstendig, leve meg inn i det, forstå og oppleve funksjonen og essensen i det jeg har foran meg. Da lykkes jeg best.

Dette gjør jeg ved å ved å møte utfordringen med hele meg: ta på ting med hendene, lukte, lytte, se, snu og vende på alt, skifte perspektiv, teste yttergrensene, bruke intuisjonen, ta inn helheten samtidig som du lar fokuset ditt skifte konsentrert mellom alt som inngår.

Akkurat som et barn, før det setter seg ned for resten av livet for å tenke, låse seg inne i sitt eget hode.

Å elske betyr å ta noe inn med hele seg, gjøre det til en del av deg selv, bli ett.

Å elske er å gi og ta i like monn.

Da svarer gitaren med velklang, maten kommer deg i møte ved å frigjøre duft og aroma. Sjakkbrikkene bare står der, men plutselig, etter en stund hvor det skjer ingenting, forstår du hva som er det rette trekket – fordi du fordypet deg i stillingen og mulighetene. Du erfarer det med hele deg.

Slik er kjærligheten.

Det er en sammensmeltning, intimitet, in-to-me-see (intimacy), som Teal Swan pleier å si[150]. Vi kaller det ofte «flow», du gir deg hen, lar deg oppleve situasjonen fra samme perspektiv som den «tingen» du har foran deg.

Tenk gjerne koffert – sex. Alle sansene dine er involvert. Partneren svarer tilsvarende med hele seg. Resultatet er forening, i beste fall en sterk og økende følelse av flow, som til slutt kulminerer i felles orgasme, forutsatt at du faktisk gir deg over og samtidig er vår og responderer.

Slik er kjærligheten.

Det underlige er at jeg vet hva jeg skal gjøre – med gitaren, maten, sjakkbrikkene og kjæresten. Jeg har det i meg, evnen til å gå inn.

Det eneste jeg ikke må gjøre, er å tenke.

Tanker er basert på det vi ikke vet. Tanker er vårt verktøy for å håndtere frykt, for det vi ikke vet, ikke kjenner, ikke forstår, ikke mestrer, alt nytt – det som skaper frykt i oss.

Dessuten griper den ene tanken den andre og fører oss videre ut i mer frykt, inntil vi klarer å lappe sammen en slags fortelling som nesten gjenoppretter roen og tryggheten, men bare nesten.

Ikke tenk!

Er det ikke akkurat det vi alle har erfart, at flow oppstår når vi nettopp ikke tenker?

Jeg kan levere en fantastisk gitarsolo, hvilket jeg noen ytterst få ganger har gjort, og aner ikke etterpå hvordan jeg fikk det til. Jeg er ute av stand til å

---

150 https://youtu.be/0FQ4jBpcqvg

forklare hvordan det lykkelige øyeblikket oppstod, annet enn at jeg gikk inn i musikken med hele meg.

Det rare er at de som hører meg spille mitt livs gitarsolo, også opplever en form for flow. De kjenner det igjen og responderer – likt som meg selv. Også de flyter inn i musikken og opplever noe «magisk». Også de har i seg denne evnen til å gå inn i ting og kjenner det på seg når det lykkes.

Hva er denne evnen vi har som skaper flow?

Det er evnen til å oppleve!

Erfarerens eneste evne – er i deg også. Det er også din eneste evne.

Du har en drivkraft i deg til å oppleve fullt og helt.

Jeg kan ikke gjøre annet enn å kalle den ved sitt rette navn, kjærlighet.

Kjærlighet er å gå fullt og helt inn i noe, å oppleve det som om du var det, som om du er ett med gitaren din og dere smelter sammen i flow, i kjærlighet.

Du er i stand til å nesten bli en gitar, hadde det ikke vært for at simulatoren du ble født inn i forteller deg med overbevisning at du er et menneske.

Så sterk er kjærligheten.

Jeg lærte dette av Alma.

> *Det er bedre å ha elsket og tapt, enn aldri å ha elsket.*
>
> *Lord Tennyson (1809-92)*

Denne boken er sannelig full nok av store ord allerede. Min fortelling om dissosiasjon stopper der, for dette kan du perfekt selv. Jeg skal likevel etterlate et spørsmål som du selv må ta stilling til.

Opplever gitaren min å være seg selv?

Gå inn i spørsmålet.

Mitt svar er ja, ikke fordi jeg kan begripe det, men fordi alt som hittil er sagt, tilsier at slik må det være.

> *Oh*
> *The machine of a dream*
> *Such a clean machine*
> *With the pistons a pumpin'*
> *And the hubcaps all gleam*
>
> *When I'm holding your wheel*
> *All I hear is your gear*
> *With my hand on your grease gun*
> *Oooh, it's like a disease, son*
>
> *I'm in love with my car*
> *Got a feel for my automobile*
> *Get a grip on my boy-racer rollbar*
> *Such a thrill when your radials squeal*
>
> Queen: «I'm in love with my car»

21.19. Døden, slutten på dissosiasjonen

Så dør vi. Vi slutter å forestille oss et jeg. Jeg'et blir fullt av blindspor, sykdom, angst, manglende interesse, manglende vilje.

Alt er jo tenkt før. Alt nytt er så fremmed.

Dette gjentar seg, tenker tanken din.

Jeg vet så mye mer enn de andre unge tankene, tenker du, men de vet det ikke, anerkjenner det ikke.

Jeg vil ikke mer.

Jeg forstår endelig hvor jeg kommer fra, jeg er ikke lenger redd. Jeg melder meg ut. Glem det.

Jeg stikker.

Vi slutter å forestille oss et Ego. Det er hva døden er.

Som spedbarn begynte du å oppleve deg selv som en kropp i en verden. Som smårolling oppdaget du ditt eget «selv», eller riktigere: du skapte deg en forestilling om et selv, en persona, egoet.

I løpet av livet ditt jobbet du intenst med å holde dette selvet samlet og harmonisk. Du møtte livets utfordringer ved å utvikle mengder av roller, bevisste og ubevisste.

Så ble du gammel og syk. Lite nytt skjedde.

Du begynte å se mer innover enn utover.

Du slapp til slutt taket, ville ikke mer.

Du døde.

Men hva var det egentlig som døde?

Kroppen din er «livløs». Den er omgjort til aske eller ligger under seks fot jord. Det skjer svært lite eller ingenting som gir deg grunn til å tro at du fortsatt er en person som vandrer rundt i en forestilling om en verden. Dessuten er hjernen borte vekk.

Du tror ikke lenger på deg selv.

Du slutter å dissosiere, og da snakker jeg ikke om dissosiasjonene som skapte rollene du spilte i livet. Jeg snakker om dissosiasjonen som er selve opplevelsen av deg. Dissosiasjonen fra den kollektive bevisstheten.

Det er den som opphører.

Du tror ikke lenger at du er et menneske av kjøtt og blod.

Den indre betrakteren, varheten din, «bevissthetspunktet» ditt, har forlatt forestillingen om en kropp og en hjerne.

Du, som Elvis, har forlatt bygningen.

Den svever bort fra den døde materien der på operasjonsstuen.

Bevisstheten din eksisterer fortsatt.

Du er bevisst også mens du dør og etter at du er død. Men hva du er bevisst, har endret seg radikalt.

Du er ikke lenger dissosiert, har ikke fokuset ditt rettet mot å være dette ene mennesket.

Du er tilbake der du var før du ble født.

Døden er en endring av perspektiv fra det individuelle til det kollektive.

Død er det motsatte av fødsel, en tilbakevending. Død er ikke motsatsen til liv, for liv – ren væren med evne til å erfare – er det eneste som eksisterer og eksisterer ingensteds og evig, fordi forestillingen om tid og rom er inni denne ånden.

Når du «dør», opphører den dissosierte forestillingen om deg. Den erstattes av noe annet, akkurat som drømmen overtar når du sover.

Når bevisstheten din oppgir opplevelsen av deg, blir den vår alt det andre som også er der, og dette andre er den kollektive forestillingen, Erfarerens bevisste forestilling om universet.

Vi nærmer oss finalen i fortellingen.

Mennesker med «nær døden-opplevelser», forteller konsistent om en opplevelse av å vite alt, total fred, total kjærlighet, at alt er i perfekt fokus samtidig osv.

Vi skal snakke mer om denne tilstanden i det neste kapitlet som handler om samspillet mellom det kollektive og det opplevd individuelle.

Og identiteten din?

Er du der fortsatt?

Svaret bør være ja – for en stund.

Du har nettopp sluppet vekk fra forestillingen din om en kropp og en personlig identitet. Du husker godt hvem du er/var, du er nøyaktig som før, men du ser og opplever ikke deg selv lenger.

21.19. Døden, slutten på dissosiasjonen

Det er litt vanskelig å tro på deg når sansene og Ego-tankene dine ikke lenger fungerer. Samtidig opplever du i stedet å være på et fantastisk verdensteater hvor alt skjer, alt er kjent, alt er godt.

Hvem vil tilbake til en skarve kropp og et småtrist «liv»?

Så du husker nok fortsatt deg selv. Du vet og husker plutselig alt om dette livet ditt, nå sett fra et kollektivt perspektiv. Alt er like klart. Du kan gå hvor du vil i tid og rom. Zoome inn og ut. Du får svar på alle dine spørsmål.

«Hvorfor gikk hun?», har du spurt sorgtungt i årevis.

Nå vet du. Du forstår.

Du ser nødvendigheten og sammenhengen. Kanskje var grunnen at noe annet skal skje om hundre år – gjennom en kraftig dynamisk prosess drevet av ting du ikke ante noe om – og at du var i veien, dvs. var en attraktor som ikke var sterk nok til å ta dominans?

Hvor lenge var Adam i paradis?

Tja? Spør heller hvor lenge Adam «var».

Hvor lenge brød bevisstheten, observatøren som opplevde å være en person, seg om personen «Adam» når paradiset lokket?

Adam ble oppløst i den universelle, kollektive bevisstheten, men for Adam opplevdes det – må vi anta – som å komme til paradis.

Den som dør får se.

22. Samspillet og det kollektive

I det siste kapitlet fortsetter vi med ting du aldri tidligere har hørt. Vi har nå en forståelse av hva et menneske er og hva som er forholdet mellom en enkelt «eksistens» og den ene, universelle eksistensen som er alt.

Med denne kunnskapen kan vi nå forklare hvordan vi alle kan gå rundt som enkelt-instanser i en kollektiv opplevelse av en verden. Vi kan også forklare hvordan enkelt-instanser – altså mennesker, dyr, alt levende, faktisk alt annet også – står i forhold til den ene, universelle ånden.

Når dette er forstått, har vi samtidig løst et annet «evig» problem, det om fri vilje versus determinisme. Beger deler er til stede samtidig, for å foregripe litt.

Etter å ha lest dette kapitlet vil du også forstå hvordan det store samspillet foregår. Det styres selvsagt av de samme mekanismene og lovene som er involvert overalt ellers på alle nivåer; emergens og kompleksitetsdynamikk.

Så, til slutt i boken, lar jeg det ambisiøse prosjektet mitt gå i oppløsning, renne ut i sanden, returnere til opphavet – som er kjærligheten. Kjærligheten er forening – en tilbakekomst til det ene alt er, men som vi har opplevd som noe fragmentert og separert, en høyst «virkelig» illusjon. Det er i denne du har sittet og lest denne boken.

Og før punktum settes, vil du også se at død er motsatsen til fødsel, ikke til liv – for livet, kjærligheten, bare er. Du lever evig, men «du» er uendelig mye mer enn du tror.

Virkeligheten skapes i sinnet.
Vi kan endre vår virkelighet ved å endre sinnet.

Platon

Da jeg begynte arbeidet med denne boken, var det hovedsakelig ett problem som opptok meg, én tilsynelatende gordisk knute som måtte kuttes over.

Jeg var nesten overbevist om at idealismen gir den korrekte filosofiske forståelsen av hva verden er i essens. Sagt litt enklere, jeg hadde fått en idé i hodet, nemlig at «alt er tanke».

Dette var ingen ny idé i mitt sinn, også den hadde sin opprinnelse fra tiden midt på 1980-tallet, som så mye annet jeg skriver om her.

22.1. Gjennom lysmuren

Jeg har en liten bok som jeg kom over i 1986, og som jeg noen sjeldne ganger har lest bruddstykker av. Det er en helt spesiell bok, ulik alle andre bøker jeg noen gang har lest, en makeløs bok, som det står i forordet til forleggeren.

Den heter «Gjennom lysmuren» og er et autoskrift ført i pennen av Bente Müller, som bor like utenfor Oslo og tilhører generasjonen over meg.

Bente Müller sier at boken ble skrevet gjennom henne, ikke av henne. Hun har ingen utdanning utover artium og beskrev seg selv på det tidspunktet som en «kulturell og vitenskaplige analfabet».

Kort tid etter opplevelsen med Jesus på riksvei 4 i desember 2015, fikk jeg plutselig et behov for å finne frem denne boken og legge den på nattbordet. Der ble den liggende. Det gikk fremdeles to og et halvt år før jeg igjen åpnet og leste den i sin helhet i juni 2018.

Det er utgitt mange «spirituelle diktater», mottatt fra «et eller annet mer opplyst». Jeg har lest noen av dem, men ikke veldig mange, for de fremstår gjerne som ganske tåkete.

Det ligger en grunninnsikt eller en serie mystiske opplevelser i bunnen. Dette kan være interessant og verdifullt nok, men så sporer gjerne forfatteren av og blander inn sine egne ting, sterkt preget av å ikke helt ha forstått hvordan den inspirerte innsikten passer inn i det store bildet.

Årsaken er ganske enkelt at formidleren ikke kjenner det store bildet.

Jeg ender med å legge fra meg slike bøker etter å ha lest kanskje halvparten, og så skumme resten for å få bekreftet at det skeier ut, som vanlig.

Bente Müllers bok er også litt slik, eller det var sånn jeg opplevde den i 1986.

Men.

Det jeg sier er ikke sant.

Jo, det er sant, men hele mitt intuitive antenneanlegg tok inn noe mer og annet. Det var noe i denne boken som brente seg fast i 1986, samtidig som Alma fortsatt var der, eller kort tid etterpå.

Språket er esoterisk, mystisk, blomstrende. I mine ører er det en kvinnelig energi som taler. Formen er lyrisk, dikterisk. Referansene til Bibelen er mange.

Samtidig snakkes det om lys, fotoner, elektroner, lyshastigheten, atomet.

Bente Müller kaller selv boken for et «kosmogram».

Det fører for langt å utbrodere innholdet her. Du må lese den selv, den ligger på Bokhylla.no hvor den er tilgjengelig gratis for norske lesere. Den er også utgitt på engelsk i 2017:

- Gjennom lysmuren[151]
- Through the light barrier[152]

---

151 https://www.nb.no/nbsok/nb/3864ec6094c3e155854cdce072ee2531?lang=no#0
152 https://www.akademika.no/through-light-barrier/muller-bente/9788293553069

For meg er det to ting som er interessant med denne boken akkurat nå.

For det første sådde den et helt sentralt frø i meg, en idé. Mer om det om et øyeblikk.

For det andre må jeg bare erkjenne at jeg nå forstår hva boken sier. Jeg kan «oversette» den mens jeg leser. Teksten stemmer overens med alt annet jeg har fremsatt i denne, min egen bok.

Det høres arrogant ut, men min forståelse av «det store bildet» har utviklet seg voldsomt de seneste årene. Eller la meg si det som det er, plutselig bare «er» det store bildet der. Det jeg nå skriver om.

Det var der ikke i 1986, men jeg forstod på den tiden intuitivt at det måtte være der. Som alt annet her i verden, må det ha vokst frem i meg i form av bruddstykker og fornemmelser, og så nådd en terskel hvor plutselig hele perspektivet, synsmåten, endret seg.

Det oppstod en emergent nytolkning, en slags fasetransisjon, etter år med normalisering, åpen intuisjon, smerte i form av opplevd mangel og tap, en kokt frosk og et gjennombrudd, et fall, en nødvendig endring av perspektiv - og påfølgende ny innsikt.

Slik kan det skildres, om man bruker den terminologien jeg selv benytter.

Vekst, for å si det samme med fem bokstaver.

Dette illustrerer igjen hvordan en spirituell oppvåkning foregår.

På morgenen den 15. juni 2018, etter å ha brukt deler av natten til å lese «Gjennom lysmuren» på nytt etter trettito år, skrev jeg følgende lille notat til meg selv:

> *Gjennom lysmuren inneholder i full detalj alt det jeg intuitivt aner - det jeg kjenner så sterkt at jeg må prøve å få sagt med ord. De tingene jeg søker kunnskap om. De problemstillingene som opptar meg dypest. Alvorets kjerne. Relasjonen mellom det materielle og åndelige. Dette som er imellom det andre. Alt er beskrevet i full sannhet i denne bittelille boken.*

Greit.

Men hvilken innsikt var det jeg fant?

I hovedsak var det én grunnleggende idé som tok bolig i meg. I Bentes bok, på side 49, står det:

Lysmuren er
høyeste bevegelseshastighet
for energi
i materiell form
altså den grense
lys ikke kan bryte

For Tanken
gjelder ingen hastighetsgrense

Tanken kan ernære seg
på sin egen vekst

Dens bevegelse er energi-skapende!
Ved opptak av friksjonsenergi
fra den motstand den gjennomtrenger
kan Tanken ved kontinuerlig bevegelse
øke sin kraft og hastighet
til Uendelig!

Uendelig hastighet
er Tankens Ur-hastighet
altså den hastighet
som hensetter Tanken i Ur-tilstand

Men – så langt
er menneske-tanken ennå ikke kommet

Den er ennå ikke blitt klar over
at den eksisterer

Den er bevisstløs,
ufødt
og udøpt

Den er kort og godt
materiens viljeløse slave

...

For å bli fri
og vinne naturlig styrke,
må Tanken oppdage seg selv.

Den setningen som ble sittende fast i meg i 1986, var en forkortet variant av det som står over:

«Ennå har ikke tanken oppdaget seg selv.»

Kan du forestille deg å gå rundt i over tretti år og gruble på dette ene spørsmålet?

«Hva er tanke?»

Den samme dagen som jeg leste boken på nytt fra perm til perm i 2018, skrev jeg ned ytterligere en setning i forlengelse av den første. Jeg rablet den ned med sort kulepenn på en liten lapp som har ligget på nattbordet mitt de siste fire årene:

«Alt du tenker er gyldig», skrev jeg.

Dette har vært mantraet for boken du nå leser.

Jeg nevner det, fordi dette viser den lange veien frem til det jeg nå holder for selvinnlysende; at idealismen er korrekt som filosofisk retning, at verden er tanke.

Men da arbeidet med boken begynte, var jeg altså fortsatt usikker.

Jeg tok derfor mål av meg å undersøke om det lar seg «bevise». Et minstekrav må da være at alt som eksisterer i verden, må kunne forklares ut ifra dette premisset, dette aksiomet:

«Alt er ett og dette ene er ... bevissthet», har det blitt til, for jeg oppdaget raskt at tanken er inni bevisstheten og at de to ikke er det samme. Man kan oppleve ting uten å tenke.

Resultatet av denne «bevisførselen» er det som nå foreligger i form av denne boken.

La meg legge til at de to første årene skummet jeg igjennom et halvt tusen vitenskapelige artikler hver eneste dag på leting etter kunnskap og innsikter. Jeg la inn drøyt femti vitenskapelig tidsskrifter i Feedly, som er en app du kan bruke til å overvåke kilder.

Jeg leste meg opp på siste nytt innen kvante-, partikkel- og astrofysikk – og andre relevante vitenskapsgrener. Jeg har pløyd igjennom mengder med bøker, videoer, alt mulig. Jeg har fulgt to online forelesningsrekker, i partikkelfysikk og metafysikk, ved universitetet i New York. Slikt kan man gjøre fra sin egen stue i våre dager.

Jeg har også vært fysisk innom ulike forelesninger ved universitetet i Oslo, dog uten særlig utbytte, er jeg redd. Universitetene holder seg til det etablerte.

Underveis på de daglige sykkelturene mine har idéer og betraktninger dumpet ned i meg og jeg har stoppet et minutt eller fem og lest dem inn på mobilen. Bare disse klippene finnes det rundt to tusen av.

I sum utgjør kildematerialet minst ti tusen lagrede informasjonsobjekter.

Målet var å kategorisere og systematisere dem, men det har jeg gitt opp. Sant å si har jeg vel til slutt mistet oversikten over kildene mine, og det er en bra ting, for dermed måtte jeg befri meg fra dem, fortelle historien ut ifra meg selv i stedet for å produsere et rigid dokument.

Derfor har boken den personlige formen den har.

22.2. Brikkene i puslespillet samles

Alt er ett. Jeg har drøftet det i filosofisk, psykologisk og erfaringsmessig sammenheng. Jeg har til kjedsommelighet inntrepet at alt er én bevissthet og at universet er en forestilling i denne bevisstheten, som igjen tilhører en ånd, Erfareren.

Det hele utgjør ett system, én mekanisme – med ulike elementer og funksjoner.

Jeg skal nå vise hvordan det materielle, abstrakte og subjektive samspiller i dette ene, «altet» – «Kilden». Nøkkelen er igjen perspektiv. Vi kan ikke forstå dette fra oss selv, for vi befinner oss midt inni det hele.

På nytt må vi ta det ultimate, globale perspektivet til Erfareren.

Så hvor befinner vi oss nå i denne fortellingen om verden?

Jeg har hittil sagt at universet er abstrakt kunnskap i en Erfarer, «Gud», om du vil.

Erfareren, i seg selv, er ren væren uten noe innhold. Det er umulig å si noe som helst om hva «ren væren» er for noe, men jeg har sagt at Erfareren må ha en eller annen evne til å kreere, skape, ellers kan ingenting oppstå. Etter litt grubling er jeg kommet frem til at denne egenskapen er evnen til å oppleve.

Jeg har mitt eget favorittord for akkurat dette, nemlig varhet.

Det eneste som nå trengs for at universet skal oppstå, er en første idé, en aller første opplevelse.

> *Inn i evigheten, der alt er ett, snek det seg en bitte liten, sinnsyk tanke som Guds Sønn glemte å le av.*
>
> *A Course in Miracles*

Gud tok, ved en feil, en bitteliten sinnsvak idé alvorlig et øyeblikk.

Prikken.

Fra dette uhyre enkle utgangspunktet ble altså universet «skapt». Vi har vært igjennom hvordan det kan tenkes å ha foregått.

Men, men, men.

Dette er ikke slik fysikken og den tradisjonelle vitenskapen sier at det foregikk. Jeg er på kollisjonskurs med det rådende paradigmet, bare se:

Fysikalismen sier at universet startet med The Big Bang

1. Masse og energi (som er det samme; gjennom $E=mc^2$) er fundamentale, selv om det bakenfor ligger et «kvantefelt» som ikke er noe materielt.
2. Vitenskapen gir ingen forklaring på hvordan bevissthet kan oppstå fra dette.
3. Fysikken gir ingen forklaring på hvor den ekstreme mengden energi kom fra.
4. Fysikk og matematikk viser teoretisk at multivers kan eksistere, men mangler fortsatt en forklaring på hvordan enda mer energi kan oppstå fra ingenting.
5. Naturvitenskapene forklarer ikke død, intuisjon, kategorioverskridelser osv.
6. Det mangler forklaring på en lang rekke tradisjonelle fenomener, blant annet innen kvantefysikken, men også innen nærmest alle fagfelt.
7. De aller fleste metafysiske fenomener er uforklart.
8. Tradisjonell vitenskap er ofte i konflikt med religion.

Idealistisk emergens sier at universet startet med The Tiny Mad Idea

1. Bevisstheten er fundamental, fordi vi alle har den og alt vi observerer er i eller gjennom bevisstheten.
2. Verden er da en abstraksjon som blir opplevd som noe materielt.
3. Energi forstås som endring og er dermed naturlig til stede overalt, som en konsekvens av abstrakt emergens, som deretter blir opplevd som energi.
4. Tillater multivers rett ut av boksen, fordi små nye idéer kan oppstå i hopetall kontinuerlig.
5. Forklarer enkelt død, intuisjon, kategorioverskridelser osv.
6. Forklarer en rekke fenomener som fysikalismen ikke kan forklare; entanglement, bølge-partikkel, tunnelling etc.

7. Forklarer også ESP, synkronisitet og andre metafysiske fenomener.
8. Er i samsvar med nesten all religion.

Okey. Jeg skal nå prøve å samle alle trådene slik at det hele henger sammen.

22.3. Egoet og ditt egentlige jeg

Jeg har nevnt Egoet mange ganger allerede, men bare i forbifarten. Nå skal Egoet få spille hovedrollen en liten stund, for det er nettopp det Egoet er, en hovedrolle som spilles for en stund.

Ditt egentlige jeg er noe annet enn Egoet.

Fysikalisme
La oss si at du fortsatt tror at verden er lagd av materie, stoff, atomer og partikler, altså fysiske ting. De aller fleste gjør det, trolig du også, i det minste inntil du leste denne boken.

I en materialistisk verden er du en haug med trilliarder på trilliarder av bittesmå «ting» som henger sammen i en uhyre komplekse klump, som er ... deg. Kroppen din, hjernen, hele greia.

På et eller annet mystisk vis oppstår det bevissthet fra dette, og den bevisstheten samler seg – også på ubegripelig vis – i en integrert opplevelse av å være deg.

Men du er ikke denne opplevelsen, du er jo disse trilliardene av bittesmå ting som er koblet sammen til større ting!

Tingene er «virkeligheten» i ditt materielle verdensbilde.

Opplevelsen din av alt dette blodet, slimet, knoklene, hjernecellene osv. er noe «mer», noe metafysisk, altså noe høyere enn det fysiske, noe emergent. Dette er slik ordet emergent blir brukt blant materialister, motsatt av slik jeg bruker det.

De som mener at verden er materiell, er dermed de største mystikerne av oss alle, for de tror bestemt på noe metafysisk som de attpåtil ikke klarer å forklare, for de har ingenting å si om overgangen mellom materie og bevissthet.

Egoet, i dette verdensbildet, er dermed noe annet og mer enn gørr, knokler og kjemiske signaler i hjernen. Det er en opplevelse, en illusjon som oppstår fra materien, men ikke er materien.

Idealistisk emergens
Ta nå mitt verdensbilde i stedet, det jeg kaller «idealistisk emergens».

Også da er Egoet en opplevelse. Vi kommer ikke bort fra akkurat det, for du opplever jo å være deg, og denne opplevelsen inkluderer armer og bein, slim og hjerneceller. Opplevelsen er det eneste du har.

Men vi har ikke noe problem med å forklare hvor opplevelsen kommer fra, for alt - i hele universet - er opplevelser. Det er opplevelser av noe materielt (gørr ... la meg ikke gjenta det), men også opplevelser av moro og mas, matematikk og moral.

Det elegante er at vi nå kan forklare materie i relasjon til bevissthet, men også subjektive følelser og opplevelser, pluss i tillegg alt abstrakt, altså rene idéer (1+1=2) - på samme måten.

!

Jeg må sette inn et lite utropstegn her, for dette mener jeg er sensasjonelt.

Vi samler på indisier, ikke sant?

I et idealistisk verdensbilde er ditt Ego kun en opplevelse i en verden hvor alt er opplevelser - opplevelser av noe som i essens er abstrakt, det vi kaller idéer. Derav begrepet idealisme.

Alt i hele universet, enten det fremstår som materielt, subjektivt eller abstrakt - tilhører denne ene, samme kategorien, som man sier innen filosofien.

Denne «kategorien» har jeg allerede gitt et navn, nemlig kunnskap.

Verden, og også opplevelsen av Egoet ditt, har sin opprinnelse i kunnskap. Kunnskap er dermed vårt kjøtt, slim ... våre atomer og kjernepartikler. De er alle opplevelser av ... informasjon, kunne jeg også sagt.

Og hvem er det som har denne kunnskapen og informasjonen?

Jo, den som opplever – erfarer – Erfareren.

Og hvordan oppstod informasjonen?

Jo, ved at Erfareren først fikk en idé om noe som ble tolket som en ... prikk! Og en til! Og enda en! Gøy! Næmmen, hva er det der? Aner ikke. Jeg kaller det for avstand. Hvorfor oppstod egentlig den? Jeg blir utrygg, jeg må ha et svar. Jeg innbiller meg noe nytt, min forklaring, jeg kaller det for tid! Gøy! Jeg kan kjenne tid! Spennende, jeg vil ha mer! Hva er det der!? En klump?

Og slik holder det på til det ikke er noe mer å oppleve.

Dette kunne vært et referat fra dine egne primitive tanker. Erfareren er like primitiv. Nøyaktig like primitiv, faktisk, for du og Erfareren er identiske.

Erfarerens tanke er selve Tanken.

Jeg fant deg/meg/oss til slutt.

Du og jeg og alt og alle i hele universet til alle tider har og er den samme Tanken, vi tenker bare forskjellig innhold, forskjellige forestillinger, forskjellige opplevelser, forskjellige liv, forskjellige eksistenser av alle grader.

Egoet er din opplevelse av deg selv akkurat nå, akkurat her, men du er ikke opplevelsen din.

Du er den som har opplevelsen, nemlig Erfareren.

Du er en mikrobitteliten opplevelse i en kosmisk myriade av opplevelser, og den som «sitter der» og koser seg med alt dette, er Erfareren. Den unevnelige. Deg, i essens.

Klarer jeg selv å ta dette inn? Forstå det jeg nettopp sa? Kjenne på meg at det er slik det er?

Nei, jeg gjør fortsatt ikke det. Ikke fullt. Ikke oppleve som qualia. Det er rett og slett ikke mulig fra vårt begrensede, dissosierte perspektiv.

Men jeg opplever at jeg er så nær, så nær. Jeg opplever glimt, øyeblikk.

Og jeg vet at dette er korrekt.

Den abstrakte innsikten er tatt imot, sett, forstått, og kan ikke glemmes.

Men jeg er bare en skarve journalist som vandrer rundt på en paradisisk, mishandlet planet. Jeg ser det som er foran øynene mine og lar meg blende, lure, overbevise. Det jeg ser, har jeg selv skapt i hodet mitt. Forestillingen om hodet er også skapt, av Erfareren. Jeg bare opplever den.

Det hender at jeg snur meg rundt og ser den andre veien, og da ser jeg alt dette jeg forteller om. Hold ut til neste mellomtittel[153], så skal jeg forklare litt nærmere.

Så hva driver dette Egoet med?

Det går altså rundt og tror det er deg.

Du opplever at du er et menneske. Denne opplevelsen er blitt til gjennom dissosiasjon, altså at ditt autentiske ikke-Ego, den du egentlig er, gikk dypt inn i[154] en forestilling i den kollektive, mentale virkeligheten – opplevelsen av Mønsteret – i så stor grad at du tror du er dette mennesket.

Du er altså i permanent flow hele livet ditt. Du opplever intenst å være deg, samtidig som verden driver med sitt rundt deg – og du, som oftest, bare opplever det litt sløvt.

Du kan selvfølgelig oppdage en katt på veien og velge å klappe den lenge og grundig, slik at den tar hele ditt fokus. Men stort sett er du mer opptatt av å pleie deg selv og sørge for at du har det du trenger, fra ditt perspektiv inni deg selv.

Vi lever alle i en intenst privat, indre verden, samtidig som den ytre, kollektive verdenen også er der.

---

153 Se 22.4. Intuisjon, meditasjon og blandingsopplevelsen
154 Se 21.18. Dissosiasjon er å gå fullstendig inn i noe

Vi forstår ikke hvor ulike våre private perspektiver er, hvor forskjellige liv vi lever – fordi vi alle er fullstendig oppslukt i våre egne private forestillinger, som ikke er sanne!

Våre private forestillinger er ikke sanne, for de er ikke i samsvar med kunnskapen i det kollektive.

«Du spinnst!», sier man på tysk, når du oppdager at personen ved siden av deg setter i gang med sine egne fantasier.

La meg si det enkelt, vi alle spinner, spinner, spinner vår egen indre vev av forestillinger. Den ene tråden binder seg til den andre, danner mønstre, logikk, forklaringer. Vi har minner, historier, planer og idéer om oss selv. Vi tolker alt i lys av vårt eget, hele tiden, nesten.

Bare når vi glemmer oss selv, er vi vårt autentiske selv, vårt egentlige selv.

Egoet holder oss i fokus fremover i en kontinuerlig forestilling om å være noe og gjøre noe. Vi er egentlig ingenting av det vi tror vi er. Vi er en flik av denne ene ånden, Erfareren, som tenker og opplever.

Vi bor egentlig et annet sted.

Vi plager oss selv, for vi ser ikke det som er. Problemet med å leve i eget hode er at det er fattig, forvirret, fører ingen steder, holder oss fast, gjør oss blinde for det som faktisk eksisterer her og nå.

Det forvrenger også utsynet til det som er, vi tolker nåtiden i lys av våre private tanker. Vi ser ikke menneskene, mulighetene, skjønnheten. Vi ser en fortsettelse av en fortid som ikke eksisterer lenger. Vi lever ikke, vi nekter oss selv glede og kjærlighet.

Dette er for øvrig problemet med traumer. De står i veien for oss, fungerer som et sykt filter vi legger på alt mulig. Vi tolker alt vi opplever gjennom traumet.

Jeg vet, for jeg har gjort det i seksti år. Nå som jeg ser det det klart, kan jeg slutte med det. Jeg kan riste det bort, la tankene om det vonde fare, forlate dem, snu meg rundt og se – på det som faktisk er, og gå det i møte, ta imot livet.

Dette er oppvåkning.

> *Hvis ikke fortiden er forbi i mitt sinn, må den virkelige verden unnslippe mine øyne. For faktisk ser jeg ingenting; jeg ser bare det som ikke finnes. Hvordan kan jeg da oppfatte den verden som tilgivelsen tilbyr? Fortiden ble laget for å skjule den, for dette er den verden som bare kan bli sett nå. Den har ingen fortid. For intet annet enn fortiden kan tilgis — og hvis den er tilgitt, er den borte.*
>
> A Course in Miracles leksjon 289[155]

Alma, igjen. Det er dette hun vet, dette hun gjør. Problemet hennes er trolig at hun er nokså alene om det. Det er ensomt å være slik i en syk verden.

> *Den virkelige verden inneholder en motvekt mot enhver ulykkelig tanke som gjenspeiles i din verden — en sikker korrigering for de fryktens bilder og stridens lyder som din verden inneholder. Den virkelige verden viser en verden som blir sett på en annen måte, gjennom rolige øyne og med fred i sinnet. Der finnes ikke annet enn ro. Der høres ingen skrik av smerte og sorg, for der gjenfinnes intet annet enn tilgivelse. Og det du ser, er såre godt. Bare gledelige bilder og lyder kan nå det sinn som har tilgitt seg selv.*
>
> A Course in Miracles (i forordet til leksjon 291)[156]

22.4. Intuisjon, meditasjon og blandingsopplevelsen

Så hvordan skal vi kunne skille mellom Ego-spinnet og det autentiske?

Jeg begynte denne boken med å peke på en egenskap vi mennesker har som vi ikke alltid forstår fullt ut, nemlig intuisjon[157].

---

155 https://acim.org/acim/lesson-289/the-past-is-over-it-can-touch-me-not/en/s/707
156 https://acim.org/acim/workbook/what-is-the-real-world/en/s/709
157 Se 2.2. Intuisjon

Jeg sa at intuisjon gir oss umiddelbar, udiskutabel, sann og taus kunnskap. For noen arter den seg som følelser og impulser, andre kan motta informasjon, kunnskap, men i en form som ikke er analytisk, altså ikke er resultat av noen kognitiv prosess, men bare er der.

Motsatsen til intuisjon er nettopp analytisk, kognitiv kunnskap som fremkommer gjennom sammenligninger, vurderinger, testing. Svarene man får, er ofte relative, diskutable, halvveis. De tar tid å komme frem til.

Forskjellen på analytisk og intuitiv kunnskap er forskjellen på Ego og Det kollektive.

Intuisjon er kollektiv kunnskap som trenger igjennom inn til Egoet.

Opplevelsen er flyktig, for Egoet griper straks inn og overstyrer. Derfor får vi glimt av intuisjon. Det blir sagt, og jeg opplever selv, at slike glimt varer i bare noen ganske få sekunder, opp mot fem-seks.

Denne enkle opplysningen har hjulpet meg til å «redde» en lang rekke innsikter før de diffunderer. Jeg bråbremser på sykkelen, har mobilen alltid klar i brystlommen og skynder meg å lese inn den nye aha-opplevelsen, epifanien.

Med litt øvelse er det mulig å kjenne på seg hva som er «sann» og «falsk» kunnskap, altså hva som kommer fra det kollektive, Erfareren – og det private, Egoet.

Å lytte til intuisjonen er altså én metode for å være i det kollektive.

En annen er å gjøre det hinduismen anbefaler som den fjerde veien til oppvåkning, altså meditasjon. Da er teknikken å stilne Egoet slik at bare intuisjonen står igjen.

Jeg har mitt eget uttrykk for dette, «å lytte til stilken». Igjen, dette er «varhet» – stilne Egoet og ta verden og deg selv inn med maksimal årvåkenhet – det som er bakenfor, det som er nå, det som *er*.

Vi er ikke separert fra Erfareren, ikke egentlig, vi bare tror det og opplever det dermed også slik.

Vi går rundt i en blandingsopplevelse.

Du opplever deg som noe atskilt, et separat menneske, men du er fortsatt Erfareren og vet og fungerer som Erfareren.

Du har «glemt» og maskerer det du egentlig er, for fokuset ditt ligger på din opplevelse av å være et separat selv. Du bruker all din varhet på å fange opp og normalisere alt som Egoet ditt skaper og opplever.

Fra ditt perspektiv ser det ut som om alt mulig kommer imot deg, men egentlig er det omvendt. Du skaper forestillingen om at noe kommer imot deg.

Hadde du klart å glemme deg selv, ville du sett og visst alt slik som Erfareren ser og vet alt. Dissosiasjonen maskerer for Kilden. Opplevelsen av å være deg er så overbevisende at den vinner over alle andre opplevelser du kunne ha hatt. Idéen om «deg» er den sterkeste attraktoren.

Unntaket er når du glemmer deg selv for et øyeblikk, legger ned Egoets mange våpen, hviler – men samtidig er våken og vår. Da kommer intuisjonen frem.

Det finnes altså et grensesnitt mellom deg og Erfareren. Dette kalles i spirituell lingua gjerne for «sløret», The Veil, fordi det er syltynt, egentlig ikke-eksisterende.

Det finnes ingen slik overgang eller grense. Det er ingen steder å gå. Aldri. Du er og blir for alltid Erfareren, men akkurat nå har du en opplevelse av å være deg.

Forresten, jeg må klargjøre noe. Jeg har brukt et helt knippe av begreper uten å forklare forholdet mellom dem.

Mønsteret, Kilden, det Kollektive og Erfareren.

- **Mønsteret** er romtid-feltet som danner et geometrisk mønster som igjen tolkes som ansamlinger. Dette leder til forestillingene om masse, krefter og bevegelse. Det er det samme som nullpunktfeltet i fysikken. Det er en teknisk ting i sinnet til Erfareren, akkurat som tid og rom etc. er forestillinger i ditt sinn, men du vier det sjelden oppmerksomhet.

22.4. Intuisjon, meditasjon og blandingsopplevelsen

- **Kilden** er Erfarerens *tolkning* av Mønsteret. Den opplever partikler og lys, steiner og planter, levende skapninger og galakser – slik et barn ser fantastiske ting i skyene. Ideen om levende skapninger oppstår altså her og resulterer i myriader av dissosiasjoner.

- **Det Kollektive** er summen av alle tolkningene til alle dissosierte Egoer – pluss den opprinnelige Kilde-tolkningen til Erfareren. Blandingen, sammensmeltningen av de to perspektivene skjer gjennom kompleksitetsdynamikk, men Kilde-tolkningen vinner alltid dersom det oppstår en konflikt. De tapende forestillingene til de utallige Egoene blir ganske enkelt neglisjert og følgelig heller ikke memorert.

  Det Kollektive spiller en rolle også hver gang grupper av dissosierte sinn møtes, for eksempel i forsamlinger. Menneskenes individuelle tolkninger blander seg, interagerer og konkurrerer, ikke ulikt flammene i et bål. Den mest vitale tolkningen blander seg tilsvarende med og påvirker Kilden.

  Husk, hele systemet er flytende, fleksibelt, uten skiller, dynamisk og komplekst. Det Kollektive er dermed en blanding av Kildens «sannhet» og alle Ego-tolkningene og opplevelsene i hele universet.

  Dette er «blandingsopplevelsen» jeg har snakket om, den vi alle befinner oss i. Kilde-«sannheten» er det samme som intuitiv kunnskap.

- **Erfareren** er alt dette, eller rettere sagt, det guddommelige, spirituelle subjektet som opplever det hele. Det er umulig å si noe om denne eksistensen fra vårt perspektiv, ettersom vi selv er en flik av Erfareren, samtidig som alt vi opplever er inni forestillingen, «drømmen», til Erfareren.

22.5. Tankerommet og dynamikken

Du selv kan ikke tenke motstridende tanker. Du gjør deg opp en mening om alt mulig. Denne meningen blir din sannhet og du kan ikke ha to sannheter om det samme.

Naboen din skaper en annen sannhet. Katten din en tredje. Katten er ikke alltid enig med deg, heller ikke naboen. Dere opplever hver deres individuelle bevissthet med ulike tolkninger og viljer.

«Vilje» er forøvrig, i mitt verdensbilde, det samme som evnen og trangen til å oppleve, denne varheten som Erfareren har, dette behovet for å registrere alt som foregår.

Så fikk vi inn enn definisjon til.

Alle har sin «sannhet».

Den universelle bevisstheten er derimot én og har én tolkning, én mening, én vilje, én sannhet.

Intuisjon er et blikk inn i denne ene, sanne, universelle tolkningen av universet. Intuisjon er et blikk inn i det du allerede «vet». Som vi alle vet. Dette er betydningen av begrepet «absolutt sannhet».

Dette er også betydningen av det vi kaller underbevissthet – det du vet, men ennå ikke har brakt frem i Egoets analytiske bevissthet. Det finnes ingen egen underbevissthet, bare bevissthet som enten er i fokus, eller ute av fokus; maskert.

Egentlig vet du absolutt alt, i hele universet.

Når du går rundt i hverdagen din, går du rundt i den kollektive virkeligheten og opplever alt mulig fra din posisjon i rommet og tiden, som du så gir din egen analytiske tolkning, eller forvrenging, om du vil.

Alle kan se den grønne ballen.

Jeg er i gang med et eksempel.

Du personlig mener riktignok at den er blå, for den tenderer mot turkis. For deg er den blå.

For barnet ved siden av deg, som er to år gammelt, kommer det et begeistret utrop: «Ballong!».

Fra nittini år gamle oldemor kommer det derimot; «For en praktfull, rund, busk!». Hun sitter et stykke unna og har sterkt nedsatt syn.

Alle disse analytiske tankene blander seg meg den kollektive tolkningen og opplevelsen. Dersom du ikke hadde involvert Egoet ditt, ville du bare godtatt ballen og grønnfargen slik den fremstår, uten noen egen tolkning.

Men her står det altså en hel gruppe med levende vesener, for det er hunder, fugler, fluer og meitemark til stede også – i tillegg til et titalls mennesker. Hva er det som bestemmer hva alle disse levende vesenene forestiller seg og opplever, altså ser?

De ser i utgangspunktet den rådende forestillingen, den dominerende tanken, den sterkeste attraktoren. De ser nøytralt, uten noen egen tolkning.

I utgangspunktet.

Så setter Egoene i alle skapningene i gang. Ut ifra tidligere opplevelser hos den enkelte, danner Egoet seg en forestilling om denne litt underlige tingen, for baller er sjelden signalgrønne ... eller knallblå.

«Utgjør dette en trussel?», tenker én.

«Er den spiselig?», tenker en annen.

«Er det en leke?», tenker en tredje.

«Er det en fotball?», tenker den fjerde.

De fleste tenker at det er en ball, ikke en ballong eller busk.

De fleste tenker at den er grønn og ikke blå.

Alle disse tankene, tolkningene, er tilstede i det samme «tankerommet» – det Kollektive.

Den enkelte har kun en opplevelse av sitt eget Egos tanker – som del av egen dissosiasjon, men det er fortsatt snakk om tanker og det finnes bare én tanke, Tanken. Den universelle, Erfarerens – som er oppsplittet i myriader av subjektive opplevelser.

Enkeltindividene opplever ikke hverandres tanker, de kan ikke leses «på tvers» fra dissosierte perspektiver, men de kan alle oppleves fra et høyere perspektiv, Erfarerens.

Hva skjer «der oppe»?

Erfareren ser alle disse motstridende tankene. Grønn eller blå, spiselig eller ikke, leketøy eller ikke, busk eller ball?

Hvilke av disse idéene vinner?

Hvem befinner seg nærmest ballen? Hvem har tanker som best begrunner egen forestilling? Hvem bruker mest tid på å undersøke saken? Hvem er nærmest den kollektive, eksisterende tolkningen?

Hvem har størst definisjonsmakt?

Alle tenkelige (sic) faktorer spiller inn for å avgjøre hvem som vinner.

Står flertallet der og tenker at denne tingen er en spiselig, blå busk?

Neppe, de tenker heller at det er en litt uvanlig, grønn ball, men bestemt en ball.

Kunnskapen i det kollektive skapes gjennom konsensus, altså det gruppen av enkeltindivider som helhet er mest enig om, veid opp imot alle tenkelige faktorer, for å komme frem til den mest troverdige tolkningen. Den som blir attraktor.

De er de sterkeste attraktorene som vinner, de dominerende tankene.

Når noe er blitt en attraktor, en dominerende idé, skal det mye til å endre den. Idéer sprer seg, legger under seg opposisjon, aviser alternative forståelser, skaper konsensus, styrker seg, leder til ensretting og i ekstreme situasjoner nokså ville og farlige vrangforestillinger.

Trump, Putin, Hitler.

Alt henger sammen med alt, det er et eneste stort dynamisk system av mentale tolkninger med tilhørende opplevelser. En gelé. Også kalt livet.

Blant alle mennesker og i alle samfunn utspilles det en dynamikk som skaper mentale attraktorer, som beskrevet i eksemplet med jentene i skolegården[158]. En attraktor er en idé eller forestilling i folks bevissthet som blir dominerende for videre tenking og utvikling.

Tanke er det som skaper og beveger ting. Enhver tanke skaper nødvendigvis nye tanker, gjennom emergens. Tanken kommer først, deretter skjer manifesteringen, altså opplevelsen av det tenkte som noe «virkelig».

22.6. Årsak og virkning

Folk flest tenker svært primitivt om årsak og virkning. Noe forårsaker noe annet. Lineært, direkte. Enkelt og greit.

Vi har i årtier drillet det inn i ungene våre på skolen, ikke alltid eksplisitt, men for eksempel ved å legge stor vekt på Newtons lover, uten å forklare at de beskriver isolerte deler av noe som egentlig er systemer.

Det samme gjelder innen praktisk talt alle vitenskapene. Vi søker enkle forklaringer. Virkeligheten er uhyre kompleks, og dermed også uhyre komplisert å forklare på en enkel måte, har vi trodd.

I stedet for å ta inn over oss kompleksiteten, velger vi å holde fast i forenklingen. Vi stikker hodet i sanden, kan man også si.

Et eksempel på dette er Bohrs atommodell fra 1913 som ble presentert til generasjoner av barn og kanskje fortsatt benyttes i skolen, for alt jeg vet.

Modellen sier at atomet består av elektroner som svirrer rundt en kjerne, slik som planetene går rundt Solen. Dette er ikke sant, og det visste man allerede i 1923 da Erwin Schrödinger kom med sin ligning[159] som tegner et helt annet bilde, men er langt vanskeligere å forstå.

Normalisering, maskering, idéer som attraktorer - årsakene til denne fordummingen er åpenbare, men resultatet er likevel at barn i alle aldre tenker at verden består av en haug enkle mekanismer.

---

158 Se 18.7. Jentene og julen
159 https://en.wikipedia.org/wiki/Schrödinger_equation

Kompleksiteten som sådan tas ikke i betraktning, selv om den – ifølge meg selv – er selve hovedmekanismen som driver ... alt.

Vi gjør oss selv blinde gjennom å forenkle ting som egentlig er komplekse, samtidig som det komplekse er fullt begripelig om vi bare studerer kompleksiteten som sådan.

Newton fikk et eple i hodet.

Det er tre hundre og femti år siden. Virkningen kjenner vi. Verden ble aldri den samme etter at Newton tittet på dette falne eplet og plutselig forstod både det ene og andre om mekanikk.

Men hva var årsaken til at eplet falt?

Nå prøver jeg å leke meg litt ved å se på kompleksiteten rundt det at eplet falt, i stedet for å se isolert på mekanikken i fallet. Jeg prøver altså å eksemplifisere det jeg nettopp sa, ved å bruke Newtons eple som case.

Vet du når et eple faller til jorden?

Når bør Newton helst ikke sette seg under epletreet, selv om han heldigvis gjorde det?

Hvis vi tar med hele systemet eplet er en del av, kan vi finne ut at eplet faller når et lett vindpust fra en sommerfugl i Amazonas, via en tornado i Texas og en tidlig høststorm i England, får kvisten til å svinge en anelse for lystig på seg.

En eneste liten impuls kan forandre verden.

Historien om eplet viser oss en av kaoslovene i virksomhet, den som kalles sommerfugleffekten.

Newton var så klar, så klar. Han hadde grublet og tenkt i årevis på fysikkens uløste gåter. Han tenkte ved frokostbordet og han tenkte i sengen til langt på natt. Ingenting hjalp!

Før plutselig ... eplet.

Denne bittelille hendelsen, som altså egentlig skyldtes en sommerfugl på den andre siden av Jorden, forandret verdenshistorien. Sommerfuglen var årsaken.

Eller egentlig ikke.

Hvorfor måtte sommerfuglen flagre med vingene akkurat der, akkurat da? La oss droppe noen millioner mellomliggende steg, og i stedet gå direkte hele veien tilbake til den absolutte begynnelsen.

Sommerfuglen er en emergent virkning av den aller første hendelsen, prikken.

Og slik er det videre hele veien oppover i kjeden av emergens. Hver eneste nye forestilling, hver nye opplevelse og hver nyskapte idé – har sin opprinnelse i absolutt alle andre hendelser i hele universet frem til det aktuelle punktet i tid og rom.

Se for deg Sahara. Dersom du på vestsiden av den enorme ørkenen flytter bittelitt på et enkelt sandkorn, kan dette – i teorien – resultere i et digert sandskred flere tusen mil unna på østsiden. Det er hinsides hva som er mulig å beregne matematisk, og det er høyst usannsynlig, men det er mulig.

Derfor kan selv noe mikroskopisk potensielt forandre verden til det ugjenkjennelige.

Derfor er hver minste bit av skaperverket like viktig, like verdifull, like avgjørende for alt som følger videre. Du kan bli den som redder verden, nå, gjennom en tilsynelatende uanselig handling.

Der hvor det er en mangel, blir denne fylt opp. Der hvor det er for mye, renner det over. Men der hvor det er mye, kan det også tiltrekkes mer – hvis det er gravitasjon vi snakker om, eller idéer. Noe lite kan bli veldig mektig dersom alt klaffer. Noe mektig kan også plutselig bryte sammen og bli uorden.

Kaoslovene er aktive enten de styrer elektrisitet, trykket i luften, temperaturer, tetthet, bevegelser, vekst, utbredelse eller hvilke fysiske størrelser og fenomener som helst.

De styrer også våre Ego-forestillinger, og gjennom det de kollektive forestillingene.

Noen ganger tar det milliarder av år så vi ikke ser det. Andre ganger tar det picosekunder så vi ikke ser det. Noen ganger er endringene så små at vi ikke forstår at de er viktige. Andre ganger er de så store at vi ikke forstår hvor de kom fra, eller vi forstår ikke at kraften overhodet er tilstede, for den er overalt, normalisert.

Her passer det å si noen ord om astrologi.

Gravitasjonen fra Mount Everest «drar» ikke i deg i nevneverdig grad, mens Månen gjør det. Vi kan se det i form av tidevannet som ebber og flør hver eneste dag i takt med Månens bevegelse rundt Jorden.

Planetene rundt oss, og ikke minst Solen, drar også i alt materielt på Jorden. Månens og Solens kraft er stor, mens påvirkningen fra de andre planetene er mindre. Likefullt påvirker disse kreftene oss fysisk, og de er sykliske.

Vi neglisjerer dem som regel, normaliserer dem vekk, bortsett fra i astrologien. Vismenn til alle tider har forstått at disse kreftene spiller en rolle. De utgjør et komplekst, dynamisk system som er blitt studert, raffinert og beskrevet opp igjennom århundrene.

I dette systemet finnes mennesker, dyr og natur i alle former. Hvordan skulle de kunne være upåvirket av disse gravitasjonskreftene? Det er de da heller ikke, og dette ble studert av astrologene.

De tittet opp på planetenes posisjoner og korrelerte dette til hendelser på Jorden og psykologiske faktorer i menneskenes sinn.

!

Igjen har jeg lyst til å sette inn et lite utropstegn, for i mine øyne ser det ut som om astrologene har skjønt det. De har forstått dynamikk og kompleksitet, de har forstått normalisering og maskering, attraktorer og hvordan små endringer kan ha stor betydning; sommerfugleffekten.

De har dessuten forstått sammenhengen mellom det subjektive og tilsynelatende objektive.

Jeg har nå krabbet inn i et vepsebol og må komme meg ut snarest, før alle de firkantede robotmenneskene jeg ser overalt rundt meg, sauene – de som tenker slik alle gjør, men ikke er klar over det – fornekter dette og meg, igjen.

De benekter at Månen kan ha noe å gjøre med følsomhet.

De forstår ikke mekanismene.

Jeg blir som regel ekstremt månesyk ved fullmåne og tilsvarende lett i hodet ved nymåne.

Min antakelse er at jeg ikke normaliserer like mye som andre, men tar kreftene inn. Det har vært slik hele livet mitt. Tilsvarende har jeg utallige andre psykologisk-dynamiske erfaringer knyttet til planeter og konstellasjoner, men jeg tør ikke snakke om det, for folk flest forstår ikke realiteten og mekanismene som ligger bak.

Si nå likevel at jeg bare innbiller meg disse sammenhengene, at de ikke eksisterer i fysisk forstand.

Det spiller ingen rolle, for opplevelsen min blir påvirket. Min overbevisning er min virkelighet. Å trekke et skille mellom fysikk og subjektive opplevelser er, i følge min egen teori, umulig.

Årsakssammenhengen mellom det fysiske bakgrunnsteppet og det psykologiske sluttresultatet er uhyre lang og kompleks, men en vakker dag – om noen hundre år, kanskje – vil vi forhåpentligvis ha kunnskap til å forstå den.

Kaoslovene er naturvitenskap 2.0. Det er den gamle klassiske mekanikken til Newton som har tatt et enormt steg videre.

Kaoslovene er også relativitet 2.0. Einstein formulerte versjon 1.0 gjennom å avdekke den dynamiske sammenhengen mellom rom, tid og gravitasjon.

Det er nå tid for å innlemme også alt annet – både det abstrakte, subjektive og materielle, som utgjør et samlet spill.

For hva er natur?

Hvor går skillet mellom natur og ikke-natur?

I vår verden som jeg har sagt er mental, hvor materie, tid og rom er en forestilling i tanken, finnes ingen skiller.

Alt er tanke.

Alt er natur.

Det vi observerer i naturen rundt oss er gyldig også i det mentale – og omvendt.

Vi er faktisk nødt til å ta kompleksitetslovene på alvor.

22.7. Dynamikk er viktig!

I særdeleshet må vi ta tankene til folk alvorlig, understrømmene, for plutselig kan de komme til overflaten. Dette har vi sett gang på gang, i Hitlers Tyskland, Trumps Amerika, inni hodet til Putin.

Understrømmene kan utvikle seg i marginale befolkningsgrupper eller i tankene til en diktator med en ødelagt barndom og masse traumer.

Det er uansett farlig å ikke forstå hva som foregår, og vi forstår ikke i dag hva som foregår. Mange forstår, men ikke de som har klatret de tradisjonelle karriereveiene og tviholder fast i etablert kunnskap, som er det som gir status og trygg inntekt.

Ny kunnskap er ofte farlig for slike «maktmennesker». Allerede i dette er samfunnet vårt feilkonstruert.

De som har synlig makt, er de reddeste og gjør alt for å befeste sin posisjon. Det øker bare spenningene ytterligere. Til slutt befinner vi oss, igjen, i et totalitært regime.

En forpint befolkning som ikke tør si hva de tenker, redde ledere og en porsjon klassisk kompleksitetsdynamikk, så har du oppskriften på en kommende katastrofe.

Før eller siden pipler den første dråpen igjennom myndighetenes demning og utløser plutselig og uventet en voldsom flom.

Ring the bells that stil can ring
Forget your perfect offering
There is a crack, a crack in everything
That's how the light gets in.

Leonard Cohen: «Anthem»

Revolusjoner starter gjerne med en liten gnist som setter fyr i undertrykt harme. En krig kan starte med et skudd i Sarajevo, og så utløses plutselig enorme spenninger som har vært under oppbygning lenge.

I ettertid er det lett å forstå hva som skjedde, når alle faktorene er kjent. Men de ble ikke oppdaget mens situasjonen var under oppbygning, for vi har ikke, før nå, hatt en riktig forståelse av mekanismene.

Kompleksitetsmekanismene.

Det er egentlig banalt.

De mest synlige, mest markante hendelsene er ikke nødvendigvis de som myndighetene orkestrerer og planlegger. De mektigste menneskene er ikke nødvendigvis de med medaljer på brystet.

Man kan ikke vedta eller kontrollere dynamisk utvikling på den måten. Man kan ikke stoppe en pandemi i Kina ved å beslutte nulltoleranse for smitte og isolerer hele Shanghai. Man kan ikke ...

Dynamikk er alltid kompleks.

Mengder av faktorer inngår, utallige hendelser, millioner av små valg. Og alt foregår i det mentale, starter med tanker og tidligere erfaringer. Vi har ikke engang forstått såpass, men prøver i stedet å kontrollere verden ut ifra at det fysiske styrer alt. Det er og blir feil, tankene kommer først.

Årsakssammenhenger er aldri enkle, alltid komplekse, som regel ekstremt komplekse - og dermed uoversiktlige. Men om man forstår mekanismene og klarer å se når og hvordan de utspiller seg, så er det slett ikke vanskelig å skjønne hva som foregår og hvordan man kan forhindre katastrofer.

Vi blir blendet av det synlige, det åpenbare. Vi maskerer og neglisjerer det marginale. Vi normaliserer alt mulig i ekstrem grad, og oppdager dermed ikke hva som skjer i randsonen, i dypet, i det unormale.

Og befatter vi oss først med det «unormale» og «marginale», gjør vi det ut ifra frykt.

Alt er normalt, også det lille og farlige og rare. Og plutselig vokser det seg stort fordi sauene så en annen vei. Er man ulv, vet man dette, da lever man dette. Hadde jeg ikke selv vært så skadet, skulle jeg sannelig tatt fatt, som en omvendt Hitler.

Jeg bruker i hvertfall stemmen min. Jeg tør. De som ikke sier noe, er gjerne de reddeste og farligste, reelt sett - når man ser på det som et dynamisk system.

Dette er grunnen til at verden går til grunne i økende tempo. Vi forstår ikke hvordan hverken verden eller vi selv fungerer. Vi opererer i nesten alle sammenhenger med en primitiv, lineær modell hvor attpåtil årsak og virkning er feilvendt. Tankene kommer først.

Vi vet egentlig alt dette, men kunnskapen brukes bare til å maksimere økonomisk avkastning, minimere kostnadene i helsevesenet, planlegge for maksimal utnytting av transportsystemer.

Vi forstår det, kan det ut og inn, men vi bruker ikke kunnskapen i det godes tjeneste. Denne «grådigheten» er en konsekvens av den samme flokkmentaliteten og frykten som vi prøver å bekjempe. Frykten står i veien for oss, ingenting annet.

Vi har ingenting å frykte, annet enn frykten selv.

Franklin D. Roosevelt, under innsettelsen som president i 1933, om å håndtere den store økonomiske depresjonen.

Noe er likevel langt viktigere: Vi bruker denne kunnskapen om dynamiske systemer nesten utelukkende på det fysiske og materielle! Vi anerkjenner ikke at de samme lovene er nøyaktig like gyldige for alt det subjektive og mentale.

Tankene våre styres av de samme dynamiske lovene. I den forstand er selv ikke tankene våre frie, men deterministisk bestemt.

Vi leter etter gener og nevrologiske korrelasjoner i hjernen, lager piller og modifiserer arvestoff – for å fikse ting som er 99 prosent betinget av mentale, dynamiske prosesser.

Dessuten forstår vi slett ikke at det opplevd materielle har en subjektiv årsak. Å hevde noe slikt blir betraktet som umulig, sinnsvakt, forvirret.

Dyr, fugler, insekter ... alt i naturen har sin «virkelighetsoppfatning» som garantert er noe helt annet og langt mer komplekst enn det våre materialistiske forskere forteller oss. Når vi tukler med naturen, aner vi ikke hva konsekvensene vil bli, for vi forstår ikke mekanismene.

Hadde vi bare forstått og anvendt de få og svært enkle prinsippene som styrer all dynamikk, ville vi gjort mye annerledes. Vi har nå ekstremt dårlig tid, for å skifte et helt paradigme er ikke gjort over natten.

Samtidig kan et paradigme også plutselig skifte brått.

22.8. Det rakner

Det er kompleksiteten i samfunnet som har gjort oss til tenkere, analytikere, Egoer, ikke-autentiske mennesker.

I en naturlig tilstand ute i naturen, det er der vi skal være – er det annerledes.

Vi har laget kunstige relasjoner, kunstige enheter av type skole og arbeidsliv som gjør at vi må regulere ting. Vi må komme til enigheter, lage strukturer og planer vedrørende alt mulig.

Alt det der tvinger oss over i en kognitiv tilstand og væremåte. Dette er ikke menneskets naturlige væremåte.

Den eneste muligheten vi nå har til å komme ut av denne situasjonen, er å redusere og forenkle i alle ledd. Alle utviklede land bør ha et forenklingsdepartement, et forenklingsdirektorat, et politisk kutt-ut-parti.

Forenkle forenkle forenkle.

Nå, umiddelbart, for dette er håpet vårt.

Ingenting annet vil fungere, for kompleksiteten er allerede for stor til at vi klarer å håndtere den.

I min levetid er samfunnet blitt mye mer komplekst, tungdrevet, dyrere å drive og mer ustabilt år for år.

Det er ikke kompleksiteten i seg selv som gjør at det rakner, for vi har dataverktøy og systemer til å håndtere det. Det som rakner først, er folk, fordi folk er natur.

Folk kan ikke behandles på denne industrielle måten, da får vi psykiske problemer. Da undertrykker vi følelsene våre, intuisjonen vår. Da blåser vi opp det kognitive på bekostning av det levende i oss og frykten øker. Vi kommer til å knekke alle som en.

I tillegg har vi styrt hodeløst inn i en vanvittig materialisme. Forenklingsdepartementet må også få ansvar for å redusere det meningsløse konsumet før det er for sent.

Nå.

Dette er ulempen med sauer, de ser bare flokken – alt annet gjør dem forvirret og redde. De flykter. Hadde de visst bedre, kunne de krevd sin rett til å ikke bli servert som fårikål. Fordi de er mange, ville de ha lykkes.

Nå må sauene reagere!

Kom dere ned fra hytta på fjellet og hjem fra turistmaskinen i Syden. Selg bil nummer to og vurder om du kan klare deg uten en Audi, BMW eller Tesla. Bruk klærne før dere kaster dem. Få nesen opp fra mobilen. Forstå at media ikke alltid tjener samfunnet, selv om de påstår at de gjør det. Lær å lage deres egen mat. Finn ut hvordan man vasker uten å spyle gift ut i havet. Reparer tingene dine. Gi bort det du ikke trenger. Lag kollektive ordninger overalt for å beskytte det lille vi har igjen av ressurser.

Ikke alt og alle er slik som jeg beskriver, men altfor ofte er det slik.

Fokuset vårt er stjålet fra oss.

Vi får ikke dekket våre emosjonelle, psykiske og åndelige behov, men tvinges på utspekulert vis til å holde hamsterhjulet igang så pengene klirrer i kassen.

Status er ikke å flashe idioti, det er å utøve stille smartness.

Jeg blir kvalm og jeg skammer meg over landet mitt, byen min og de fleste av mine medborgere. Dere er blinde og dere vet det, men insisterer på retten til å stå først i køen og karre til dere alt av goder og privilegier.

Det er grusomt, for det handler om livet på planeten vår.

Vi er femti år på overtid. Som tidligere nevnt, ble kunnskapen om katastrofen som nå utfolder seg, lagt frem av MIT i 1972 i en analyse som heter The Limits to Growth[160]. Den viste at hvis vi fortsetter som før, vil verden gå dukken innen 2050-2070.

Den ble feid under teppet.

Jeg er en klarviter, dermed er jeg også en varsler. Varslere vet noe andre ikke vet eller ikke vil vite. Varslere peker på mekanismer, maktmisbruk og uforstand. Mitt varsel gjelder hele sivilisasjonen vår og jeg er nummer ti tusen i rekken. Det jeg sier er ikke nytt eller originalt.

Planeten vår vil bli satt kraftig tilbake, størstedelen av menneskeheten og mesteparten av alt vi har skapt vil bryte sammen. Men Tellus, Gaia, den organiske, levende Jorden, vil regenerere.

Etter katastrofen vil ingen drømme om å igjen bygge opp et samfunn som vårt.

På dager når jeg tenker tanker som dette, og det er dessverre ofte, mest i det daglige når jeg ser alt det vettløse rundt meg, går jeg inn i musikken. Den er ikke jordisk og den dør ikke.

Yeah. Roll on.

---

160 https://en.wikipedia.org/wiki/The_Limits_to_Growth

Det er ikke den sterkeste arten som overlever, og heller ikke den mest intelligente, men den som reagerer best på endringer.

Charles Darwin

22.9. Determinisme og fri vilje

Abstrakt kunnskap styres deterministisk av kaoslovene, fordi alt styres av kaoslovene, og kunnskap er også alt som finnes. Opplevelsene av tanker og noe materielt er opplevelser av kunnskap.

Hva som er felles kunnskap, bestemmes av all kunnskapen som er tilgjengelig, alle opplevelsene og tankene som alle dissosierte «enheter» har i sum, og hva som gjennom kompleksitetsmekanismene danner konsensus, altså hvilke tolkninger som «vinner».

Men så var det dette med fri vilje, da.

Problemet er følgende, litt løselig fremført, sakset fra Wikipedia[161]:

> *Fri vilje er i filosofi og religion forestillingen om at bevisste enkeltindivider har frihet til å velge og kontrollere sine egne tanker og handlinger.*

Vi opplever alle denne friheten hele tiden. Du kan velge om du vil gå hit eller dit, tenke på dette eller hint, åpne øynene eller lukke dem, putte en bit potet eller en skive tomat i munnen i den rekkefølgen - eller omvendt.

Du er selvsagt ikke fri til å flytte fjell (hvilket ikke er sant, som du skal få se om et øyeblikk), men du er fri til å velge blant «valgbare alternativer». Akkurat hva du er fri til å gjøre og ikke, spiller ingen rolle. Poenget er at du, rent prinsipielt og også ofte i praksis, har evnen til å foreta valg, uavhengig av ytre omstendigheter.

Motsatsen til fri vilje er determinisme, hvor absolutt alt er forhåndsbestemt. Du tror du er fri, men valgene dine er egentlig styrt av alt i og rundt deg, du merker det bare ikke, for du overskuer ikke alle faktorene som inngår, og du skjønner heller ikke alle mekanismene.

---

161 https://no.wikipedia.org/wiki/Fri_vilje

De to filosofiske standpunktene er tilsynelatende uforenelige.

Hvordan ser dette ut i vår teori om idealistisk emergens?

Svaret lyder da at begge deler er gyldig. Vi har både fri vilje og er deterministisk styrt, samtidig.

Hvordan?

Det enkle svaret er at teorien opererer med en kollektiv og en privat, subjektiv virkelighet.

Den ene, universelle Erfareren har en samlet opplevelse av hele universet, samtidig som vi mennesker er dissosierte, private opplevelser.

Begge disse opplevelsene følger de samme lovene. Erfareren og du har den samme evnen til å velge fritt sine forestillinger og opplevelser, men bare innenfor sine respektive virkeligheter.

Erfarerens virkelighet, kunnskapen i det kollektive, ble til på null sekunder. Hele universet ble ferdig konseptualisert som ett abstrakt system i samme øyeblikk som idéen om den aller første «prikken» ble unnfanget.

Fra prikken og utover måtte Erfareren bruke sin frie vilje i hvert eneste påfølgende «emergens-veikryss».

«Er dette nye «noe» som jeg nå opplever, dette eller noe annet?», spør Erfareren seg med uendelig hastighet, for dette skjer i det abstrakte, utenfor tiden.

Jeg har litt tidligere i kapitlet[162] sagt at vilje er det samme som evnen til å oppleve, denne varheten som Erfareren har, dette behovet for å oppleve alt som foregår, og som fører til en ubrutt rekke av emergente opplevelser, som igjen må tolkes.

En tolkning er et valg. Erfareren foretar frie valg i strie strømmer. Det ene valget leder til det neste osv.

---

162 Se 22.5. Tankerommet og dynamikken

På null tid ble hele universet gjennomanalysert, tolket gjennom valg, forstått. Universet var komplett - som kunnskap. Alt som noen gang har skjedd eller kommer til å skje i hele universets levetid ble fastlagt i dette ene øyeblikket.

Før klokken begynte å tikke, var faktisk Erfareren ferdig. Det var ikke noe mer abstrakt å tenke på. Jobben var gjort, nå gjenstod bare å beskue, oppleve skaperverket.

Mønsteret og den fulle tolkningen av det er deterministisk, ja faktisk «superdeterministisk». Dette betyr at hver eneste, minste partikkel som – tilsynelatende tilfeldig – «dukker opp» fra det underliggende kvantefeltet, er kjent kunnskap «i all evighet».

Absolutt ingenting i universet er tilfeldig.

Begrepet superdeterminisme ble formulert av den nord-irske fysikeren John Stuart Bell, som en forklaring på alle de underlige kvantefenomenene vi observerer, blant annet «entanglement», som Einstein kalte «spooky action at a distance».

Entanglement[163] (kvantesammenfiltring) handler om at to partikler (for eksempel fotoner, lyspartikler, men også store molekyler etc.) kan være bundet til hverandre slik at den ene umiddelbart «vet» hva den andre gjør, selv om de er så langt ifra hverandre at all kommunikasjon skulle være umulig, ettersom kommunikasjon ikke kan skje raskere enn lyshastigheten og avstanden er for stor.

I et intervju med BBC på 1980-tallet uttalte Bell følgende:

> *Det finnes en måte å slippe unna antakelsene om at det eksisterer hastigheter raskere enn lysets og at det kan inntreffe skumle hendelser på avstand, det Einstein kalte «spooky actions at a distance».*
>
> *Men det involverer absolutt determinisme i universet, fullstendig fravær av fri vilje. Anta at verden er superdeterministisk, hvor det ikke bare er livløs natur som drives av et urverk bak kulissene,*

---

163 https://en.wikipedia.org/wiki/Quantum_entanglement

> *men også at vår oppførsel, inkludert vår tro på at vi står fritt til å velge å gjøre ett eksperiment i stedet for et annet, er absolutt forhåndsbestemt, inkludert « beslutningen» av eksperimentatoren om å utføre ett sett med målinger i stedet for et annet.*
>
> *Anta dette, så forsvinner vanskeligheten. Det er ikke lenger behov for at et signal må gå raskere enn lyset for å fortelle partikkel A hvilken måling som er utført på partikkel B, fordi universet, inkludert partikkel A, allerede «vet» hva den målingen, og dens utfall, vil bli.*

Vår teori om idealistisk emergens sier nettopp det samme, at all kunnskap i hele universet er bestemt en gang for alle og umiddelbart tilgjengelig.

Så da har vi altså ingen fri vilje, ikke egentlig?

Jo, vi har faktisk det, men ikke i forhold til den initielle tolkningen av Mønsteret, den som skjedde i inflasjonsfasen av The Big Bang, altså før tiden begynte å bli opplevd som qualia.

Straks tiden begynner å løpe, er vi over i en helt annen situasjon. Da begynner det å strømme inn myriader av opplevelser av den evige, deterministiske kunnskapen.

Opplevelsene kommer fra alt det forestilte, altså dyr, planter, mennesker – egentlig alt, for Erfareren må oppleve hvordan det kjennes å være alle disse forestillingene.

Disse opplevelsene tar fullstendig av. De utvider den opprinnelige forestillingen, føyer noe til, ekspanderer kunnskapen. Jeg snakker blant annet om Egoet ditt.

Små-organismer og ikke-levende objekter har ikke hjerner og opplever følgelig ikke verden slik vi gjør. De er ikke bevisst på en måte vi kan forstå. Men Erfareren må fremdeles oppleve hvordan det er å være disse tingene, rett og slett fordi det er det eneste Erfareren gjør.

Når du dissosierer og begynner å tro at du er «deg», er du fortsatt egentlig Erfareren som har evne til og behov for å ekspandere gjennom emergens, så lenge det er noe nytt å oppleve.

Og det er det, altså stadig noe nytt å oppleve.

Jeg snakker nå om dine private opplevelser, dine tanker, Ego-spinnet, dine tolkninger av det som i utgangspunktet allerede er en kollektiv tolkning av deg.

Dine vrangforestillinger.

Som jeg har forklart, er disse private forestillingene like tilgjengelige i den ene universelle Erfareren som de opprinnelige, kollektive forestillingene. Dine forestillinger konkurrerer dermed med de kollektive. Den sterkeste, mest troverdige, vinner, for å si det litt enkelt.

En mer korrekt formulering er at dine, andres og de eksisterende forestillingene i Erfareren blander seg i det komplekse, dynamiske spillet som jo alt sammen foregår i det samme, lukkede systemet, den samme Tanken.

Det tilføres ny kunnskap til den eksisterende, og kompleksitetsmekanismene bestemmer, som alltid, den videre gangen i universet.

Tenk deg at det er lette skyer på himmelen. Så finner du ut at du, med din frie vilje, vil sende opp en fyrverkerirakett som etterlater en hvit røyksky. Denne blander seg visuelt meg de andre skyene og endrer formen på dem lite grann. Den videre utviklingen av skyene er endret i forhold til den opprinnelige dynamikken, den deterministiske «planen».

Et annet bilde: Du er en marionettdukke som henger fast i trilliarder av tråder, som alle beveger seg slik operatøren, Erfareren, bestemmer. Samtidig har du en viss frihet til å bevege deg slik du selv ønsker, der du henger og dingler.

Bevegelsene dine påvirker selvsagt operatørens videre bevegelser, men bare litt. Din feedback, den kunnskapen du selv skaper gjennom dine handlinger og tanker, påvirker den kollektive kunnskapen – litt, men dette lille kan vise seg å være lik en sommerfugl som vifter med vingene.

For deg, dukken, oppleves det som om du har full frihet – innenfor det som allerede er bestemt; posisjonen i rommet, tidspunktet, omgivelsene.

Igjen, du befinner deg i en blandingsopplevelse.

Fri vilje og determinisme er ingen motsetning, de kompletterer hverandre, utgjør en dynamisk helhet. Utgangspunktet er noe deterministisk, Mønsteret, som så blir kontinuerlig modifisert gjennom dissosierte, og dermed forvrengte, opplevelser av det samme Mønsteret.

Og husk, alt skjer i det abstrakte. Definisjonskampen står der – ikke i det materielle, som er opplevde resultatet.

22.10. Hvordan bør man leve?

Personlig finner jeg stor trøst i å vite at verden i hovedsak er deterministisk styrt, for det fritar meg for utrolig mye ansvar. Det er ingenting jeg må gjøre selv, utover å være meg selv.

Alt er en forestilling, som et teater, kino. Det er bare å lene seg tilbake og ta imot det som kommer. Se med spenning på hva som dukker opp neste gang og gå fritt og tillitsfullt imot det.

Det står foran deg fordi det er en mening med det, det var nødt til å komme, så ikke vær redd, ikke reagerer mot det, ikke ager på egenhånd, for dine forestillinger er vrangforestillinger.

Det er ingenting å frykte. Ikke egentlig. Hvis du dør, dør du ikke. Døden er en endring i perspektiv – bort fra din sinnsvake, fryktbaserte dissosiasjon. Du eksisterer evig. Jeg har opplevd det i glimt.

Responder i stedet naturlig og direkte, uten videre tolkninger, som en hund eller et barn ville gjort. Ikke bland inn rollene dine, for det er aldri det rette svaret, roller er kun private forestillinger.

Dersom du presser inn dine private, fremmede tolkninger, overkjører det forhåndsbestemte, overkjører andre – blir det bare støy og kaos. Du vil føle deg uvel, på den ene eller andre måten. Du er ikke tro mot deg selv.

La det være. Gå bort fra det, om nødvendig.

Forlat. Eller rettere; ikke tenk på det. Ikke tenk på noe som helst! Vær tilstede uten analytisk tanke. For noen av oss er dette ekstremt vanskelig å mestre. Trikset er å *ikke* mestre.

Du må ingenting.

Et praktisk tips er å fokusere på det vakre i alle ting. Som en start, kan du prøve å legge merke til fargene! Finn dem. Se hvor markante eller sublime de er!

Verden tar hånd om seg selv i pakt med den universelle, kollektive, for det meste deterministiske forståelsen. Ikke kjemp imot. Dersom du har en funksjon eller oppgave, vil du agere naturlig – uten kognitiv analyse og stress.

Stay cool.

Jobb heller med varheten din.

Bli mer følsom. Vær ydmyk overfor andre, men insister på retten til å være deg selv. Inngå aldri kompromisser om akkurat det.

Lær at du ikke kan definere deg selv gjennom andres øyne. Og at vi alle er komplette, hele – bak vrangforestillingene.

Dere kan møtes og kommunisere i dette. Du kan nå inn til hjertet i hvem som helst når du bare har forstått det til bunns.

Og ikke hør på meg.

Jeg er ikke i en posisjon til å belære deg om noe som helst. Ingen er, bortsett fra du selv.

Her kommer en liten tanke som du kan tygge på.

I «Fadervår» står det, på norsk:

«Tilgi oss vår skyld, slik også vi tilgir våre skyldnere».

Hva menes med «skyld»?

Det må vel være noe du og jeg gjør som vi ikke burde gjøre?

Burde, i henhold til hvilken norm?

Den eneste normen – i min teori – er den kollektive virkeligheten, den som ble dannet før vi dissosierte vesener begynte å komme med våre Ego-vrangforestillinger.

Bibelen sier altså at vi bør slutte med slikt.

Men hvordan? Tilgi?

«Tilgivelse» er ikke det man tror.

Når man tilgir («gir ansvaret til») noen for å ha gjort noe, sier man implisitt at det faktisk er begått en feil og at den som feilet dermed har en brist som må korrigeres. Når man har denne forståelsen i hodet, stadfester man både feilen og bristen i personen.

Dessuten skapes den en forestilling om at du selv, offeret, er moralsk overlegen den som feilet. Sistnevnte vil også stå i gjeld til den som tilga. En tilgivelse forsterker feilen, fordømmer synderen og skaper en vedvarende ubalanse mellom de to, et skyldforhold.

Et bedre alternativ er å «forlate», altså gå bort fra hele greia. Da sier man at det som skjedde var egentlig ingen feil. Du forsoner deg med («soner for») den som begikk handlingen. Slik forblir dere like i stilling, som dere jo egentlig er i egenskap av å begge være det samme, feilbarlige mennesker. Feilen glemmes, den elimineres, er ikke noe mer å tenke på.

«Tilgi» og «forlate» er dermed diametrale motsatser.

I de gamle gamle oversettelsene av «Fadervår» i Bibelen, heter det «forlat oss vår skyld, slik vi óg forlater våre skyldnere». I den siste utgaven fra 2011 er dette endret til «tilgi oss vår skyld, slik også vi tilgir våre skyldnere».

Ser du poenget mitt?

Den norske kirken styres av folk som ikke forstår forskjellen.

Forlat dem.

> *Poenget mitt er, nok en gang, at menneskene i gamle tider ikke fortalte bokstavelige historier og at vi er nå smarte nok til å ta dem symbolsk, men at de fortalte dem symbolsk og vi er nå dumme nok til å ta dem bokstavelig.*
>
> John Dominic Crossan

Å leve autentisk er utrolig mye enklere enn å leve med stort Ego og mange roller.

Det er befriende lett!

Alt i samfunnet vårt må forenkles, alt blir bedre, renere, sannere når det forenkles, forlates - så mye at det blir autentisk. For, som Einstein sa, «forenkle så mye som mulig, men heller ikke mer».

Han snakket riktig nok om fysiske formler og teorier, men jeg innbiller meg at han også mente noe dypere.

Einstein var åpenbart en opplyst mann.

Egoet vårt lager utrolig mye rot. Kamp, motstand og fiksing er «unaturlig». Se ikke utover, se heller innover. Å meditere betyr å bli kjent med sitt autentiske selv - og bakenfor det, Erfareren, Gud.

Så enkelt livet kan være!

22.11. Meditasjon og bønn

I en idealistisk, abstrakt verden spiller meditasjon og bønn en viktig rolle.

Meditasjon er å stilne Egoet og i stedet «lytte til stilken», intuisjonen, og slik få direkte erfaring med det «sanne», den kollektive tolkningen, konsensus-virkeligheten. Nå bruker jeg spirituell terminologi, men jeg tror du ser at jeg likte godt kunne brukt vitenskapelige termer.

Jeg har forklart hele kjeden fra ideen om et punkt, via hardcore fysikk, til det dissosierte Egoet. Vi forsøker nå å kvitte oss med Egoet for å se hva som befinner seg bakenfor - opprinnelsen, Erfareren.

Meditasjon er en privat ting, en bevegelse bort fra Egoet og inn i det kollektive.

Bønn er det motsatte, et forsøk på å påvirke det kollektive, bidra med private tanker inn i Erfarerens universelle Tanke.

Er det ikke utrolig at vi mennesker har forstått dette med bønn i årtusener?

Vi har til alle tider erfart at det virker, men det bør være trygt å påstå at vi ikke har visst hvorfor det virker, ikke i vitenskapelig forstand.

Hvordan vil vitenskapen forklare bønn? Den kan ikke. Idealisme kan. Er ikke dette et ytterligere hint om at idealismen er korrekt?

Nå får du altså en forklaring.

Bønn virker fordi alle vi «marionettdukker» faktisk fritt kan blande våre tanker inn i de eksisterende, kollektive – og gjennom det forstyrre, den i utgangspunktet forhåndsbestemte, dynamikken. Bønn virker fordi tanken bak bønnen er den samme ene Tanken som er alt.

«Gud» og vi tenker bare litt ulikt om ting og tang.

Bønn blir sterkere når det er mange som fremfører de samme tankene sammen. Det samme gjelder «tro». Når mange tror det samme, dannes det en sterk, mental attraktor og denne påvirker alt, også i det kollektive. Det oppstår normalisering og maskering av alternative forestillinger.

Kompleksitetsdynamikken og det at Tanken er én, gjør at tro virker.

Tro kan dermed faktisk flytte fjell, men da kreves det en ekstrem mental «vilje».

Meditasjon er å lytte og utslette Egoet, bønn er å påvirke Kilden, skape endringer i det deterministiske.

Ut ifra dette er det er spørsmål som melder seg:

Er det jeg holder på med virkelig viktig?

Ja, for du kan være sommerfuglen som forandrer alt.

Alt starter med en enkelt hendelse.

Dessuten kan du med ditt Egos frie vilje velge å omdefinere noe i det kollektive, på godt og vondt. Du har makt til det, men du må forstå hvordan det virker for å få det til og det krever mye vilje.

Dette betyr ikke at du finner opp noe nytt, du tar bare andre valg i Mønsteret, imot de kollektive attraktorene. Mønsteret er fortsatt der, uberørt. Det er *tolkningen* av Mønsteret som påvirkes; det som jeg kaller Kilden og det Kollektive. Det er den kollektive konsensus-tolkningen vi opplever – som utgjør den verdenen vi ser i våre sinn, før Egoet trår til med sine forvirrede ting.

Selv går jeg rundt dagen lang og dytter på litt her, trekker unna noe der.

Jeg ser på meg selv som en katalysator, og det har jeg gjort siden jeg var ung. En katalysator er noe som hjelper til i en prosess uten selv å inngå i den. Begrepet kommer fra kjemien.

For eksempel vil en katalysator i eksosanlegget til en bil sørge for at forbrenningen blir mer fullstendig og utslippene mindre. Men katalysatoren forbrennes ikke, forbrukes ikke, den bare er der og bidrar.

Hvorfor nevner jeg dette?

Jo, la meg igjen få peke på denne egenskapen vi mennesker har som vi ikke alltid forstår fullt ut, nemlig intuisjon[164].

Jeg listet opp en rekke ulike former, og sa da at jeg i tillegg har registrert ytterligere en type intuitiv visshet som ikke nevnes så ofte, følelsen av at ting henger sammen over lang tid.

Jeg ser tilbake på hendelser og forstår i ettertid hvordan de er forbundet. Jeg ser at det ene ledet til det andre og at det var en mening, et formål, et mål under utvikling lenge før jeg ble klar over det.

Skjønner du hvor jeg vil hen?

---

164 Se 2.2. Intuisjon

Dette predestinerte løpet ligger i Det kollektive. Det er trådene som holder marionettdukken på plass og leder den gjennom livshistorien.

Vi kan ikke se det mens det skjer for da har vi fortsatt hendelser foran oss som ikke er opplevd, men vi ser det tydelig i ettertid.

Det er lagt en vei.

Nå vet du hvorfor det er slik.

Stol på din intuitive kunnskap.

22.12. Etter stormen

Denne boken er mitt tankespinn, min konstruksjon, min fortelling, mitt perspektiv, min fantasi.

For deg er det annerledes.

Er vi da for alltid separert?

Nei.

For ta alt sammen bort.

Husker du jeg fortalte at hjernecellene dine er en sydende heksegryte av elektrokjemiske signaler? Nervebanene danner ikke noe statisk nettverk, de kryr, fluktuerer, endrer seg kontinuerlig.

De lever, som alt annet organisk lever.

Hjernen din er på en vill reise på tivoli.

Den fyker rundt og rundt, opp og ned, hit og dit og opplever skrekk og spenning, lykke, sitring, kvalme, avsky, motstand, motstand, motstand, fornektelse, håp, lyst, skuffelse og eufori. Og absolutt alt annet det er mulig å oppleve, i særdeleshet at det er snakk om et lurvete, omreisende tivoli hvor det meste er utrygt og ingenting står i forhold til prisen du betalte.

Vi kaller det livet.

Se for deg at denne stormen av tanker og opplevelser stilner.

Karusellene stopper, lysene på tivoliet slukkes og alle går hjem. Kjenn at cellene faller til ro, synker ned i våken søvn. Hviler. De er like følsomme, like reaktive, like mye på vakt som før. Men de ligger nå i ro.

Det blåser ikke lenger.

Bølgene har lagt seg, vannflaten er blank.

Du synker ned under det blanke speilet. Ned i varmen og kulden i vannet. Ned i dypet hvor lyd og lys svinner. Du kjenner trykket mot kroppen din. Du merker at hjertet ditt dunker i intens frykt, panikk.

Uten en hjerne til å dekke over, kompensere, bortforklare frykten, kjenner du den i rå form.

Livsangsten.

Du er et skrekkslagent hjerte som flyter hjelpeløst rundt i dypet av et stille hav. Pusten din stilner, som hjertet ditt stilner. Du resignerer, slipper taket, gir opp, for det nytter ikke. Du forstår at det er ingen vei tilbake.

Dypet omslutter deg så du ikke lenger kan skille kroppen din fra havet.

Alt går i ett.

Det roer seg.

Alt er ro.

Du er fortsatt.

Om alt annet stilner, er du der fortsatt.

Du er alltid.

Du har ingen tanker om deg selv som noe annet enn deg selv.

Du kjenner ikke kroppen din, men du føler.

Du svever.

22.12. Etter stormen

Du er.

Så blir det fullstendig, totalt, mørkt. Absolutt stille. Ubevegelig.

Ingenting skjer, men du er fortsatt vår, mer enn noen gang, for det er ingenting igjen å være.

Du er, men du er ingenting.

Du er ingenting.

Om jeg gjør det samme, stilner meg selv slik du stilnet deg selv, forlot alt, er også jeg ingenting, annet enn denne rene varheten, opplevelsen av å være, men være ingenting.

Vi kaller det meditasjon.

Dette er porten til lyset.

Veien tilbake.

Lyset er alt.

Det er intenst hvitt, for alt i sum oppleves slik. Det er altets qualia. Summen av alle qualia. Summen av alle frekvenser øynene våre skaper, ørene våre genererer, alt sansene våre formidler – er i sum en særdeles mektig opplevelse.

Osho sier det er en tilstand av ekstase.

Dette er kjærligheten.

Den som omsluttet meg på riksvei 4 i desember 2015.

Jeg så dette hvite lyset. Det var mye mer enn et lys.

Kjærligheten er alt.

Alt blir tilsammen hvitt, klart, grenseløst, varmt, trygt, uten farer og frykt, fordi alt er alt.

Alt ser du og alt vet du og alt kjenner du igjen, for det var der alltid og du kom derfra og visste det alltid.

Du er tilbake i dette som du alltid er og du er våken.

Vi møtes her, du og jeg.

Vi var aldri atskilt.

Det kan ikke gå galt, selv når universet går under, er alt ok.

22.13. Don't worry, be happy, ok?

Vet du forresten at
ok er et ord
som ble til
på Vestfronten
under første verdenskrig
for å formidle at
den dagen
den natten
ble ingen, null, O
drept, killed, K

OK = ingen drepte

Jeg viser deg bare
sannheten i det
åpenbare
åpenbart under
et av de grusomste
masseslakteriene
i verdenshistorien

Ingen døde, for det er umulig.

Okey?

Dikt av undertegnede

22.14. Sporene langs stien

I alle disse årene har jeg sett spor langs stien.

Hamsun, Knausgård, Murakami. Lars Winnerbäck, Melissa Horn, Annika Norlin og mange andre som har beskrevet den sorgfulle kjærligheten.

Når jeg nå ser meg tilbake langs veien, ser jeg en tolvåring som skjønte at det er noe mer.

Jeg ser en sekstenåring som så seg selv utenfra på ordentlig for første gang og forstod at det var et veivalg av største alvor og tok det alvorlig.

Men før jeg strekker meg så langt bakover, støter jeg imot en hindring. Det er en elv.

Det finnes ingen bro over.

Jeg må svømme.

Man stiger ned på den ene siden og kommer renset, nyvasket, krympet og utvidet som en annen person opp på den andre.

Som Alice i Eventyrland

Jeg krysset denne elven i 1986 og gikk videre.

Jeg har gått en full sirkel.

Nå må jeg tilbake og trå ned i det rennende vannet på ny.

Den gangen ble jeg tatt av strømmen og ledet inn i en stille kulp.

Mye var samlet i den kulpen og hadde vært der lenge.

Du hadde vært der lenger enn meg.

Den var dyp, mørk og rolig. Kulpen venter.

Jeg ser nå elvebredden.

Jeg ser vannet.

Elven er den samme men den er ikke den samme.

Jeg trår ned i elven og det er en annen elv jeg trår ned i, men det er den samme elven.

Jeg ledes av strømmen. Mot kulpen.

Har du forlatt den?

Er du fortsatt der? Har du vært der hele tiden i alle disse årene?

Vil du kjenne meg igjen når jeg nå kommer tilbake?

Ser du at det er meg?

Vil du ta imot meg?

*Dikt av undertegnede, skrevet ved
starten av prosessen med
boken du nå har lest.*

Og her starter det neste universet:

.

1. Stikkordregister

A

A Course in Miracles......**66,** 67, 68, 149, 403, 410
ABC Startsiden......................................135
Aboriginene...328
Abstraksjon......**18,** 40, **72,** 89, 133, **170,** 171-173, 176-178, 181, 185, 190, 196, 201-203, 218, 224, 260, 282, 291, 292, 294-296, 298-300, 311-313, 330, 338, 382, 403, 404, 406, 408, 421, 436
Abstrakte lover....................254, 260, 312
ACIM..
    Se: A Course in Miracles....................66
Adam...395
Adams, Douglas....................................168
Adopsjon.............8, 11, 95, 114-116, 155
Aftenposten..136
AI, Artificial Intelligence.....................384
Akashic records....................................225
Akselerasjon......227, **246,** 247, 249-251, 270
Aksiomet.190, 213, 226, 316, 327, 330, 333, 344, 401
Albert Einstein...22, 195, 205, 234, 243, 250, 251, 279, 305, 421, 430, 436
Alenetid..79, 136
Alice i Eventyrland...............................444
Allah..169, **194**
Alma......19, 85, 92, 93, 96, 98-101, 103-111, 114-118, 122-126, 128, 129, 134, 142, 147-150, 152, 154, 155, 157, 161-163, 213, 214, 374, 398, 410
Alternative tolkninger.........................306
Alvor...106, **110**
Amerigo Vespucci..................................303
Amishene..42, 43

Analytiker................................18, 31, 425
Analytisk innsikt......18, **34,** 36-38, 163, 167, 184, 411, 414, 415
Andersen, H. C...................310, 368, 369
Andrei Linde..298
Anna Brown..91
Annika Norlin...444
Ansamlinger......**173, 240,** 241, 245-249, 251, 255, 269, 271, 273, 278
Antipartikler...275
Aristoteles..235
Arvesynden..377
Arvåkenhet..
    Se: Varhet..124
Ashworth, Donna.................................366
Assosiere...27, 175, 216, 237, 342, 354, 361, 377
Astral projeksjon.....................................31
Astrofysikken................................266, 288
Astrologi..............................34, 35, 420
Atomet 22, 177, 181, 207, 241-243, 259, 270, 274-278, 281, 287, 304, 398, 417
Atommodell..................................281, 417
Attachment disruptions..........................7
Attraktorer 50, 182, 187, 188, 248, 251, 255, 259, 276, 286, 295, 306-311, 353, 355, 356, 383, 395, 412, 415-417, 420, 437, 438
Autentisk selv. 75, 80, 85, 90, 126, 134, 138, 153, 160, 320, 367, 374, 375, 408-410, 425, 436
Automatskrift...........................31, 33, 66
Autoritet...........29, 54, 73, 310, 321, 324
Autoskrift...397
Avstand....................**229, 230,** 234, 237

446   1.Stikkordregister

B

Ballen, den grønne..............................414
Bananer på tur....................................253
Barn....24, **114**, 124, **158**, 159-162, 221, 346, 347, 350-352, **357**, 358, **359**, 374, 377, 389, 433
Barnet..
    Se: Helene.......................................118
Barnet oppdager seg selv...................359
Barnet, det indre................................157
Bastiansen, Otto............................23, 24
Begjær..81
Begynnelsen.......................................172
Bell Labs, The....................................290
Bente Müller................................397, 398
Bergson, Henri.....................................31
Berøring.......................................191, 274
Besjeling...328
Bevegelse **179**, 181, **234**, 235, 236, 244, 251, 256, 279
Bevegelsesenergi......**241**, 242-246, 269, 271, 273
Bevissthet..38, 202, 203, 205, 209, 216, 232, 233, 252, 256, 262, 293, 299, 313, 317, 340, 350, 393, 395, 401, 402, 404-406, 414
    Kollektiv bevissthet.......................340
    Universell bevissthet. 38-40, 67, 268, 340, 343, 350, 414
    Universelle bevissthet....................265
Bevissthetsnivå..............................17, 79
Bhagavat Gita......................................83
Bhakti Yoga...83
Bibelen...66, 71, 76, 137, 153, 214, 324, 398, 435
Big Bang, The...177, 208, 267, 289, 295, 301, 330, 387, 404
Bilkøer..182
Blandingsopplevelse 187, 410, 411, 413, 433
Blitzere...130
Bob Marley............................76, 83, 86
Bobby McFerrin....................................86

Bohr, Niels............................22, 281, 417
Bohrs atommodell...............................281
Borgen, Johan.......................................30
Brahman...72
Brown, Anna..91
Bruno Ganz..131
Bruno, Giordano................................324
Budbringer...277
Buddha...60
Butler, John..69
Byggeklosser....177, 227, 241, 276, 292, 299
Bølger......46-48, **250,** 251, 278-280, 381
Bønn...436

C

Caltech...23
Cave, Nick..131
Celler..349
CERN...285
Cervantes, Miguel..............................368
Chalmers, David.................................297
Charles Darwin...................................428
Chateau Neuf.......................................56
Christen Finbak....................................22
Claude Shannon..................................290
CMB, kosmisk bakgrunnsstråling......267
Cohen, Leonard..................................423
Complex PTSD: From surviving to thriving..154
Cornell University................................77
CPTSD.........11, 19, 43, 57, 150, 154, 367

D

Daniel Dennett...................................204
Darwin, Charles.................................428
Darwins utviklingslære.......................259
Datastrøm....................................228, 381
David Chalmers..................................297
Day, Doris..33
Definisjoner.....202, 205, 219, 224, 234, 238, 251, 259, 272, 286, 311, 335, 341, 353, 414, 433

1.Stikkordregister   447

Definisjonskampen..............................433
Definisjonsmakt..................................416
Deg..340
Déjà vu.....................................31, 33, 34
Den elektrosterke kraften..................270
Den elektrosvake epoken...................270
Den elektrosvake kraften...........270, 271
Den generelle relativitetsteorien.....251, 279
Den grønne ballen..............................414
Den Hellige Ånd.............................51, 67
Den sterke kjernekraften 177, 243, 246, 247, 269-271
Den store foreningsepoken................269
Den svake kjernekraften...269, 271, 272
Dennett, Daniel...................................204
Depresjon.......................................59, 78
Der Himmel über Berlin......................130
Descartes, René. 191, 192, 317, 333, 364
Det dynamiske spillet........................188
Det indre barnet................................157
Determinisme..183, 187, 189, 254, 425, 428-430, 432, 433, 437
Deutsch, Diana....................................204
Diana Deutsch.....................................204
Dissosiasjon....170, **183**, 184, 186, 188, 292, 339-343, 347, 348, 350, 352, 355, 358-360, 363-365, 367, 371, 375, 376, 381, 386, 389, 391, 392, 407, 408, 412, 435
Dissosiativ identitetsforstyrrelse......343
DNA...348
Dominans..355
Dommartin, Solveig............................131
Don Quijote.................................368, 369
Donna Ashworth.................................366
Doris Day...33
Dory Previn...33
Douglas Adams...................................168
Drivstoffet...233
Drøm. **89,** 142, 163, 341, 352, 365, 374, 377
Dualisme.....................192, 328, 332, 333

Dynamikk...................196, **202, 413, 422**
Dynamiske systemer.......188, **202,** 251, 278, 304, 421, 424
Dynamiske systemer, komplekse........49
Død....73, 130, 147, **188**, 189, 301, 328, 329, 385, 392-394, 404, 443
Døden...433
Dødsmaske..319

E

$E = mc2$....................................242, 244
Edward Lorenz....................................304
Ego 17, 34, 38-40, 69, 73, 75, 84, 85, 89, **184, 362,** 369, 387, 388, 393, 395, 405-408, 410-415, 420, 425, 435-438
Ego-spinnet...432
Einstein, Albert..22, 195, 205, 234, 243, 250, 251, 279, 305, 421, 430, 436
Eksistensiell smerte............................154
Ekstrasensorisk persepsjon...........31, 33
Ekvivalensprinsippet..................249, 250
Elektrisk ladning.........177, 273-275, 278
Elektrisk spenning..............................382
Elektromagnetisme......46, 47, 177, 267, 269-274, 276-279, 283, 381, 382
Elektron..22, 23, 47, 269, 274-278, 281, 283, 284, 287, 381, 398, 417
Elektronikk.................41, **45,** 47, 48, 381
Elektroniske komponenter................281
Elektrosterk interaksjon....................269
Elektrosterke kraften, den.................270
Elektrosvake epoken, den..................270
Elektrosvake kraften, den..........270, 271
Elementærladningen.........................269
Elementærpartiklene 195, 206, 227, 259, 279, 281, 282, 287
Elton John...112
Elven...444
Emergens. **174,** 176-178, 181, **195,** 196, **203,** 205, 219, **226, 234,** 241, 255, 257, 343, 387, 405
Emergens, psykologisk.......................343
Emergens, tradisjonell tolkning........405

448   1.Stikkordregister

Emergent ekspansjon..........................227
Emosjonell trygghet................................10
Endring....**205,** 218, **232,** 247, 256, **277,**
   337, 342, 404
   Se også: Energi.......................................1
Energi 32, 38, 46, 48, 174, 176, 205-209,
   232-234, 236, 242, 246-249, 256,
   275, 277, 280, 285, 289-293, 295,
   301-303, 337, 400, **404**
   Se også: Fri energi..................................1
Enkle forklaringer.................................417
Ensomhet....................................16, 21, 59
Entropi..208, **289**
Epifani...................................31, 33, 47, 411
Erfare...**191, 192**
Erfareren..**169, 170, 211,** 215-217, 226,
   254, 292, 315, 339, 352, 388, 403,
   408, **413,** 414, 429
Erfaring......................................212, 215, 231
Erfaringskompetanse.............................39
Erfaringssirkelen..................................231
Erwin Schrödinger..................22, 281, 417
Esoteriske mysterier............................316
ESP..405
   Se: Ekstrasensorisk persepsjon......31
Essensen...207
Etikk...203

F
Fadervår...................................43, 434, 435
Familiedynamikk.....................................78
Fantasere.171, 184, 218, 227, 365, 380,
   385
Fasetransisjon......................271, 272, 399
Feedback-sløyfer 50, 182, 306, 309, 310,
   383
Felt.......................................273, 278, **282**
Fermilab..285
Fiat lux..214
Fikse.................................70, 76, 189, 425
Filosofi 17, 28, 186, 191, 199, 211, 274,
   293, 313, 316, 318, 326, 328, 332,
   336, 397, 401, 402, 428, 429

Finbak, Christen.....................................22
Fine tuning...238
Flow..............................31, 352, 390, 408
Fokus......39, 84, 90, 178, 180, 184, 187,
   188, 194, 206, 214, 219, 221, 259,
   310, 350, **351,** 352, 353, 355, 356,
   371, 389, 394, 408, 412, 414, 426,
   434
Fordreid virkelighetsoppfatning........341
Foreningsepoken, Den store..............269
Forenkling.............................191, 417, 425
Forestilling.......**170,** 176, 177, 180, 183,
   185, 189, **194,** 203, **208,** 211, 216,
   217, **219,** 223, 224, 226-228, 233,
   253, 268, 271, 282, 287, 291, 292,
   308, 311, 313, 316, 317, 329, 339,
   346, 382, 388, 408, 412, 415, 433
Forlatelse..............................84, **189,** 435
Forsvarsmekanismer..................144, 157
Forsyn...31, 33, 35
Fortielse...............................150, 324, 385
Fortrengning..152
Fotoner....244, 273, **276, 277,** 278, 280,
   283, 292, 300, 337, 381, 398, 430
Fraktaler.......................................182, 306
Frank Zappa...................................25, 158
Fremmedhet...................................59, 329
Fri energi..289
Fri tenking...323
Fri vilje.....183, 187, 188, 428, 429, 431,
   433
Friksjon.................................273, 274, 400
Frykt..19, 81, 85, 89, 90, 152, 153, 156,
   168, 169, 216, 321, 322, 351, 371,
   375-378, 424, 426, 441
Fundamentale størrelser....................238
Fuzziness..281
Fysikalisme......192, 201, 202, 209, 252,
   262, 266, 298, 299, 378, 380, 382,
   404, 405
Fødsel........................344, 346, 350, 351
Følelser..78, 341

1.Stikkordregister   449

G

Gaia...427
Galaksehoper...................................286
Galileo Galilei..................................303
Gammastråling.................................301
Ganz, Bruno....................................131
Gelé...416
Generasjoner............................79, 378
Generelle relativitetsteorien, den....251, 279
Giordano Bruno...............................324
Gjennom lysmuren....................397, 399
Glimt..31, 36, 47, 73, 84, 176, 193, 216, 217, 220, 227, 301, 357, 367, 381, 408
Gravitasjon......177, 181, 196, 205, 227, **246**, 249-251, 254, 256, 268-271, 277, 278, 280, 282, 283, 288, 292, 295, 302-304, 419-421
Grunnstoffer.............................177, 292
Gruppetenking.................................307
Grønne ballen, den...........................414
Gud..38, 44, 67, 85, 107, 169, 175, **194**, 213, 238, 256, 321, 322, 324, 365, 379, 403, 436, 437
Guds rike..................................67, 324
Gudsbevis..225
Gudsligningen..................................201
Guru................45, 59, 60, 62, 66, 72, 73
Gyroeffekten...........................39, 245, 246

H

H. C. Andersen.....................310, 368, 369
Hallusinasjoner................................193
Hallusinogener..........................185, 385
Hamsun, Knut............................77, 444
Handke, Peter.........................131, 132
Handlingens vei.........................83, 84
Hans Nielsen Hauge.........................323
Harald Are Lund........................98, 100
Haruki Murakami.............................444
Hassel, Odd......................................23
Hauge, Hans Nielsen........................323

Heisenberg, Werner....................22, 281
Helbredelse............................15, 78, 88
Helen Schucman...........................66, 67
Helene.........................**114,** 115-118, 155
Helhet..36, 62, 73, 77, 78, 81, 152, 181, 195, 247, 275, 281, 285, 384, 389, 433
Se også: Holisme.............................39
Helsevesenet....................................424
Hengivelsens vei.........................83, 84
Henri Bergson....................................31
Henri Poincaré.................................304
Hersketeknikker........................163, 324
Higgs-feltet.........242, 245, 270, 272, 273
Himmelen................................72, 189
Hinduisme....................61, 83, 167, 411
Hitchhiker's Guide to the Galaxy, The 168
Hitler..................................416, 422, 424
Hjernen......37, 185, 194, 224, 228, 290, 292, 298, 332, 339, 353, 379-385, 393, 405, 406, 425
Hjernens kapasitet...........................227
Hjertet......................................**379,** 380
Holisme.................182, **195,** 196, 306
Se også: Helhet................................1
Holistic Psychologist, The...................77
Homer...328
Homofil...29
Honda, Kirk......................................11
Horn, Melissa..................................444
Hovedmekanismen....................**257,** 418
Hovedrolle.....14, 38, 85, 184, 186, 367, **370,** 375, 405
Hukommelse.......................223, 224, 292
Humanisme.......................................43
Humor.................................182, 202, 360
Hvilemasse......................................244
Hypersensitivitet................................10
Høyere selv.....................................162
Høyeste tolkning........................364, 384

I

Idé....**172**, 174, 178, 182, 183, 204, 217, 221, 226, 237, 257, 273, 278, 292, 295, **306**, 310, 324, 347, 362, 406, 417, 419

Idealisme.196, 217, 313, 380, 385, 397, 401, 406, 437

Idealisme»..262

Idealistisk emergens181, **196, 212,** 245, 252, 260, 262, 266, 268, 269, 284, 293, 295, 299, 404, 406, 429, 431

Idéen om deg selv...............................362

Idéer..
    Se: Abstraksjon..............................**172**

IIT, Integrert informasjonsteori........**293**

Ikke-Ego..
    Se: Autentisk selv............................408

Ikke-endring...236

Ikke-organisk..196

Ikke-væren..337

Indisier......199, 239, 244, 252, 299, 342, 384, 406

Individuelle tolkninger........................414

Induksjon..**199**, 226, 239, 254, 326, 339

Inertia..245, 302

Inflasjonsfasen 173, 262, 266-268, 270, 275-277, 387

Inflasjonsteorien..................................298

Informasjon 34, 89, 177, 186, 255, 270, **289,** 290-292, **293,** 383, 384, 411

Informasjonsbæreren i universet......270

Ingen tolkning......................................256

Ingenting...207, 220, 233, 268, **274,** 275

Instinkt..31, 158

Integrere...342

Integrert informasjonsteori, IIT........**293**

Interaksjon....................10, 130, 187, 195

Interferens..282

Introversjon....................................28, 29

Intuisjon..10, 17, 30, **31, 34,** 35, 36, 38, 39, 67, 85, 110, 131, 163, 184, 245, 263, 389, 399, 404, 410-414, 426, 436, 438

Ioner..275, 276

Isaac Newton......51, 302, 303, 417, 418, 421

J

Jahve...................106, 107, 169, **194,** 213

Janis Joplin...76

Jens Schjelderup..................................323

Jesus 42, 44, 45, 51, 60, 62, 71, 84, 137, 397

Jesus Christ Superstar.............42, 44, 51

Jim Morrison..76

Jnana Yoga...83

Johan Borgen...30

Johannes Kepler..................................303

John Butler..69

John, Elton...112

Joplin, Janis...76

Jorden.......208, 250, 251, 268, 300-303, 420, 427

Julefeiring..202

Julen...310

Jules Verne........................166, 168, 169

K

Kakeproblemet....................................376

Kall..31, 131

Kaos.175, 202, 224, 267, 284, 289, 304, 305, 308, 418

Kaosdynamikk.....................................205

Kaoslovene...
    Se: kompleksitetslovene................418

Kaosteori..............49, 202, 251, 304, 305

Kari Kveseth..23

Karl Ove Knausgård...................131, 444

Karma...83, 189

Karma Yoga..83

Kategorier..190

Kategorioverskridelser.......................404

Keiserens nye klær..............................368

Kepler, Johannes.................................303

Kilden.......38, 62, 72, 90, 184, 256, 403, 412, **413,** 437

1.Stikkordregister   451

Kilder til boken....................................402
Kinetisk energi...242
Kino som allegori........75, 130, 257, 268,
   341, 371, 433
Kirk Honda...11
Kirken.18, 41, 43-45, 51, 53-55, 61, 107,
   110, 134, 319, 320, 323, 326, 435
Kjernefysiske prosesser.......................301
Kjærlighet13, 16, 29, 38, 54, 72, 77, 79,
   86, 111, 122, 131, 138, 146, 149, 151,
   160, 365, 374, 380, 390, 394, 409,
   441, 444
Klarfølelse...32
Klarhørsel...32
Klarlukt...32
Klarsansing..32
Klarsmak...32
Klarsyn..32
Klarviten...32, 33
Klarviter..70, 427
   Se også: Klarviten..............................70
Knausgård, Karl Ove...................131, 444
Know how..39
Knut Hamsun...................................77, 444
Kokt frosk..375
Kollektiv bevissthet.......72, 80, 89, 183,
   185, 187, 344, 346, 362, 367, 393-
   396, 408, 411, 415, 420, 432, 435-
   439
Kollektiv oppvåkning............................80
Kollektiv tolkning...............414, 416, 436
Kollektive, det..**413**
Kommunikasjon...................56, 277, 337
Kompleks PTSD...
   Se: CPTSD..19
Kompleksitet.....37, 113, 160, 181, 182,
   201, **202,** 255, 282, 284, **296,** 300,
   304, **306,** 311, 370, 380, 382, 417,
   418, 420, 425, 426
Kompleksitet95.....................................284
Kompleksitetscomputing...................383
Kompleksitetsdynamikk.....51, **181,** 226

Kompleksitetslovene.......182, 187, 202,
   205, 294, 300, 304, **306,** 307, 311-
   313, 318, 383, 419, 421, 423, 437
Kompleksitetsmekanismene...182, 281,
   296
Kompositte partikler...........................284
Konfirmasjon.............................51, 53, 366
Konsensus...........................416, 436, 438
Konsept...
   Se: Idé...217
Konsepter..
   Se: Abstraksjon..................................218
Kosmisk bakgrunnsstråling, CMB.....267
Kosmisk inflasjon..
   Se Inflasjonsfasen................................1
Kosmogram..398
Kosmos...175
Kraft..246, 247
Kraftfelt............196, 201, 250, **254,** 274
Kreativitet.14, 15, 23, 36, 109, 179, 214,
   216, 217, **220,** 221, **223,** 227, 234
Kristendom.......................45, 53-55, 320
Kristus..66, 67
Krumning...**250**
Krystall..22
Kulde...191
Kulturvitenskap....................................196
Kunnskap 18, 26, 29, 34, 36, 37, 39, 48,
   72, 85, 89, **163, 167,** 174, **176,** 184,
   206, 219-221, 231, 234, 237, 247,
   253, 256, 268, 271-273, 290-293,
   322, 338, 353, 355, 366, 382, 384,
   387, 411, 413, 430
Kunnskap er tolkning.........................353
Kunnskap, tradisjonell.........................36
Kunnskapens vei.......................83, 85, 90
Kunst...202, 252
Kunstig intelligens..............................384
   Se: AI, Artificial Intelligence..............1
Kunstnerisk inspirasjon........................32
Kvalitet..**39,** 70, 71, 162, 171, 178, 215,
   219, **229,** 237, 244, 298, 331
Kvantedatamaskiner..........................285

452   1.Stikkordregister

Kvantefenomener...................195, 430
Kvantefluktuasjoner..........174, 235, 267
Kvantefysikk......47, 135, 282, 288, 384, 404
Kvarker.....177, 241-246, 270, 271, 274, 278, 284, 287
Kveseth, Kari............................23
København.....................22, 323

L

Ladning, elektrisk....................273
Lars Winnerbäck...........................156, 444
Latter......................360
Law of Attraction, The.........................255
Leonard Cohen...........................423
LePera, Nicole......................77, 79, 80
Levende minner....................32, 33
Lidenskapens vinger..........................130
Lillelord.....................30
Limits to Growth, The............49, 50, 427
Linde, Andrei.......................298
Linus Pauling...........................23
Liv.....................**172,** 179, **219,** 256
Livspust....................328
Logikk....36, 39, 68, 184, 193, 194, 196, 213, 299, 316, 321, 364, 409
Lorenz, Edward.....................304
Lovene.....................**299**
Lover, abstrakte..................254, 260, 312
Lund, Harald Are..........................98, 100
Luther, Martin.......42, 53, 319-321, 323, 324, 378
Lyd.....................191
Lykke.....................191
Lyngseidet9, 11, 41-43, 46, 51, 139, 369
Lys.....................191, **244, 273, 277,** 398
Lyshastigheten..72, 173, 237, 238, 240, 242, 244, 246, 250, 251, 258, 267, 279, 280, 337, 398, 430
Lytte til stilken.....................436
Læstadianere.....................42, 44

M

Machiavelli............................168
Makt.....26, 44, 168, 309, 310, 320, 321, 324, 368, 379, 416, 422, 427, 438
Maktmennesker...................422
Maktmisbruk.............................385, 427
Manifestering.....56, 150, **178,** 221, 231, 388
Maoriene............................328
Maria............................104-106, 125, 155
Marie Antoinette................................376
Marion............................132, 134
Marionettdukke..........188, 432, 437, 439
Marley, Bob............................76, 83, 86
Martin Luther42, 53, 319-321, 323, 324, 378
Maskering259, 285, 339, 353, 355, 356, 414, 417, 420, 437
Massachusetts Institute of Technology 49, 304
Masse.......177, 181, 196, 205, 206, 208, 227, 240, **241,** 242, 243, **244,** 245-247, 249-251, 254, 256, 268, 269, 271, 272, 274, 276-278, 280, 282, 288, 404
Matematikk.......196, 203, 205-207, 273, 291-293, 297, 337, 404, 406
Materialisering.....................89, 231, 317
Materialisme.**80,** 89, 151, 192, 196, 209, 217, 231, 313, 319, 329, 385, 405, 426
Materie 40, 48, **170,** 177, 178, 182, 183, 185, 190, 194, 196, 201-203, 205, 231, 257, 273, 274, 276, 278, 282, 291-293, 296, 298-300, 312, 313, 329, 359, 380, 382, 400, 403-406, 421
Materie, mørk.....................288
Max Tegmark.....................291
McFerrin, Bobby.....................86
Meditasjon.30, 73, 83, 85, 90, 136, 137, 185, 193, 263, 410, 411, 436, 437, 441

1.Stikkordregister   453

Meditasjonens vei......................83, 85, 90
Mediumskap..32, 33
Mekanismen 18, **50**, 131, 154, 172, 174, 178, 180, 182, 194, **201, 203,** 205, **209,** 211, 246, **257,** 259, 284, 286, 291, 295, **296,** 300, 307, 342, 347, 360, 375, 378, 402, 421, 423
Melankoli...17, 143
Melissa Horn..444
Mellomtolkninger....................................241
Mening..226, **257,** 260
Menneske.......................................**170,** 340
Mental dynamikk................299, 307, 308
Mentale lover...
  Se: Kompleksitetslovene................313
Metafysiske fenomener..............404, 405
Metafysiske mysterier........................316
Metakognisjon...15, 69, 75, 89, **363,** 367
Metallokket...134
Metoden..**198**
Miguel Cervantes..................................368
Mikropartikler.....................246, 270, 282
Mikrotolkningene..................................288
Mirakel..............32, 33, 35, 167, 190, 229
Molekyl........22, 177, 181, 206, 259, 268, 276, 304, 332, 430
Monisme...330
Morriña...147
Morrison, Jim..76
Mote..202
Motkraft...246, 277
Mount Everest.......................................420
Multiple drafts.......................................204
Multivers.............................218, 337, 404
Murakami, Haruki................................444
Musikk......182, 191, 283, 297, 332, 352, 356
Müller, Bente................................397, 398
Mysterier.......51, 62, 149, 190, 289, 297, 313, 316
Mønsteret...72, 173, 174, 176-180, **240,** 247, 248, 253, **254,** 255-258, 266-268, 278-280, 283, 291, 387, 408, **412,** 438
Mønstergjenkjenning.................25, 30, 35
Mørk materie................................135, 288
Månen..................300, 302, 303, 420, 421
Månesyke..421

N

Naturen 35, 73, 195, 205, 208, 227, 230, 251, 269, 277, 283, 285, 292, 294, 312, 329, 337, 422, 425
Naturlover 201, **234, 246,** 292, 294, 296, 298, **299,** 312
Naturreligion...328
Nerd.............................24, 25, 28, 46, 56
Nevroner...381
Newton, Isaac......51, 302, 303, 417, 418, 421
Nick Cave...131
Nicole LePera............................77, 79, 80
Niels Bohr..............................22, 281, 417
Nikola Tesla..204
Nirvana..72, 189
Nobelpris..............................23, 31, 131
Norlin, Annika.......................................444
Normalisering....50, **181,** 259, 285, 339, 375, 377, 399, 417, 420, 437
Normalitet 16, 27, 29, 59, 124, 126, 143, 144, 371, 372
NRK..........19, 57, 95, 100, 103, 135, 136
Nrk.no...135
NRKs intranett......................................135
Nullpunktenergien..............174, 206, 207
Nullpunktfeltet 206, 233, 235, 240, 257, 267, 291
Nytenking...14
Nytolkning..399
Nær døden-opplevelser......263, 385, 394
Nødvendighet..17, 47, 90, 92, 130, 131, 133, 135, 145, **176,** 217, 228, **236,** 278, 316, 325, 395
Nøytroner....................177, 241, 274, 284

O

Objektpermanens.................................361
Observatør-effekten............................384
Odd Hassel...23
Oppleve. .**170, 172, 176, 189,** 191, **217,**
   218, 231, **256, 274, 331**
Opplevelse......................................227, 237
Opplevelsen av å være tingen............330
Oppvåkning.......................................
   Se: Spirituell oppvåkning.................58
Ord..221
Organer..349
Organisk...196
Osho........60, 66, 68, 72, 85, 86, 88, 152,
   323, 441
Otto Bastiansen.................................23, 24
Outsider..19, 29
Overskriving av kunnskap.........237, 271

P

Pablo Picasso..369
Pandemi...202
Panteisme..328
Paradis.............................72, 395, 408
Paradoks........................84, 200, 335, 336
Partikkel..207, 244, 275, 278, 287, 288,
   430
Partikkel-dyrehage................................284
Partikkelaksellerator............................285
Partikler.......47, 48, 177, 181, 201, 208,
   240, 241, 245, 246, 250, 270-273,
   275, 279, 284, 286, 430
Partikler, kompositte...........................284
Pauling, Linus...23
Permanens....................................237, 361
Personer...
   Adams, Douglas............................168
   Andersen, H. C..............310, 368, 369
   Ashworth, Donna...........................366
   Bastiansen, Otto........................23, 24
   Bergson, Henri.................................31
   Bohr, Niels...................22, 281, 417
   Borgen, Johan..................................30

Brown, Anna...91
Bruno, Giordano...................................324
Butler, John..69
Cave, Nick..131
Cervantes, Miguel...............................368
Chalmers, David...................................297
Cohen, Leonard....................................423
Darwin, Charles....................................428
Day, Doris..33
Dennett, Daniel....................................204
Descartes, René..191, 192, 317, 333,
   364
Deutsch, Diana....................................204
Dommartin, Solveig....................131
Einstein, Albert.....22, 195, 205, 234,
   243, 250, 251, 279, 305, 421, 430,
   436
Finbak, Christen......................................22
Galilei, Galileo......................................303
Ganz, Bruno..131
Hamsun, Knut.................................77, 444
Handke, Peter.........................131, 132
Hassel, Odd..23
Hauge, Hans Nielsen...........................323
Heisenberg, Werner...................22, 281
Homer..328
Honda, Kirk...11
Horn, Melissa.......................................444
John, Elton...112
Joplin, Janis..76
Kepler, Johannes.................................303
Knausgård, Karl Ove..............131, 444
Kveseth, Kari..23
LePera, Nicole.......................77, 79, 80
Linde, Andrei..298
Lorenz, Edward....................................304
Lund, Harald Are.....................98, 100
Luther, Martin..42, 53, 319-321, 323,
   324, 378
Marie Antoinette..................................376
Marley, Bob...............................76, 83, 86
McFerrin, Bobby.....................................86

1.Stikkordregister 455

Morrison, Jim...76
Murakami, Haruki..........................444
Müller, Bente............................397, 398
Newton, Isaac 51, 302, 303, 417, 418, 421
Norlin, Annika.................................444
Osho. **60,** 66, 68, 72, 85, 86, 88, 152, 323, 441
Pauling, Linus...................................23
Picasso, Pablo..................................369
Poincaré, Henri................................304
Previn, Dory......................................33
Schjelderup, Jens............................323
Schrödinger, Erwin..........22, 281, 417
Schucman, Helen........................66, 67
Shannon, Claude.............................290
Swan, Teal........60, 66, 157, 161, 162, 166, 387, 390
Tegmark, Max..................................291
Tesla, Nikola....................................204
Thomas tvileren..............................324
Verne, Jules.....................166, 168, 169
Vespucci, Amerigo..........................303
Walker, Pete....................................154
Wenders, Wim.................................130
Winnerbäck, Lars...................156, 444
Wolfram, Stephen............................312
Zappa, Frank..............................25, 158
Perspektiv.19, **68,** 69, 71, 80, 83, 84, 92, 124, **170,** 171, 173, 174, 183, 185, 186, **194,** 197, 217, 262, 263, 292, 315, 336, 339, 344, 361, 362, 371, 387, 389, 390, 399, 403, 407, 412, 415, 433
Pete Walker.....................................154
Peter Handke...........................131, 132
Picasso, Pablo..................................369
Pinnebarn.......21, 24, 27-30, 49, 142, 221
Planck-epoken........................268, 277
Planck-lengden.......................241, 287
Planck-størrelsene...........238, 252, 268
Planen...432

Plasma...275
Platon..397
Poincaré, Henri................................304
Politikk...202
Potensiell energi..............................242
Prekognisjon...
  Se: Forsyn.......................................1
Preoner....................................241, 245
Previn, Dory......................................33
Prikk..220
Privat tolkning....................89, 187, 432
Protoner......177, 241, 274, 275, 284, 287
Psykiske lidelser........................78, 152
Psykokinese......................................32
Psykologi....7, 15, 17, 35, 66, 67, 77, 85, 93, 133, 134, 168, 182, 189, 195, 196, 211, 297, 304, 341, 343, 359, 371, 402, 420, 421
Psykologisk emergens.....................343
Psykometri..32
PTSD.......................................144, 355
Punkt.......................................220, 256, 338
Punkt i bevegelse............................256
Putin..416, 422
Pyrokinese..32
Pønkere......................................29, 130

Q
Qualia..**39,** 40, **138,** 162, 171, **178,** 184, **188,** 218, 229, 231, 232, 237, 241, 244, 246, 253, 256, 259, 274, 298, 300, **327, 330,** 331, 332, 334, 338, 346, 407, 441
Quantum Field Theory....................174
Que Sera Sera...................................33

R
Radioaktiv stråling..........................272
RadiOrakel................................57, 103
Raja Yoga...83
Rapport.............................32, 33, 49
Reduksjonismen.......194, 195, 201, 202, 207, 211, 212, 254

Reformasjon......315, 319, 321, 324, 325
Reinkarnasjon..................................91, 189
Rekombinasjonen................................275
Relasjoner.6, 13, 14, 19, 22, 26, 90, 155, 232, 265, 337, 374, 425
Relasjonsbrudd..8
Religion 17, 45, 61, 66, 67, 84, 110, 211, 226, 316, 321, 322, 326, 328, 404, 405, 428
René Descartes..191, 192, 317, 333, 364
Retrokognisjon.......................................32
Reversert årsak og virkning....**207**, 208, 228, 254, 312, 330, 351, 382, 383
Ritualer...........................59, 85, 185, 377
Ro..36
Roller......69, 87, 88, 183, 343, 347, **367**, 370, 371, 374, 375, 389, 433, 436
Rollespill...87
Rom...................**228**, 251, 256, 387
Romtiden.121, 173, 176, 177, 234, 241, 246, 247, 250, 253-255, 266, 268, 275, 280
Rusmisbruk..29
Rådhuset i Oslo.....................................87

S

Samene...42, 328
Samspillet.........................**185**, 201, 396
Sannhet..414
Sannsynlighet......................................281
Sarajevo, skuddene i..........................423
Saudade..146, 147
Sauer..........**19**, 27, 44, 50, 164, 167, 426
Schjelderup, Jens................................323
Schrödinger-ligningen........279, 281, 282
Schrödinger, Erwin...............22, 281, 417
Schucman, Helen............................66, 67
Selvbilde..
    Se: Ego.............71, 80, 101, 151, 374
Shannon, Claude.................................290
Shintoisme..328
Shiva...**194**
Simulering..345

Sirkeldefinisjon....................................335
Sivilisasjonens undergang.................427
Sjakk............................94, 97, 119, 390
Sjel..**328**
Sjette sans.......................................32, 34
Skaden...**4**
Skam...............43, 74, 151, 152, 191, 427
Skapelsen....................**226**, 232, 291, 295
Skisma....................82, 320, 321, 385
Skoleklasser..182
SLAC...285
Slynge...246
Smak...191
Smalltalk..79
Smerte 10, 12, 14, 16, 17, 59, 71, 74, 76, 93, 124, 126, 138, 147, 150-156, 160, 162, 216, 321, 399
Smokie..110, 111
Snurrebass..245
Solen 208, 244, 251, 300-303, 355, 417, 420
Solipsisme...**200**
Solsystemet..................................301, 302
Solveig Dommartin..............................131
Sommerfugleffekten..50, 182, 304-306, 309, 383, 418, 420
Sorg.............17, 111, 142, 145, 146, 155
Sosiale krefter....................................304
Sosiale systemer................................252
Spinn..245
Spiritualitet 1, 34, 38, 58, 59, 67, **68**, 71, 76, 80-82, 129, 167, 184, 189, 225, 255, 328, 397, 399, 412, 436
Spirituell oppvåkning..1, 17, 18, 37, **58**, 59, 61, 62, 67, **68**, 71, 73, 76, 79-83, 89, 92, 108, 126, 138, 153, 155, 162, 163, 185, 399, 410, 411
    Se: Kollektiv oppvåkning.................80
Sporene langs stien............................444
Språk...........................202, 203, 252, 264
Språkvitenskap....................................196
Spøkelser..188
Startpunkt................191, 193, 197, 330

1.Stikkordregister   457

Startsiden.no..135
Statskirken..................................43, 53, 54
Statsreligion..320
Status..81, 373
Stephen Wolfram...................................312
Sterke kjernekraften, den 177, 243, 246, 247, 269-271
Stoff...
    Se: Materie..293
Stofflighet..274
Stranden..344, 388
Stress.....................81, 144, 185, 343, 371
Størrelser..286
Subjektive opplevelser....18, 40, 70, 90, 113, 153, 182, 190, **194**, 195, 196, 199-202, 211, 260, 263, 265, 278, 296-300, 309, 310, 313, 314, 316, **317,** 318, 322, 332, 403, 406, 420, 421
Sult..191
Sunn fornuft..32
Superdeterminisme................................430
Supernova..301
Svake kjernekraften, den..269, 271, 272
Swan, Teal....**60,** 66, 157, 161, 162, 166, 387, 390
Sykling......16, 39, 73, 87, 136, 137, 245, 301, 370, 373, 402, 411
Symboler for symboler..........................221
Synapser...381
Synkronisitet............................32, 33, 405
Synkronisitet i grupper...............................
    Se: Rapport...33
Synlig univers..276

T
Talking Heads..145
Tanke......74, 89, 90, **172,** 183, **187,** 220, 226, 228, 268, 272, 293, 299, 311, 317, 324, 330, 358, 397, 400, 401
    Se: Abstraksjon...............................**219**
Tankeaktivitet, energibruk..................292
Tankeeksperiment..............226, 289, 325

Tankeløshet..191
TANKEN..............291, 365, 401, 407, 437
Tankerommet..............................**413,** 415
Tankestyrte fenomener.......................202
Tankevesen..359
Tankevirksomhet...................................358
Tao...72, **194**
Taus kunnskap...............39, 90, 220, 411
Teal Swan.....**60,** 66, 157, 161, 162, 166, 387, 390
Teater........57, 87, 88, 326, 371, 395, 433
Tegmark, Max...291
Tellus..427
Tenking......69, 202, **212, 219,** 322, 333, 352
Tenking uten et «jeg»...........................364
Teorien........51, 163, **166,** 167, 168, 181, **196,** 202, **212,** 252, 257, 291, 429
Termodynamikk....................................291
Terskler...**356**
Tesla, Nikola...204
The Big Bang....177, 208, 267, 289, 295, 301, 330, 387, 404
The Hard Problem...296, 297, 313, 330, 332
The Law of Attraction.........................255
Theatercaféen..............................117, 121
Theory of Everything............................201
Thomas tvileren.....................................324
Tid......**72, 176, 230, 231,** 232, 234, 237, 253, 256, **289,** 387
Tilgivelse..435
Tilknytningsbrudd......................................7
Tolke..204, 218
Tolkning 67, 72, 171, 176-178, 182, 184, 204, 219, 223, 227, 230, **231,** 232, 234, 237, 241, 243, 245, 248, 255, 257-260, 266, 270, 273, 278, 287, 291, 295, 342, 355, 382, 433
Tolkning er kunnskap..........................353
Tolkning er lik tenking........................353
Tolkning, høyeste........................364, 384
Tolkning, ingen.......................................256

458   1.Stikkordregister

Tolkning, kollektiv..............414, 416, 436
Tolkning, ny-...399
Tolkning, privat.....................89, 187, 432
Tolkning, troverdig...............................416
Tolkning, trygg.......................................351
Tolkningen «menneske».......................334
Tolkninger, alternative.........................306
Tolkninger, individuelle.......................414
Tolkninger, mikro-.................................288
Tolkninger, ulike....................................224
Tolkningsmekanismen.........................375
Tradisjonell kunnskap....................36, 37
Transcendere......................17, 75, 84, 331
Transportsystemer................................424
Traume11, 58, 61, 69, 71, 73-75, 77, 79-81, 85, 104, 144, 154, 183, 343, 344, 347, 350, 357, 360, 372, 389, 409
Traumer...263
Treghet...245, 302
Trelegemeproblemet.281, 282, 302, 303
Troverdig tolkning................................416
Troverdighet.......28, 187, 346, 359, 364, 416
Trump..416, 422
Trygg tolkning.......................................351
Trygghet..81
Tvillingsøsteren.............................101, 125
Tyskland 7, 9, 22, 24, 141-143, 319, 320

U

Uendelighet..337
Uforstand..427
Ulike tolkninger....................................224
Ulv **18**, 19, 44, 57, 92, 95, 101, 102, 109, 110, 124, 126, 133, 164, 167, 214, 249, 424
Umiddelbarhet......................................254
Underbevissthet......32, 34, 37, 204, 210, 414
Understrømmer....................................422
Univers, synlig.......................................276
Universell bevissthet.................................
  Se: Bevissthet -> Universell

bevissthet...1
Universelle lover..........................190, 355
Universet.169, **170,** 173, 178, 197, 226, 236, 238, 251, 257, 258, **261,** 266, 267, 270, 274, **276,** 277, 288, 289, 291, 295, 296, 300, 301, 306, 324, 338, 387, 403, 404, 413, 414, 430
Universet, det neste..............................446
Universets slutt...................252, 266, 442
Universitetet i New York.....................402
Universitetet i Oslo..........23, 56, 93, 402
Uopplevd menneske............................388
USA..17, 22, 42, 46, 49, 60, 99, 304, 305
Utenfor tid og rom..............................**253**
Utenfor tiden..............257, 266, 268, 429
Utviklingspsykologi.............................359

V

Valensbinding..........................22, 23, 276
Varhet....10, 70, 85, 86, 90, 91, **93, 106, 108,** 109, 110, 122, 124, 133, 145, 148, 153, 169, 171, **214,** 215, 218, 220, 231, 233, 351, 365, 374, 375, 390, 403, 411, 412, 429, 441
Varheten...434
Varme..191
Veier til oppvåkning...............................83
Vekst..399
Vektorfelt..255
Verdens ende..
  Se: Universets slutt.........................337
Verne, Jules..........................166, 168, 169
Vespucci, Amerigo................................303
Vestens syke..329
Vilje..**214, 414**
Virkelighet.263, 341, 405, 417, 421, 425
Virkelighet, fordreid............................341
Virtuelle partikler.................................207
Vitenskap.......................................321, 326
Vr-briller..345
Vrangforestillinger..263, 369, 416, 432, 433
Være tingen...330

1.Stikkordregister   459

Væren.......109, 169, 208, 210, 213, 214, 226, 231, 257, 315, 394, 403
Været..............................182, 202

W

Walker, Pete...........................154
Weltsmertz.............................321
Wenders, Wim........................130
Werner Heisenberg........................22, 281
Wim Wenders...........................130
Wings of Desire......................130
Winnerbäck, Lars........................156, 444
Wolfram, Stephen..............................312

Z

Zappa, Frank..................25, 158
Zen................................60, 70, 88

Zygote.....................................346-350, 359

Ø

Økonomisk avkastning........................424
Økonomiske krefter............................304

Å

Ånd................................32, **169, 327,** 331
Ånd og materie....................328
Åpenbaring..............32, 33, 35, 138, 193
Åpenhet.................................375
Årsak og virkning......51, 194, 196, 239, 361, **417,** 421, 423
   Se: Reversert årsak og virkning....383
Årvåkenhet..
   Se: Varhet.............................92

Made in the USA
Columbia, SC
06 May 2023